경찰학 핵심법령집

박찬혁 · 이효민

法文社

경찰학이란 일반적으로 Police Science라고 표기하며 경찰에 관한 학문적 총체를 의미합니다. 경찰과 경찰활동에는 대륙법계와 영미법계 그리고 모든 국가마다 차이가 존재합니다. 우리나라도 마찬가지로 독특한 역사적 배경으로 인해 경찰조직과 학문분야에 많은 변화를 경험한 바 있습니다. 중요한 것은 현대사회를 살아가는 구성원들이 경찰에 대한 이해와 경찰활동을 바르게 인식하는 것입니다.

이 교재는 경찰학개론을 비롯한 경찰학 분야의 전공과목을 학습하면서 마주하게 되는 법조문을 정리하였습니다. 대학에서 경찰학 관련 분야를 전공하거나 경찰공무원 채용시험을 준비하는 학생들이 알아야 할 핵심적인 법령들을 선별하여 정리하였습니다. 또한 이 교재에 포함된 법령들은 과거 경찰공무원 채용시험에 출제된 경찰학개론 기출문제를 바탕으로 중요도를 반영하여 구성하였습니다. 따라서 기존의 출제된 내용을 바탕으로 앞으로 출제 가능성이 높은 분야의 내용을 정리하여 학습효과를 도모하였습니다. 특히 중요한 단어와 내용을 포인트 처리하여 이해도를 높였으며, 괄호를 통해 출제된 부분을 강조하였습니다.

경찰학개론 시험문제는 과거 출제된 부분에서 반복하여 출제된다는 사실은 이미 기출문제를 통해 증명되었습니다. 또한 같은 법조문이라도 다른 부분에서 출제하여 시험의 난이도를 조절하고 있습니다. 따라서 해당 법조문에 대한 전반적인 이해와 과거에 출제된 법조문을 확인하는 것은 매우 중요합니다.

경찰공무원 채용시험에 합격하기 위해 꼭 필요한 것은 바로 자신감입니다. 자신감을 가지기 위해서는 해당 분야의 관련 법조문에 대한 두려움이 없어야 합니다. 처음 경찰학 공부을 시작하는 학생들에게 가장 쉬우면서도 가장 중요한 법령내용을 효과적으로 전달하기 위해 이 교재를 만들기 시작했습니다. 경찰 채용 시험에 합격하기 위해서 어떻게 공부를 시작하고 어떤 방법으로 정리해야 하는지 아직 계획을 세우지 못한 학생이 있다면 자신있게 이 교재를 추천합니다. 또한 오랜기간 경찰학개론 공부를 했지만 고득점에 도달하지 못한 학생이 있다면 큰 도움이 될 것입니다.

저자는 경찰행정학과에서 오랫동안 경찰학 관련 강의를 진행하였으며, 2011년 이후의 모든 기출문제를 살펴보고 출제 경향을 분석하고 있습니다. 자연스럽게 경찰학개론 기출문제에 대한 분석과 해설을 위한 교재를 집필하였으며, 이 교재와 함께 공부를 한다면 높은 학습효과를 볼 것입니다.

경찰학에 대한 이해도는 학생 개인별로 차이가 있지만 반드시 알아야 할 법조문은 이미 정해져 있습니다. 모쪼록 이 교재가 경찰공무원 채용시험을 준비하는 학생들에게 좋은 디딤돌이 되기를 기원합니다.

2021년 1월

대표저자 박찬혁

차 례

01 | 총 론

02 | 각 론

01
총 론

01 경찰법

[법률 제15566호]

제1조(목적) 이 법은 국가경찰의 **민주적**인 관리·운영과 **효율적**인 임무수행을 위하여 국가경찰의 **기본조직** 및 **직무 범위**와 그 밖에 필요한 사항을 규정함을 목적으로 한다.

제2조(국가경찰의 조직) ① 치안에 관한 사무를 관장하게 하기 위하여 (   ) 소속으로 경찰청을 둔다. ② 경찰청의 사무를 지역적으로 분담하여 수행하게 하기 위하여 **특별시장·광역시장** 및 **도지사 소속**으로 지방경찰청을 두고, **지방경찰청장** 소속으로 **경찰서**를 둔다.
이 경우 인구, 행정구역, 면적, 지리적 특성, 교통 및 그 밖의 조건을 고려하여 시·도지사 소속으로 **2개의 지방경찰청**을 둘 수 있다.

행정안전부장관

제3조(국가경찰의 임무) 국가경찰의 임무는 다음 각 호와 같다.

---

1. 국민의 생명·신체 및 재산의 보호
2. **범죄**의 예방·진압 및 수사
   2의2. (   ) 보호
3. **경비**·요인**경호** 및 **대간첩**·**대테러** 작전 수행
4. (   )**정보**의 수집·작성 및 배포
5. 교통의 단속과 위해의 방지
6. 외국 정부기관 및 국제기구와의 **국제협력**
7. 그 밖의 **공공의 안녕과 질서유지**

범죄피해자

치안

제4조(권한남용의 금지) 국가경찰은 그 직무를 수행할 때 **헌법과 법률**에 따라 국민의 자유와 권리를 존중하고, 국민 전체에 대한 봉사자로서 공정·중립을 지켜야 하며, 부여된 **권한을 남용**하여서는 아니 된다.

행정안전부

7명

제5조(경찰위원회의 설치) ① 경찰행정에 관하여 제9조제1항 각 호의 사항을 **심의·의결**하기 위하여 (　　　　)에 경찰위원회를 둔다.

② 위원회는 위원장 1명을 포함한 (　　)**의 위원**으로 구성하되, 위원장 및 5명의 위원은 **비상임**으로 하고, 1명의 위원은 **상임**으로 한다.

③ 제2항에 따른 위원 중 상임위원은 **정무직**으로 한다.

행정안전부장관

정치적 중립

2명

3년

제6조(위원의 임명 및 결격사유) ① 위원은 (　　　　　　)의 제청으로 국무총리를 거쳐 **대통령**이 임명한다.

행정안전부장관은 위원 임명을 제청할 때 국가경찰의 (　　　　)이 보장되도록 하여야 한다.

③ 위원 중 (　　)은 **법관의 자격**이 있는 사람이어야 한다.

④ 다음 각 호의 어느 하나에 해당하는 사람은 **위원이 될 수 없다.**

> 1. **당적**을 이탈한 날부터 (　　)이 지나지 아니한 사람
> 2. 선거에 의하여 취임하는 **공직**에서 퇴직한 날부터 **3년**이 지나지 아니한 사람
> 3. **경찰, 검찰, 국가징보원** 직원 또는 **군인**의 식에서 퇴직한 날부터 **3년**이 지나지 아니한 사람
> 4. 「국가공무원법」 제33조(결격사유) 각 호의 어느 하나에 해당하는 사람

3년

제7조(위원의 임기 및 신분보장) ① 위원의 임기는 (　　)으로 하며, **연임할 수 없다.** 이 경우 보궐위원의 임기는 전임자 임기의 남은 기간으로 한다.

② 위원은 정당에 가입하거나 제6조제4항제2호 또는 제3호의 직에 취임 또는 임용되거나 제4호에 해당하게 된 때에는 **당연히 퇴직된다.**

③ 위원은 중대한 **신체상** 또는 **정신상의 장애**로 직무를 수행할 수 없게 된 경우를 제외하고는 그 **의사에 반하여 면직되지 아니한다.**

> **▰ 참고**
>
> **경찰위원회 규정 제4조(위원의 면직)** ① 법 제7조제3항의 규정에 의하여 위원이 중대한 심신상의 장애로 직무를 수행할 수 없게 되어 면직하는 경우에는 **위원회의 의결**이 있어야 한다.
>
> ② 제1항의 **의결요구**는 (　　　　) 또는 (　　　　　　)이 한다.

위원장 / 행정안전부장관

제7조(회의) ① 위원회의 회의는 **정기회의**와 **임시회의**로 구분한다.

② 정기회의는 특별한 사유가 있는 경우를 제외하고는 (　　　　) **위원장**이 소집한다. `매월 2회`

③ 위원장은 필요한 경우 (　　　)를 소집할 수 있으며, 위원 (　　) **이상**과 **행정안전부장관** 또는 (　　　)은 위원장에게 **임시회의의 소집**을 요구할 수 있다. `임시회의 / 3인` `경찰청장`

④ 제3항의 규정에 의한 임시회의소집 요구가 있는 경우에는 **위원장**은 특별한 사유가 없는 한 회의를 소집하여야 한다.

제9조(의견청취등) ① **위원장**은 위원회의 심의를 위하여 필요한 경우에는 관계공무원 또는 관계전문가의 출석·발언이나 자료의 제출을 요구할 수 있다.

제9조(위원회의 심의·의결 사항) ① 다음 각 호의 사항은 위원회의 (　　　　)을 거쳐야 한다. `심의·의결`

1. 국가경찰의 인사, 예산, 장비, 통신 등에 관한 **주요정책** 및 국가경찰 업무 발전에 관한 사항
2. **인권보호**와 관련되는 국가경찰의 운영·개선에 관한 사항
3. 국가경찰의 **부패 방지**와 **청렴도** 향상에 관한 주요 정책사항
4. 국가경찰 임무 외에 **다른 국가기관**으로부터의 **업무협조** 요청에 관한 사항
5. 제주특별자치도의 **자치경찰**에 대한 국가경찰의 **지원·협조** 및 협약체결의 조정 등에 관한 주요 정책사항
6. 그 밖에 **행정안전부장관** 및 **경찰청장**이 중요하다고 인정하여 위원회의 회의에 부친 사항

② (　　　　　)은 제1항에 따라 심의·의결된 내용이 **적정하지 아니하다고 판단**할 때에는 재의를 **요구**할 수 있다. `행정안전부장관`

▰ 참고

경찰위원회 규정 제6조(재의요구) ① 법 제9조제2항의 규정에 의하여 (　　　)이 재의를 요구하는 경우에는 의결한 날부터 (　　) **이내**에 재의요구서를 위원회에 제출하여야 한다. `행정안전부장관` `10일`

② (　　)은 재의요구가 있는 경우에는 그 요구를 받은 날부터 (　　) **이내**에 회의를 소집하여 다시 의결하여야 한다. `위원장 / 7일`

제10조(위원회의 운영 등) ① 위원회의 사무는 경찰청에서 수행한다.

② 위원회의 회의는 **재적위원 (   )의 출석과 (   ) 과반수의 찬성**으로 의결한다.

③ 이 법에 규정된 것 외에 위원회의 운영 및 제9조제1항 각 호에 따른 심의·의결 사항의 구체적 범위, 재의 요구 등에 필요한 사항은 대통령령(경찰위원회 규정)으로 정한다.

제11조(경찰청장) ① 경찰청에 경찰청장을 두며, 경찰청장은 치안총감으로 보한다.

② 경찰청장은 (   )의 **동의**를 받아 (   )의 **제청**으로 국무총리를 거쳐 **대통령**이 **임명**한다.

이 경우 국회의 인사청문을 거쳐야 한다.

③ 경찰청장은 국가경찰에 관한 사무를 총괄하고 경찰청 업무를 관장하며 소속 공무원 및 각급 국가경찰기관의 장을 지휘·감독한다.

⑤ 경찰청장의 임기는 (   )으로 하고, **중임할 수 없다.**

⑥ 경찰청장이 직무를 집행하면서 (   )이나 (   )을 **위배하였을 때**에는 국회는 탄핵 소추를 의결할 수 있다.

제12조(차장) ① 경찰청에 **차장**을 두며, 차장은 **치안정감**으로 보한다.

② 차장은 경찰청장을 보좌하며, 경찰청장이 부득이한 사유로 직무를 수행할 수 없을 때에는 그 직무를 대행한다.

제14조(지방경찰청장) ① 지방경찰청에 지방경찰청장을 두며, 지방경찰청장은 **치안정감, 치안감** 또는 **경무관**으로 보한다.

② 지방경찰청장은 **경찰청장**의 지휘·감독을 받아 관할구역의 국가경찰사무를 관장하고 소속 공무원 및 소속 국가경찰기관의 장을 지휘·감독한다.

제15조(차장) ① 지방경찰청에 **차장을 둘 수 있다.**

② 차장은 지방경찰청장을 보좌하여 소관사무를 처리하고 지방경찰청장이 부득이한 사유로 직무를 수행할 수 없을 때에는 그 직무를 대행한다.

제16조(치안행정협의회) ① 지방행정과 치안행정의 업무조정과 그 밖에 필요한 사항을 (   )하기 위하여 **시·도지사**(제주특별자치도지사는 **제외한다**) 소속으로 치안행정협의회를 둔다.

과반수 / 출석위원

경찰위원회 / 행정안전부장관

2년
헌법 / 법률

협의 · 조정

② 치안행정협의회의 조직·운영과 그 밖에 필요한 사항은 (   )으로 정한다.   대통령령

▰ 참고

치안행정협의회규정 제1조 (목적) 이 영은 **경찰법 제16조제2항의 규정**에 의하여 치안행정협의회의 조직과 운영등에 관하여 필요한 사항을 규정함을 목적으로 한다.

제2조 (기능) 협의회는 다음 사항을 협의한다.

1. 지역안정 및 질서유지에 관한 사항
2. 민방위 및 재해대책 운영에 관한 사항
3. 질서확립운동등 지역사회운동의 효율적 추진에 관한 사항
4. 지역주민과 경찰간의 협조 및 요망사항
5. 기타 지방행정과 치안행정간 상호지원에 관한 사항과 시·도지사 및 지방경찰청장이 회의에 부치는 사항

제3조 (협의회의 구성) ① 협의회는 **위원장을 포함한 위원** (   )으로 구성한다.   9인

② **위원장**은 서울특별시·직할시 또는 도의 (   ) 또는 (   )가 되고,   부시장 / 부지사
위원은 다음 각호의 자가 된다.

　　1. **시·도소속 공무원**중 서울특별시장·직할시장 또는 도지사가 임명하는 자 (   )   2인

　　2. 지방경찰청소속 **경찰공무원**중 지방경찰청장의 추천으로 시·도지사가 임명하는 자 (   )   3인

　　3. 지방행정과 치안행정에 관한 **학식과 경험이 있는 자**로서 지방경찰청장의 의견을 들어 **시·도지사가 위촉**하는 자 (   )   3인

③ 제2항제3호의 위원의 **임기**는 (   )으로 한다.   2년

제4조 (위원장) ① 위원장은 **협의회를 대표**하며 그 **회무를 통할**한다.

② 위원장이 사고가 있을 때에는 위원장이 미리 지명하는 자가 그 직무를 대행한다.

제5조 (회의) ① 협의회의 회의는 **매분기** (   ) **개최**하되, 특정사안에 관하여 **지방행정과 치안행정과의 업무협조등**을 위하여 **필요한 경우**에는 **수시로 개최할 수 있다.**   1회

② 회의는 **위원장이 소집**한다.

제6조 (간사) ① 협의회의 사무를 처리하게 하기 위하여 **간사 2인**을 두되, 시·도의 **기획담당관** 및 지방경찰청 **경무과장**이 된다.

제7조 (의견청취등) ① 위원장은 협의회의 심의를 위하여 **필요한 경우에는** 관계공무원 또는 **관계전문가의 출석·발언이나 자료의 제출을 요구할 수 있다.**

제17조(경찰서장) ① 경찰서에 **경찰서장을** 두며, 경찰서장은 **경무관, 총경** 또는 **경정**으로 보한다.

② 경찰서장은 지방경찰청장의 지휘·감독을 받아 관할구역의 소관 사무를 관장하고 소속 공무원을 지휘·감독한다.

③ (　　　　) **소속으로 지구대** 또는 **파출소를** 두고, 그 설치기준은 치안수요·교통·지리 등 관할구역의 특성을 고려하여 (　　　　　　)으로 정한다. 다만, 필요한 경우에는 출장소를 둘 수 있다.

제18조(직제) 지방경찰청 및 경찰서의 명칭, 위치, 관할구역, 하부조직, 공무원의 정원, 그 밖에 필요한 사항은 「정부조직법」 제2조제4항 및 제5항을 준용하여 대통령령 또는 행정안전부령으로 정한다.

제23조(국가경찰공무원) ① 국가경찰공무원의 계급은 **치안총감·치안정감·치안감·경무관·총경·경정·경감·경위·경사·경장·순경**으로 한다.

② 국가경찰공무원의 임용·교육훈련·복무·신분보장 등에 관한 사항은 따로 **법률로** 정한다.

제24조(직무수행) ① 국가경찰공무원은 상관의 지휘·감독을 받아 직무를 수행하고, 그 직무수행에 관하여 서로 협력하여야 한다.

② 국가경찰공무원은 구체적 사건수사와 관련된 제1항의 지휘·감독의 적법성 또는 정당성에 대하여 이견이 있을 때에는 **이의를 제기할 수 있다.**

③ 국가경찰공무원의 직무수행에 필요한 사항은 따로 **법률로** 정한다.

제25조(비상사태 시 자치경찰에 대한 지휘·명령) ① (　　　　)은 전시·사변, 천재지변, 그 밖에 이에 준하는 **국가 비상사태, 대규모의 테러** 또는 **소요사태가** 발생하였거나 발생할 **우려가** 있어 **전국적인 치안유지를** 위하여 긴급한 조치가 필요하다고 인정할 만한 충분한 사유가 있는 경우에는 제2항에 따라 **제주특별자치도의** 자치경찰공무원("**자치경찰공무원**")을 직접 (　　　　　)할 수 있다.

경찰서장

행정안전부령

경찰청장

지휘·명령

다만, 제주특별자치도 지역 단위의 치안유지를 위하여 필요한 경우에는 제주특별자치도지방경찰청장이 지휘·명령할 수 있다.

② 경찰청장 또는 제주특별자치도지방경찰청장은 제1항에 따른 조치가 필요한 경우에는 **미리** (   )에게 자치경찰공무원을 직접 지휘·명령하려는 **사유** 및 **내용** 등을 구체적으로 제시하여 **통보하여야 한다.**

이 경우 **제주특별자치도지사**는 정당한 사유가 없으면 즉시 **소속 자치경찰공무원**에게 **경찰청장** 또는 제주특별자치도지방경찰청장의 **지휘·명령을 받을 것을 명하여야 한다.**

③ **경찰청장** 또는 제주특별자치도지방경찰청장이 제1항에 따라 **지휘·명령권을 인수한 경우**에는 경찰청장은 (   )에 즉시 **보고하여야** 하고, **제주특별자치도지방경찰청장**은 「제주특별자치도 설치 및 국제자유도시 조성을 위한 특별법」 제94조에 따른 관할 **치안행정위원회**에 즉시 **통보하여야 한다.**

④ 제3항에 따라 자치경찰공무원에 대한 지휘·명령권자가 변동된 사실을 보고받은 **경찰위원회**는 제1항에 규정된 **사유에 해당되지 아니한다고** 인정하면 그 **지휘·명령권을 반환할 것을 의결**할 수 있으며, 같은 사실을 통보받은 **치안행정위원회**는 제1항에 규정된 **사유에 해당되지 아니한다고** 인정하면 **경찰청장** 또는 제주특별자치도지방경찰청장에게 그 **지휘·명령권의 반환**을 건의할 수 있다.

⑤ **경찰청장** 또는 제주특별자치도지방경찰청장은 제1항에 따라 경찰청장 또는 제주특별자치도지방경찰청장이 자치경찰공무원을 **지휘·명령할 수 있는 사유가 해소된 때**에는 자치경찰공무원에 대한 **지휘·명령권을** (   ) **제주특별자치도지사**에게 **반환하여야 한다.**

⑥ 제1항 및 제2항에 따라 제주특별자치도의 자치경찰공무원이 경찰청장 또는 제주특별자치도지방경찰청장의 지휘·명령을 받는 경우 그 지휘·명령의 범위에서는 국가경찰공무원으로 본다.

제주특별자치도지사

경찰위원회

즉시

제26조(치안에 필요한 연구개발의 지원 등) ① 경찰청장은 치안에 필요한 연구·실험·조사·기술개발("**연구개발사업**") 및 전문인력 양성 등 **치안분야의 과학기술진흥**을 위한 시책을 마련하여 **추진하여야 한다.**

② **경찰청장**은 연구개발사업을 효율적으로 추진하기 위하여 다음 각 호의 어느 하나에 해당하는 기관 또는 단체 등과 협약을 맺어 **연구개발사업을 실시하게 할 수 있다.**

> 1. 국공립 연구기관
> 2. 「특정연구기관 육성법」 제2조에 따른 특정연구기관
> 3. 「과학기술분야 정부출연연구기관 등의 설립·운영 및 육성에 관한 법률」에 따라 설립된 과학기술분야 정부출연연구기관
> 4. 「고등교육법」에 따른 대학·산업대학·전문대학 및 기술대학
> 5. 「민법」이나 다른 법률에 따라 설립된 법인으로서 치안분야 연구기관 또는 법인 부설 연구소
> 6. 「기초연구진흥 및 기술개발지원에 관한 법률」 제14조의2제1항에 따라 인정받은 기업부설연구소 또는 기업의 연구개발전담부서
> 7. 그 밖에 대통령령으로 정하는 치안분야 관련 연구·조사·기술개발 등을 수행하는 기관 또는 단체

③ **경찰청장**은 제2항 각 호의 기관 또는 단체 등에 대하여 연구개발사업을 실시하는 데 **필요한 경비**의 전부 또는 **일부를 출연**하거나 **보조할 수 있다.**

■ **참고**

행정권한의 위임 및 위탁에 관한 규정 (위임 및 위탁의 기준 등) ① 행정기관의 장은 허가·인가·등록 등 민원에 관한 사무, 정책의 구체화에 따른 집행사무 및 일상적으로 반복되는 사무로서 그가 직접 시행하여야 할 **사무를 제외한 일부 (   )("행정권한")을** 그 **보조기관 또는 하급행정기관의 장, 다른 행정기관의 장, 지방자치단체의 장에게 (   ) 및 위탁한다.**
② 행정기관의 장은 행정권한을 위임 및 위탁할 때에는 위임 및 위탁하기 전에 수임기관의 수임능력 여부를 점검하고, 필요한 인력 및 예산을 이관하여야 한다.

권한
위임

③ 행정기관의 장은 행정권한을 위임 및 위탁할 때에는 위임 및 위탁하기 전에 단순한 사무인 경우를 제외하고는 수임 및 수탁기관에 대하여 수임 및 수탁사무 처리에 필요한 교육을 하여야 하며, 수임 및 수탁사무의 처리지침을 통보하여야 한다.

제6조(지휘 · 감독) 위임 및 위탁기관은 수임 및 수탁기관의 수임 및 수탁사무 처리에 대하여 지휘 · 감독하고, 그 처리가 (   )하거나 (   )하다고 인정될 때에는 이를 취소하거나 정지시킬 수 있다.

위법 / 부당

제7조(사전승인 등의 제한) 수임 및 수탁사무의 처리에 관하여 위임 및 위탁기관은 수임 및 수탁기관에 대하여 사전승인을 받거나 협의를 할 것을 요구 (   ).

할 수 없다

제8조(책임의 소재 및 명의 표시) ① 수임 및 수탁사무의 처리에 관한 책임은 수임 및 수탁기관에 있으며, 위임 및 위탁기관의 장은 그에 대한 감독책임을 진다.

② 수임 및 수탁사무에 관한 권한을 행사할 때에는 수임 및 수탁기관의 명의로 하여야 한다.

[법률 제16036호]

제1조(목적) ① 이 법은 국민의 자유와 권리를 보호하고 사회공공의 질서를 유지하기 위한 경찰관((   )만 **해당한다**.)의 (   )에 필요한 사항을 규정함을 목적으로 한다.

② 이 법에 규정된 경찰관의 직권은 그 **직무 수행**에 **필요한** (   )한도에서 행사되어야 하며 **남용되어서는 아니 된다.**

제2조(직무의 범위) 경찰관은 다음 각 호의 **직무**를 수행한다.

> 1. 국민의 생명·신체 및 재산의 보호
> 2. **범죄**의 예방·진압 및 수사
>   **2의2.** (   ) **보호**
> 3. 경비, 주요 인사 경호 및 대간첩·대테러 작전 수행
> 4. (   )의 수집·작성 및 배포
> 5. 교통 단속과 **교통 위해**의 방지
> 6. 외국 정부기관 및 국제기구와의 **국제협력**
> 7. 그 밖에 공공의 안녕과 질서 유지

제3조(불심검문) ① 경찰관은 다음 각 호의 어느 하나에 해당하는 사람을 **정지시켜** 질문(   ).

> 1. **수상한 행동**이나 그 밖의 주위 사정을 합리적으로 판단하여 볼 때 어떠한 **죄를 범하였거나** 범하려 하고 있다고 의심할 만한 상당한 이유가 있는 사람
> 2. 이미 행하여진 **범죄**나 행하여지려고 하는 **범죄행위**에 관한 **사실을 안다고** 인정되는 사람

국가경찰공무원 /
직무수행

최소

범죄피해자

치안정보

할 수 있다

② 경찰관은 제1항에 따라 같은 항 각 호의 사람을 정지시킨 장소에서 질문을 하는 것이 **그 사람에게 불리하거나 (　　　)에 방해가 된다고 인정될 때**에는 질문을 하기 위하여 가까운 경찰서·지구대·파출소 또는 출장소(**경찰관서**)로 동행할 것을 요구(　　　　). 이 경우 동행을 요구받은 사람은 그 요구를 **거절할 수 있다.**

교통

할 수 있다

③ 경찰관은 제1항 각 호의 어느 하나에 해당하는 사람에게 질문을 할 때에 그 사람이 (　　)를 가지고 있는지를 **조사할 수 있다.**

④ 경찰관은 제1항이나 제2항에 따라 질문을 하거나 **동행을 요구할 경우** 자신의 **신분을 표시하는 증표**를 제시하면서 **소속과 성명을 밝히고** 질문이나 **동행의 목적과 이유를 설명**하여야 하며, 동행을 요구하는 경우에는 **동행 장소**를 밝혀야 한다.

흉기

⑤ 경찰관은 제2항에 따라 동행한 사람의 **가족이나 친지** 등에게 동행한 **경찰관의 신분, 동행 장소, 동행 목적과 이유를 알리거나** 본인으로 하여금 (　　) **연락할 수 있는 기회**를 주어야 하며, (　　　)의 도움을 받을 **권리**가 있음을 알려야 한다.

⑥ 경찰관은 제2항에 따라 동행한 사람을 (　)**시간을 초과**하여 경찰관서에 **머물게 할 수 없다.**

즉시

변호인

6

⑦ 제1항부터 제3항까지의 규정에 따라 질문을 받거나 동행을 요구받은 사람은 **형사소송에 관한 법률**에 따르지 아니하고는 **신체를 (　　)**당하지 아니하며, 그 의사에 반하여 **답변을 강요**당하지 아니한다.

구속

제4조(보호조치 등) ① **경찰관**은 수상한 행동이나 그 밖의 주위 사정을 합리적으로 판단해 볼 때 다음 각 호의 어느 하나에 해당하는 것이 명백하고 **응급구호가 필요하다고** 믿을 만한 상당한 이유가 있는 사람(**구호대상자**)을 발견하였을 때에는 보건의료기관이나 공공구호기관에 긴급구호를 **요청**하거나 경찰관서에 **보호**하는 등 적절한 **조치를 할 수 있다.**

> 1. **정신착란**을 일으키거나 술에 취하여 자신 또는 다른 사람의 생명·신체·재산에 위해를 끼칠 우려가 있는 사람
> 2. (　　)을 시도하는 사람
> 3. **미아, 병자, 부상자** 등으로서 적당한 보호자가 없으며 응급구호가 필요하다고 인정되는 사람.
>   다만, 본인이 **구호를 거절하는 경우**는 (　　　　).

자살

제외한다

② 긴급구호를 요청받은 보건의료기관이나 공공구호기관은 정당한 이유 없이 긴급구호를 거절할 수 없다.

③ 경찰관은 구호대상자가 휴대하고 있는 **무기·흉기** 등 위험을 일으킬 수 있는 것으로 인정되는 **물건**을 경찰관서에 **임시로 영치하여 놓을 수 있다.**

④ 경찰관은 제1항의 조치를 하였을 때에는 지체 없이 구호대상자의 가족, 친지 또는 그 밖의 **연고자에게 그 사실을 알려야 하며,** 연고자가 발견되지 아니할 때에는 구호대상자를 적당한 **공공보건의료기관**이나 **공공구호기관**에 (   ) **인계**하여야 한다.

⑤ 경찰관은 구호대상자를 공공보건의료기관이나 공공구호기관에 인계하였을 때에는 즉시 그 사실을 소속 **경찰서장**이나 해양경찰서장에게 **보고하여야 한다.**

⑥ 보고를 받은 소속 경찰서장이나 해양경찰서장은 대통령령으로 정하는 바에 따라 구호대상자를 인계한 사실을 지체 없이 해당 공공보건의료기관 또는 공공구호기관의 장 및 그 감독행정청에 통보하여야 한다.

⑦ 구호대상자를 **경찰관서**에서 보호하는 기간은 (   )시간을 초과할 수 없고, **물건**을 경찰관서에 임시로 영치하는 기간은 (   )일을 초과할 수 없다.

제5조(위험 발생의 방지 등) ① **경찰관**은 사람의 생명 또는 신체에 위해를 끼치거나 재산에 중대한 손해를 끼칠 우려가 있는 천재, 사변, 인공구조물의 파손이나 붕괴, 교통사고, 위험물의 폭발, 위험한 동물 등의 출현, 극도의 혼잡, 그 밖의 **위험한 사태가 있을 때**에는 다음 각 호의 **조치를** (   ).

> 1. 그 **장소에 모인 사람,** 사물의 **관리자,** 그 밖의 **관계인**에게 필요한 (   )를 하는 것
> 2. 매우 긴급한 경우에는 위해를 입을 우려가 있는 사람을 필요한 한도에서 (   )하거나 (   )시키는 것
> 3. 그 **장소에 있는 사람,** 사물의 **관리자,** 그 밖의 **관계인**에게 위해를 방지하기 위하여 필요하다고 인정되는 조치를 하게 하거나 직접 그 조치를 하는 것

② (   )은 **대간첩 작전의 수행**이나 **소요사태의 진압**을 위하여 필요하다고 인정되는 상당한 이유가 있을 때에는 대간첩 작전지역이나 경찰관서·무기고 등 국가중요시설에 대한 **접근 또는 통행을 제한**하거나 금지(   ).

③ 경찰관은 제1항의 **조치를 하였을 때**에는 지체 없이 그 사실을 소속 **경찰관서의 장**에게 **보고하여야 한다.**

즉시

24
10

할 수 있다

경고

억류 / 피난

경찰관서의 장

할 수 있다

제6조(범죄의 예방과 제지) 경찰관은 **범죄행위가 목전에** 행하여지려고 하고 있다고 인정될 때에는 이를 **예방**하기 위하여 관계인에게 필요한 (   )를 하고, 그 행위로 인하여 사람의 생명·신체에 위해를 끼치거나 재산에 중대한 손해를 끼칠 우려가 있는 **긴급한 경우**에는 그 **행위**를 (   )할 수 있다.

경고

제지

제7조(위험 방지를 위한 출입) ① **경찰관**은 제5조제1항·제2항 및 제6조에 따른 위험한 사태가 발생하여 사람의 생명·신체 또는 재산에 대한 **위해가 임박한 때에** 그 **위해를 방지**하거나 **피해자를 구조**하기 위하여 부득이하다고 인정하면 합리적으로 판단하여 필요한 한도에서 다른 사람의 **토지·건물·배 또는 차에** 출입(   ).

할 수 있다

② 흥행장, 여관, 음식점, 역, 그 밖에 **많은 사람이 출입하는 장소**의 관리자나 그에 준하는 관계인은 경찰관이 **범죄**나 사람의 생명·신체·재산에 대한 위해를 **예방**하기 위하여 해당 장소의 **영업시간이나 해당 장소가 일반인에게 공개된 시간**에 그 장소에 출입하겠다고 요구하면 정당한 이유 없이 그 요구를 거절할 수 없다.

③ 경찰관은 (   ) 수행에 필요할 때에는 **작전지역에서** 제2항에 따른 장소를 (   )할 수 있다.

대간첩 작전

검색

④ 경찰관은 제1항부터 제3항까지의 규정에 따라 **필요한 장소에 출입할 때에는** 그 신분을 표시하는 증표를 제시하여야 하며, 함부로 관계인이 하는 **정당한 업무를 방해**해서는 아니 된다.

제8조(사실의 확인 등) ① (   )은 직무 수행에 필요하다고 인정되는 상당한 이유가 있을 때에는 국가기관이나 공사 단체 등에 직무 수행에 관련된 **사실을** 조회(   ). 다만, **긴급한 경우**에는 **소속 경찰관**으로 하여금 **현장에 나가 해당 기관** 또는 **단체의 장의 협조**를 받아 그 **사실을 확인**하게 할 수 있다.

경찰서의 장

할 수 있다

② **경찰관**은 다음 각 호의 직무를 수행하기 위하여 필요하면 관계인에게 출석하여야 하는 사유·일시 및 장소를 명확히 적은 출석 요구서를 보내 **경찰관서에 출석할 것을 요구할 수 있다.**

1. (   )를 인수할 보호자 확인
2. (   )을 인수할 권리자 확인
3. 사고로 인한 (   ) 확인
4. 행정처분을 위한 (   ) **조사**에 필요한 사실 확인

미아

유실물

사상자

교통사고

제8조의2(국제협력) 경찰청장 또는 해양경찰청장은 이 법에 따른 경찰관의 직무수행을 위하여 **외국 정부기관, 국제기구** 등과 자료 교환, **국제협력 활동** 등을 (   ).

제9조(유치장) 법률에서 정한 절차에 따라 **체포·구속된 사람** 또는 신체의 자유를 제한하는 **판결**이나 **처분**을 받은 사람을 수용하기 위하여 (   )에 유치장을 둔다.

제10조(경찰장비의 사용 등) ① 경찰관은 직무수행 중 **경찰장비**를 사용(   ). 다만, 사람의 생명이나 신체에 위해를 끼칠 수 있는 경찰장비(위해성 경찰장비)를 사용할 때에는 필요한 안전교육과 안전검사를 받은 후 사용하여야 한다.

② 제1항 본문에서 "(   )"란 **무기, 경찰장구**, 최루제와 그 발사장치, 살수차, 감식기구, 해안 감시기구, 통신기기, 차량·선박·항공기 등 경찰이 직무를 수행할 때 필요한 장치와 기구를 말한다.

③ 경찰관은 경찰장비를 함부로 **개조**하거나 경찰장비에 **임의의 장비를 부착**하여 일반적인 사용법과 달리 사용함으로써 다른 사람의 생명·신체에 위해를 끼쳐서는 아니 된다.

④ 위해성 경찰장비는 **필요한** (   )에서 사용하여야 한다.

⑤ 경찰청장은 위해성 **경찰장비를 새로 도입하려는 경우**에는 대통령령으로 정하는 바에 따라 **안전성 검사**를 실시하여 그 안전성 검사의 **결과보고서**를 (   ) **소관 상임위원회**에 제출하여야 한다. 이 경우 안전성 검사에는 **외부 전문가**를 (   )시켜야 한다.

⑥ 위해성 경찰장비의 종류 및 그 사용기준, 안전교육·안전검사의 기준 등은 대통령령으로 정한다.

제10조의2(경찰장구의 사용) ① 경찰관은 다음 각 호의 직무를 수행하기 위하여 필요하다고 인정되는 상당한 이유가 있을 때에는 그 사태를 합리적으로 판단하여 필요한 한도에서 **경찰장구**를 사용(   ).

> 1. (   )이나 사형·무기 또는 장기 (   ) 이상의 징역이나 금고에 해당하는 죄를 범한 범인의 체포 또는 도주 방지
> 2. 자신이나 다른 사람의 생명·신체의 방어 및 보호
> 3. (   )에 대한 항거 제지

(좌측 여백 주석)
할 수 있다
경찰서
할 수 있다
경찰장비
최소한도
국회
참여
할 수 있다
현행범 / 3년
공무집행

② **"경찰장구"**란 경찰관이 휴대하여 범인 검거와 범죄 진압 등의 직무 수행에 사용하는 **수갑, 포승, 경찰봉, 방패** 등을 말한다.

제10조의3(분사기 등의 사용) 경찰관은 다음 각 호의 직무를 수행하기 위하여 부득이한 경우에는 (　　　　　　)가 판단하여 필요한 최소한의 범위에서 **분사기** 또는 **최루탄**을 사용할 수 있다.

> 1. **범인의 체포** 또는 범인의 **도주 방지**
> 2. (　　　　　　　　)로 인한 자신이나 다른 사람의 생명·신체와 재산 및 공공시설 안전에 대한 현저한 위해의 발생 억제

제10조의4(무기의 사용) ① **경찰관**은 범인의 체포, 범인의 도주 방지, 자신이나 다른 사람의 생명·신체의 방어 및 보호, 공무집행에 대한 항거의 제지를 위하여 필요하다고 인정되는 상당한 이유가 있을 때에는 그 사태를 합리적으로 판단하여 필요한 한도에서 **무기를 사용**(　　　　　　).

다만, 다음 각 호의 어느 하나에 해당할 때를 제외하고는 사람에게 위해를 끼쳐서는 아니 된다.

> 1. 「형법」에 규정된 (　　　　)와 (　　　　)에 해당할 때
> 2. 다음 각 목의 어느 하나에 해당하는 때에 그 행위를 방지하거나 그 행위자를 체포하기 위하여 무기를 사용하지 아니하고는 다른 수단이 없다고 인정되는 상당한 이유가 있을 때
>   가. 사형·무기 또는 장기 (　　) 이상의 징역이나 금고에 해당하는 죄를 범하거나 범하였다고 의심할 만한 충분한 이유가 있는 사람이 경찰관의 직무집행에 **항거**하거나 **도주**하려고 할 때
>   나. 체포·구속영장과 압수·수색영장을 집행하는 과정에서 경찰관의 직무집행에 **항거**하거나 **도주**하려고 할 때
>   다. 제3자가 가목 또는 나목에 해당하는 사람을 도주시키려고 경찰관에게 **항거**할 때
>   라. 범인이나 소요를 일으킨 사람이 무기·흉기 등 위험한 물건을 지니고 경찰관으로부터 **3회** 이상 물건을 버리라는 명령이나 항복하라는 **명령**을 받고도 따르지 아니하면서 계속 **항거**할 때
> 3. 대간첩 작전 수행 과정에서 무장간첩이 항복하라는 경찰관의 명령을 받고도 따르지 아니할 때

현장책임자

불법집회·시위

할 수 있다

정당방위 / 긴급피난

3년

무기

② (   )란 사람의 생명이나 신체에 위해를 끼칠 수 있도록 제작된 **권총 · 소총 · 도검** 등을 말한다.

③ 대간첩 · 대테러 작전 등 국가안전에 관련되는 작전을 수행할 때에는 개인화기 외에 공용화기를 사용할 수 있다.

분사기

제11조(사용기록의 보관) 제10조제2항에 따른 (   ), 제10조의3에 따른 **분사기, 최루탄** 또는 제10조의4에 따른 **무기**를 사용하는 경우 그 **책임자**는 사용 일시 · 장소 · 대상, 현장책임자, 종류, 수량 등을 **기록**하여 **보관**하여야 한다.

제11조의2(손실보상) ① **국가**는 경찰관의 **적법한 직무집행**으로 인하여 다음 각 호의 어느 하나에 해당하는 **손실을 입은 자**에 대하여 정당한 **보상**을 하여야 한다.

> 1. 손실발생의 원인에 대하여 **책임이 없는 자**가 생명 · 신체 또는 재산상의 손실을 입은 경우(손실발생의 원인에 대하여 **책임이 없는 자**가 경찰관의 직무집행에 자발적으로 협조하거나 물건을 제공하여 생명 · 신체 또는 재산상의 손실을 입은 경우를 포함한다)
> 2. 손실발생의 원인에 대하여 **책임이 있는 자**가 자신의 책임에 상응하는 정도를 초과하는 생명 · 신체 또는 재산상의 손실을 입은 경우

3년

5년

② 제1항에 따른 보상을 청구할 수 있는 권리는 손실이 있음을 **안 날부터** (   ), 손실이 **발생한 날부터** (   )간 행사하지 아니하면 시효의 완성으로 **소멸한다.**

③ 제1항에 따른 손실보상신청 사건을 심의하기 위하여 **손실보상심의위원회**를 둔다.

④ 경찰청장 또는 지방경찰청장은 제3항의 손실보상심의위원회의 심의 · 의결에 따라 보상금을 지급하고, **거짓 또는 부정한 방법**으로 보상금을 받은 사람에 대하여는 해당 보상금을 **환수**하여야 한다.

제11조의3(범인검거 등 공로자 보상) ① 경찰청장, 지방경찰청장 또는 경찰서장은 다음 각 호의 어느 하나에 해당하는 사람에게 **보상금을 지급할 수 있다.**

> 1. **범인** 또는 범인의 **소재**를 신고하여 검거하게 한 사람
> 2. **범인을 검거**하여 경찰공무원에게 인도한 사람
> 3. **테러범죄의 예방활동**에 현저한 공로가 있는 사람
> 4. 그 밖에 제1호부터 제3호까지의 규정에 준하는 사람으로서 대통령령으로 정하는 사람

━ 참고

경찰관 직무집행법 시행령 제18조(범인검거 등 공로자 보상금 지급 대상자)

법 제11조의3제1항제4호에서 "대통령령으로 정하는 사람"이란 다음 각 호의 어느 하나에 해당하는 사람을 말한다.

1. 범인의 **신원을 특정할 수 있는 정보**를 제공한 사람
2. **범죄사실을 입증하는 증거물**을 제출한 사람
3. 그 밖에 범인 검거와 관련하여 **경찰 수사 활동에 협조한 사람** 중 보상금 지급 대상자에 해당한다고 법 제11조의3제2항에 따른 보상금심사위원회가 인정하는 사람

제19조(보상금심사위원회의 구성 및 심사사항 등) ① 법 제11조의3제2항에 따라 **경찰청**에 두는 **보상금심사위원회의** (　　　)**은 경찰청 소속** (　　　) **이상의 경찰공무원 중에서 경찰청장이 임명하는 사람**으로 한다.

② 법 제11조의3제2항에 따라 지방경찰청 및 경찰서에 두는 보상금심사위원회의 위원장에 관하여는 제1항을 준용한다. 이 경우 "경찰청"은 각각 "지방경찰청" 또는 "경찰서"로, "경찰청장"은 각각 "지방경찰청장" 또는 "경찰서장"으로 본다.

③ 법 제11조의3제2항에 따른 보상금심사위원회는 다음 각 호의 사항을 심사·의결한다.

1. 보상금 지급 **대상자에 해당하는지 여부**
2. 보상금 지급 **금액**
3. 보상금 **환수 여부**
4. 그 밖에 보상금 **지급이나 환수에 필요한 사항**

④ 보상금심사위원회의 회의는 **재적위원** (　　　)**의 찬성으로 의결한다.**

제20조(범인검거 등 공로자 보상금의 지급 기준) 법 제11조의3제1항에 따른 **보상금의 최고액은** (　　　)**으로 하며, 구체적인 보상금 지급 기준은** (　　　) 이 정하여 고시한다.

제21조(범인검거 등 공로자 보상금의 지급 절차 등) ① 경찰청장, 지방경찰청장 또는 경찰서장은 보상금 지급사유가 발생한 경우에는 **직권**으로 또는 보상금을 지급받으려는 사람의 **신청**에 따라 소속 **보상금심사위원회의 심사·의결을 거쳐 보상금을 지급한다.**

위원장 / 과장급

과반수

5억원 / 경찰청장

② 보상금심사위원회는 제20조에 따라 경찰청장이 정하여 고시한 보상금 지급 기준에 따라 보상 금액을 심사·의결한다. 이 경우 보상금심사위원회는 다음 각 **호의** 사항을 고려하여 **보상금액을 결정할 수 있다.**
　1. **테러범죄 예방의** 기여도
　2. **범죄피해의 규모**
　3. 범인 신고 등 보상금 **지급 대상 행위의 난이도**
　4. 보상금 지급 대상자가 다른 법령에 따라 보상금 등을 지급받을 수 있는지 여부
　5. 그 밖에 범인검거와 관련한 제반 사정
③ 경찰청장, 지방경찰청장 및 경찰서장은 소속 보상금심사위원회의 보상금 심사를 위하여 필요한 경우에는 보상금 지급 대상자와 관계 공무원 또는 기관에 사실조사나 자료의 제출 등을 요청할 수 있다.

② 경찰청장, 지방경찰청장 및 경찰서장은 제1항에 따른 보상금 지급의 심사를 위하여 대통령령으로 정하는 바에 따라 각각 보상금심사위원회를 설치·운영하여야 한다.
③ **보상금심사위원회는 위원장 1명을** 포함한 **5명 이내의 위원으로 구성**한다.
④ 보상금심사위원회의 위원은 소속 경찰공무원 중에서 경찰청장, 지방경찰청장 또는 경찰서장이 임명한다.
⑤ 경찰청장, 지방경찰청장 또는 경찰서장은 보상금심사위원회의 심사·의결에 따라 보상금을 지급하고, **거짓 또는 부정한 방법**으로 보상금을 받은 사람에 대하여는 해당 **보상금을 환수**한다.
⑥ 경찰청장, 지방경찰청장 또는 경찰서장은 보상금을 반환하여야 할 사람이 대통령령으로 정한 기한까지 그 금액을 **납부하지 아니한 때**에는 **국세 체납처분**의 예에 따라 **징수할 수 있다.**
⑦ 보상 대상, 보상금의 지급 기준 및 절차, 제2항 및 제3항에 따른 보상금심사위원회의 구성 및 심사사항, 제5항 및 제6항에 따른 환수절차, 그 밖에 보상금 지급에 관하여 필요한 사항은 **대통령령**으로 정한다.

제12조(벌칙) 이 법에 규정된 경찰관의 **의무를 위반**하거나 **직권을 남용**하여 다른 사람에게 해를 끼친 사람은 (　　) 이하의 **징역**이나 **금고**에 처한다.

1년

03 위해성 경찰장비의 사용기준 등에 관한 규정

(약칭: 위해성경찰장비규정)　　　　　　　　[대통령령 제30328호]

제1조(목적) 이 영은 「경찰관 직무집행법」 제10조에 따라 국가경찰공무원이 직무를 수행할 때 사용할 수 있는 사람의 생명이나 신체에 위해를 끼칠 수 있는 경찰장비의 종류·사용기준 및 안전관리 등에 관한 사항을 규정함을 목적으로 한다.

제2조(위해성 경찰장비의 종류) 「경찰관 직무집행법」 제10조제1항 단서에 따른 사람의 생명이나 신체에 위해를 끼칠 수 있는 경찰장비("위해성 경찰장비")의 종류는 다음 각 호와 같다.

1. (　　　)	**수갑 · 포승 · 호송용포승 · 경찰봉 ·** 호신용경봉 · **전자충격기 · 방패** 및 전자방패
2. **무기**	**권총 · 소총 ·** 기관총(기관단총을 **포함한다) ·** 산탄총 · 유탄발사기 · 박격포 · 3인치포 · 함포 · 크레모아 · 수류탄 · 폭약류 및 **도검**
3. **분사기 · 최루탄등**	근접분사기 · 가스분사기 · (　　　　　)(**고무탄 발사겸용**을 **포함한다) 및** 최루탄(그 발사장치를 포함한다)
4. **기타장비**	가스차 · 살수차 · 특수진압차 · **물포 ·** (　　　) · 다목적발사기 및 도주차량차단장비

경찰장구

가스발사총

석궁

최소한

제4조(영장집행등에 따른 수갑등의 사용기준) 경찰관(**국가경찰공무원에 한한다)**은 체포·구속영장을 집행하거나 신체의 자유를 제한하는 판결 또는 처분을 받은 자를 법률이 정한 절차에 따라 호송하거나 수용하기 위하여 필요한 때에는 (　　　)**의 범위**안에서 수갑·포승 또는 호송용포승을 사용**할 수 있다.**

제5조(자살방지등을 위한 수갑등의 사용기준 및 사용보고) 경찰관은 범인·주취자 또는 정신착란자의 자살 또는 자해기도를 방지하기 위하여 필요한 때에는 **수갑·포승** 또는 호송용포승을 **사용할 수 있다.** 이 경우 경찰관은 소속 국가경찰관서의 장(경찰청장·해양경찰청장·지방경찰청장·지방해양경찰청장·경찰서장 또는 해양경찰서장 기타 경무관·총경·경정 또는 (   )을 장으로 하는 국가경찰관서의 장을 말한다)에게 그 사실을 **보고하여야 한다.**

경감

제6조(불법집회등에서의 경찰봉·호신용경봉의 사용기준) 경찰관은 불법집회·시위로 인하여 발생할 수 있는 **타인** 또는 **경찰관**의 **생명·신체**의 **위해**와 **재산·공공시설**의 위험을 방지하기 위하여 필요한 때에는 최소한의 범위안에서 **경찰봉** 또는 **호신용경봉**을 사용할 수 있다.

14

제8조(전자충격기등의 사용제한) ① 경찰관은 (   )세미만의 자 또는 **임산부**에 대하여 **전자충격기** 또는 **전자방패**를 사용하여서는 **아니된다.**
② 경찰관은 **전극침 발사장치**가 있는 **전자충격기**를 사용하는 경우 상대방의 **얼굴**을 **향하여 전극침을 발사하여서는 아니된다.**

제9조(총기사용의 경고) 경찰관은 법 제10조의4에 따라 사람을 향하여 **권총** 또는 **소총**을 **발사**하고자 하는 때에는 **미리** (   ) 또는 **공포탄**에 의한 사격으로 상대방에게 **경고하여야 한다.**
다만, 다음 각 호의 어느 하나에 해당하는 경우로서 부득이한 때에는 **경고하지 아니할 수 있다.**

구두

> 1. 경찰관을 **급습**하거나 타인의 생명·신체에 대한 중대한 위험을 야기하는 범행이 목전에 실행되고 있는 등 **상황이 급박**하여 특히 **경고할 시간적 여유가 없는 경우**
> 2. 인질·간첩 또는 (   )사건에 있어서 은밀히 작전을 수행하는 경우

테러

총기 / 폭발물

제외하고는

제10조(권총 또는 소총의 사용제한) ② 경찰관은 (   ) 또는 (   )을 가지고 대항하는 경우를 (   ) 14세미만의 자 또는 **임산부**에 대하여 권총 또는 소총을 발사하여서는 **아니된다.**

제11조(동물의 사살) 경찰관은 공공의 안전을 위협하는 동물을 사살하기 위하여 부득이한 때에는 권총 또는 소총을 사용할 수 있다.

제12조(가스발사총등의 사용제한) ① 경찰관은 **범인의 체포 또는 도주방지, 타인 또는 경찰관의 생명·신체에 대한 방호, 공무집행에 대한 항거의 억제**를 위하여 필요한 때에는 최소한의 범위안에서 **가스발사총을 사용할 수 있다.** 이 경우 경찰관은 (   )**이내**의 거리에서 상대방의 **얼굴을 향하여** 이를 **발사하여서는 아니된다.**

1미터

② 경찰관은 **최루탄발사기**로 최루탄을 발사하는 경우 (   )**도 이상의 발사각**을 유지하여야 하고, **가스차·살수차 또는 특수진압차**의 최루탄발사대로 최루탄을 발사하는 경우에는 (   )**도 이상의 발사각**을 유지하여야 한다.

30

15

제13조(가스차·특수진압차·물포의 사용기준) ① 경찰관은 **불법집회·시위 또는 소요사태**로 인하여 발생할 수 있는 타인 또는 경찰관의 생명·신체의 위해와 재산·공공시설의 위험을 억제하기 위하여 부득이한 경우에는 (   )의 판단에 의하여 필요한 최소한의 범위에서 **가스차를 사용할 수 있다.**

현장책임자

② 경찰관은 **소요사태의 진압, 대간첩·대테러작전의 수행**을 위하여 부득이한 경우에는 필요한 최소한의 범위안에서 **특수진압차를 사용할 수 있다.**

③ 경찰관은 **불법해상시위**를 해산시키거나 **정선명령에 불응**하고 도주하는 선박을 정지시키기 위하여 부득이한 경우에는 현장책임자의 판단에 의하여 필요한 최소한의 범위안에서 **경비함정의 물포를 사용할 수 있다.** 다만, **사람을 향하여** (   ) **물포를 발사하여서는 아니된다.**

직접

제13조의2(살수차의 사용기준) ① 경찰관은 다음 각 호의 어느 하나에 해당하여 살수차 외의 경찰장비로는 그 위험을 제거·완화시키는 것이 현저히 곤란한 경우에는 (   )의 명령에 따라 **살수차를 배치·사용할 수 있다.**

지방경찰청장

> 1. **소요사태**로 인해 타인의 법익이나 공공의 안녕질서에 대한 직접적인 위험이 명백하게 초래되는 경우
>
> 2. 「**통합방위법**」 제21조제4항에 따라 지정된 **국가중요시설**에 대한 직접적인 **공격행위**로 인해 해당 시설이 파괴되거나 기능이 정지되는 등 **급박한 위험**이 발생하는 경우

② 경찰관은 제1항에 따라 살수차를 사용하는 경우 별표 3의 살수거리별 수압기준에 따라 살수해야 한다.

이 경우 사람의 생명 또는 신체에 치명적인 위해를 가하지 않도록 필요한 최소한의 범위에서 살수해야 한다.

지방경찰청장

③ 경찰관은 제2항에 따라 살수하는 것으로 제1항 각 호의 어느 하나에 해당하는 위험을 제거·완화시키는 것이 곤란하다고 판단하는 경우에는 (   )의 명령에 따라 필요한 최소한의 범위에서 **최루액을 혼합하여 살수할 수 있다.** 이 경우 최루액의 혼합 살수 절차 및 방법은 경찰청장이 정한다.

제14조(석궁의 사용기준) 경찰관은 총기·폭발물 기타 **위험물로 무장한 범인** 또는 **인질범의 체포, 대간첩·대테러작전**등 국가안전에 관련되는 작전을 은밀히 수행하거나 **총기를 사용할 경우**에는 **화재·폭발의 위험**이 있는 등 부득이한 때에 한하여

현장책임자

(   )의 판단에 의하여 필요한 **최소한의 범위안에서 석궁을 사용할 수 있다.**

제15조(다목적발사기의 사용기준) 경찰관은 인질범의 체포 또는 대간첩·대테러작전 등 국가안전에 관련되는 작전을 수행하거나 공공시설의 안전에 대한 현저한 위해의 발생을 방지하기 위하여 필요한 때에는 최소한의 범위안에서 **다목적발사기를 사용할 수 있다.**

제16조(도주차량차단장비의 사용기준등) ① 경찰관은 **무면허운전**이나 **음주운전** 기타 범죄에 이용하였다고 의심할 만한 차량 또는 **수배중인 차량**이 정당한 **검문에 불응**하고 **도주하거나 차량으로 직무집행중인 경찰관**에게 위해를 가한 후 도주하려는 경우에는 **도주차량차단장비를 사용할 수 있다.**

② 도주차량차단장비를 운용하는 경찰관은 검문 또는 단속장소의 전방에 동 장비의 운용중임을 알리는 **안내표지판을 설치**하고 기타 필요한 **안전조치를 취하여야 한다.**

경찰청장

제18조의2(신규 도입 장비의 안전성 검사) ① (   )은 위해성 경찰장비를 새로 **도입하려는 경우**에는 법 제10조제5항에 따라 **안전성 검사**를 실시하여 새로 도입하려는 장비("신규 도입 장비")가 사람의 생명이나 신체에 미치는 영향을 평가하여야 한다.

② 안전성 검사는 신규 도입 장비와 관련된 분야의 **외부 전문가**가 신규 도입 장비의 주요 특성이나 작동원리에 기초하여 제시하는 검사방법 및 기준에 따라 실시하되, 신규 도입 장비에 대하여 일반적으로 인정되는 합리적인 검사방법이나 기준이 있을 경우 그 검사방법이나 기준에 따라 안전성 검사를 실시할 수 있다.

30일

③ 안전성 검사에 참여한 외부 전문가는 안전성 검사가 끝난 후 (   ) 이내에 신규 도입 장비의 안전성 여부에 대한 의견을 **경찰청장에게 제출하여야 한다.**

④ **경찰청장**은 신규 도입 장비에 대한 안전성 검사를 실시한 후 **3개월** 이내에 다음 각 호의 내용이 포함된 안전성 검사 **결과보고서**를 (　　) 소관 상임위원회에 **제출하여야 한다.**

　1. 신규 도입 장비의 주요 특성 및 기본적인 작동 원리

　2. 안전성 검사의 방법 및 기준

　3. 안전성 검사에 참여한 외부 전문가의 의견

　4. 안전성 검사 결과 및 종합 의견

제19조(위해성 경찰장비의 개조 등) 국가경찰관서의 장은 **폐기대상**인 위해성 경찰장비 또는 **성능이 저하된** 위해성 경찰장비를 **개조할 수 있으며**, 소속경찰관으로 하여금 이를 **본래의 용법에 준하여 사용하게 할 수 있다.**

제20조(사용기록의 보관 등) ① 제2조제2호부터 제4호까지의 **위해성 경찰장비**(제4호의 경우에는 **살수차만 해당한다**)를 **사용하는 경우** 그 **현장책임자** 또는 **사용자**는 별지 서식의 (　　　　　)를 **작성**하여 직근상급 감독자에게 보고하고, 직근상급 감독자는 이를 (　　)간 **보관**하여야 한다.

제21조(부상자에대한 긴급조치) 경찰관이 위해성 경찰장비를 사용하여 **부상자**가 발생한 경우에는 즉시 **구호**, 그 밖에 필요한 긴급**조치를 하여야 한다.**

국회

사용보고서

3년

[법률 제16905호]

인사

제1조(목적) 이 법은 각급 기관에서 근무하는 모든 **국가공무원에게 적용할 (　　)행정의 근본 기준을 확립**하여 그 공정을 기함과 아울러 국가공무원에게 **국민 전체의 봉사자로서 행정의 민주적이며 능률적인 운영**을 기하게 하는 것을 목적으로 한다.

제2조(공무원의 구분) ① 국가공무원은 **경력직공무원과 특수경력직공무원**으로 구분한다.

② **"경력직공무원"**이란 실적과 자격에 따라 임용되고 그 신분이 보장되며 평생 동안(근무기간을 정하여 임용하는 공무원의 경우에는 그 기간 동안을 말한다) 공무원으로 근무할 것이 예정되는 공무원을 말하며, 그 종류는 다음 각 호와 같다.

---

1. 일반직공무원: 기술·연구 또는 행정 일반에 대한 업무를 담당하는 공무원
2. **특정직공무원**: 법관, 검사, 외무공무원, **경찰공무원**, 소방공무원, 교육공무원, 군인, 군무원, 헌법재판소 헌법연구관, 국가정보원의 직원, 경호공무원과 특수 분야의 업무를 담당하는 공무원으로서 다른 법률에서 특정직공무원으로 지정하는 공무원

---

③ **"특수경력직공무원"**이란 경력직공무원 외의 공무원을 말하며, 그 종류는 다음 각 호와 같다.

정무직

---

1. (　　)공무원
  가. **선거**로 취임하거나 임명할 때 **국회의 동의가 필요한 공무원**
  나. 고도의 정책결정 업무를 담당하거나 이러한 업무를 보조하는 공무원으로서 법률이나 대통령령(대통령비서실 및 국가안보실의 조직에 관한 대통령령만 해당한다)에서 정무직으로 지정하는 공무원

---

2. **별정직공무원**: 비서관·비서 등 보좌업무 등을 수행하거나 특정한 업무 수행을 위하여 법령에서 별정직으로 지정하는 공무원

제9조(소청심사위원회의 설치) ① 행정기관 소속 공무원의 **징계처분**, 그 밖에 그 의사에 반하는 **불리한 처분**이나 **부작위**에 대한 소청을 심사·결정하게 하기 위하여 (　　　　)에 소청심사위원회를 둔다.

② **국회, 법원, 헌법재판소 및 선거관리위원회** 소속 공무원의 소청에 관한 사항을 심사·결정하게 하기 위하여

국회사무처, 법원행정처, 헌법재판소사무처 및 중앙선거관리위원회사무처에 각각 해당 (　　　　)를 둔다.

③ 국회사무처, 법원행정처, 헌법재판소사무처 및 중앙선거관리위원회사무처에 설치된 소청심사위원회는

위원장 1명을 포함한 위원 5명 이상 7명 이하의 (　　)**위원**으로 구성하고, 인사혁신처에 설치된 소청심사위원회는 **위원장 1명을 포함한 5명 이상 7명 이하의 상임위원**과 상임위원 수의 (　　　　)**인 비상임위원**으로 구성하되, **위원장**은 **정무직**으로 보한다.

제10조의2(소청심사위원회위원의 결격사유) ① 다음 각 호의 어느 하나에 해당하는 자는 소청심사위원회의 위원이 될 수 없다.

1. 제33조(**결격사유**) 각 호의 어느 하나에 해당하는 자
2. 「정당법」에 따른 **정당의 당원**
3. 「공직선거법」에 따라 실시하는 **선거에 후보자**로 등록한 자

제11조(소청심사위원회위원의 신분 보장) 소청심사위원회의 위원은 (　　) **이상**의 형벌이나 장기의 **심신 쇠약**으로 직무를 수행할 수 없게 된 경우 외에는 **본인의 의사에 반하여 면직되지 아니한다.**

제12조(소청심사위원회의 심사) ① 소청심사위원회는 이 법에 따른 소청을 접수하면 지체 없이 심사하여야 한다.

② 소청심사위원회는 심사를 할 때 필요하면 검증·감정, 그 밖의 사실조사를 하거나 증인을 소환하여 질문하거나 관계 서류를 제출하도록 명할 수 있다.

인사혁신처 / 소청심사위원회 / 비상임 / 2분의 1 이상 / 금고

③ **소청심사위원회**가 소청 사건을 심사하기 위하여 **징계 요구 기관**이나 **관계 기관의 소속 공무원**을 증인으로 **소환**하면 해당 **기관의 장은 이에 따라야 한다.**

④ 소청심사위원회는 필요하다고 인정하면 소속 직원에게 사실조사를 하게 하거나 특별한 학식·경험이 있는 자에게 검증이나 감정을 의뢰할 수 있다.

제13조(소청인의 진술권) ① 소청심사위원회가 소청 사건을 심사할 때에는 대통령령 등으로 정하는 바에 따라 소청인 또는 **대리인에게 진술 기회를 주어야 한다.**

무효

② 제1항에 따른 **진술 기회를 주지 아니한 결정**은 (   )로 한다.

3분의 2

제14조(소청심사위원회의 결정) ① 소청 사건의 결정은 재적 위원 (   ) 이상의

과반수

출석과 출석 위원 (   )**의 합의**에 따르되, **의견이 나뉠 경우**에는 출석 위원 과반수에 이를 때까지 소청인에게 **가장 불리한 의견에 차례로 유리한 의견을 더하여** 그 중 **가장 유리한 의견**을 **합의된 의견**으로 **본다.**

② 소청심사위원회의 **위원**은 그 위원회에 계류된 **소청사건의 증인이 될 수 없으며,** 다음 각 호의 사항에 관한 소청 사건의 **심사·결정에서 (   )된다.**

제척

1. 위원 본인과 관계있는 사항

2. 위원 본인과 친족 관계에 있거나 친족 관계에 있었던 자와 관계있는 사항

③ **소청 사건의 당사자**는 다음 각 호의 어느 하나에 해당하는 때에는 그 **이유를 구**

기피

체적으로 밝혀 그 위원에 대한 (   )**를 신청할 수 있고,** 소청심사**위원회**는 해당 위원의 **기피 여부를 결정하여야 한다.** 이 경우 기피신청을 받은 위원은 그 기피 여부에 대한 결정에 참여할 수 없다.

1. 소청심사위원회의 위원에게 제2항 각 호의 사항이 있는 경우

2. 심사·결정의 공정을 기대하기 어려운 사정이 있는 경우

④ 소청심사위원회 위원은 제3항 각 호의 어느 하나에 해당하는 때에는 **스스로 그**

회피

사건의 심사·결정에서 (   )**할 수 있다.**

취소 / 변경

⑥ 소청심사위원회의 (   )**명령** 또는 (   )**명령 결정**은 그에 따른 징계나 그 밖의 **처분이 있을 때까지**는 종전에 행한 징계처분 또는 제78조의2에 따른 **징계부가금 부과처분에 영향을 미치지 아니한다.**

⑦ 소청심사위원회가 징계처분 또는 징계부가금 부과처분을 받은 자의 청구에 따라 소청을 심사할 경우에는 **원징계처분보다 무거운 징계** 또는 원징계부가금 부과처분보다 무거운 징계부가금을 부과하는 결정을 하지 못한다.

⑧ 소청심사위원회의 결정은 그 이유를 구체적으로 밝힌 결정서로 하여야 한다.

제15조(결정의 효력) 소청심사위원회의 결정은 처분 행정청을 (　　)한다.

기속

제16조(행정소송과의 관계) ① 제75조에 따른 처분, 그 밖에 본인의 의사에 반한 불리한 처분이나 부작위에 관한 **행정소송은 소청심사위원회의 심사·결정을 거치지 아니하면 제기할 수 (　　).**

없다

제26조의6(차별금지) 국가기관의 장은 소속 공무원을 임용할 때 합리적인 이유 없이 **성별, 종교** 또는 **사회적 신분** 등을 이유로 **차별**해서는 아니 된다.

제33조(결격사유) 다음 각 호의 어느 하나에 해당하는 자는 **공무원으로 임용될 수 없다.**

1. 피성년**후견인** 또는 피한정후견인
2. **파산선고를 받고 복권되지 아니한 자**
3. **금고 이상의 실형**을 선고받고 그 집행이 종료되거나 집행을 받지 아니하기로 확정된 후 (　　)이 지나지 아니한 자
4. 금고 이상의 형을 선고받고 그 **집행유예 기간**이 끝난 날부터 (　　)이 지나지 아니한 자
5. 금고 이상의 형의 (　　　)를 받은 경우에 그 선고유예 기간 중에 있는 자
6. 법원의 판결 또는 다른 법률에 따라 **자격이 상실**되거나 **정지**된 자
6의2. 공무원으로 재직기간 중 직무와 관련하여 「형법」 제355조(**횡령, 배임**) 및 제356조(**업무상 횡령, 배임**)에 규정된 죄를 범한 자로서 (　　　) **이상의 벌금형**을 선고받고 그 형이 확정된 후 **2년**이 지나지 아니한 자
6의3. 「**성폭력범죄**의 처벌 등에 관한 특례법」 제2조에 규정된 죄를 범한 사람으로서 (　　　) **이상의 벌금형**을 선고받고 그 형이 확정된 후 **3년**이 지나지 아니한 사람
6의4. **미성년자**에 대한 다음 각 목의 어느 하나에 해당하는 죄를 저질러 **파면·해임**되거나 **형** 또는 **치료감호**를 선고받아 그 **형** 또는 **치료감호가 확정**된 사람(**집행유예를 선고**받은 후 그 집행유예기간이 경과한 사람을 **포함한다**)
　가. 「성폭력범죄의 처벌 등에 관한 특례법」 제2조에 따른 **성폭력범죄**
　나. 「아동·청소년의 성보호에 관한 법률」 제2조제2호에 따른 **아동·청소년 대상 성범죄**

5년
2년
선고유예
300만원
100만원

파면
해임

> 7. 징계로 (   )처분을 받은 때부터 **5년**이 지나지 아니한 자
> 8. 징계로 (   )처분을 받은 때부터 **3년**이 지나지 아니한 자

제7장 복   무

제55조(선서) 공무원은 취임할 때에 **소속 기관장 앞**에서 대통령령등으로 정하는 바에 따라 **선서하여야 한다**. 다만, 불가피한 사유가 있으면 취임 후에 선서하게 할 수 있다.

성실

제56조(성실 의무) 모든 공무원은 **법령을 준수**하며 (   )**히 직무**를 수행하여야 한다.

소속 상관

제57조(복종의 의무) 공무원은 직무를 수행할 때 (   )**의 직무상 명령**에 복종하여야 한다.

제58조(직장 이탈 금지) ① 공무원은 소속 상관의 허가 또는 정당한 사유가 없으면 **직장을 이탈하지 못한다**.
② 수사기관이 공무원을 구속하려면 그 소속 기관의 장에게 미리 통보하여야 한다. 다만, (   )은 그러하지 아니하다.

현행범

제59조(친절·공정의 의무) 공무원은 국민 전체의 봉사자로서 **친절**하고 **공정**하게 직무를 수행하여야 한다.

차별

제59조의2(종교중립의 의무) ① 공무원은 **종교에 따른** (   ) **없이** 직무를 수행하여야 한다.
② 공무원은 소속 상관이 제1항에 위배되는 직무상 명령을 한 경우에는 이에 따르지 아니할 수 있다.

재직 / 퇴직

제60조(비밀 엄수의 의무) 공무원은 (   ) 중은 물론 (   ) 후에도 **직무상** 알게 된 **비밀을 엄수**하여야 한다.

사례·증여

제61조(청렴의 의무) ① 공무원은 직무와 관련하여 **직접적이든 간접적이든** (   ) **또는 향응을 주거나 받을 수 없다.**
② 공무원은 직무상의 관계가 있든 없든 그 **소속 상관**에게 증여하거나 **소속 공무원**으로부터 **증여**를 받아서는 아니 된다.

제62조(외국 정부의 영예 등을 받을 경우) 공무원이 외국 정부로부터 영예나 증여를 받을 경우에는 (   )의 허가를 받아야 한다.

대통령

제63조((   )의 의무) 공무원은 직무의 내외를 불문하고 그 품위가 손상되는 행위를 하여서는 아니 된다.

품위 유지

제64조(영리 업무 및 겸직 금지) ① 공무원은 공무 외에 **영리를 목적으로 하는 업무**에 종사하지 못하며 소속 기관장의 허가 없이 **다른 직무를 겸할 수 없다.**

제65조((   )의 금지) ① 공무원은 **정당**이나 그 밖의 **정치단체**의 결성에 관여하거나 이에 **가입할 수 없다.**

정치 운동

② 공무원은 선거에서 특정 **정당** 또는 **특정인**을 **지지** 또는 **반대**하기 위한 다음의 **행위를 하여서는 아니 된다.**

　1. **투표를 하거나 하지 아니하도록 권유 운동을 하는 것**

　2. 서명 운동을 기도·주재하거나 권유하는 것

　3. 문서나 도서를 공공시설 등에 게시하거나 게시하게 하는 것

　4. 기부금을 모집 또는 모집하게 하거나, 공공자금을 이용 또는 이용하게 하는 것

　5. 타인에게 정당이나 그 밖의 정치단체에 가입하게 하거나 가입하지 아니하도록 권유 운동을 하는 것

제66조(집단 행위의 금지) ① 공무원은 노동운동이나 그 밖에 공무 외의 일을 위한 (   ) **행위를 하여서는 아니 된다.** 다만, **사실상 노무에 종사하는 공무원**은 (   )로 한다.

집단 / 예외

② 제1항 단서의 사실상 노무에 종사하는 공무원의 범위는 대통령령등으로 정한다.

③ 제1항 단서에 규정된 공무원으로서 **노동조합에 가입된 자가 조합 업무에 전임**하려면 (   )의 허가를 받아야 한다.

소속 장관

제68조(의사에 반한 신분 조치) 공무원은 형의 선고, 징계처분 또는 이 법에서 정하는 사유에 따르지 아니하고는 **본인의 의사에 반하여 휴직·강임** 또는 **면직**을 당하지 아니한다.

다만, 1급 공무원과 제23조에 따라 배정된 직무등급이 가장 높은 등급의 직위에 임용된 **고위공무원단에 속하는 공무원**은 그러하지 아니하다.

직권 면직

제70조(　　　　) ①임용권자는 공무원이 다음 각 호의 어느 하나에 해당하면 **직권으로 면직시킬 수 있다.**

> 3. 직제와 정원의 개폐 또는 예산의 감소 등에 따라 **폐직** 또는 **과원**이 되었을 때
> 4. 휴직 기간이 끝나거나 휴직 사유가 소멸된 후에도 **직무에 복귀하지 아니하거나 직무를 감당할 수 없을 때**
> 5. **대기 명령을 받은 자**가 그 기간에 **능력** 또는 근무**성적의 향상**을 **기대**하기 **어렵다**고 인정된 때
> 6. 전직시험에서 **세 번 이상 불합격한 자**로서 직무수행 능력이 부족하다고 인정된 때
> 7. **병역판정검사 · 입영** 또는 **소집**의 명령을 받고 정당한 사유 없이 이를 **기피**하거나 군복무를 위하여 휴직 중에 있는 자가 **군복무 중 군무를 이탈**하였을 때
> 8. 해당 직급 · 직위에서 직무를 수행하는데 필요한 **자격증의 효력**이 없어지거나 **면허가 취소**되어 담당 직무를 수행할 수 없게 된 때
> 9. 고위공무원단에 속하는 공무원이 제70조의2에 따른 **적격심사 결과 부적격 결정**을 받은 때

② **임용권자**는 제1항제3호부터 제8호까지의 규정에 따라 면직시킬 경우에는 미리 관할 징계위원회의 의견을 들어야 한다. 다만, 제1항제5호에 따라 **면직시킬 경우에**

징계위원회

는 (　　　　　)**의 동의를 받아야 한다.**

③ 임용권자나 임용제청권자는 제1항제3호에 따라 소속 공무원을 **면직시킬 때**에는 **임용 형태, 업무 실적, 직무수행 능력, 징계처분 사실** 등을 고려하여 면직 기준을 정하여야 한다.

제71조(휴직) ① 공무원이 다음 각 호의 어느 하나에 해당하면 **임용권자**는 본인의 의

명하여야 한다

사에도 불구하고 **휴직을** (　　　　　).

1년

3년

> 1. 신체 · 정신상의 장애로 **장기 요양**이 필요할 때, ((　) 이내, 1년 연장 가능) 다만, **공무상 질병** 또는 **부상**으로 인한 휴직기간은 (　) 이내),
> 3. 「병역법」에 따른 병역 복무를 마치기 위하여 **징집** 또는 **소집**된 때, (**복무 기간**이 끝날 때까지)
> 4. 천재지변이나 전시 · 사변, 그 밖의 사유로 **생사** 또는 **소재가 불명확**하게 된 때, (**3개월** 이내)

5. 그 밖에 법률의 규정에 따른 의무를 수행하기 위하여 **직무를 이탈**하게 된 때, (**복무 기간**이 끝날 때까지)

6. 「공무원의 노동조합 설립 및 운영 등에 관한 법률」 제7조에 따라 **노동조합 전임자**로 종사하게 된 때, (그 **전임 기간**으로 한다)

② **임용권자**는 공무원이 다음 각 호의 어느 하나에 해당하는 사유로 휴직을 원하면 휴직을 (   ).   명할 수 있다

다만, 제4호의 경우에는 대통령령으로 정하는 **특별한 사정**이 없으면 **휴직을 명하여야 한다.**

1. 국제기구, 외국 기관, 국내외의 대학·연구기관, 다른 국가기관 또는 대통령령으로 정하는 민간기업, 그 밖의 기관에 **임시로 채용**될 때, (**채용 기간**, 다만, 민간기업이나 그 밖의 기관에 채용되면 3년 이내로 한다.)

2. 국외 **유학**을 하게 된 때, ((   ) 이내, 부득이한 경우 **2년**의 범위에서 **연장 가능**)   3년

3. 중앙인사관장기관의 장이 지정하는 연구기관이나 교육기관 등에서 **연수**하게 된 때, ((   ) 이내)   2년

4. 만 8세 이하 또는 초등학교 2학년 이하의 **자녀를 양육**하기 위하여 필요하거나 여성공무원이 **임신** 또는 **출산**하게 된 때, (자녀 1명에 대하여 **3년** 이내)

5. 사고나 질병 등으로 **장기간 요양**이 필요한 조부모, 부모(배우자의 부모를 포함한다), 배우자, 자녀 또는 손자녀를 **간호**하기 위하여 필요한 때. (**1년** 이내, 재직 기간 중 **총 3년**을 넘을 수 없다.)

다만, 조부모나 손자녀의 간호를 위하여 휴직할 수 있는 경우는 본인 외에는 간호할 수 있는 사람이 없는 등 대통령령등으로 정하는 요건을 갖춘 경우로 한정한다.

6. 외국에서 근무·유학 또는 연수하게 되는 **배우자를 동반**하게 된 때, ((   ) 이내, 부득이한 경우 **2년**의 범위에서 **연장 가능**)   3년

7. 대통령령등으로 정하는 기간 동안 재직한 공무원이 직무 관련 **연구과제 수행** 또는 **자기개발**을 위하여 **학습·연구** 등을 하게 된 때, ((   ) 이내)   1년

제73조(휴직의 효력) ① 휴직 중인 공무원은 **신분은 보유**하나 직무에 종사하지 못한다.

② 휴직 기간 중 그 **사유가 없어지면** (   ) 이내에 임용권자 또는 임용제청권자에게 **신고**하여야 하며, 임용권자는 지체 없이 **복직을 명하여야 한다.**   30일

③ 휴직 기간이 끝난 공무원이 **30일 이내**에 **복귀 신고**를 하면 **당연히 복직된다.**

제73조의3(직위해제 **)** ① **임용권자**는 다음 각 호의 어느 하나에 해당하는 자에게는 직위를 부여하지 아니할 수 있다.

> 2. 직무수행 **능력**이 **부족**하거나 근무**성적**이 극히 **나쁜 자**
> 3. 파면·해임·강등 또는 정직에 해당하는 **징계 의결**이 요구 중인 자
> 4. **형사 사건**으로 **기소**된 자(약식명령이 청구된 자는 제외한다)
> 5. 고위공무원단에 속하는 일반직공무원으로서 **적격심사**를 요구받은 자
> 6. 금품비위, 성범죄 등 대통령령으로 정하는 비위행위로 인하여 감사원 및 검찰·경찰 등 **수사기관**에서 **조사**나 **수사 중인 자**로서 비위의 정도가 중대하고 이로 인하여 **정상적인 업무수행을 기대하기 현저히 어려운 자**

② 제1항에 따라 직위를 부여하지 아니한 경우에 그 **사유가** 소멸되면 임용권자는 지체 없이 **직위를 부여하여야 한다.**

③ 임용권자는 제1항제2호에 따라 직위해제된 자에게 (3)개월의 범위에서 대기를 명한다.

④ 임용권자 또는 임용제청권자는 제3항에 따라 **대기 명령을 받은 자**에게 능력 회복이나 근무성적의 향상을 위한 교육훈련 또는 특별한 연구과제의 부여 등 **필요한 조치를 하여야 한다.**

제74조(정년) ① 공무원의 **정년**은 다른 법률에 특별한 규정이 있는 경우를 제외하고는 (60)세로 한다.

④ 공무원은 그 정년에 이른 날이 1월부터 6월 사이에 있으면 **6월 30일**에, 7월부터 12월 사이에 있으면 **12월 31일**에 각각 당연히 퇴직된다.

제74조의2(명예퇴직 등) ① 공무원으로 **20년 이상 근속한 자**가 정년 전에 **스스로 퇴직하면** 예산의 범위에서 명예퇴직 **수당**을 **지급할 수 있다.**

② 직제와 정원의 개폐 또는 예산의 감소 등에 따라 **폐직** 또는 **과원**이 되었을 때에 **20년 미만 근속한 자**가 정년 전에 **스스로 퇴직**하면 예산의 범위에서 **수당을 지급할 수 있다.**

제78조(징계 사유) ① 공무원이 다음 각 호의 어느 하나에 해당하면 징계 의결을 요구하여야 하고 그 징계 의결의 결과에 따라 **징계처분을** (하여야 한다).

1. 이 **법** 및 이 법에 따른 **명령을 위반**한 경우
2. 직무상의 **의무**를 **위반**하거나 **직무**를 **태만**히 한 때
   (다른 법령에서 공무원의 신분으로 인하여 부과된 의무를 포함한다)
3. 직무의 내외를 불문하고 그 **체면** 또는 **위신**을 **손상**하는 행위를 한 때

제79조(징계의 종류) 징계는 **파면·(　　)·강등·정직·감봉·견책**으로 구분한다. 해임

제80조(징계의 효력) ① (　　)은 1계급 아래로 직급을 내리고 공무원신분은 보유하나 **3개월간** 직무에 종사하지 못하며 그 기간 중 **보수는 전액**을 감한다. 다만, 제4조제2항에 따라 계급을 구분하지 아니하는 공무원과 임기제공무원에 대해서는 강등을 적용하지 아니한다. 강등

③ (　　)은 **1개월 이상 3개월** 이하의 기간으로 하고, 정직 처분을 받은 자는 그 기간 중 공무원의 신분은 보유하나 직무에 종사하지 못하며 **보수는 전액**을 감한다. 정직

④ (　　)은 **1개월 이상 3개월** 이하의 기간 동안 **보수의 3분의 1**을 감한다. 감봉

⑤ **견책**은 전과에 대하여 **훈계**하고 회개하게 한다.

⑥ 공무원으로서 징계처분을 받은 자에 대하여는 그 처분을 받은 날 또는 그 집행이 끝난 날부터 대통령령등으로 정하는 기간 동안 **승진임용** 또는 **승급할 수 없다.**

■ 참고

공무원임용령 제32조(승진임용의 제한) ① 공무원이 다음 각 호의 어느 하나에 해당하는 경우에는 승진임용될 수 없다.
1. 징계처분 요구 또는 징계의결 요구, **징계처분, 직위해제, 휴직** 또는 **시보 임용 기간** 중에 있는 경우
2. 징계처분의 집행이 끝난 날부터 다음 각 목의 기간
   [법 제78조의2제1항 각 호의 어느 하나에 해당하는 사유로 인한 징계처분과 **소극행정, 음주운전**(음주측정 불응한 경우를 포함한다), **성폭력, 성희롱 및 성매매**에 따른 징계처분의 경우에는 각각 (　　)을 더한 기간]이 지나지 않은 경우 6개월
   가. **강등·정직: 18개월**
   나. **감봉: 12개월**
   다. **견책: 6개월**

② 징계에 관하여 이 영에 따른 공무원과는 다른 법률의 적용을 받는 공무원이 이 영에 따른 공무원이 된 경우 종전의 신분에서 **강등처분**을 받은 경우에는 그 처분 종료일부터 **18개월** 동안 승진임용될 수 없고, 근신·영창이나 그 밖에 이와 유사한 징계처분을 받은 경우에는 그 처분 종료일부터 **6개월** 동안 승진임용될 수 없다.

③ 승진임용 제한기간 중에 있는 사람이 **다시 징계처분을 받은 경우**의 승진임용 제한기간은 전 처분에 대한 제한기간이 **끝난 날**부터 계산하고, 징계처분으로 승진임용 제한기간 중에 있는 사람이 **휴직**하는 경우 징계처분에 따른 남은 승진임용 제한기간은 **복직일**부터 계산한다.

④ 공무원이 징계처분을 받은 후 해당 계급에서 **훈장, 포장, 모범공무원포상, 국무총리 이상의 표창**을 받거나 제안의 채택 시행으로 포상을 받는 경우에는 **최근에 받은 가장 무거운 징계처분**에 대해서만 제1항제2호 및 제2항에서 규정한 승진임용 제한기간의 **2분의 1을 단축**할 수 있다.

제82조(징계 등 절차) ① 공무원의 징계처분등은 징계위원회의 의결을 거쳐 징계위원회가 설치된 (　　　　　)이 하되, **국무총리 소속으로 설치된 징계위원회**에서 한 징계의결등에 대하여는 (　　　　　)이 한다.

소속 기관의 장
중앙행정기관의 장

다만, **파면**과 **해임**은 징계위원회의 의결을 거쳐 각 임용권자 또는 임용권을 위임한 **상급 감독기관의 장**이 한다.

② 징계의결등을 요구한 **기관의 장**은 징계위원회의 **의결이 가볍다고 인정**하면 그 **처분을 하기 전**에 다음 각 호의 구분에 따라 **심사나 재심사**를 청구할 수 있다. 이 경우 소속 공무원을 대리인으로 지정할 수 있다.

1. 국무총리 소속으로 설치된 징계위원회의 의결: **해당 징계위원회에 재심사를 청구**
2. 중앙행정기관에 설치된 징계위원회의 의결: **국무총리 소속으로 설치된 징계위원회에 심사를 청구**
3. 제1호 및 제2호 외의 징계위원회의 의결: **직근 상급기관에 설치된 징계위원회에 심사를 청구**

제83조(감사원의 조사와의 관계 등) ① 감사원에서 **조사 중인 사건**에 대하여는 제3항에 따른 조사개시 통보를 받은 날부터 징계 의결의 요구나 그 밖의 징계 절차를 진행하지 못한다.

② **검찰·경찰**, 그 밖의 (   )에서 **수사 중인 사건**에 대하여는 제3항에 따른 수사개시 통보를 받은 날부터 징계 의결의 요구나 그 밖의 징계 절차를 (   )하지 **아니할 수 있다.**

③ 감사원과 검찰·경찰, 그 밖의 수사기관은 **조사나 수사를 시작한 때**와 이를 **마친 때**에는 (   ) 내에 소속 기관의 장에게 그 사실을 통보하여야 한다.

수사기관

진행

10일

[법률 제16515호]

제1조(목적) 이 법은 국가경찰공무원의 책임 및 직무의 중요성과 신분 및 근무 조건의 특수성에 비추어 그 임용, 교육훈련, 복무, 신분보장 등에 관하여 「국가공무원법」에 대한 특례를 규정함을 목적으로 한다.

제1조의2(정의) 이 법에서 사용하는 용어의 정의는 다음과 같다.

임용

전보

복직

> 1. "(   )"이란 신규채용·승진·전보·파견·휴직·직위해제·정직·강등· 복직·면직·해임 및 파면을 말한다.
> 2. "(   )"란 경찰공무원의 동일 직위 및 자격 내에서의 근무기관이나 부서를 달리하는 임용을 말한다.
> 3. "(   )"이란 휴직·직위해제 또는 정직(강등에 따른 정직을 **포함한다**) 중에 있는 경찰공무원을 직위에 복귀시키는 것을 말한다.

제2조(계급 구분) 국가경찰공무원의 계급은 다음과 같이 구분한다.

> 치안총감(治安總監)   치안정감(治安正監)   치안감(治安監)   경무관(警務官)
> 총경(總警)   경정(警正)   경감(警監)   경위(警衛)   경사(警査)   경장(警長)
> 순경(巡警)

제3조(경과 구분) ① 경찰공무원은 그 직무의 종류에 따라 **경과**에 의하여 구분할 수 있다.

■ 참고

경찰공무원 임용령 제3조(경과) ① (　　) 이하 경찰공무원에게 부여하는 경과는 다음 각 호와 같다.

다만, 제2호와 제3호의 경과는 (　　) 이하 경찰공무원에게만 부여하고, 해양경찰청 소속 경찰공무원에게 부여하는 경과는 따로 대통령령으로 정한다.

1. 일반경과
2. 수사경과
3. 보안경과
4. 특수경과
　　다. 항공경과
　　라. 정보통신경과

② 임용권자 또는 임용제청권자는 **경찰공무원을 신규채용 할 때**에 경과를 부여하여야 한다.

④ 경찰청장 또는 해양경찰청장은 전시·사변 또는 이에 준하는 **비상사태가 발생한 경우**에는 경과의 일부를 **폐지** 또는 **병합**하거나 **신설할 수 있다.**

경찰공무원 임용령 시행규칙 제22조(경과부여) 신규채용된 경찰공무원에게는 **일반경과**를 부여한다. 다만, 수사, 보안, 항공, 정보통신분야로 채용된 경찰공무원에게는 임용예정 직위의 업무와 관련된 경과를 부여한다.

제27조(전과의 유형) ① 전과는 일반경과에서 **수사경과·보안경과 또는 특수경과로의 전과**만 인정한다.

다만, 정원감축 등 경찰청장이 정하는 사유가 있는 경우 **보안경과·수사경과 또는 정보통신경과에서 일반경과로의 전과를 인정할 수 있다.**

제4조(경찰공무원인사위원회의 설치) ① 경찰공무원의 인사에 관한 중요 사항에 대하여 **경찰청장** 또는 **해양경찰청장**의 자문에 응하게 하기 위하여 경찰청과 해양경찰청에 **경찰공무원인사위원회를** 둔다.

② 인사위원회의 구성 및 운영에 필요한 사항은 대통령령으로 정한다.

제5조(인사위원회의 기능) 인사위원회는 다음 각 호의 사항을 심의한다.

1. 경찰공무원의 **인사행정**에 관한 **방침**과 **기준** 및 기본**계획**
2. 경찰공무원의 인사에 관한 **법령의 제정·개정** 또는 **폐지**에 관한 사항
3. 그 밖에 **경찰청장** 또는 해양경찰청장이 인사위원회의 **회의에 부치는 사항**

총경

경정

■ 참고

경찰공무원 임용령 제9조(경찰공무원인사위원회의 구성) ① 법 제4조에 따른 경찰공무원인사위원회는 **위원장을 포함하여 5명 이상 7명 이하**의 위원으로 구성한다.

② 인사위원회의 위원장은 경찰청 및 해양경찰청 (   )이 되고, 위원은 경찰청 및 해양경찰청 소속 (   ) 이상 경찰공무원 중에서 **경찰청장** 및 해양경찰청장이 각각 **임명한다.**

제10조(위원장의 직무) ① 위원장은 인사위원회를 대표하며, 인사위원회의 사무를 총괄한다.

② 위원장이 부득이한 사유로 직무를 수행할 수 없을 때에는 위원 중에서 최상위계급 또는 선임의 경찰공무원이 그 직무를 대행한다.

제11조(회의) ① 위원장은 인사위원회의 회의를 소집하고 그 의장이 된다.

② 회의는 **재적위원** (   )**의 찬성**으로 의결한다.

제12조(간사) ① 인사위원회에 2명 이하의 간사를 둔다.

제6조(임용권자) ① (   ) **이상 경찰공무원**은 **경찰청장** 또는 해양경찰청장의 **추천**을 받아 **행정안전부장관** 또는 해양수산부장관의 **제청**으로 국무총리를 거쳐 (   )이 **임용**한다.

다만, 총경의 전보, 휴직, 직위해제, 강등, 정직 및 복직은 **경찰청장** 또는 해양경찰청장이 한다.

② (   ) **이하의 경찰공무원**은 (   ) 또는 해양경찰청장이 **임용**한다.

다만, **경정**으로의 **신규채용, 승진임용** 및 **면직**은 **경찰청장** 또는 해양경찰청장의 **제청**으로 국무총리를 거쳐 **대통령**이 한다.

③ **경찰청장** 또는 해양경찰청장은 대통령령으로 정하는 바에 따라 경찰공무원의 임용에 관한 (   )의 **일부**를 소속 **기관의 장, 지방경찰청장** 또는 지방해양경찰관서의 장에게 (   )할 수 있다.

④ **경찰청장,** 해양경찰청장 또는 제3항에 따라 임용권을 위임받은 자는 행정안전부령 또는 해양수산부령으로 정하는 바에 따라 소속 경찰공무원의 **인사기록을 작성·보관하여야 한다.**

인사담당국장
총경

과반수

총경
대통령

경정 / 경찰청장

권한
위임

제7조(임용자격 및 결격사유) ① 경찰공무원은 신체 및 사상이 건전하고 품행이 방정한 사람 중에서 임용한다.

② 다음 각 호의 어느 하나에 해당하는 사람은 **경찰공무원으로 임용될 수 없다.**

---

1. 대한민국 국적을 가지지 아니한 사람

2. 「국적법」 제11조의2제1항에 따른 (   )   복수국적자

3. 피성년**후견인** 또는 피한정후견인

4. (   )를 받고 복권되지 아니한 사람   파산선고

5. (   ) **이상**의 형을 선고받은 사람   자격정지

6. 자격정지 이상의 형의 (   )를 선고받고 그 유예기간 중에 있는 사람   선고유예

7. 공무원으로 재직기간 중 직무와 관련하여 「형법」 제355조((   )) 및   횡령, 배임
   제356조(**업무상 횡령과 배임**)에 규정된 죄를 범한 사람으로서 (   ) **이**   300만원
   상의 벌금형을 선고받고 그 형이 확정된 후 (   )**이 지나지 아니한 사람**   2년

8. 「(   )의 처벌 등에 관한 특례법」 제2조에 규정된 죄(성폭력범죄)를   성폭력범죄
   범한 사람으로서 (   ) **이상의 벌금형**을 선고받고 그 형이 확정된 후   100만원
   (   )**이 지나지 아니한 사람**   3년

9. **미성년자**에 대한 다음 각 목의 어느 하나에 해당하는 죄를 저질러 **형** 또는
   치료감호가 확정된 사람
   (**집행유예**를 선고받은 후 그 **집행유예기간**이 경과한 사람)
   가. 「성폭력범죄의 처벌 등에 관한 특례법」 제2조에 따른 **성폭력범죄**
   나. 「아동·청소년의 성보호에 관한 법률」 제2조제2호에 따른 **아동·청소년
   대상 성범죄**

10. 징계에 의하여 **파면** 또는 **해임**처분을 받은 사람

제7조의2(벌금형의 분리 선고) 「형법」 제7조제2항 제7호 또는 제8호에 규정된 죄와 다른 죄의 **경합범**에 대하여 **벌금형을 선고하는 경우**에는 이를 **분리 선고하여야 한다.**

제8조(신규채용) ① 경정 및 순경의 신규채용은 **공개경쟁시험**으로 한다.

② **경위**의 신규채용은 **경찰대학을 졸업한 사람** 및 대통령령으로 정하는 자격을 갖추고 공개경쟁시험으로 선발된 사람(**경찰간부후보생**)으로서 교육훈련을 마치고 정하여진 시험에 합격한 사람 중에서 한다.

③ 다음 각 호의 어느 하나에 해당하는 경우에는 경력 등 응시요건을 정하여 같은 사유에 해당하는 다수인을 대상으로 경쟁의 방법으로 채용하는 시험("**경력경쟁채용시험**")으로 경찰공무원을 **신규채용할 수 있다.**

1. 「국가공무원법」 제70조제1항제3호의 사유로 퇴직하거나 같은 법 제71조제1항제1호의 휴직 기간 만료로 **퇴직한 경찰공무원을 퇴직한 날부터 3년**(「공무원 재해보상법」에 따른 공무상 **부상** 또는 **질병**으로 인한 휴직의 경우에는 **5년**) 이내에 퇴직 시에 재직한 계급의 경찰공무원으로 **재임용**하는 경우
2. 공개경쟁시험으로 임용하는 것이 부적당한 경우에 임용예정 직무에 관련된 **자격증 소지자**를 임용하는 경우
3. 임용예정직에 상응하는 **근무실적** 또는 **연구실적**이 있거나 **전문지식**을 가진 사람을 임용하는 경우
4. 「국가공무원법」에 따른 5급 **공무원의 공개경쟁채용시험**이나 「사법시험법」에 따른 **사법시험**에 합격한 사람을 **경정 이하**의 경찰공무원으로 임용하는 경우
5. 「국가공무원법」 제85조에 따라 재학 중에 **장학금을 받고 졸업한 사람**을 임용하는 경우
6. 섬, 외딴곳 등 **특수지역에서 근무할 사람**을 임용하는 경우
7. **외국어에 능통한 사람**을 임용하는 경우
8. 제주특별자치도의 **자치경찰공무원**("자치경찰공무원")을 그 계급에 상응하는 경찰공무원으로 임용하는 경우

제8조의2(부정행위자에 대한 제재) 경찰청장 또는 해양경찰청장은 경찰공무원의 채용시험 또는 경찰간부후보생 공개경쟁선발시험에서 **부정행위를 한 응시자**에 대하여는 해당 시험을 **정지** 또는 **무효**로 하고, 그 **처분이 있은 날부터 (   )년간 시험응시자격**을 **정지한다.**

제9조(채용후보자 명부 등) ① 경찰청장은 **신규채용시험에 합격한 사람**(경찰대학을 졸업한 사람과 경찰간부후보생을 포함한다)을 대통령령으로 정하는 바에 따라 **성적순위에 따라 채용후보자 명부에 등재하여야 한다.**
② 경찰공무원의 신규채용은 제1항에 따른 채용후보자 명부의 등재 순위에 따른다. 다만, 채용후보자가 경찰교육기관에서 **신임교육을 받은 경우**에는 그 **교육성적 순위**에 따른다.

③ 제1항에 따른 **채용후보자 명부의 유효기간은 2년**의 범위에서 대통령령으로 정한다.

다만, **경찰청장** 또는 해양경찰청장은 필요에 따라 **1년의 범위**에서 그 기간을 연장할 수 있다.

제10조(시보임용) ① (   ) 이하의 경찰공무원을 신규채용할 때에는 ( )년간 시보로 임용하고, 그 기간이 만료된 (   )날에 정규 경찰공무원으로 임용한다.   경정 / 1

다음

② **휴직기간, 직위해제기간** 및 **징계**에 의한 **정직**처분 또는 **감봉**처분을 받은 기간은 제1항에 따른 **시보임용기간에** (   )하지 아니한다.   산입

③ 시보임용기간 중에 있는 경찰공무원이 근무**성적** 또는 교육**훈련성적**이 **불량**할 때에는 「국가공무원법」 제68조 및 이 법 제22조에도 불구하고 **면직**시키거나 **면직을** 제청(   ).   할 수 있다

④ 다음 각 호의 어느 하나에 해당하는 경우에는 **시보임용을** (   ).   거치지 아니한다

1. **경찰대학을 졸업한 사람** 또는 **경찰간부후보생**으로서 정하여진 교육을 마친 사람을 **경위로 임용**하는 경우
2. **경찰공무원으로서** 대통령령으로 정하는 상위계급으로의 승진에 필요한 자격요건을 갖추고 임용예정 계급에 상응하는 공개경쟁 채용시험에 합격한 사람을 해당 계급의 경찰공무원으로 임용하는 경우
3. **퇴직한 경찰공무원으로서** 퇴직 시에 재직하였던 계급의 채용시험에 합격한 사람을 재임용하는 경우
4. **자치경찰공무원**을 그 계급에 상응하는 경찰공무원으로 임용하는 경우

■ **참고**

경찰공무원 임용령 제20조(시보임용경찰공무원) ① 임용권자 또는 임용제청권자는 시보임용 기간 중에 있는 경찰공무원(**시보임용경찰공무원**)의 근무사항을 항상 **지도·감독하여야 한다.**

② 임용권자 또는 임용제청권자는 시보임용경찰공무원이 다음 각 호의 어느 하나에 해당하여 정규 경찰공무원으로 임용하는 것이 부적당하다고 인정되는 경우에는 제3항에 따른 **정규임용심사위원회**의 심사를 거쳐 해당 시보임용경찰공무원을 **면직시키거나 면직을 제청(   ).**   할 수 있다

1. **징계사유**에 해당하는 경우
2. 제21조제1항에 따른 **교육훈련성적**이 만점의 (   )**퍼센트 미만**이거나 **생활기록**이 극히 **불량**한 경우
3. 「경찰공무원 승진임용 규정」 제7조제2항에 따른 제2 평정 요소의 **평정점**이 만점의 (   )**퍼센트 미만**인 경우

③ 시보임용경찰공무원을 정규 경찰공무원으로 임용하는 경우 그 적부를 심사하게 하기 위하여 임용권자 또는 임용제청권자 소속으로 **정규임용심사위원회**를 둔다.

제11조(승진) ① 경찰공무원은 바로 아래 하위계급에 있는 경찰공무원 중에서 근무성적평정, 경력평정, 그 밖의 능력을 실증하여 **승진임용**한다. 다만, 해양경찰청장을 보하는 경우 치안감을 치안총감으로 승진임용할 수 있다.

② (   ) **이하 계급**으로의 승진은 **승진(   )**에 의하여 한다.
다만, (   ) 이하 계급으로의 승진은 대통령령으로 정하는 비율에 따라 **승진(   )**과 **승진(   )**를 병행할 수 있다.

④ (   ) **이하의 경찰공무원**에 대하여는 대통령령으로 정하는 바에 따라 계급별로 **승진대상자 명부를 작성하여야 한다.**

⑤ 경찰공무원의 승진에 필요한 계급별 최저근무연수, 승진 제한에 관한 사항, 그 밖에 승진에 관하여 필요한 사항은 **대통령령**으로 정한다.

▬ 참고

경찰공무원 승진임용 규정 제5조(승진소요 최저근무연수) ① 경찰공무원이 승진하려면 다음 각 호의 구분에 따른 기간 동안 해당 계급에 재직하여야 한다.
1. **총경:** (   ) **이상**
2. **경정 및 경감:** 3년 이상
3. **경위 및 경사:** 2년 이상
4. **경장 및 순경:** (   ) **이상**

② **휴직 기간,** (   ) **기간,** (   )**처분 기간** 및 제6조제1항제2호에 따른 승진임용 제한기간은 제1항의 기간에 **포함하지 아니한다.**
다만, 다음 각 호의 기간은 제1항의 **기간에 포함한다.**

1. 「국가공무원법」 제71조에 따른 **휴직 기간** 중 다음 각 목의 기간
   가. 「공무원 재해보상법」에 따른 **공무상 질병 또는 부상**으로 인하여 「국가공무원법」 제71조제1항제1호에 따라 **휴직한 경우**에 그 휴직 기간
   나. 「병역법」에 따른 **병역 복무**를 마치기 위하여 **징집 또는 소집된 때 또는 그 밖에 법률의 규정에 따른** 의무를 수행하기 위하여 **직무를 이탈하게 된 때** 따라 휴직한 경우에 그 휴직 기간
   다. 「국가공무원법」 제71조제2항제2호(**국외 유학을 하게 된 때**)에 따라 휴직한 경우에 그 휴직 기간의 **50퍼센트**에 해당하는 기간
   라. 「국가공무원법」 제71조제2항제4호(**만 8세 이하 또는 초등학교 2학년 이하의 자녀를 양육하기 위하여 필요하거나 여성공무원이 임신 또는 출산하게 된 때**)에 따라 휴직한 경우에 그 휴직 기간. 다만, 자녀 1명에 대하여 총 휴직 기간이 1년을 넘는 경우에는 최초의 1년으로 하되, 다음의 어느 하나에 해당하는 경우에는 그 휴직 기간 전부로 한다.
2. 다음 각 목의 어느 하나에 해당하는 경우에 그 **직위해제 기간**
   가. (**파면 · 해임 · 강등 또는 정직에 해당하는 징계 의결이 요구 중인 자**)에 따라 **직위해제처분을 받은 사람**에 대한 징계 의결 요구에 대하여 관할 징계위원회가 징계하지 아니하기로 의결한 경우와 해당 직위해제처분의 사유가 된 징계처분이 **소청심사위원회의 결정** 또는 **법원의 판결**에 따라 **무효 또는 취소로 확정**된 경우
   나. [**형사 사건으로 기소된 자(약식명령이 청구된 자는 제외한다)**]에 따라 **직위해제처분을 받은 사람**의 처분 사유가 된 형사사건이 **법원의 판결**에 따라 (무죄)로 **확정**된 경우

③ **경찰대학을 졸업하고 경위로 임용된 사람**이 **의무경찰대의 대원으로 복무한 기간**은 제1항의 기간에 **포함하지 아니한다.**

제6조(승진임용의 제한) ① 다음 각 호의 어느 하나에 해당하는 경찰공무원은 **승진임용될 수 없다.**
1. **징계의결 요구, 징계처분, 직위해제, 휴직 또는 시보임용 기간 중에 있는** 사람
2. 징계처분의 집행이 끝난 날부터 다음 각 목의 구분에 따른 기간이 지나지 아니한 사람
   [업무상 **횡령 및 배임의** 사유로 인한 징계처분과 **소극행정, 음주운전, 성폭력, 성희롱 및 성매매**에 따른 징계처분의 경우에는 각각 (6개월)을 더한 기간]

가. 강등 · 정직: 18개월

나. 감봉: 12개월

다. 견책: 6개월

제11조의2(근속승진) ① 경찰청장 또는 해양경찰청장은 제11조제2항에도 불구하고 해당 계급에서 다음 각 호의 기간 동안 재직한 사람을 경장, 경사, 경위, 경감으로 각각 **근속승진임용** 할 수 있다.

1. **순경을 경장으로** 근속승진임용하려는 경우: 해당 계급에서 (　) 이상 근속자
2. **경장을 경사로** 근속승진임용하려는 경우: 해당 계급에서 (　) 이상 근속자
3. **경사를 경위로** 근속승진임용하려는 경우: 해당 계급에서 (　) 이상 근속자
4. **경위를 경감으로** 근속승진임용하려는 경우: 해당 계급에서 (　) 이상 근속자

제12조(승진심사위원회) ① 승진심사를 위하여 경찰청과 해양경찰청에 **중앙승진심사위원회**를 두고, 경찰청 · 해양경찰청 · 지방경찰청과 대통령령으로 정하는 경찰기관 및 지방해양경찰관서에 **보통승진심사위원회**를 둔다.

② 제1항에 따라 설치된 승진심사위원회는 제11조제4항에 따라 작성된 승진대상자 명부의 선순위자(제11조제2항 단서에 따른 **승진(　)에 합격된 승진후보자는 (　)한다**) 순으로 승진시키려는 결원의 (　)**의 범위**에 있는 사람 중에서 승진후보자를 심사 · 선발한다.

제14조(특별유공자 등의 특별승진) ① 경찰공무원으로서 다음 각 호의 어느 하나에 해당되는 사람에 대하여는 제11조에도 불구하고 (　) **특별승진시킬 수 있다.** 다만, (　) **이하의 경찰공무원**으로서 모든 경찰공무원의 귀감이 되는 공을 세우고 **전사하거나 순직한 사람**에 대하여는 (　) **특별승진시킬 수 있다.**

1. 「국가공무원법」 제40조의4 제1항 제1호부터 제4호 규정 중 어느 하나에 해당되는 사람
   1. 청렴하고 투철한 봉사 정신으로 직무에 모든 힘을 다하여 공무 집행의 공정성을 유지하고 깨끗한 공직 사회를 구현하는 데에 다른 공무원의 귀감이 되는 자
   2. 직무수행 능력이 탁월하여 행정 발전에 큰 공헌을 한 자

(좌측 여백 주석)

4년
5년
6년 6개월
10년

시험 / 제외
5배수

1계급
경위
2계급

    3. 제안의 채택·시행으로 국가 예산을 절감하는 등 행정 운영 발전에 뚜렷한 실적이 있는 자
    4. 재직 중 공적이 특히 뚜렷한 자가 명예퇴직 할 때
  2. **전사**하거나 **순직**한 사람
  3. 직무 수행 중 현저한 **공적**을 세운 사람

제18조(거짓 보고 등의 금지) ① **경찰공무원**은 직무에 관하여 **거짓**으로 보고나 통보를 하여서는 **아니 된다.**

② 경찰공무원은 **직무**를 **게을리**하거나 유기해서는 **아니 된다.**

제19조(지휘권 남용 등의 금지) 전시·사변, 그 밖에 이에 준하는 비상사태이거나 작전수행 중인 경우 또는 많은 인명 손상이나 국가재산 손실의 우려가 있는 **위급한 사태가 발생한 경우,** 경찰공무원을 지휘·감독하는 사람은 정당한 사유 없이 그 직무 수행을 거부 또는 유기하거나 경찰공무원을 지정된 근무지에서 **진출·퇴각 또는 이탈하게 하여서는 아니 된다.**

제20조(복제 및 무기 휴대) ① 경찰공무원은 **제복**을 착용하여야 한다.

② 경찰공무원은 직무 수행을 위하여 필요하면 **무기**를 휴대할 수 있다.

③ 경찰공무원의 복제에 관한 사항은 (   ) 또는 해양수산부령으로 정한다. _{행정안전부령}

제21조(당연퇴직) 경찰공무원이 제7조제2항(**결격사유**)에 해당하게 된 경우에는 **당연히 퇴직한다.**

  다만, 같은 항 제4호는 **파산선고**를 받은 사람으로서 신청기한 내에 면책신청을 하지 아니하였거나 면책불허가 결정 또는 면책취소가 확정된 경우만 해당하고, 「형법」 제129조부터 제132조까지, 「성폭력범죄의 처벌 등에 관한 특례법」 제2조, 「아동·청소년의 성보호에 관한 법률」 제2조제2호 및 직무와 관련하여 「형법」 제355조 또는 제356조에 규정된 죄를 범한 사람으로서 **자격정지 이상의 형의 선고유예를 받은 경우만 해당한다.**

제22조(직권면직) ① 임용권자는 경찰공무원이 다음 각 호의 어느 하나에 해당될 때에는 **직권**으로 **면직**(   ). _{시킬 수 있다}

  1. 「**국가공무원법**」 제70조(직권면직) 제1항 제3호부터 제5호까지의 규정 중 어느 하나에 해당될 때

2. 경찰공무원으로는 부적합할 정도로 **직무 수행능력**이나 **성실성**이 현저하게 **결여**된 사람으로서 대통령령으로 정하는 사유에 해당된다고 인정될 때
3. 직무를 수행하는 데 **위험을 일으킬 우려**가 있을 정도의 **성격적** 또는 **도덕적 결함**이 있는 사람으로서 대통령령으로 정하는 사유에 해당된다고 인정될 때
4. 해당 경과에서 직무를 수행하는 데 필요한 **자격증**의 효력이 **상실**되거나 **면허**가 **취소**되어 담당 직무를 수행할 수 없게 되었을 때

■ **참고**

국가공무원법 제70조(직권 면직) ① 임용권자는 공무원이 다음 어느 하나에 해당하면 **직권**으로 **면직**시킬 수 있다.
  1. 직제와 정원의 개폐 또는 예산의 감소 등에 따라 **폐직** 또는 **과원**이 되었을 때
  2. **휴직 기간이 끝나거나** 휴직 사유가 **소멸된 후에도 직무에 복귀하지 아니하거나 직무를 감당할 수 없을 때**
  3. **대기 명령을 받은 자**가 그 기간에 **능력** 또는 근무**성적**의 **향상**을 기대하기 어렵다고 인정된 때

제24조(정년) ① 경찰공무원의 정년은 다음과 같다.

60세

1. 연령정년: (   )
2. 계급정년
   치안감: (   ) **경무관:** (   ) **총경:** (   ) **경정:** (   )

4년 / 6년 / 11년 / 14년

② 징계로 인하여 강등된 경찰공무원의 계급정년은 다음 각 호에 따른다.

높은 계급

1. 강등된 계급의 계급정년은 강등되기 전 계급 중 **가장** (   )의 계급정년으로 한다.
2. 계급정년을 산정할 때에는 **강등되기 전 계급의 근무연수와 강등 이후의 근무연수를 합산한다.**

3년

③ **수사, 정보, 외사, 보안** 등 특수 부문에 근무하는 경찰공무원으로서 대통령령으로 정하는 바에 따라 지정을 받은 사람은 **총경** 및 **경정**의 경우에는 (   )의 범위에서 대통령령으로 정하는 바에 따라 제1항제2호에 따른 **계급정년**을 **연장할 수 있다.**

④ 경찰청장 또는 해양경찰청장은 **전시·사변**이나 그 밖에 이에 준하는 **비상사태**에서는 (   )의 범위에서 제1항제2호에 따른 **계급정년**을 **연장할 수 있다.** 이 경우 (   ) **이상**의 경찰공무원에 대하여는 행정안전부장관 또는 해양수산부장관과 국무총리를 거쳐 **대통령의 승인**을 받아야 하고, **총경·경정**의 경찰공무원에 대하여는 국무총리를 거쳐 **대통령의 승인**을 받아야 한다.

⑥ 제1항제2호에 따른 계급정년을 산정할 때 **자치경찰공무원으로 근무한 경력**이 있는 경찰공무원의 경우에는 그 계급에 상응하는 자치경찰공무원으로 근무한 **연수를 산입한다.**

제25조(고충심사위원회) ① 경찰공무원의 인사상담 및 고충을 심사하기 위하여 **경찰청**, 해양경찰청, **지방경찰청**, 대통령령으로 정하는 경찰기관 및 지방해양경찰관서에 경찰공무원 **고충심사위원회**를 둔다.

② 경찰공무원 고충심사위원회의 심사를 거친 재심청구와 (   ) 이상의 경찰공무원의 **인사상담** 및 **고충심사**는 「국가공무원법」에 따라 설치된 **중앙고충심사위원회**에서 한다.

제26조(징계위원회) ① (   ) **이상의 경찰공무원**에 대한 징계의결은 「국가공무원법」에 따라 (   ) **소속**으로 설치된 징계위원회에서 한다.

② **총경 이하의 경찰공무원**에 대한 징계의결을 하기 위하여 대통령령으로 정하는 경찰기관 및 해양경찰관서에 경찰공무원 징계위원회를 둔다.

③ 경찰공무원 징계위원회의 구성·관할·운영, 징계의결의 요구 절차, 그 밖에 필요한 사항은 대통령령으로 정한다.

제27조(징계의 절차) 경찰공무원의 징계는 **징계위원회**의 **의결**을 거쳐 징계위원회가 설치된 **소속 기관의 장**이 하되, 「국가공무원법」에 따라 **국무총리 소속**으로 설치된 징계위원회에서 의결한 징계는 **경찰청장**이 한다.

다만, 파면·해임·강등 및 정직은 징계위원회의 의결을 거쳐 해당 경찰공무원의 임용권자가 하되, (   ) **이상의 강등 및 정직과 경정** 이상의 파면 및 해임은 **경찰청장** 또는 해양경찰청장의 **제청**으로 행정안전부장**관** 또는 해양수산부장관과 국무총리를 거쳐 (   )이 하고, 총경 및 경정의 **강등** 및 **정직**은 (   )이 한다.

제28조(행정소송의 피고) 징계처분, 휴직처분, 면직처분, 그 밖에 의사에 반하는 불리한 처분에 대한 **행정소송**의 경우에는 **경찰청장** 또는 해양경찰청장을 **피고로 한다.**

2년
경무관

경정

경무관
국무총리

경무관

대통령 / 경찰청장

[대통령령 제30020호]

제1조(목적) 이 영은 「경찰공무원법」 제26조 및 제27조에 따른 경찰공무원의 징계와 「국가공무원법」 제78조의2에 따른 징계부가금 부과에 필요한 사항을 규정함을 목적으로 한다.

제2조(정의) 이 영에서 사용하는 용어의 뜻은 다음과 같다.

> 1. "(   )"란 파면, 해임, 강등 및 정직을 말한다.
> 2. "(   )"란 감봉 및 견책을 말한다.

제3조(징계위원회의 종류 및 설치) ① 경찰공무원 징계위원회는 경찰공무원 **중앙징계위원회**와 경찰공무원 **보통징계위원회**로 구분한다.
② **중앙징계위원회**는 (   ) 및 해양경찰청에 두고, **보통징계위원회**는 경찰청, 해양경찰청, 지방경찰청, 지방해양경찰청, 경찰대학, 경찰인재개발원, 중앙경찰학교, 경찰수사연수원, 해양경찰교육원, 경찰병원, 경찰서, 경찰기동대, 의무경찰대, 해양경찰서, 해양경찰정비창, 경비함정 및 경찰청장 또는 해양경찰청장이 지정하는 (   ) 이상의 경찰공무원을 장으로 하는 기관에 둔다.

제4조(징계위원회의 관할) ① 중앙징계위원회는 (   ) 및 (   )에 대한 **징계** 또는 「국가공무원법」 제78조의2에 따른 **징계부가금** 부과 사건을 심의·의결한다.
② **보통징계위원회**는 해당 징계위원회가 설치된 **경찰기관 소속** (   ) **이하 경찰공무원**에 대한 징계등 사건을 심의·의결한다.
다만, 다음 각 호의 기관에 설치된 보통징계위원회는 각 호의 구분에 따른 경찰공무원에 대한 징계등 사건을 심의·의결한다.

중징계
경징계

경찰청

경감

총경 / 경정

경감

> 1. 경정 이상의 경찰공무원을 장으로 하는 경찰서, 경찰기동대·해양경찰서 등 총경 이상의 경찰공무원을 장으로 하는 경찰기관 및 정비창: 소속 (　　) **이하**의 경찰공무원
> 2. 의무경찰대 및 경비함정 등 경찰청장 또는 해양경찰청장이 지정하는 경감 이상의 경찰공무원을 장으로 하는 경찰기관: 소속 (　　) **이하**의 경찰공무원

④ 해당 **보통징계위원회의 징계 관할**에서 제외되는 경찰공무원의 징계등 사건은 바로 위 상급 경찰기관에 설치된 보통징계위원회에서 **심의·의결**한다.

제5조(관련 사건의 관할) ① 상위 계급과 하위 계급의 경찰공무원이 관련된 징계등 사건은 제4조에도 불구하고 (　　　　　　)의 경찰공무원을 관할하는 징계위원회에서 심의·의결하고, **상급 경찰기관과 하급 경찰기관에 소속된 경찰공무원이 관련된 징계등 사건**은 (　　　　　　)에 **설치된 징계위원회**에서 심의·의결한다.

② **소속이 다른 2명 이상**의 경찰공무원이 관련된 징계등 사건으로서 관할 **징계위원회가 서로 다른 경우**에는 모두를 관할하는 (　　　　　　) 경찰기관에 설치된 징계위원회에서 심의·의결한다.

제6조(징계위원회의 구성 등) ① **중앙징계위원회**는 위원장 1명을 포함하여 **5명 이상** (　　) **이하**의 공무원위원과 민간위원으로 구성하고, **보통징계위원회**는 위원장 1명을 포함하여 (　　) **이상 7명 이하**의 공무원위원과 **민간위원**으로 구성한다.

② 징계위원회가 설치된 경찰기관의 장은 징계등 심의 대상자보다 상위 계급인 (　　) **이상의 소속 경찰공무원** 또는 상위 직급에 있는 6급 이상의 소속 공무원 중에서 징계위원회의 **공무원위원**을 임명한다.

③ 징계위원회가 설치된 경찰기관의 장은 위원장을 제외한 제1항에 따른 위원 수의 (　　　　　) **이상**을 다음 각 호의 구분에 따라 다음 각 목의 어느 하나에 해당하는 사람 중에서 **민간위원**으로 위촉하여야 **한다.**

> 1. **중앙징계위원회**
>   가. 법관·검사 또는 변호사로 (　　) 이상 근무한 사람
>   나. 학교 또는 대학에서 경찰 관련 학문을 담당하는 (　　　) 이상으로 재직 중인 사람
>   다. (　　) **이상**의 경찰공무원으로 근무하고 퇴직한 사람

<!-- 우측 여백 정답 -->
경위

경사

상위 계급

상급 경찰기관

바로 위 상급

7명

3명

경위

2분의 1

10년
정교수

총경

2. 보통징계위원회
    가. 법관·검사 또는 변호사로 (　　) 이상 근무한 사람
    나. 대학에서 경찰 관련 학문을 담당하는 **부교수** 이상으로 재직 중인 사람
    다. 경찰공무원으로 **20년 이상 근속**하고 퇴직한 사람

제6조의2(위원의 임기) 제6조제3항에 따라 위촉되는 **민간위원**의 임기는 (　　)으로 하며, **한 차례**만 **연임**할 수 있다.

제8조(징계위원회의 회의) ① 징계위원회의 위원장은 위원회의 사무를 총괄하며 위원회를 대표한다.
② 징계위원회의 **회의는 위원장이 소집한다.**
③ **위원장**은 **표결권**을 가진다.

제9조(징계등 의결의 요구) ① **경찰기관의 장**은 소속 경찰공무원이 다음 각 호의 어느 하나에 해당할 때에는 지체 없이 관할 징계위원회를 구성하여 **징계등 의결을 요구하여야 한다.**

1. 「국가공무원법」에 해당하는 **징계 사유**가 있다고 인정할 때
2. 제2항에 따른 **징계등 의결 요구 신청을 받았을 때**

② 경찰기관의 장은 그 소속 경찰공무원에 대한 징계등 사건이 상급 경찰기관에 설치된 징계위원회의 관할에 속한 경우에는 그 상급 경찰기관의 장에게 징계의결서 등을 첨부하여 징계등 의결의 요구를 신청하여야 한다.

제10조(징계등 사건의 통지) ① 경찰기관의 장은 그 **소속이 아닌 경찰공무원**에게 **징계 사유가 있다고 인정될 때**에는 **해당 경찰기관의 장**에게 그 사실을 증명할 만한 충분한 사유를 명확히 밝혀 **통지하여야 한다.**
② 징계 사유를 통지받은 경찰기관의 장은 타당한 이유가 없으면 통지를 받은 날부터 (　　) **이내에 관할 징계위원회에 징계등 의결을 요구하거나** 그 상급 경찰기관의 장에게 징계등 **의결의 요구를 신청하여야 한다.**

제11조(징계등 의결 기한) ① 징계등 의결 요구를 받은 징계위원회는 그 요구서를 받은 날부터 (　　) 이내에 징계등에 관한 **의결을 하여야 한다.**

5년

2년

30일

30일

다만, 부득이한 사유가 있을 때에는 해당 징계등 의결을 요구한 경찰기관의 장의 승인을 받아 **30일 이내**의 범위에서 그 기간을 **연장할 수 있다.**

② 징계등 의결이 요구된 사건에 대한 징계등 절차의 진행이 「국가공무원법」 제83조에 따라 중지되었을 때에는 그 중지된 기간은 제1항의 징계등 의결 기한에서 제외한다.

제12조(징계등 심의 대상자의 출석) ① 징계위원회가 징계등 심의 대상자의 **출석을 요구할 때**에는 별지 제2호서식의 출석 통지서로 하되, 징계위원회 개최일 (3일) 전까지 그 징계등 심의 **대상자에게 도달되도록 하여야 한다.**

② 징계위원회는 징계등 심의 대상자가 그 징계위원회에 출석하여 **진술하기를 원하지 아니할 때**에는 **진술권 포기서를 제출**하게 하여 이를 기록에 첨부하고 **서면심사로** 징계등 의결을 할 수 있다.

③ 징계위원회는 **출석 통지를 하였음에도 불구**하고 징계등 심의 대상자가 **정당한 사유 없이 출석하지 아니하였을 때**에는 그 사실을 **기록에 분명히 적고 서면심사로** 징계등 의결을 할 수 있다.

다만, 징계등 심의 대상자의 소재가 분명하지 아니할 때에는 출석 통지를 **관보에 게재**하고, 그 게재일부터 (10일)이 지나면 **출석 통지가 송달된 것으로 보며**, 징계등 의결을 할 때에는 관보 게재의 사유와 그 사실을 기록에 분명히 적어야 한다.

제13조(심문과 진술권) ① **징계위원회**는 제12조제1항에 따라 출석한 징계등 심의 대상자에게 징계 사유에 해당하는 사실에 관한 심문을 하고 심사를 위하여 필요하다고 인정될 때에는 관계인을 **출석하게 하여 심문할 수 있다.**

② 징계위원회는 징계등 심의 **대상자에게 진술할 수 있는 기회를 충분히 주어야 하며**, 징계등 심의 대상자는 별지 제2호의2서식의 의견서 또는 말로 **자기에게 이익이** 되는 사실을 진술하거나 증거를 제출할 수 있다.

제14조(징계위원회의 의결) ① 징계위원회의 의결은 **위원장을 포함한 위원 과반수**(과반수가 3명 미만인 경우에는 3명 이상)의 **출석과 출석위원** (과반수)**의 찬성으로 의**결하되, 의견이 나뉘어 출석위원 **과반수의 찬성을 얻지 못한 경우**에는 출석위원 과반수가 될 때까지 징계등 심의 대상자에게 **가장 불리한 의견을 제시한 위원의 수를** 그 다음으로 **불리한 의견을 제시한 위원의 수에 차례로 더하여 그 의견을 합의된 의견으로 본다.**

③ 징계위원회의 **의결 내용은 공개하지 아니한다.**

제척

기피

회피

15일

경찰청장

15

제15조((　　), 기피 및 회피) ① 징계위원회의 위원 중 징계등 심의 대상자의 친족이나 그 **징계 사유와 관계가 있는 사람**은 그 징계등 사건의 **심의에 관여하지 못한다.** ② 징계등 심의 대상자는 위원 중에서 **불공정한 의결을 할 우려가 있다**고 의심할만한 타당한 사유가 있을 때에는 그 사실을 서면으로 **소명**하고 **해당 위원의 (　　)**를 신청할 수 있다. ④ 징계위원회의 위원장 또는 위원은 제1항이나 제2항의 사유에 해당되면 스스로 해당 징계등 사건의 심의·의결을 (　　)할 수 있다.

제16조(징계등의 정도) 징계위원회는 징계등 사건을 의결할 때에는 징계등 심의 **대상자의 평소 행실, 근무 성적, 공적, 뉘우치는 정도**와 징계등 의결을 요구한 자의 의견을 **고려하여야 한다.**

제17조(징계등 의결의 통지) 징계위원회는 징계등 의결을 하였을 때에는 지체 없이 징계등 의결을 요구한 자에게 **의결서 정본**을 보내어 **통지하여야 한다.**

제18조(경징계 등의 집행) ① 징계등 의결을 요구한 자는 경징계의 징계등 의결을 통지받았을 때에는 **통지받은 날부터 (　　) 이내**에 징계등을 **집행하여야 한다.** ② 징계등 의결을 요구한 자는 제1항에 따라 **징계등 의결을 집행할 때**에는 **의결서 사본**에 별지 제4호서식의 징계등 **처분 사유 설명서**를 첨부하여 징계등 처분 **대상자에게 보내야 한다.**

제19조(중징계 등의 처분 제청과 집행) ① 징계등 의결을 요구한 자는 중징계의 징계등 의결을 통지받았을 때에는 지체 없이 징계등 처분 대상자의 임용권자에게 의결서 정본을 보내어 해당 징계등 처분을 제청하여야 한다. 다만, **경무관 이상**의 강등 및 정직, **경정 이상**의 파면 및 해임 처분의 제청, **총경 및 경정**의 강등 및 정직의 집행은 (　　　　) 또는 해양경찰청장이 한다. ② 중징계 **처분의 제청**을 받은 임용권자는 (　　)일 이내에 **의결서 사본**에 징계등 처분 사유 설명서를 첨부하여 징계등 처분 **대상자에게 보내야 한다.**

제21조(비밀누설 금지) 징계위원회의 회의에 참석한 사람은 직무상 알게 된 비밀을 누설해서는 아니 된다.

07 | 경찰공무원 복무규정

[대통령령 제28215호]

제1조(목적) 이 영은 경찰공무원의 복무에 관한 사항을 규정함을 목적으로 한다.

제3조(기본강령) 경찰공무원은 다음의 기본강령에 따라 복무하여야 한다.

1. (   )

   경찰공무원은 **국가**와 **민족**을 위하여 **충성**과 **봉사**를 다하며, **국민의 생명·신체 및 재산**을 **보호**하고, **공공의 안녕**과 **질서**를 유지함을 그 사명으로 한다.

2. (   )

   경찰공무원은 국민의 수임자로서 일상의 직무수행에 있어서 국민의 자유와 권리를 존중하는 **호국·봉사·정의의 정신**을 그 바탕으로 삼는다.

3. **규율**

   경찰공무원은 법령을 준수하고 직무상의 **명령에 복종하며**, 상사에 대한 존경과 부하에 대한 신애로써 **규율**을 지켜야 한다.

4. **단결**

   경찰공무원은 주어진 사명을 다하기 위하여 **긍지**를 가지고 **한마음 한뜻으로** 굳게 뭉쳐 **임무수행**에 **모든 역량**을 기울여야 한다.

5. **책임**

   경찰공무원은 창의와 노력으로써 **소임을 완수**하여야 하며, **직무수행의 결과**에 대하여 **책임**을 진다.

6. **성실·청렴**

   경찰공무원은 **성실**하고 **청렴**한 생활태도로써 **국민의 모범**이 되어야 한다.

경찰사명

경찰정신

- 55 -

제4조(예절) ① 경찰공무원은 고운말을 사용하도록 노력하여야 하며, 국민에게 겸손하고 **친절**하여야 한다.

② 경찰공무원은 상·하급자 및 동료간에 서로 **예절**을 지켜야 한다.

제5조(용모·복장) 경찰공무원은 용모와 복장을 단정히 하여 **품위를 유지하여야 한다.**

제6조(환경정돈) 경찰공무원은 사무실과 그 주변환경을 항상 깨끗하게 정리·정돈하여 명랑한 분위기를 유지하여야 한다.

제7조(일상행동) 경찰공무원은 공·사생활을 막론하고 **국민의 모범**이 되어야 하며, 다음과 같이 행동하여야 한다.

1. 상·하급자 및 동료를 비난·악평하거나 서로 다투는 행위를 하여서는 아니되며, 항상 협동심과 상부상조의 동료애를 발휘하여야 한다.
2. **경솔**하거나 **난폭한 행동**을 하여서는 아니되며, 항상 명랑·활달하여야 한다.
3. 건전하지 못한 **오락행위**를 하여서는 아니된다.

상사

제8조(지정장소외에서의 직무수행금지) 경찰공무원은 (   )의 **허가**를 받거나 그 명령에 의한 경우를 제외하고는 **직무와 관계없는 장소**에서 **직무수행을 하여서는 아니된다.**

제9조(근무시간중 음주금지) 경찰공무원은 **근무시간중 음주**를 하여서는 아니된다. 다만, 특별한 사정이 있는 경우에는 예외로 하되, 이 경우 주기가 있는 상태에서 직무를 수행하여서는 아니된다.

민사분쟁

제10조(민사분쟁에의 부당개입금지) 경찰공무원은 직위 또는 직권을 이용하여 부당하게 타인의 (   )에 개입하여서는 아니된다.

제11조(상관에 대한 신고) 경찰공무원은 신규채용·승진·전보·파견·출장·연가·교육훈련기관에의 입교 기타 신분관계 또는 근무관계 또는 근무관계의 변동이 있는 때에는 (   )에게 신고를 하여야 한다.

소속상관

2시간
소속 경찰기관의 장

제13조(여행의 제한) 경찰공무원은 휴무일 또는 근무시간외에 (   ) 이내에 직무에 복귀하기 어려운 지역으로 여행을 하고자 할 때에는 (   )에게 **신고를 하여야 한다.**

다만, 치안상 특별한 사정이 있어 경찰청장, 해양경찰청장 또는 경찰기관의 장이 지정하는 기간중에는 **소속경찰기관의 장의 허가를 받아야 한다.**

제18조(포상휴가) 경찰기관의 장은 근무성적이 탁월하거나 다른 경찰공무원의 모범이 될 공적이 있는 경찰공무원에 대하여 1회 (   ) **이내**의 포상휴가를 **허가할 수 있다.** 이 경우의 **포상휴가기간은 연가일수에 산입하지 아니한다.**

10일

경찰청 공무원 행동강령

[경찰청훈령 제927호]

제1장 총 칙

제1조(목적) 이 규칙은 「부패방지 및 국민권익위원회의 설치와 운영에 관한 법률」 제8조 및 공무원 행동강령에 따라 경찰청 소속 공무원이 준수하여야 할 행동기준을 규정하는 것을 목적으로 한다.

제2조(정의) 이 규칙에서 사용하는 용어의 뜻은 다음과 같다.

직무관련자

1. "(   )"란 공무원의 소관 업무와 관련되는 자로서 다음 각 목의 어느 하나에 해당하는 개인 또는 법인·단체를 말한다.
   가. 다음의 어느 하나에 해당하는 **민원**을 신청하는 중이거나 신청하려는 것이 명백한 개인 또는 법인·단체
   나. **인가·허가** 등의 취소, 영업정지, 과징금 또는 과태료의 부과 등으로 **이익** 또는 **불이익**을 직접적으로 받는 개인 또는 법인·단체
   다. **수사, 감사**, 감독, 검사, 단속, 행정지도 등의 대상인 개인 또는 법인·단체
   라. **재결, 결정**, 검정, 감정, 시험, 사정, 조정, 중재 등으로 이익 또는 불이익을 직접적으로 받는 개인 또는 법인·단체
   마. **징집·소집·동원** 등의 대상인 개인 또는 법인·단체
   바. 국가 또는 지방자치단체와 **계약을 체결**하거나 체결하려는 것이 명백한 개인 또는 법인·단체
   사. 장부·대장 등에의 **등록·등재**의 신청(신고)중에 있거나 신청(신고)하려는 것이 명백한 개인이나 법인·단체

아. 특정한 사실 또는 법률관계에 관한 **확인** 또는 **증명**의 신청중에 있거나 신청하려는 것이 명백한 개인이나 법인·단체

자. **법령해석**이나 **유권해석**을 요구하는 개인이나 법인·단체

차. 경찰관서에 복무중인 **전투경찰순경**·**의무경찰의 부모**·**형제자매**

카. **시책**·**사업** 등의 **결정** 또는 **집행**으로 이익 또는 불이익을 직접적으로 받는 개인 또는 법인·단체

타. 그 밖에 경찰관서에 대하여 **특정한 행위를 요구중인 개인**이나 법인·단체

2. "(   )"이란 공무원의 직무수행과 관련하여 이익 또는 불이익을 직접적으로 받는 다른 공무원 중
다음 각 목의 어느 하나에 해당하는 공무원을 말한다.

가. 상급자와 직무상 지휘명령을 받는 당해 업무의 하급자

나. 인사·감사·상훈·예산·심사평가업무 담당자와 해당업무와 직접 관련된 다른 공무원

다. 행정사무를 위임·위탁한 경우 위임·위탁사무를 관리·감독하는 공무원과 그 사무를 담당하는 공무원

라. 그밖에 특별한 사유로 경찰청장이 정하는 경우

직무관련공무원

3. "(   )등"이란 다음 각 목의 어느 하나에 해당하는 것을 말한다.

가. **금전**, **유가증권**, **부동산**, 물품, 숙박권, 회원권, 입장권, 할인권, 초대권, 관람권, 부동산 등의 사용권 등 일체의 **재산적 이익**

나. **음식물**·**주류**·**골프** 등의 **접대**·**향응** 또는 **교통**·**숙박** 등의 **편의 제공**

다. 채무 면제, 취업 제공, 이권 부여 등 그 밖의 **유형**·**무형의 경제적 이익**

금품

4. "(   )"란 경찰기관에서 민관 치안협력 또는 민간전문가를 통한 치안자문활동 목적으로 조직·운영하고 있는 단체를 말한다.

경찰유관단체

제3조(적용범위) 이 규칙은 경찰청 소속 공무원과 경찰청에 파견된 공무원에게 적용한다.

제4조(공정한 직무수행을 해치는 지시에 대한 처리) ① 공무원은 상급자가 자기 또는 타인의 부당한 이익을 위하여 **공정한 직무수행을 현저하게 해치는 지시를 하였을 때**에는 별지 제1호 서식 또는 전자우편 등의 방법으로 그 사유를 상급자에게 **소명**

하고 **지시에 따르지 아니하거나,** 별지 제2호 서식 또는 전자우편 등의 방법으로 제23조에 따라 지정된 행동강령에 관한 업무를 담당하는 공무원("**행동강령책임관**")과 **상담(   ).**

② 제1항에 따라 지시를 이행하지 아니하였는데도 **같은 지시가 반복될 때**에는 즉시 행동강령책임관과 **상담(   ).**

제4조의2(부당한 수사지휘에 대한 이의제기) ① 공무원은 「범죄수사규칙」 제15조에 따른 경찰관서 내 **수사 지휘에 대한 이의제기**와 관련하여 **행동강령책임관**에게 상담을 요청할 수 있다.

② 제1항의 상담요청을 받은 행동강령책임관은 해당 지휘의 취소·변경이 필요하다고 인정되면 소속기관장에게 보고하여야 한다.

제5조(사적 이해관계의 신고 등) ① **공무원**은 다음 각 호의 어느 하나에 해당하는 경우에는 (   )에게 해당 사실을 별지 제3호서식에 따라 서면(전자문서를 포함한다)으로 (   )**하여야 한다.**

다만, 공무원이 상담, 절차 및 규정 안내, 각종 증명서 발급, 기타 이에 준하는 단순 민원업무를 수행하는 경우에는 그러하지 아니하다.

1. 공무원 **자신**이 직무관련자인 경우
2. 공무원의 ( ) **이내의 친족**(「민법」 제767조에 따른 친족을 말한다)이 직무관련자인 경우
3. 공무원 자신이 ( ) **이내에 재직하였던 법인·단체**가 직무관련자인 경우
4. 공무원 **자신** 또는 그 **가족**(「민법」 제779조에 따른 가족을 말한다)이 **임직원** 또는 **사외이사**로 재직하고 있는 법인·단체가 직무관련자인 경우
5. 공무원 자신 또는 그 가족이 직무관련자를 **대리**하거나 직무관련자에게 **고문·자문** 등을 제공하거나 해당 대리·고문·자문 등의 업무를 하는 법인·단체에 소속되어 있는 경우
6. 공무원 자신 또는 그 가족이 다음 각 목에 해당하는 비율 이상의 **주식·지분, 자본금** 등을 소유하고 있는 법인·단체(이하 "특수관계사업자"라 한다)가 직무관련자인 경우
   가. 공무원 자신 또는 그의 가족이 소유하는 (   ) 총수가 발행주식총수의 100분의 (   ) **이상**인 법인·단체
   나. 공무원 자신 또는 그의 가족이 소유하는 (   ) 총수가 출자지분총수의

할 수 있다

하여야 한다

소속 기관의 장

신고

4촌

2년

주식

30

지분

       100분의 (   ) **이상**인 법인·단체   30

  다. 공무원 자신 또는 그의 가족이 소유하는 (   ) 합산금액이 자본금 총   자본금

      액의 100분의 (   ) **이상**인 법인·단체   50

7. **300만원 이상**의 금전거래가 있는 자가 직무관련자인 경우

8. 경찰청 및 소속기관의 퇴직공무원(임직원)으로서 퇴직 전 (   )간 같은 부   5년

   서에서 근무하였던 **자**가 직무관련자인 경우

9. **학연, 지연, 종교, 직연 또는 채용동기** 등 지속적인 **친분 관계**가 있어 공정

   한 직무수행이 어렵다고 판단되는 자가 직무관련자인 경우

10. **최근** (   ) **이내**에 인·허가, 계약의 체결, 정책·사업의 결정 또는 집행   2년

     등 직무수행으로 직접적인 이익을 주었던 자 중 지속적인 **친분 관계**가 형

     성되어 **공정한 직무수행이 어렵다고 판단되는 자**가 직무관련자인 경우

제5조의2(수사·단속 업무의 공정성 강화) ① 공무원은 **수사·단속의 대상이 되는**

업소 중 경찰청장이 지정하는 유형의 업소 관계자와 부적절한 (   )을 하여서   사적 접촉

는 아니 되며, 공적 또는 사적으로 접촉한 경우 경찰청장이 정하는 방법에 따라

신고(   ).   하여야 한다

② 공무원은 **수사 중인 사건의 관계자**와 부적절한 **사적접촉**을 해서는 아니 되며,

소속 **경찰관서 내에서만 접촉하여야 한다.** 다만, 현장 조사 등 공무상 필요한 경우

외부에서 접촉할 수 있으며, 이 경우에는 수사서류 등 공문서에 **기록하여야** 한다.

제5조의4(직무 관련 영리행위 등 금지) ① 공무원은 직무와 관련하여 다음 각 호의

행위를 해서는 **아니 된다.**

다만, 「국가공무원법」 등 다른 법령에 따라 허용되는 경우에는 그러하지 아니하다.

1. **직무관련자**에게 사적으로 **노무** 또는 **조언·자문**을 제공하고 대가를 받는 행위

2. 자신이 소속된 기관이 쟁송 등의 당사자가 되는 직무이거나 소속된 기관에

   게 직접적인 이해관계가 있는 직무인 경우에 **소속 기관의 상대방**을 **대리**하

   거나 상대방에게 **조언·자문** 또는 정보를 제공하는 행위

3. **외국의 정부·기관·법인·단체를 대리**하는 행위

4. 직무와 관련된 **다른 직위에 취임**하는 행위

5. 그 밖에 소속기관의 장이 **공정하고 청렴한 직무수행을 저해할 우려가 있다**

   고 판단하여 정하는 직무 관련 행위

영향력

제5조의5(가족 채용 제한) ① 경찰청장은 자신이 소속된 기관, 그 기관의 소속 기관이나 산하기관에 자신의 **가족이 채용**되도록 지시하는 등 **부당한 (   )**을 행사해서는 아니 된다.

② **인사업무를 담당하는 공무원**(인사업무에 사실상 영향력을 행사할 수 있는 공무원을 포함한다)은 자신이 소속된 기관에 자신의 **가족이 채용**되도록 지시하는 등 **부당한 영향력**을 행사해서는 아니 된다.

제5조의6(수의계약 체결 제한) ① 경찰청장은 자신이 소속된 기관, 그 기관의 소속 기관이나 산하기관과 물품·용역·공사 등의 **수의계약**을 **체결해서는 아니 되며**, 자신의 **가족**이나 특수관계사업자가 경찰청장 자신이 소속된 기관, 그 기관의 소속 기관이나 산하기관과 **수의계약**을 **체결하도록 해서는 아니 된다.**

② **계약업무를 담당하는 공무원**은 **자신**이 소속된 기관과 **수의계약**을 **체결해서는 아니 되며**, 자신의 **가족**이 그 기관과 **수의계약**을 **체결하도록 해서는 아니 된다.**

③ 산하기관을 지휘·감독·규제 또는 지원하는 업무를 담당하는 공무원은 자신이 소속된 기관의 산하기관과 수의계약을 체결해서는 아니 되며, 자신의 가족이 그 산하기관과 수의계약을 체결하도록 해서는 아니 된다.

특혜

제6조(특혜의 배제) 공무원은 직무를 수행함에 있어 **지연·혈연·학연·종교** 등을 이유로 특정인에게 (   )를 주어서는 아니 된다.

외의 용도

제7조(예산의 목적 외 사용 금지) 공무원은 여비, 업무추진비 등 공무 활동을 위한 **예산을 목적 (   )**로 **사용**하여 소속 기관에 재산상 손해를 입혀서는 **아니 된다.**

청탁

소속 기관의 장

제8조(정치인 등의 부당한 요구에 대한 처리) ① 공무원은 **정치인이나 정당** 등으로부터 **부당한 직무수행을 강요**받거나 (   )을 받은 경우에는 별지 제9호 서식 또는 전자우편 등의 방법으로 (   )에게 **보고하거나 행동강령책임관과 상담하여야 한다.**

② 제1항에 따라 보고를 받은 소속 기관의 장이나 상담을 한 행동강령책임관은 그 공무원이 공정한 직무수행을 할 수 있도록 적절한 조치를 하여야 한다.

청탁

제9조(인사 청탁 등의 금지) ① 공무원은 자신의 **임용·승진·전보** 등 인사에 **부당한 영향**을 미치기 위하여 타인으로 하여금 인사업무 담당자에게 (   )을 하도록 해서는 **아니 된다.**

② 공무원은 **직위를 이용**하여 다른 공무원의 임용·승진·전보 등 인사에 부당하게 (　　)해서는 아니 된다.

제10조(이권 개입 등의 금지) 공무원은 자신의 직위를 직접 이용하여 부당한 이익을 얻거나 타인이 부당한 이익을 얻도록 해서는 아니 된다.

제10조의2(직위의 사적이용 금지) 공무원은 직무의 범위를 벗어나 **사적 이익을 위하여** 소속기관의 **명칭**이나 **직위**를 공표·게시하는 등의 방법으로 **이용**하거나 **이용하게** 하여서는 아니 된다.

제11조(알선·청탁 등의 금지) ① 공무원은 자기 또는 타인의 부당한 이익을 위하여 다른 공직자의 공정한 직무수행을 해치는 **알선**·(　　) 등을 해서는 **아니 된다.**
② 공무원은 직무수행과 관련하여 자기 또는 타인의 부당한 이익을 위하여 **직무관련자**를 다른 직무관련자나 공직자에게 소개해서는 **아니 된다.**

제12조(직무 관련 정보를 이용한 거래 등의 제한) ① 공무원은 직무수행 중 알게 된 정보를 이용하여 **유가증권, 부동산** 등과 관련된 **재산상 거래** 또는 **투자**를 하거나 타인에게 그러한 **정보를 제공**하여 재산상 거래 또는 투자를 돕는 행위를 해서는 **아니 된다.**

제13조(공용물 등의 사적 사용·수익의 금지) 공무원은 관용 차량·선박·항공기 등 공용물과 예산의 사용으로 제공되는 **항공마일리지, 적립포인트** 등 **부가서비스**를 정당한 사유 없이 **사적인 용도로 사용·수익**해서는 **아니 된다.**

제13조의2(사적 노무 요구 금지) 공무원은 자신의 **직무권한**을 행사하거나 **지위·직책** 등에서 유래되는 **사실상 영향력을 행사**하여 직무관련자 또는 직무관련공무원으로부터 사적 **노무를 제공**받거나 **요구** 또는 **약속**해서는 **아니 된다.** 다만, 다른 법령 또는 **사회상규**에 따라 허용되는 경우에는 그러하지 아니하다.

제14조(금품등을 받는 행위의 제한) ① 공무원은 직무 관련 여부 및 기부·후원·증여 등 그 **명목에 관계없이** 동일인으로부터 1회에 100만원 또는 매 **회계연도에** (　　　)을 초과하는 금품등을 **받거나 요구** 또는 **약속**해서는 **아니 된다.**
② 공무원은 직무와 관련하여 (　　) **여부를 불문하고** 제1항에서 정한 금액 이하의 **금품등을 받거나 요구** 또는 **약속**해서는 아니 된다.

개입 / 청탁 / 300만원 / 대가성

③ 제15조의 외부강의등에 관한 사례금 또는 다음 각 호의 어느 하나에 해당하는 금품등은 제1항 또는 제2항에서 수수를 금지하는 **금품등에 해당하지** (   ).

1. 소속 기관의 장등이 소속 공무원이나 파견 공무원에게 지급하거나 상급자가 **위로 · 격려 · 포상** 등의 목적으로 하급자에게 제공하는 금품등
2. 원활한 직무수행 또는 사교 · 의례 또는 부조의 목적으로 제공되는 (   ) 등으로서 <u>별표 1</u>의 가액 범위 내의 금품등
3. **사적 거래**(증여는 제외한다)로 인한 **채무의 이행** 등 정당한 권원에 의하여 제공되는 금품등
4. 공무원의 **친족**(「민법」 제777조에 따른 친족을 말한다)이 제공하는 금품등
5. 공무원과 관련된 직원상조회 · 동호인회 · 동창회 · 향우회 · 친목회 · 종교단체 · 사회단체 등이 정하는 기준에 따라 구성원에게 제공하는 금품등 및 그 소속 구성원 등 공무원과 특별히 **장기적 · 지속적인 친분관계**를 맺고 있는 자가 **질병 · 재난** 등으로 어려운 처지에 있는 공무원에게 제공하는 금품등
6. 공무원의 **직무와 관련**된 공식적인 행사에서 주최자가 참석자에게 통상적인 범위에서 일률적으로 제공하는 **교통, 숙박, 음식물** 등의 금품등
7. 불특정 다수인에게 배포하기 위한 **기념품** 또는 **홍보용품** 등이나 경연 · 추첨을 통하여 받는 보상 또는 상품 등
8. 그 밖에 **사회상규**에 따라 허용되는 금품등

【별표 1】
음식물 · 경조사비 · 선물 등의 가액 범위(제14조 제3항 관련)
1. **음식물**(제공자와 공무원이 함께 하는 식사, 다과, 주류, 음료, 그 밖에 이에 준하는 것을 말한다): (   )
2. **경조사비**: 축의금 · 조의금은 (   ).
   다만, 축의금 · 조의금을 대신하는 화환 · 조화는 (   )으로 한다.
3. **선물**: 금전, 유가증권, 제1호의 음식물 및 제2호의 경조사비를 제외한 일체의 물품, 그 밖에 이에 준하는 것은 (   ).
   다만, 「농수산물 품질관리법」 제2조제1항제1호에 따른 농수산물 및 같은 항 제13호에 따른 농수산가공품은 10만원으로 한다.

아니한다

음식물 · 경조사비 · 선물

3만원
5만원
10만원

5만원

제15조(외부강의등의 사례금 수수 제한) ① 공무원은 자신의 직무와 관련되거나 그 지위·직책 등에서 유래되는 사실상의 영향력을 통하여 요청받은 교육·홍보·토론회·세미나·공청회 또는 그 밖의 회의 등에서 한 강의·강연·기고 등(　　　　) 외부강의
의 대가로서 별표 2에서 정하는 금액을 **초과하는** 사례금을 받아서는 **아니 된다.**

【 별표 2 】

외부강의등 사례금 상한액(제15조제1항 관련)

1. 사례금 상한액

가. **직급 구분없이 (　　　)** 40만원

나. 가목에도 불구하고 국제기구, 외국정부, 외국대학, 외국연구기관, 외국 학술단체, 그 밖에 이에 준하는 외국기관에서 지급하는 외부강의 등의 사례금 상한액은 사례금을 지급하는 자의 지급기준에 따른다.

2. 적용기준

가. 제1호의 상한액은 강의 등의 경우 1시간당, 기고의 경우 1건당 상한액으로 한다.

나. 1시간을 초과하여 강의 등을 하는 경우에도 사례금 총액은 강의시간에 관계없이 1시간 상한액의 (　　　　)에 해당하는 금액을 **초과하지 못한다.** 100분의 150

다. 상한액에는 강의료, 원고료, 출연료 등 명목에 관계없이 외부강의등 사례금 제공자가 외부강의등과 관련하여 공무원에게 제공하는 일체의 사례금을 **포함한다.**

라. 다목에도 불구하고 공무원이 소속 기관에서 (　　　　　) 등 여비를 지급받지 못한 경우에는 「공무원 여비 규정」의 기준 내에서 실비수준으로 제공되는 교통비, 숙박비 및 식비는 제1호의 **사례금에 포함되지 않는다.** 교통비, 숙박비,
식비

---

② **공무원**은 외부강의등을 할 때에는 외부강의등의 요청 명세 등을 별지 제12호서식의 서식에 따라 (　　　　　)에게 **미리** 서면으로 (　　)하여야 한다. 다만, 외부 소속 기관의 장 /
신고
강의등을 요청한 자가 국가나 지방자치단체인 경우에는 그러하지 아니하다.

③ 공무원은 외부강의등을 **미리 신고하는 것이 곤란한 경우**에는 그 외부강의등을 마친 날부터 (　　) **이내**에 서면으로 신고하여야 한다. 다만, 상세 명세 또는 사례 2일
금 총액 등을 미리 알 수 없는 경우에는 해당 사항을 제외한 사항을 신고한 후 해당 사항을 안 날부터 5일 이내에 보완하여야 한다.

④ 공무원이 대가를 받고 수행하는 **외부강의등**은 (　　　)를 **초과할 수 없다.** 다만, 월 3회
국가나 지방자치단체에서 요청하거나 **겸직 허가를 받고 수행하는 외부강의**등은 그 횟수에 **포함하지 아니한다.**

⑤ 공무원은 제4항에 따른 **횟수 상한을 초과하여 대가를 받고 외부강의등을 하려는** 경우에는 (   ) 소속 기관의 장의 (   )을 받아야 한다.

제15조의2(초과사례금의 신고등) ① 공무원은 제15조제1항에 따른 금액을 **초과하는 사례금(초과사례금)**을 받은 경우에는 그 사실을 **안 날로부터** (   ) **이내**에 별지 제13호서식으로 (   )**에게 신고하여야 하며,** 제공자에게 그 초과금액을 지체 없이 **반환하여야 한다.**

② 신고를 받은 소속 기관의 장은 초과사례금을 반환하지 아니한 공무원에 대하여 신고사항을 확인한 후 **7일 이내**에 반환하여야 할 초과사례금의 액수를 산정하여 해당 공무원에게 통지하여야 한다.

제16조(직무관련자 거래 신고) ① 공무원은 **자신, 배우자, 직계존속·비속**(생계를 같이 하는 경우만 해당한다) 또는 특수관계사업자가 공무원 자신의 **직무관련자** 또는 직무관련공무원과 직접 다음 각 호의 어느 하나에 해당하는 **행위를 하는 경우**(무상인 경우를 포함한다)에는 별지 제14호 서식에 따라 서면으로 (   )**에게 미리 신고하여야 한다.**

> 1. (   )을 빌리거나 빌려주는 행위 및 (   )을 거래하는 행위.
>   다만, 「금융실명거래 및 비밀보장에 관한 법률」 제2조제1호에 따른 금융회사등으로부터 통상적인 조건으로 금전을 빌리는 행위 및 유가증권을 거래하는 행위는 제외한다.
> 2. **부동산, 자동차, 선박, 항공기, 건설기계,** 그 밖에 이에 준하는 (   )을 거래하는 행위.
>   다만, 공매·경매·입찰 및 공개추첨(이하 "공매등"이라 한다)을 통한 거래 행위는 제외한다.
> 3. 제1호 및 제2호의 거래 행위 외에 (   ) 등의 (   )을 (   )하는 행위.
>   다만, 공매등을 통한 계약 체결 행위 또는 거래관행상 불특정다수를 대상으로 반복적으로 행해지는 계약 체결 행위는 제외한다.

제16조의2(직무관련자에게 협찬 요구 금지) 공무원은 직무관련자에게 **직위를 이용하여** 행사 진행에 필요한 직·간접적 **경비, 장소, 인력, 또는 물품** 등의 (   )을 **요구하여서는 아니 된다.**

제16조의3(직무관련자와 골프 및 사적여행 제한) ① 공무원은 직무관련자와는 비용 부담 여부와 관계없이 (   )를 같이 하여서는 아니 된다.

다만, 다음 각 호와 같은 부득이한 사정에 따라 골프를 같이 하는 경우에는 소속 관서 행동강령 책임관에게 사전에 신고하여야 하며 **사전에 신고하기 어려운 특별한 사유가 있는 경우**에는 **사후에 즉시 신고하여야 한다.**

> 1. 정책의 수립·시행을 위한 의견교환 또는 업무협의 등 공적인 목적을 위하여 필요한 경우
> 2. 직무관련자인 친족과 골프를 하는 경우
> 3. 동창회 등 친목단체에 직무관련자가 있어 부득이 골프를 하는 경우
> 4. 그 밖에 위 각 호와 유사한 사유로 부득이하다고 인정되는 경우

② 공무원은 **직무관련자와 함께 사적인 (   )을 하여서는 아니 된다.**
다만, 제1항 각 호의 사유가 있어 같은 항 단서에 따른 신고를 한 경우에는 그러하지 아니 하다.

제16조의4(직무관련자와 사행성 오락 금지) 공무원은 직무관련자와 마작, 화투, 카드 등 우연의 결과나 불확실한 승패에 의하여 금품 등 경제적 이익을 취할 목적으로 하는 (   )을 같이 하여서는 아니 된다.

제17조(경조사의 통지 제한) 공무원은 직무관련자나 **직무관련공무원**에게 (   )를 **알려서는 아니 된다.**

다만, 다음 각 호의 어느 하나에 해당하는 경우에는 경조사를 알릴 수 있다.

> 1. **친족**(「민법」 제767조에 따른 친족을 말한다)에게 알리는 경우
> 2. **현재 근무**하고 있거나 **과거에 근무하였던 기관의 소속 직원**에게 알리는 경우
> 3. 신문, 방송 또는 제2호에 따른 직원에게만 열람이 허용되는 **내부통신망** 등을 통하여 알리는 경우
> 4. 공무원 자신이 소속된 **종교단체·친목단체** 등의 **회원**에게 알리는 경우

제18조(위반 여부에 대한 상담) ① 공무원은 알선·청탁, 금품등의 수수, 외부강의등의 사례금수수, 경조사의 통지 등에 대하여 이 **규칙을 위반하는 지가** 분명하지 아니할 때에는 **행동강령책임관과 상담한 후 처리하여야 하며** 행동강령책임관은 별지 제15호서식에 따라 **상담내용을 관리하여야 한다.**

골프

여행

사행성 오락

경조사

② 행동강령책임관은 제1항에 따른 상담이 원활하게 이루어질 수 있도록 해당 기관의 규모등 여건을 고려하여 전용전화·상담실 설치 등 필요한 조치를 취할 수 있다.

제19조(위반행위의 신고 및 확인) ① 누구든지 공무원이 이 규칙을 위반한 사실을 알게 되었을 때에는 그 공무원이 소속된 기관의 장, 그 기관의 행동강령책임관 또는 (   )에 **신고할 수 있다.**

② 제1항에 따라 **신고하는 자**는 별지 제16호 서식의 위반행위신고서에 본인과 **위반자의 인적 사항**과 **위반 내용**을 **구체적으로 제시해야 한다.**

③ 제1항에 따라 위반행위를 신고받은 소속 기관의 장과 행동강령책임관은 신고인과 **신고내용에 대하여 비밀을 보장**하여야 하며, 신고인이 신고에 따른 **불이익을 받지 아니하도록 하여야 한다.**

09 | 공직자윤리법

[법률 제16671호]

제1조(목적) 이 법은 공직자 및 공직후보자의 재산등록, 등록재산 공개 및 재산형성과정 소명과 공직을 이용한 재산취득의 규제, 공직자의 선물신고 및 주식백지신탁, 퇴직공직자의 취업제한 및 행위제한 등을 규정함으로써 **공직자의 부정한 재산 증식을 방지**하고, **공무집행의 공정성을 확보**하는 등 공익과 사익의 이해충돌을 방지하여 국민에 대한 봉사자로서 가져야 할 **공직자의 윤리를 확립**함을 목적으로 한다.

제3조(등록의무자) ① 다음 각 호의 어느 하나에 해당하는 **공직자(등록의무자)**는 이 법에서 정하는 바에 따라 (   )을 (   )**하여야 한다.**

---

1. 대통령 · 국무총리 · 국무위원 · 국회의원 등 국가의 정무직공무원
2. 지방자치단체의 장, 지방의회의원 등 지방자치단체의 정무직공무원
3. 4급 이상의 일반직 국가공무원 및 지방공무원과 이에 상당하는 보수를 받는 별정직공무원
4. 대통령령으로 정하는 외무공무원과 4급 이상의 국가정보원 직원 및 대통령 경호처 경호공무원
5. **법관 및 검사**
6. 헌법재판소 헌법연구관
7. 대령 이상의 장교 및 이에 상당하는 군무원
8. 교육공무원 중 **총장 · 부총장 · 대학원장 · 학장**(대학교의 학장을 포함) 및 전문대학의 장과 대학에 준하는 각종 학교의 장, 특별시 · 광역시 · 특별자치시 · 도 · 특별자치도의 교육감 및 교육장
9. (   )**(자치총경을 포함한다) 이상의 경찰공무원**과 소방정 이상의 소방공무원

재산 / 등록

총경

> **■ 참고**
>
> **공직자윤리법 시행령 제3조(등록의무자)**
>
> ④ "대통령령으로 정하는 특정 분야의 공무원과 공직유관단체의 직원"이란 다음 각 호의 사람을 말한다.
>
> 1. 연구직공무원, 지도직공무원으로서 4급 이상 또는 고위공무원단에 속하는 일반직공무원에 상당하는 연구관·지도관
> 2. 4급 이상 또는 고위공무원단에 속하는 일반직공무원에 상당하는 직위에 임명된 장학관·교육연구관
> 3. 대학의 처장·실장
> 4. 감사원 소속 공무원 중 5급 이하 7급 이상의 일반직공무원(이에 상당하는 전문경력관을 포함한다)과 이에 상당하는 별정직공무원
> 5. 「국민권익위원회와 그 소속기관 직제」 제9조에 따른 부패방지국 및 같은 영 제9조의2에 따른 심사보호국 소속 5급 이하 7급 이상의 일반직공무원 (이에 상당하는 전문경력관을 포함한다)과 이에 상당하는 별정직공무원
> 6. **국가경찰공무원 중 (   )와 자치경찰공무원 중 자치경** 정, 자치경감, 자치경위, 자치경사

경정, 경감, 경위, 경사

제4조(등록대상재산) ① 등록의무자가 등록할 재산은 다음 각 호의 어느 하나에 해당하는 사람의 재산으로 한다.

> 1. **본인**
> 2. **배우자 (사실상의 혼인관계에 있는 사람을 포함한다)**
> 3. **본인의 직계존속·직계비속**

② 등록의무자가 **등록할 재산**은 다음 각 호와 같다.

> 1. **부동산에 관한 소유권·지상권 및 전세권**
> 2. 광업권·어업권·양식업권, 그 밖에 **부동산에 관한 규정이 준용되는 권리**
> 3. 다음 각 목의 **동산·증권·채권·채무 및 지식재산권**
>   가. 소유자별 합계액 1천만원 이상의 현금(수표를 포함)
>   나. 소유자별 합계액 1천만원 이상의 예금
>   다. 소유자별 합계액 1천만원 이상의 주식·국채·공채·회사채 등 증권
>   라. 소유자별 합계액 1천만원 이상의 채권

　　마. 소유자별 합계액 1천만원 이상의 채무

　　바. 소유자별 합계액 500만원 이상의 금 및 백금(금제품 및 백금제품을 포
　　　함한다)

　　사. 품목당 500만원 이상의 보석류

　　아. 품목당 500만원 이상의 골동품 및 예술품

　　자. 권당 500만원 이상의 회원권

　　차. 소유자별 연간 1천만원 이상의 소득이 있는 지식재산권

　　카. 자동차 · 건설기계 · 선박 및 항공기

4. **합명**회사 · **합자**회사 및 **유한회사의 출자지분**

5. **주식매수선택권**

제10조(등록재산의 공개) ① **공직자윤리위원회는** 관할 등록의무자 중 다음 각 호의 어느 하나에 해당하는 공직자 **본인과 배우자 및 본인의 직계존속 · 직계비속**의 재산에 관한 등록사항과 변동사항 신고내용을 등록기간 또는 신고기간 만료 후 (　　　) 이내에 관보 또는 공보에 게재하여 **공개(　　　　　).**

> 1개월
>
> 하여야 한다

1. 대통령, 국무총리, 국무위원, 국회의원, 국가정보원의 원장 및 차장 등 국가의 정무직공무원

2. 지방자치단체의 장, 지방의회의원 등 지방자치단체의 정무직공무원

3. 일반직 1급 국가공무원(「국가공무원법」 제23조에 따라 배정된 직무등급이 가장 높은 등급의 직위에 임용된 고위공무원단에 속하는 일반직공무원을 포함한다) 및 지방공무원과 이에 상응하는 보수를 받는 별정직공무원(고위공무원단에 속하는 별정직공무원을 포함한다)

4. 대통령령으로 정하는 외무공무원과 국가정보원의 기획조정실장

5. 고등법원 부장판사급 이상의 법관과 대검찰청 검사급 이상의 검사

6. 중장 이상의 장성급 장교

7. 교육공무원 중 총장 · 부총장 · 학장(대학교의 학장은 제외한다) 및 전문대학의 장과 대학에 준하는 각종 학교의 장, 특별시 · 광역시 · 특별자치시 · 도 · 특별자치도의 교육감

8. (　　　) **이상의 경찰공무원** 및 특별시 · 광역시 · 특별자치시 · 도 · 특별자치도의 **지방경찰청장**

> 치안감

8의2. 소방정감 이상의 소방공무원

제15조(외국 정부 등으로부터 받은 선물의 신고) ① 공무원 또는 공직유관단체의 임직원은 **외국**으로부터 선물(대가 없이 제공되는 물품 및 그 밖에 이에 준하는 것을 말하되, **현금은 제외한다.**)을 받거나 그 직무와 관련하여 **외국인**(외국단체를 포함한다)에게 **선물**을 받으면 지체 없이 **소속 기관·단체의 장에게 신고**하고 그 선물을 (　　) **하여야 한다.**

이들의 가족이 **외국으로부터 선물**을 받거나 그 공무원이나 공직유관단체 임직원의 직무와 관련하여 외국인에게 선물을 받은 경우에도 또한 같다.

② 제1항에 따라 신고할 선물의 가액은 대통령령으로 정한다.

> ■ **참고**
>
> **공직자윤리법 시행령 제28조(선물의 가액)** ① 신고하여야 할 선물은 그 선물 수령 당시 증정한 국가 또는 외국인이 속한 국가의 시가로 미국화폐 100달러 이상이거나 국내 시가로 (　　　) 이상인 선물로 한다.

제16조(선물의 귀속 등) ① 신고된 선물은 신고 즉시 **국가 또는 지방자치단체에 귀속**된다.

제17조(퇴직공직자의 취업제한) ① 공무원과 공직유관단체의 직원(**취업심사대상자**)은 퇴직일부터 (　　)간 다음 각 호의 어느 하나에 해당하는 기관(취업심사대상기관)에 (　　)할 수 없다.

다만, 관할 공직자윤리위원회로부터 취업심사대상자가 **퇴직 전** (　　) 동안 소속하였던 부서 또는 기관의 업무와 취업심사대상기관 간에 밀접한 관련성이 없다는 확인을 받거나 취업승인을 받은 때에는 취업할 수 있다.

제18조의2(퇴직공직자의 업무취급 제한) ① 모든 공무원 또는 공직유관단체 임직원은 다른 법률에 특별한 규정이 있는 경우를 제외하고는 **재직 중에 직접 처리한 업무를 퇴직 후에 취급할 수 없다.**

② 기관업무기준 (　　　　　　　)는 다른 법률에 특별한 규정이 있는 경우를 제외하고는 퇴직 전 (　　)부터 퇴직할 때까지 근무한 기관이 취업한 취업심사대상기관에 대하여 처리하는 **업무를 퇴직한 날부터 2년 동안 취급할 수 없다.**

왼쪽 여백 표시:

인도

10만원

3년
취업
5년

취업심사대상자
2년

10 부정청탁 및 금품등 수수의 금지에 관한 법률

(약칭: 청탁금지법)　　　　　　　　　　　　　　　[법률 제16658호]

제1조(목적) 이 법은 공직자 등에 대한 **부정청탁** 및 공직자 등의 **금품** 등의 수수를 금지함으로써 공직자 등의 **공정한 직무수행**을 보장하고 **공공기관에** 대한 국민의 신뢰를 **확보하는 것을** 목적으로 한다.

제2조(정의) 이 법에서 사용하는 용어의 뜻은 다음과 같다.

1. "(　　　　)"이란 다음 각 목의 어느 하나에 해당하는 기관·단체를 말한다.　　　**공공기관**

　가. **국회, 법원, 헌법재판소, 선거관리위원회, 감사원, 국가인권위원회, 중앙행정기관**(대통령 소속 기관과 국무총리 소속 기관을 (　　　))과 그 소속 기관 및 **지방자치단체**　　　**포함한다**

　나. 「공직자윤리법」 제3조의2에 따른 **공직유관단체**

　다. **「공공기관**의 운영에 관한 법률」 제4조에 따른 기관

　라. 「초·중등교육법」, 「고등교육법」, 「유아교육법」 및 그 밖의 다른 법령에 따라 설치된 각급 (　　) 및 「사립학교법」에 따른 **학교법인**　　　**학교**

　마. 「언론중재 및 피해구제 등에 관한 법률」 제2조제12호에 따른 (　　　)　　　**언론사**

2. "(　　　　)"이란 다음 각 목의 어느 하나에 해당하는 공직자 또는 공적 업무 종사자를 말한다.　　　**공직자등**

　가. 「국가공무원법」 또는 「지방공무원법」에 따른 공무원과 그 밖에 다른 법률에 따라 그 자격·임용·교육훈련·복무·보수·신분보장 등에 있어서 (　　　)으로 인정된 사람　　　**공무원**

　나. 제1호나목 및 다목에 따른 **공직유관단체 및 기관의 장과 그 임직원**

　다. 제1호라목에 따른 각급 **학교의 장과 교직원** 및 학교법인의 **임직원**

　라. 제1호마목에 따른 **언론사의 대표자와 그 임직원**

금품

3. "(　　　)등"이란 다음 각 목의 어느 하나에 해당하는 것을 말한다.
　가. 금전, 유가증권, 부동산, 물품, 숙박권, 회원권, 입장권, 할인권, 초대권, 관람권, 부동산 등의 사용권 등 **일체의 재산적 이익**
　나. 음식물·주류·골프 등의 접대·향응 또는 교통·숙박 등의 **편의 제공**
　다. 채무 면제, 취업 제공, 이권 부여 등 그 밖의 **유형·무형의 경제적 이익**
4. **"소속기관장"**이란 공직자등이 소속된 공공기관의 장을 말한다.

제4조(공직자등의 의무) ① 공직자등은 사적 이해관계에 영향을 받지 아니하고 직무를 공정하고 청렴하게 수행하여야 한다.
② 공직자등은 직무수행과 관련하여 공평무사하게 처신하고 직무관련자를 우대하거나 차별해서는 아니 된다.

제6조(부정청탁에 따른 직무수행 금지) 부정청탁을 받은 공직자등은 그에 따라 직무를 수행해서는 아니 된다.

제7조(부정청탁의 신고 및 처리) ① 공직자등은 **부정청탁을 받았을 때**에는 부정청탁을 한 자에게 부정청탁임을 알리고 이를 **거절하는 의사를 명확히 표시**(　　　　　).

하여야 한다

② 공직자등은 제1항에 따른 조치를 하였음에도 불구하고 동일한 **부정청탁을 다시 받은 경우**에는 이를 (　　　　　)에게 서면(전자문서를 포함)으로 (　　)하여야 한다.

소속기관장 / 신고

③ 신고를 받은 소속기관장은 신고의 경위·취지·내용·증거자료 등을 조사하여 신고 내용이 부정청탁에 해당하는지를 신속하게 확인하여야 한다.

제8조(금품등의 수수 금지) ① 공직자등은 직무 관련 여부 및 기부·후원·증여 등 그 **명목에 관계없이** 동일인으로부터 1회에 (　　　) 또는 **매 회계연도에** (　　　)을 초과하는 **금품등**을 받거나 요구 또는 약속해서는 아니 된다.

100만원 / 300만원

② 공직자등은 직무와 관련하여 **대가성 여부를** (　　　) 제1항에서 정한 금액 이하의 **금품등을 받거나 요구 또는 약속해서는 아니 된다.**

불문하고

③ 외부강의등에 관한 사례금 또는 다음 각 호의 어느 하나에 해당하는 금품등의 경우에는 제1항 또는 제2항에서 수수를 금지하는 **금품등에 해당하지 아니한다.**

1. 공공기관이 소속 공직자등이나 파견 공직자등에게 지급하거나 상급 공직자등이 **위로·격려·포상** 등의 목적으로 하급 공직자등에게 제공하는 금품등

2. 원활한 직무수행 또는 사교·의례 또는 부조의 목적으로 제공되는 **음식물·경조사비·선물** 등으로서 대통령령으로 정하는 가액 범위 안의 금품등

3. **사적 거래**(증여는 제외한다)로 인한 채무의 이행 등 정당한 권원(權原)에 의하여 제공되는 금품등

4. 공직자등의 **친족**(「민법」 제777조에 따른 친족을 말한다)이 제공하는 금품등

5. 공직자등과 관련된 직원상조회·동호인회·동창회·향우회·친목회·종교단체·사회단체 등이 정하는 기준에 따라 구성원에게 제공하는 금품등 및 그 소속 구성원 등 공직자등과 **특별히 장기적·지속적인 친분관계**를 맺고 있는 자가 질병·재난 등으로 어려운 처지에 있는 공직자등에게 제공하는 금품등

6. 공직자등의 직무와 관련된 공식적인 행사에서 주최자가 참석자에게 통상적인 범위에서 일률적으로 제공하는 **교통, 숙박, 음식물** 등의 금품등

7. 불특정 다수인에게 배포하기 위한 기념품 또는 홍보용품 등이나 **경연·추첨**을 통하여 받는 보상 또는 상품 등

8. 그 밖에 다른 법령·기준 또는 사회상규에 따라 허용되는 금품등

▰ 참고

음식물·경조사비·선물 등의 가액 범위(제17조 관련)

1. **음식물**(제공자와 공직자등이 함께 하는 식사, 다과, 주류, 음료, 그 밖에 이에 준하는 것): (   )   3만원

2. **경조사비**: 축의금·조의금은 (   ).   5만원
   다만, 축의금·조의금을 대신하는 **화환·조화**는 (   ).   10만원

3. **선물**: 금전, 유가증권, 음식물 및 경조사비를 **제외한 일체의 물품**,
   그 밖에 이에 준하는 것은 (   ).   5만원
   다만, 「농수산물 품질관리법」에 따른 농수산물 및 농수산가공품은 **10만원**으로 한다.

---

④ 공직자등의 **배우자**는 공직자등의 직무와 관련하여 제1항 또는 제2항에 따라 공직자등이 받는 것이 금지되는 금품등("**수수 금지 금품등**")을 받거나 **요구하거나 제공받기로 약속해서는 아니 된다.**

⑤ **누구든지** 공직자등에게 또는 그 공직자등의 **배우자에게** 수수 금지 **금품등을** 제공하거나 그 제공의 **약속** 또는 **의사표시를 해서는 아니 된다.**

제10조(외부강의등의 사례금 수수 제한) ① 공직자등은 자신의 직무와 관련되거나 그 지위·직책 등에서 유래되는 사실상의 영향력을 통하여 요청받은 교육·홍보·토론회·세미나·공청회 또는 그 밖의 회의 등에서 한 강의·강연·기고 등(**외부강의등**)의 대가로서 대통령령으로 정하는 금액을 **초과하는** 사례금을 받아서는 **아니된다.**

▰ 참고

외부강의등 사례금 상한액(제25조 관련)

1. 공직자등별 사례금 상한액
   가. 법 제2조제2호가목 및 나목에 따른 공직자등: 40만원
   나. 법 제2조제2호다목 및 라목에 따른 공직자등: 100만원
   다. 가목 및 나목에도 불구하고 국제기구, 외국정부, 외국대학, 외국연구기관, 외국학술단체, 그 밖에 이에 준하는 외국기관에서 지급하는 외부강의등의 사례금 상한액은 사례금을 지급하는 자의 지급기준에 따른다.

2. 적용기준
   가. 제1호가목 및 나목의 상한액은 강의 등의 경우 **1시간당**, 기고의 경우 1 **건당 상한액**으로 한다.
   나. 제1호가목에 따른 공직자등은 **1시간을 초과하여 강의 등을 하는 경우**에도 사례금 **총액**은 강의시간에 관계없이 1시간 상한액의 **100분의 150**에 해당하는 금액을 **초과하지 못한다.**
   다. 제1호가목 및 나목의 상한액에는 강의료, 원고료, 출연료 등 **명목에 관계없이** 외부강의등 사례금 제공자가 외부강의등과 관련하여 공직자등에게 제공하는 **일체의 사례금을 포함**한다.
   라. 다목에도 불구하고 공직자등이 소속기관에서 **교통비, 숙박비, 식비** 등 여비를 지급받지 못한 경우에는 「공무원 여비 규정」 등 공공기관별로 적용되는 여비 규정의 기준 내에서 실비수준으로 제공되는 교통비, 숙박비 및 식비는 제1호의 사례금에 **포함되지 않는다.**

---

② 공직자등은 사례금을 받는 **외부강의등을 할 때**에는 대통령령으로 정하는 바에 따라 외부강의등의 요청 명세 등을 **소속기관장**에게 그 외부강의등을 마친 날부터 (   ) 이내에 서면으로 **신고하여야** 한다.

다만, 외부강의등을 요청한 자가 **국가**나 **지방자치단체**인 경우에는 그러하지 아니하다.

10일

④ 소속기관장은 제2항에 따라 공직자등이 신고한 외부강의등이 **공정한 직무수행을 저해할 수 있다고 판단하는 경우에는 그 공직자등의 외부강의등을 제한할 수 있다.**
⑤ 공직자등은 제1항에 따른 금액을 **초과하는 사례금을 받은 경우**에는 대통령령으로 정하는 바에 따라 **소속기관장에게 신고**하고, 제공자에게 그 **초과금액을 지체 없이 반환하여야 한다.**

▨ 참고

청탁금지법 시행령
제26조(외부강의등의 신고) ① 외부강의등을 신고하려는 공직자등은 다음 각 호의 사항을 적은 **서면**을 **소속기관장**에게 **제출**하여야 한다.

> 1. 신고자의 성명, 소속, 직급 및 연락처
> 2. 외부강의등의 일시, 강의시간 및 장소
> 3. 외부강의등의 주제
> 4. 사례금 총액 및 상세 명세(사례금을 받는 경우만 해당한다)
> 5. 외부강의등의 요청자(요청기관), 담당자 및 연락처

② 신고를 할 때 상세 명세 또는 사례금 총액 등을 미리 알 수 없는 경우에는 해당 사항을 제외한 사항을 신고한 후 해당 사항을 **안 날부터 (5일) 이내**에 **보완**하여야 한다.

제27조(초과사례금의 신고방법 등) ① 공직자등은 법 제10조제1항에 따른 금액을 초과하는 사례금("초과사례금")을 받은 경우에는 초과사례금을 받은 사실을 **안 날부터 (2일)** 이내에 다음 각 호의 사항을 적은 **서면**으로 **소속기관장**에게 **신고**하여야 한다.
> 1. 제26조제1항에 따른 신고사항
> 2. 초과사례금의 액수 및 초과사례금의 반환 여부

② **신고를 받은 소속기관장**은 초과사례금을 반환하지 아니한 공직자등에 대하여 신고사항을 확인한 후 (7일) 이내에 반환하여야 할 초과사례금의 액수를 산정하여 해당 **공직자**등에게 **통지**하여야 한다.
③ 통지를 받은 공직자등은 지체 없이 초과사례금(신고자가 초과사례금의 일부를 반환한 경우에는 그 차액으로 한정한다)을 **제공자**에게 **반환**하고 그 사실을 소속기관장에게 알려야 한다.

제12조(공직자등의 부정청탁 등 방지에 관한 업무의 총괄) (   )는 이 법
에 따른 다음 각 호의 사항에 관한 **업무를 관장한다.**

    1. 부정청탁의 금지 및 금품등의 수수 금지·제한 등에 관한 **제도개선 및 교
      육·홍보계획**의 수립 및 시행

    2. 부정청탁 등에 관한 **유형, 판단기준** 및 그 **예방 조치** 등에 관한 기준의 작성
      및 보급

    3. 부정청탁 등에 대한 **신고 등의 안내·상담·접수·처리** 등

    4. **신고자** 등에 대한 **보호 및 보상**

    5. 제1호부터 제4호까지의 업무 수행에 필요한 실태조사 및 자료의 수집·관
      리·분석 등

제13조(위반행위의 신고 등) ① (   ) 이 법의 위반행위가 발생하였거나 발생하고
있다는 사실을 알게 된 경우에는 다음 각 호의 어느 하나에 해당하는 기관에 (   )
할 수 있다.

---

1. 이 법의 위반행위가 발생한 공공기관 또는 그 감독기관
2. 감사원 또는 수사기관
3. 국민권익위원회

---

11 | 경찰 감찰 규칙

[경찰청훈령 제926호]

제1조(목적) 이 규칙은 경찰청 및 그 소속기관에 소속하는 **경찰공무원**, 별정·일반직 공무원(무기계약 및 기간제 근로자를 **포함한다**), 의무경찰 등의 **공직기강 확립**과 **경찰행정의 적정성 확보**를 위한 감찰에 필요한 사항을 규정함을 목적으로 한다.

제2조(정의) 이 규칙에서 사용하는 용어의 정의는 다음과 같다.

1. "(   )**행위**"란 소속공무원이 「국가공무원법」 등 관련 법령 또는 직무상 명령 등에 따른 각종 의무를 위반한 행위를 말한다.
2. "(   )"이란 복무기강 확립과 경찰행정의 적정성을 확보하기 위해 경찰기관 또는 소속공무원의 제반업무와 활동 등을 조사·점검·확인하고 그 결과를 처리하는 감찰관의 직무활동을 말한다.
3. "**감찰관**"이란 제2호에 따른 감찰을 담당하는 경찰공무원을 말한다.

제5조(감찰관의 결격사유) 다음 각 호의 어느 하나에 해당하는 사람은 **감찰관이 될 수 없다.**

1. 직무와 관련한 금품 및 향응 수수, 공금횡령·유용, 「성폭력범죄의 처벌 등에 관한 특례법」에 따른 성폭력범죄로 징계처분을 받은 사람
2. 제1호 이외의 사유로 징계처분을 받아 말소기간이 경과하지 아니한 사람
3. 질병 등으로 감찰관으로서의 업무수행이 어려운 사람
4. 기타 감찰관으로서 적합하지 아니하다고 판단되는 사람

제6조(감찰관 선발) ① 경찰기관의 장은 감찰관 보직공모에 응모한 지원자 및 (   ) **이상의 동료로부터 추천 받은 자**를 대상으로 적격심사를 거쳐 감찰관을 선발한다.

의무위반

감찰

3인

2년

제7조(감찰관의 신분보장) ① 경찰기관의 장은 감찰관이 제5조에 따른 결격사유에 해당되는 것으로 밝혀졌을 경우와 다음 각 호의 어느 하나에 해당하는 경우를 제외하고는 ( ) 이내에 본인의 **의사에 반하여 전보하여서는 아니 된다.** 다만, 승진 등 인사관리상 필요한 경우에는 그러하지 아니하다.

1. **징계**사유가 있는 경우
2. **형사사건**에 계류된 경우
3. **질병** 등으로 감찰업무를 수행할 수 없거나 직무수행 능력이 현저히 부족하다고 판단되는 경우
4. 고압 · 권위적인 감찰활동을 반복하여 **물의를 야기**한 경우

1년

전보

② 경찰기관의 장은 ( ) **이상 성실히 근무한 감찰관**에 대해서는 **희망부서를 고려하여** ( )**한다.**

제8조(감찰관 적격심사) ① 경찰기관의 장은 소속 감찰관에 대하여 감찰관 보직 후 2년마다 적격심사를 실시하여 인사에 반영하여야 한다.

제척

제9조( ) 감찰관은 다음 경우에 당해 감찰직무에서 제척된다.

1. 감찰관 **본인**이 의무위반행위로 인해 감찰대상이 된 때
2. 감찰관 본인이 의무위반행위로 인해 **피해를 받은 자**(이하 "피해자"라 한다)인 때
3. 감찰관 본인이 의무위반행위로 인해 감찰대상이 된 **소속공무원**("조사대상자")이나 **피해자의 친족**이거나 **친족관계가 있었던 자**인 때
4. 감찰관 **본인이 조사대상자**나 **피해자의 법정대리인**이나 **후견감독인**인 때

기피

제10조( ) ① 조사대상자, 피해자는 다음 경우에 감찰관 기피 신청서를 작성하여 그 감찰관이 소속된 경찰기관의 감찰업무 담당 부서장(감찰부서장)에게 해당 **감찰관의 기피를 신청할 수 있다.**

1. 감찰관이 제9조 각 호의 사유에 해당되는 때
2. 감찰관이 이 규칙을 위반하거나 불공정한 조사를 할 염려가 있다고 볼만한 객관적 · 구체적 사정이 있는 때

제11조(　　　) ① 감찰관은 제9조의 사유에 해당하면 **스스로 감찰직무를 회피하여야** 하며, 제9조 이외의 사유로 감찰직무를 수행함에 있어 **공정성을 잃을 염려가 있다**고 인정하는 경우 회피할 수 있다.

〔회피〕

제12조(감찰활동의 관할) 감찰관은 소속 경찰기관의 관할구역 (　　　) 활동하여야 한다. 다만, (　　　　　　)의 지시가 있는 경우에는 관할구역 밖에서도 활동할 수 있다.

〔안에서〕
〔상급 경찰기관의 장〕

제13조(특별감찰) 경찰기관의 장은 **의무위반행위가 자주 발생**하거나 그 발생 **가능성이 높다**고 인정되는 시기, 업무분야 및 경찰관서 등에 대하여는 일정기간 동안 전반적인 조직관리 및 업무추진 실태 등을 **집중 점검할 수 있다.**

제14조(교류감찰) (　　　　　)은 상급 경찰기관의 장의 지시에 따라 소속 감찰관으로 하여금 일정기간 동안 (　) 경찰기관 소속 직원의 복무실태, 업무추진 실태 등을 **점검**하게 할 수 있다.

〔경찰기관의 장〕
〔다른〕

제25조(출석요구) ① 감찰관은 감찰조사를 위해서 조사대상자의 출석을 요구할 때에는 조사기일 (　) 전까지 별지 제5호 서식의 출석요구서 또는 구두로 **조사일시, 의무위반행위사실 요지 등을 통지하여야 한다.**
다만, 사안이 **급박한 경우** 또는 조사대상자의 요청이 있는 경우에는 **즉시 조사에 착수할 수 있다.**

〔3일〕

제26조(변호인의 선임) ① 조사대상자는 변호사를 변호인으로 선임할 수 있다.

제29조(감찰조사 전 고지) ① 감찰관은 감찰조사를 실시하기 전에 조사대상자에게 의무위반행위 사실의 요지를 알려야 한다.

제30조(영상녹화) ① 감찰관은 조사대상자가 영상녹화를 요청하는 경우에는 그 조사 과정을 영상녹화하여야 한다.

제32조((　　　)의 금지) ① 감찰관은 심야(**자정부터 오전 6시까지를 말한다**)에 **조사를 하여서는 아니 된다.**
② 제1항에도 불구하고 감찰관은 조사대상자 또는 그 변호인의 별지 제6호 서식에 의한 심야조사 요청이 있는 경우에는 예외적으로 심야조사를 할 수 있다. 이 경우 심야조사의 사유를 조서에 명확히 기재하여야 한다.

〔심야조사〕

10분

제33조(휴식시간 부여) ① 감찰관은 조사에 장시간이 소요되는 경우 특별한 사정이 없는 한 조사 도중에 최소한 **2시간마다 (   ) 이상의 휴식시간을 부여**하여 조사대상자가 피로를 **회복할 수 있도록 노력하여야 한다.**

제39조(감찰결과의 공개) ① 감찰결과는 원칙적으로 공개하지 아니한다. 다만, 유사한 비위의 재발을 방지하기 위하여 다음 각 호의 경우에는 감찰결과 요지를 공개할 수 있다.

> 1. **중대한 비위행위**(금품·향응수수, 공금횡령·유용, 정보유출, 독직폭행, 음주운전 등)
> 2. **언론 등 사회적 관심이 집중**되어 사생활 보호의 이익보다 **국민의 알권리 충족** 등 공공의 이익이 현저하게 크다고 판단되는 사안

제40조(감찰관에 대한 징계 등) ① 경찰기관의 장은 감찰관이 이 규칙에 위배하여 **직무를 태만히** 하거나 **권한을 남용**한 경우 및 직무상 취득한 **비밀을 누설**한 경우에는 해당 사건의 담당 감찰관 교체, 징계요구 등의 조치를 한다.
② 감찰관의 의무위반행위에 대해서는 「경찰공무원 징계령 세부시행규칙」의 징계양정에 정한 기준보다 **가중하여** 징계조치한다.

12 경찰 인권보호 규칙

[경찰청훈령 제930호]

제1조(목적) 이 규칙은 경찰청과 그 소속기관에서 인권보호 업무를 하는 데 필요한 사항을 규정함으로써 **모든 사람의 기본적 인권을 보호**함을 목적으로 한다.

제2조(정의) 이 규칙에서 사용하는 용어의 정의는 다음과 같다.

1. **"경찰관등"**이란 경찰청과 그 소속기관의 경찰공무원, 일반직공무원, 무기계약 근로자 및 기간제근로자, 의무경찰을 의미한다.
2. **"(   )"**란 경찰관등이 직무를 수행하는 과정에서 모든 사람에게 보장된 인권을 침해하는 것을 말한다.
3. **"조사담당자"**란 인권침해를 내용으로 하는 진정을 조사하고 이에 따른 구제 업무 등을 수행하는 경찰청과 그 소속기관에 근무하는 공무원을 말한다.

제3조(설치) 경찰 활동 전반에 걸친 **민주적 통제를 구현**하여 **경찰력 오·남용을 예방**하고, **경찰 행정의 인권지향성을 높여 인권을 존중하는 경찰 활동을 정립**하기 위해 **경찰청장 및 지방경찰청장의 자문기구**로서 각각 **경찰청** 인권위원회, **지방경찰청** 인권위원회를 설치하여 운영한다.

제5조(구성) ① 위원회는 위원장 1명을 포함하여 **7명 이상 13명 이하의 위원**으로 구성한다. 이때, 특정 (   )이 전체 위원 수의 (   )을 **초과하지 아니해야 한다.**
② **위원장**은 위원회에서 (   )**하며,** 위원은 당연직 위원과 위촉 위원으로 구분한다.
③ 당연직 위원은 **경찰청은 감사관, 지방경찰청은 청문감사담당관**으로 한다.
④ 위촉 위원은 인권 분야에 전문적인 지식과 경험이 있고 아래 각 호의 어느 하나에 해당하는 사람 중에서 경찰청장 또는 지방경찰청장이 위촉한다. 이때, 각 호에 해당하는 사람이 반드시 1명 이상 포함되어야 한다.

인권침해

성별 / 10분의 6

호선

3년
3년
3년

1. **판사·검사 또는 변호사**로 (   ) 이상의 경력이 있는 사람
2. 학교에서 **교원** 또는 **교직원**으로 (   ) 이상 근무한 경력이 있는 사람
3. 단체에서 **인권 분야에** (   ) **이상 활동한 경력**이 있거나 그러한 단체로부터 인권위원으로 위촉되기에 적합하다고 추천을 받은 사람
4. 그 밖에 사회적 약자 등 다양한 사회 구성원의 목소리를 반영할 수 있는 사람

2년

제7조(임기) ① 위원장과 위촉 위원의 임기는 **위촉된 날로부터** (   )으로 하며 **위원 장의 직은 연임할 수 없고, 위촉 위원**은 두 **차례만 연임**할 수 있다.

해촉

제8조(위원의 해촉) 다음 각 호의 어느 하나에 해당하는 경우에는 청장은 위원회의 의견을 들어 위원을 (   )**할 수 있다.**

1. 내사·수사 중인 사건에 **청탁** 또는 경찰 인사에 **관여**하는 행위를 하거나 기타 직무 관련 **비위사실**이 있는 경우
2. 위원회의 **명예를 실추**시키거나 위원으로서의 **품위를 손상**시키는 행위를 한 경우
3. 특별한 사유 없이 연속으로 정기회의에 **3회 불참** 등 직무를 태만히 한 경우
4. 위원 **스스로** 직무를 수행하는 것이 **곤란하다고 의사를 밝힌 경우**
5. 그 밖에 **부득이한 사유**로 업무를 수행할 수 없는 경우

제9조(위원의 제척·기피·회피) ① 위원은 다음 각 호의 어느 하나에 해당하는 경우에는 위원회의 회의에서 제척된다.

1. **위원** 또는 그 **배우자**나 배우자였던 자가 해당 사안의 당사자인 경우
2. 위원이 해당 사안의 당사자와 **친족 관계**에 있거나 있었던 경우
3. 위원이 해당 사안에 **증언, 감정, 법률자문**을 한 경우
4. 위원이 해당 사안에 **감사, 수사 또는 조사, 재판** 등을 한 경우
5. 위원이 해당 사안의 당사자의 **대리인**이거나 대리인이었던 경우

과반수
과반수

제11조(회의) ① 위원회의 회의는 정기회의와 임시회의로 구분하며, **재적위원** (   ) 의 출석으로 개의하고, **출석위원** (   )의 찬성으로 의결한다.
② 정기회의는 **경찰청은 월 1회, 지방경찰청은 분기 1회** 개최한다.

제27조(비밀 엄수 및 절차준수) ① 조사담당자는 직무를 수행하는 과정에서 알게 된 **비밀을** 정당한 사유 없이 다른 사람에게 **누설하거나** 조사 외 다른 목적으로 **사용해서는 아니 되며,** 진정인·피해자·피진정인 및 관계인(이하 진정인등이라 한다)의 (   )**을 존중하여야 한다.**

② 조사담당자는 진정인등에게 법령을 공정하게 적용하고, 적법절차를 지키며, 피진정인이 소속된 기관의 장이나 진정인등의 의견을 충분히 수렴하여야 한다.

③ 조사담당자는 진정을 조사하는 동안 진정인등에게 처리 과정과 결과를 친절하게 안내하고 설명하여, 진정인등이 이해하고 납득할 수 있도록 성실하게 노력하여야 한다.

제41조(기록 등의 열람·복사) 진정인은 사유를 소명하여 본인이 진술하거나 제출한 서류를 열람 또는 복사할 수 있도록 인권보호담당관실에 청구할 수 있다.

인권

13 | 경찰장비관리규칙

[경찰청훈령 제952호]

제1조(목적) 이 규칙은 「물품관리법」, 「경찰관직무집행법」 및 「위해성 경찰장비의 사용기준 등에 관한 규정」의 시행을 위하여 필요한 사항을 정하고 기타 경찰장비의 관리에 관한 기본적인 사항을 규정함으로써 경찰장비의 합리적 운용 및 관리를 도모함을 목적으로 한다.

차종
차형
용도별

제88조(차량의 구분) ① 차량의 (　　　　)은 **승용 · 승합 · 화물 · 특수용**으로 구분하고, (　　　　)은 차종별로 **대형 · 중형 · 소형 · 경형 · 다목적형**으로 구분한다.
② 차량은 (　　　　)로 다음 각호와 같이 **전용 · 지휘용 · 업무용 · 순찰용 · 특수용** 차량으로 구분한다.

1. 전용	「공용차량관리규정」제4조 제1항에 따른 차량(경찰청장 및 경찰위원회 상임위원용 차량)
2. 지휘용	치안현장 점검 · 지휘 등 상시 지휘체제 유지를 위해 경찰기관장 및 경찰부대의 장이 운용하는 차량
3. 업무용	각 경찰부서의 인력 및 물자 수송 등 통상적인 경찰 업무와 경찰위원회 업무에 공통으로 사용할 수 있는 일반적인 차량
4. 순찰용	112순찰 · 교통 · 고속도로 및 형사순찰차량 등 기동순찰 목적으로 별도 제작 운용중인 차량
5. 특수용	경비 · 작전 · 피의자호송 · 과학수사 · 구급 · 식당 · 위생 · 견인, 특수진압차, 사다리차, 폭발물검색차, 방송차, 살수차(군중의 해산을 목적으로 고압의 물줄기를 분사하는 장비. 이하 같다), 물보급

> 차, 가스차, 조명차, 페이로다 등 특수한 업무에 적합하도록 필요
> 한 설비를 부착하는 등 별도 제작된 차량.

제90조(차량소요계획의 제출) ① 부속기관 및 지방경찰청의 장은 다음 년도에 소속기
관의 차량정수를 증감시킬 필요가 있을 때에는 **매년 (   ) 말**까지 다음 년도 차량
정수 소요계획을 **경찰청장**에게 **제출하여야 한다.**

3월

제93조(차량의 교체) ① 부속기관 및 지방경찰청은 소속기관 차량 중 다음 년도 교체
대상 차량을 **매년 (   ) 말**까지 **경찰청장**에게 보고하여야 한다.

11월

제94조(교체대상차량의 불용처리) ① **차량교체를 위한 불용 대상차량**은 부속기관 및
지방경찰청에 배정되는 수량의 범위 내에서 내용연수 경과 여부 등 (   )
을 최우선적으로 고려하여 선정한다.

② 사용기간이 동일한 경우에는 주행거리와 차량의 노후상태, 사용부서 등을 종합
적으로 검토 예산낭비 요인이 없도록 신중하게 선정한다.

③ 단순한 내용연수 경과를 이유로 일괄교체 또는 불용처분하는 것을 지양하고 성
능이 양호하여 운행가능한 차량은 교체순위에 불구하고 연장 사용할 수 있다.

④ **불용처분된 차량**은 부속기관 및 지방경찰청별로 실정에 맞게 (   )**을 원칙
으로 하되, 공개매각이 불가능한 때**에는 (   )**을 할 수 있다. 다만, 매각을 할
때**에는 **경찰표시도색**을 제거하는 등 필요한 조치를 (   ).

차량사용기간

공개매각
폐차처분
하여야 한다

제95조(차량의 집중관리) ① **각 경찰기관의 업무용차량**은 운전요원의 부족 등 불가피
한 사유가 없는 한 (   )**를 원칙으로 한다.** 다만, 지휘용 차량은 업무의 특성
을 고려하여 지정 활용 할 수 있다.

② 특수용 차량 등도 필요하다고 인정되는 경우에는 집중관리할 수 있다.

집중관리

제96조(차량의 관리) ① **차량열쇠**는 다음 각 호의 관리자가 **지정된 열쇠함에 집중보
관 및 관리**하고, **예비열쇠**의 확보 등을 위한 **무단 복제**와 운전원의 **임의 소지** 및
보관을 금한다.
다만, 휴가, 비번 등으로 **관리책임자 공백시**는 (   )**를 지정**하여야 한다.

별도 관리책임자

> 1. **일과시간의 경우 차량 관리부서의 장**(정보화장비과장, 운영지원과장, 총무과
>   장, 경찰서 경무과장 등)

2. **일과시간 후** 또는 **토요일·공휴일**의 경우 당직 업무(청사방호) 책임자(상황
관리관 등 당직근무자, 지구대·파출소는 지역경찰관리자)

제98조(차량의 관리책임) ① 차량을 배정 받은 각 경찰기관의 장은 차량에 대한 관리
사항을 수시 확인하여 항상 적정하게 유지되도록 하여야 한다.

② **경찰기관의 장**은 차량이 책임 있게 관리되도록 **차량별 관리담당자를 지정**하여야
한다.

③ 차량운행시 책임자는 **1차 (   ), 2차 선임탑승자(사용자), 3차 (   )**
으로 한다.

제102조(운전원 교육 및 출동태세 확립) ① 차량을 배정받은 경찰기관의 장은 안전
운행을 위한 자체계획을 수립하여 **교육을 실시하여야 한다.**

② **전·의경 신임운전요원**은 **(   ) 이상** 운전교육을 실시한 후에 운행하도록 하여
야 한다.

제112조(정의) 이 장에서 사용하는 용어의 정의는 다음과 같다.

1. **"무기"**란 인명 또는 신체에 위해를 가할 수 있도록 제작된 권총·소총·도
검 등을 말한다.
2. **"(   )"**란 경찰인력 및 경찰기관별 무기책정기준에 따라 배정된 개인
화기와 공용화기를 집중보관·관리하기 위하여 각 경찰기관에 설치된 시설
을 말한다.
3. **"탄약고"**란 경찰탄약을 집중 보관하기 위하여 타용도의 사무실, 무기고 등과
분리 설치된 보관시설을 말한다.
4. **"간이무기고"**란 경찰기관의 각 기능별 운용부서에서 효율적 사용을 위하여
집중무기고로부터 무기·탄약의 일부를 대여 받아 별도로 보관·관리하는
시설을 말한다.
5. **"(   )"**란 경찰기관의 장으로부터 무기·탄약 관리 업무를
위임받아 집중무기고 및 간이무기고에 보관된 무기·탄약을 **총괄하여 관
리·감독하는 자**를 말한다.
6. **"무기·탄약 취급담당자"**란 무기·탄약 관리에 관한 업무를 분장받아 해당
경찰기관의 무기·탄약의 보관·운반·수리·입출고 등 무기·탄약 관리사
무에 종사하는 자를 말한다.

운전자 / 경찰기관
의 장

4주

집중무기고

무기·탄약 관리
책임자

제113조(구분) 무기는 개인화기와 공용화기로 다음 각호와 같이 구분한다.

1. ( )	권총 · 소총(자동소총 및 기관단총을 포함한다) 등 **개인이 운용하는 장비**
2. **공용화기**	유탄발사기 · 중기관총 · 박격포 · 저격총 · 산탄총 · 로프발사총 · 다목적발사기(고폭탄을 사용하는 경우) · 물발사분쇄기 · 석궁 등 **부대단위로 운용되는 장비**

제115조(무기고 및 탄약고 설치) ① 집중무기고는 다음 각 호의 경찰기관에 설치한다.

> 1. 경찰청 2. 지방경찰청 3. 경찰대학, 경찰인재개발원, 중앙경찰학교 및 경찰수사연수원 4. 경찰서 5. 경찰기동대, 방범순찰대 및 경비대 6. 의무경찰대 7. 경찰특공대 8. 기타 경찰청장이 지정하는 경찰관서

② **무기고와 탄약고**는 견고하게 만들고 **환기 · 방습**장치와 **방화**시설 및 **총가**시설 등이 **완비되어야 한다.**

③ **탄약고는 무기고와 분리**되어야 하며 가능한 **본 청사와 격리**된 **독립 건물**로 하여야 한다.

④ 무기고와 탄약고의 환기통 등에는 손이 들어가지 않도록 **쇠창살 시설**을 하고, **출입문은 2중**으로 하여 각 1개소 이상씩 **자물쇠를 설치(   ).**

⑤ 무기 · 탄약고 **비상벨**은 상황실과 숙직실 등 초동조치 가능장소와 연결하고, 외곽에는 철조망장치와 조명등 및 순찰함을 설치(   ).

⑥ (   )는 근무자가 24시간 **상주**하는 지구대, 파출소, 상황실 및 112타격대 등 경찰기관의 장이 필요하다고 인정하는 상당한 이유가 있는 장소에 설치할 수 있다.

⑤ **탄약고 내에는 전기시설**을 하여서는 **아니되며**, 조명은 건전지 등으로 하고 **방화시설**을 완비하여야 한다.

단, 방폭설비를 갖춘 경우 전기시설을 설치할 수 있다.

제117조(무기 · 탄약고 열쇠의 보관) ① 무기고와 탄약고의 열쇠는 **관리 책임자**가 보관한다.

② **집중무기 · 탄약고와 간이무기고**는 다음 각 호의 **관리자가 보관 관리한다.**

개인화기

하여야 한다

하여야 한다
간이무기고

다만, 휴가, 비번 등으로 **관리책임자 공백시**는 별도 **관리책임자를 지정하여야 한다.**

1. 집중무기 · 탄약고의 경우	가. 일과시간의 경우 무기 관리부서의 장 (정보화장비과장, 운영지원과장, 총무과장, 경찰서 경무과장 등) 나. 일과시간 후 또는 토요일 · 공휴일의 경우 당직 업무 (청사방호) 책임자 (상황관리관 등 당직근무자)
2. 간이무기고의 경우	가. 상황실 간이무기고는 112종합상황실(팀)장 나. 지구대 등 간이무기고는 지역경찰관리자 다. 그 밖의 간이무기고는 일과시간의 경우 설치부서 책임자, 일과시간 후 또는 토요일 · 공휴일의 경우 당직 업무(청사방호) 책임자

제120조(무기 · 탄약의 회수 및 보관) ① 경찰기관의 장은 **무기를 휴대한 자** 중에서 다음 에 해낭하는 자가 발생한 때에는 즉시 대여한 **무기 · 탄약을 회수**(　　　).

> 1. 직무상의 비위 등으로 인하여 **징계대상**이 된 자
> 2. **형사사건**의 **조사**의 대상이 된 자
> 3. **사의를 표명**한 자

② 경찰기관의 장은 **무기를 휴대한 자 중에서** 다음 각 호에 해당하는 자가 있을 때에는 무기 소지 적격 심의위원회의 심의를 거쳐 대여한 **무기 · 탄약을 회수**(　　　).

> 1. 경찰공무원 직무**적성검사** 결과 **고위험군**에 해당되는 자
> 2. 정신**건강상** 문제**가 우려**되어 **치료**가 필요한 자
> 3. **정서적 불안 상태**로 인하여 무기 소지가 적합하지 않은 자로서 소속 부서장의 요청이 있는 자
> 4. 그 밖에 경찰기관의 장이 무기 소지 적격 여부에 대해 **심의를 요청하는 자**

③ 경찰기관의 장은 제2항에 규정한 사유들이 소멸되면 직권 또는 당사자 신청에 따라 무기 소지 적격 심의위원회의 심의를 거쳐 무기 회수의 해제 조치를 할 수 있다.

④ 경찰기관의 장은 **무기를 휴대한 자 중에서** 다음 각 호에 해당하는 경우에는 대여한 **무기 · 탄약을 무기고에 (   )하도록 하여야 한다.**

1. **술자리** 또는 **연회**장소에 출입할 경우
2. **상사의 사무실을 출입**할 경우
3. 기타 정황을 판단하여 필요하다고 인정되는 경우

14 공공기관의 정보공개에 관한 법률

(약칭: 정보공개법)   [법률 제14839호]

제1조(목적) 이 법은 **공공기관**이 보유·관리하는 **정보**에 대한 국민의 공개 청구 및 공공기관의 공개 의무에 관하여 필요한 사항을 정함으로써 **국민의 알권리를 보장**하고 국정에 대한 **국민의 참여**와 국정 운영의 **투명성을 확보**함을 목적으로 한다.

제2조(정의) 이 법에서 사용하는 용어의 뜻은 다음과 같다.

> 1. "**정보**"란 공공기관이 직무상 작성 또는 취득하여 관리하고 있는 문서(**전자문**서를 (   )**한다**)·도면·사진·필름·테이프·슬라이드 및 그 밖에 이에 준하는 매체 등에 기록된 사항을 말한다.
> 2. "**공개**"란 공공기관이 이 법에 따라 정보를 **열람**하게 하거나 그 **사본**·복제물을 **제공**하는 것 또는 「전자정부법」 제2조제10호에 따른 **정보통신망을 통하여 정보를 제공하는 것** 등을 말한다.
> 3. "(   )"이란 다음 각 목의 기관을 말한다.
>   가. **국가기관**
>   1) 국회, 법원, 헌법재판소, 중앙선거관리위원회
>   2) 중앙행정기관(대통령 소속 기관과 국무총리 소속 기관을 포함한다) 및 그 소속 기관
>   3) 「행정기관 소속 위원회의 설치·운영에 관한 법률」에 따른 위원회
>   나. **지방자치단체**
>   다. 「공공기관의 운영에 관한 법률」 제2조에 따른 **공공기관**
>   라. 그 밖에 대통령령으로 정하는 기관

제3조(정보공개의 원칙) 공공기관이 보유·관리하는 정보는 **국민의 알권리** 보장 등을 위하여 이 법에서 정하는 바에 따라 **적극적으로 공개**(   ).

포함

공공기관

하여야 한다

> **시행령 제3조(외국인의 정보공개 청구)** 법 제5조제2항에 따라 정보공개를 청구
> 할 수 있는 **외국인**은 다음 각 호의 어느 하나에 해당하는 자로 한다.
> 1. 국내에 일정한 주소를 두고 거주하거나 **학술·연구를** 위하여 **일시적으로**
>   **체류하는 사람**
> 2. 국내에 **사무소를 두고 있는 법인 또는 단체**

제4조(적용 범위) ① 정보의 공개에 관하여는 다른 법률에 특별한 규정이 있는 경우를 제외하고는 이 법에서 정하는 바에 따른다.

② 지방자치단체는 그 소관 사무에 관하여 법령의 범위에서 정보공개에 관한 조례를 정할 수 있다.

③ 국가안전보장에 관련되는 정보 및 보안 업무를 관장하는 기관에서 국가안전보장과 관련된 정보의 분석을 목적으로 수집하거나 작성한 정보에 대해서는 이 법을 적용하지 아니한다.

제8조(정보목록의 작성·비치 등) ① 공공기관은 그 기관이 보유·관리하는 정보에 대하여 국민이 쉽게 알 수 있도록 정보목록을 작성하여 갖추어 두고, 그 목록을 정보통신망을 활용한 **정보공개시스템 등을 통하여 공개하여야 한다.**

다만, 정보목록 중 제9조제1항에 따라 공개하지 아니할 수 있는 정보가 포함되어 있는 경우에는 해당 부분을 갖추어 두지 아니하거나 공개하지 아니할 수 있다.

② 공공기관은 정보의 공개에 관한 사무를 신속하고 원활하게 수행하기 위하여 정보공개 장소를 확보하고 공개에 필요한 시설을 갖추어야 한다.

제8조의2(공개대상 정보의 원문공개) 공공기관 중 중앙행정기관 및 대통령령으로 정하는 기관은 **전자적 형태로 보유·관리하는 정보 중** 공개대상으로 분류된 정보를 **국민의 정보공개 청구가 없더라도** 정보통신망을 활용한 **정보공개시스템 등을 통하여 공개하여야 한다.**

제9조(비공개 대상 정보) ① 공공기관이 보유·관리하는 정보는 공개 대상이 된다.
다만, 다음 각 호의 어느 하나에 해당하는 **정보는 공개하지 아니(　　　　).** 할 수 있다

> 1. 다른 법률 또는 법률에서 위임한 명령(국회규칙·대법원규칙·헌법재판소규칙·중앙선거관리위원회규칙·대통령령 및 조례로 한정한다)에 따라 **비밀이나 비공개 사항으로 규정된 정보**

2. 국가안전보장·국방·통일·외교관계 등에 관한 사항으로서 **공개될 경우** 국가의 **중대한 이익을 현저히 해칠 우려가 있다고 인정되는 정보**

3. 공개될 경우 **국민의 생명·신체 및 재산의 보호에 현저한 지장을 초래할 우려**가 있다고 인정되는 정보

4. 진행 중인 **재판에 관련된 정보**와 범죄의 예방, 수사, 공소의 제기 및 유지, 형의 집행, 교정(矯正), 보안처분에 관한 사항으로서 공개될 경우 그 **직무수행을 현저히 곤란**하게 하거나 형사피고인의 **공정한 재판을 받을 권리를 침해**한다고 인정할 만한 상당한 이유가 있는 정보

5. 감사·감독·검사·시험·규제·입찰계약·기술개발·인사관리에 관한 사항이나 의사결정 과정 또는 내부검토 과정에 있는 사항 등으로서 공개될 경우 **업무의 공정한 수행이나 연구·개발에 현저한 지장을 초래**한다고 인정할 만한 상당한 이유가 있는 정보.

6. 해당 정보에 포함되어 있는 성명·주민등록번호 등 개인에 관한 사항으로서 공개될 경우 **사생활의 비밀 또는 자유를 침해할 우려**가 있다고 인정되는 정보.

7. 법인·단체 또는 개인의 경영상·영업상 비밀에 관한 사항으로서 공개될 경우 **법인등의 정당한 이익을 현저히 해칠 우려**가 있다고 인정되는 정보.

8. 공개될 경우 부동산 투기, 매점매식 등으로 **특정인에게 이익 또는 불이익을 줄 우려**가 있다고 인정되는 정보

② 공공기관은 제1항 각 호의 어느 하나에 해당하는 정보가 기간의 경과 등으로 인하여 비공개의 필요성이 없어진 경우에는 그 정보를 **공개 대상으로 하여야 한다.**

③ 공공기관은 제1항 각 호의 범위에서 해당 공공기관의 업무 성격을 고려하여 비공개 대상 정보의 범위에 관한 세부 기준을 수립하고 이를 **공개하여야 한다.**

제11조(정보공개 여부의 결정) ① 공공기관은 제10조에 따라 **정보공개의 청구를 받으면** 그 **청구를 받은 날부터 (   ) 이내에 공개 여부를 결정하여야 한다.**

10일

② 공공기관은 부득이한 사유로 제1항에 따른 기간 이내에 **공개 여부를 결정할 수 없을 때**에는 그 기간이 끝나는 날의 다음 날부터 기산하여 (   )의 범위에서 공개 여부 결정기간을 **연장할 수 있다.** 이 경우 공공기관은 연장된 사실과 연장 사유를 청구인에게 지체 없이 문서로 통지하여야 한다.

10일

③ 공공기관은 공개 청구된 공개 대상 정보의 전부 또는 일부가 **제3자와 관련이 있다고 인정할 때**에는 그 사실을 **제3자에게 지체 없이 통지**하여야 하며, 필요한 경우에는 그의 **의견을 들을 수 있다.**

④ 공공기관은 다른 공공기관이 보유·관리하는 정보의 공개 청구를 받았을 때에는 지체 없이 이를 소관 기관으로 이송하여야 하며, 이송한 후에는 지체 없이 소관 기관 및 이송 사유 등을 분명히 밝혀 청구인에게 문서로 통지하여야 한다.

제12조(정보공개심의회) ① 국가기관, 지방자치단체 및 공기업(국가기관등)은 제11조에 따른 정보공개 여부 등을 심의하기 위하여 **정보공개심의회(심의회)를 설치·운영한다.**

② 심의회는 위원장 1명을 포함하여 **5명 이상 (　　) 이하**의 위원으로 구성한다.　　　　7명

③ 심의회의 **위원장을 제외한 위원**은 소속 공무원, 임직원 또는 외부 전문가로 지명하거나 위촉하되, 그 중 (　　)은 해당 국가기관등의 업무 또는 정보공개의 업무에 관한 지식을 가진 **외부 전문가로 위촉(　　　　).**　　2분의 1　하여야 한다

다만, 제9조제1항제2호 및 제4호에 해당하는 업무를 주로 하는 국가기관은 그 국가기관의 장이 외부 전문가의 위촉 비율을 따로 정하되, 최소한 **3분의 1 이상**은 외부 **전문가로 위촉하여야 한다.**

제14조(부분 공개) 공개 청구한 정보가 제9조제1항**(비공개 대상 정보)** 각 호의 어느 하나에 해당하는 부분과 **공개 가능한 부분이 혼합**되어 있는 경우로서 공개 청구의 취지에 어긋나지 아니하는 범위에서 두 부분을 (　　)**할 수 있는 경우**에는 제9조제1항 각 호의 어느 하나에 해당하는 부분을 (　　　　) **공개하여야 한다.**　　분리　제외하고

제17조(비용 부담) ① 정보의 공개 및 우송 등에 드는 **비용**은 실비의 범위에서 (　　)이 부담한다.　　청구인

② 공개를 청구하는 정보의 사용 목적이 공공복리의 유지·증진을 위하여 필요하다고 인정되는 경우에는 제1항에 따른 비용을 **감면할 수 있다.**

제18조(이의신청) ① 청구인이 정보공개와 관련한 공공기관의 비공개 결정 또는 부분 공개 결정에 대하여 불복이 있거나 정보공개 청구 후 (　　)이 경과하도록 정보공개 결정이 없는 때에는 공공기관으로부터 정보공개 여부의 결정 통지를 받은 날 또는 정보공개 청구 후 **20일이 경과한 날부터** (　　) **이내**에 해당 공공기관에 문서로 **이의신청을 (　　　　).**　　20일　30일　할 수 있다

② 국가기관등은 제1항에 따른 이의신청이 있는 경우에는 심의회를 개최하여야 한다. 다만, 다음 각 호의 어느 하나에 해당하는 경우에는 **개최하지 아니할 수 있다.**

> 1. 심의회의 심의를 이미 거친 사항
> 2. 단순·반복적인 청구
> 3. 법령에 따라 비밀로 규정된 정보에 대한 청구

③ **공공기관은 이의신청을 받은 날부터** (　　) **이내에 그 이의신청에 대하여 결정**하고 그 **결과를 청구인에게** 지체 없이 **문서로 통지하여야 한다.** 다만, 부득이한 사유로 정하여진 기간 이내에 결정할 수 없을 때에는 그 기간이 끝나는 날의 다음 날부터 기산하여 **7일**의 범위에서 **연장**할 수 있으며, 연장 **사유**를 청구인에게 통지하여야 한다.

④ **공공기관은 이의신청을 각하 또는 기각하는 결정을 한 경우**에는 청구인에게 (　　　　) **또는** (　　　　　)**을 제기할 수 있다는 사실을** 제3항에 따른 **결과 통지와 함께** 알려야 한다.

제19조(행정심판) ① 청구인이 정보공개와 관련한 공공기관의 결정에 대하여 **불복**이 있거나 정보공개 청구 후 (　　　)**이 경과하도록 정보공개 결정이 없는 때**에는 「행정심판법」에서 정하는 바에 따라 **행정심판을 청구할 수 있다.**
이 경우 국가기관 및 지방자치단체 외의 공공기관의 결정에 대한 감독행정기관은 관계 중앙행정기관의 장 또는 지방자치단체의 장으로 한다.

② 청구인은 제18조에 따른 이의신청 절차를 거치지 아니하고 행정심판을 청구할 수 있다.

제20조(행정소송) ① 청구인이 정보공개와 관련한 공공기관의 결정에 대하여 **불복**이 있거나 정보공개 **청구 후** (　　　)**이 경과**하도록 정보공개 **결정이 없는 때**에는 「행정소송법」에서 정하는 바에 따라 **행정소송을 제기할 수 있다.**

② 재판장은 필요하다고 인정하면 당사자를 참여시키지 아니하고 제출된 공개 청구 정보를 비공개로 열람·심사할 수 있다.

제21조(제3자의 비공개 요청 등) ① 제11조제3항에 따라 공개 청구된 사실을 통지받은 **제3자**는 그 통지를 받은 날부터 **3일** 이내에 해당 공공기관에 대하여 자신과 관련된 **정보를 공개하지 아니할 것을 요청할 수 있다.**

② 제1항에 따른 비공개 요청에도 불구하고 공공기관이 공개 결정을 할 때에는 공개 결정 이유와 공개 실시일을 분명히 밝혀 지체 없이 문서로 통지하여야 하며, 제3자는 해당 공공기관에 문서로 이의신청을 하거나 행정심판 또는 행정소송을 제기

할 수 있다. 이 경우 **이의신청은 통지를 받은 날부터 (　　)일 이내에 하여야 한다.**

③ 공공기관은 제2항에 따른 공개 결정일과 공개 실시일 사이에 최소한 (　　)일의 간격을 두어야 한다.

제22조(정보공개위원회의 설치) 다음 각 호의 사항을 심의·조정하기 위하여 (　　) **장관 소속**으로 정보공개위원회를 둔다.

> 1. 정보공개에 관한 정책 수립 및 **제도 개선**에 관한 사항
> 2. 정보공개에 관한 **기준 수립**에 관한 사항
> 3. 공공기관의 정보공개 **운영실태 평가** 및 그 결과 처리에 관한 사항
> 4. 그 밖에 정보공개에 관하여 대통령령으로 정하는 사항

제23조(위원회의 구성 등) ① 위원회는 위원장과 부위원장 각 1명을 포함한 **9명**의 위원으로 구성한다.

② 위원회의 위원은 다음 각 호의 사람이 된다. 이 경우 위원장을 포함한 (　　)**명은 공무원이 아닌 사람**으로 위촉하여야 한다.

> 1. 대통령령으로 정하는 관계 중앙행정기관의 차관급 공무원이나 고위공무원단에 속하는 일반직공무원
> 2. 정보공개에 관하여 학식과 경험이 풍부한 사람으로서 행정안전부장관이 위촉하는 사람
> 3. 시민단체(「비영리민간단체 지원법」 제2조에 따른 비영리민간단체를 말한다)에서 추천한 사람으로서 행정안전부장관이 위촉하는 사람

③ 위원장·부위원장 및 위원(제2항제1호의 위원은 제외한다)의 임기는 (　　)으로 하며, **연임**할 수 있다.

④ 위원장·부위원장 및 위원은 정보공개 업무와 관련하여 알게 된 **정보를 누설**하거나 그 정보를 이용하여 본인 또는 타인에게 이익 또는 불이익을 주는 행위를 하여서는 아니 된다.

⑤ 위원장·부위원장 및 위원 중 공무원이 아닌 사람은 「형법」이나 그 밖의 법률에 따른 **벌칙을 적용할 때**에는 (　　)**으로 본다.**

7

30

행정안전부

5

2년

공무원

제외한다

제24조(제도 총괄 등) ① 행정안전부장관은 이 법에 따른 정보공개제도의 정책 수립 및 제도 개선 사항 등에 관한 기획·총괄 업무를 관장한다.

② **행정안전부장관**은 위원회가 정보공개제도의 효율적 운영을 위하여 필요하다고 요청하면 공공기관(**국회·법원·헌법재판소 및 중앙선거관리위원회**는 (   )) 의 정보공개제도 운영실태를 평가할 수 있다.

③ 행정안전부장관은 제2항에 따른 **평가를 실시한 경우**에는 그 **결과**를 위원회를 거쳐 **국무회의에 보고한 후 공개하여야 하며,** 위원회가 개선이 필요하다고 권고한 사항에 대해서는 해당 공공기관에 시정 요구 등의 조치를 하여야 한다.

④ **행정안전부장관**은 정보공개에 관하여 필요할 경우에 공공기관(**국회·법원·헌법재판소 및 중앙선거관리위원회**는 **제외한다**)의 장에게 정보공개 처리 실태의 개선을 **권고할 수 있다.** 이 경우 권고를 받은 공공기관은 이를 이행하기 위하여 성실하게 노력하여야 하며, 그 **조치 결과**를 **행정안전부장관에게 알려야 한다.**

⑤ 국회·법원·헌법재판소·중앙선거관리위원회·중앙행정기관 및 지방자치단체는 그 소속 기관 및 소관 공공기관에 대하여 정보공개에 관한 의견을 제시하거나 지도·점검을 할 수 있다.

제25조(자료의 제출 요구) 국회사무총장·법원행정처장·헌법재판소사무처장·중앙선거관리위원회사무총장 및 행정안전부장관은 필요하다고 인정하면 관계 공공기관에 정보공개에 관한 자료 제출 등의 협조를 요청할 수 있다.

제26조(국회에의 보고) ① 행정안전부장관은 **전년도의 정보공개 운영에 관한 보고서**를 매년 정기국회 개회 전까지 국회에 제출하여야 한다.

제28조(신분보장) 누구든지 이 법에 따른 **정당한 정보공개를 이유**로 징계조치 등 어떠한 신분상 불이익이나 근무조건상의 **차별을 받지 아니한다.**

15 | 보안업무규정

[대통령령 제30352호]

제1조(목적) 이 영은 「국가정보원법」 제3조제2항에 따라 보안 업무 수행에 필요한 사항을 규정함을 목적으로 한다.

제2조(정의) 이 영에서 사용하는 용어의 뜻은 다음과 같다.

1. "(　　　)"이란 그 내용이 누설될 경우 **국가안전보장에 해를 끼칠 우려**가 있는 국가 기밀로서 이 영에 따라 비밀로 분류된 것을 말한다. 　비밀

2. "**각급기관**"이란 「대한민국헌법」, 「정부조직법」 또는 그 밖의 법령에 따라 설치된 **국가기관**(군기관 및 교육기관을 포함한다)과 **지방자치단체** 및 「공공기록물 관리에 관한 법률 시행령」 제3조에 따른 **공공기관**을 말한다.

3. "**중앙행정기관**"이란 「정부조직법」 제2조제2항에 따른 **부·처·청**과 **대통령 소속·보좌·경호기관** 및 **국무총리 보좌기관**을 말한다.

4. "**암호자재**"란 비밀의 보호 및 정보통신 보안을 위하여 암호기술이 적용된 장치나 수단으로서 Ⅰ급, Ⅱ급 및 Ⅲ급비밀 소통용 암호자재로 구분되는 장치나 수단을 말한다.

제4조(비밀의 구분) 비밀은 그 중요성과 가치의 정도에 따라 다음 각 호와 같이 구분한다.

(　　)비밀	누설될 경우 대한민국과 **외교관계가 단절**되고 **전쟁**을 일으키며, 국가의 방위계획·정보활동 및 국가방위에 반드시 필요한 과학과 기술의 개발을 위태롭게 하는 등의 우려가 있는 비밀	Ⅰ급
(　　)비밀	누설될 경우 국가안전보장에 **막대한 지장**을 끼칠 우려가 있는 비밀	Ⅱ급
(　　)비밀	누설될 경우 국가안전보장에 **해**를 끼칠 우려가 있는 비밀	Ⅲ급

각급기관의 장

제5조(비밀의 보호와 관리 원칙) (　　　　　)은 비밀의 작성·분류·취급·유통 및 이관 등의 모든 과정에서 비밀이 누설되거나 유출되지 아니하도록 **보안대책을 수립하여 시행하여야 한다.** 이 경우 비밀의 제목 등 해당 비밀의 내용을 유추할 수 있는 정보가 포함된 자료는 공개하지 않는다.

국가정보원장

제7조(암호자재 제작·공급 및 반납) ① (　　　　　)은 암호자재를 제작하여 필요한 기관에 공급한다. 다만, 국가정보원장이 필요하다고 인정하는 암호자재의 경우 그 암호자재를 사용하는 기관은 국가정보원장이 인가하는 암호체계의 범위에서 암호자재를 제작할 수 있다.

② 암호자재를 사용하는 기관의 장은 **사용기간이 끝난 암호자재**를 지체 없이 그 제작기관의 장에게 **반납하여야 한다.**

③ **국가정보원장**은 암호자재 제작 등 암호자재와 관련된 기술을 확보하기 위하여 「과학기술분야 정부출연연구기관 등의 설립·운영 및 육성에 관한 법률」 제8조제1항에 따라 설립된 정부출연연구기관으로 하여금 관련 연구개발 및 기술지원을 수행하게 할 수 있다.

제8조(비밀·암호자재의 취급) 비밀은 해당 등급의 **비밀취급 인가를 받은 사람만** 취급할 수 있으며, 암호자재는 해당 등급의 비밀 소통용 암호자재취급 **인가를 받은 사람만** 취급할 수 있다.

제9조(비밀·암호자재취급 인가권자) ① Ⅰ급비밀 취급 인가권자와 Ⅰ급 및 Ⅱ급비밀 소통용 암호자재 취급 인가권자는 다음 각 호와 같다.

> 1. 대통령 2. 국무총리 3. 감사원장 4. 국가인권위원회 위원장 5. 각 부·처의 장 6. 국무조정실장, 방송통신위원회 위원장, 공정거래위원회 위원장, 금융위원회 위원장, 국민권익위원회 위원장 및 원자력안전위원회 위원장
> 7. 대통령 비서실장 8. 국가안보실장 9. 대통령경호처장 10. 국가정보원장
> 11. 검찰총장 12. 합동참모의장, 각군 참모총장, 지상작전사령관 및 육군제2작전사령관 13. 국방부장관이 지정하는 각군 부대장

② Ⅱ급 및 Ⅲ급비밀 취급 인가권자와 Ⅲ급비밀 소통용 암호자재 취급 인가권자는 다음 각 호와 같다.

> 1. 제1항 각 호의 사람
> 2. **중앙행정기관인 청의 장**
> 3. 지방자치단체의 장
> 4. 특별시·광역시·도 및 특별자치시·특별자치도의 교육감
> 5. 제1호부터 제4호까지의 사람이 지정한 기관의 장

제11조(비밀의 분류) ① **비밀취급 인가를 받은 사람**은 인가받은 비밀 및 그 **이하 등급 비밀**의 분류권을 가진다.

② 같은 등급 이상의 비밀취급 인가를 받은 사람 중 직속 상급직위에 있는 사람은 그 하급직위에 있는 사람이 분류한 비밀등급을 조정할 수 있다.

③ 비밀을 **생산**하거나 **관리**하는 **사람**은 비밀의 작성을 완료하거나 비밀을 접수하는 즉시 그 **비밀을 분류하거나 재분류할 책임이 있다.**

제12조(분류원칙) ① 비밀은 적절히 보호할 수 있는 (   )등급으로 분류하되, 과도하거나 과소하게 분류해서는 아니 된다.

최저

② 비밀은 그 자체의 내용과 가치의 정도에 따라 분류하여야 하며, 다른 비밀과 **관련하여** 분류해서는 아니 된다.

③ 외국 정부나 국제기구로부터 접수한 비밀은 그 **생산기관**이 필요로 하는 정도로 보호할 수 있도록 분류하여야 한다.

제20조(보관책임자) 각급기관의 장은 소속 직원 중에서 이 영에 따른 **비밀 보관 업무**를 수행할 보관책임자를 임명하여야 한다.

제21조(비밀의 전자적 관리) ① **각급기관의 장**은 **전자적 방법을 사용**하여 **비밀을 관리할 수 있으며**, 이를 위하여 전자적 비밀관리시스템을 구축·운영할 수 있다.

② 각급기관의 장은 제1항에 따라 비밀을 관리할 경우 **국가정보원장**이 안전성을 확인한 암호자재를 사용하여 비밀의 위조·변조·훼손 및 유출 등을 방지하기 위한 보안대책을 마련하여 시행하여야 한다.

③ **국가정보원장**은 관리하는 비밀이 적은 각급기관이 공동으로 활용할 수 있도록 통합 비밀관리시스템을 구축·운영할 수 있다.

제22조(비밀관리기록부) ① 각급기관의 장은 비밀의 작성·분류·접수·발송 및 취급 등에 필요한 모든 관리사항을 기록하기 위하여 비밀관리기록부를 작성하여 갖추어 두어야 한다.

다만, Ⅰ급비밀관리기록부는 따로 작성하여 갖추어 두어야 하며, 암호자재는 암호자재 관리기록부로 관리한다.

제24조(비밀의 열람) ① 비밀은 해당 등급의 비밀취급 인가를 받은 사람 중 그 비밀과 업무상 (**직접**) 관계가 있는 사람만 열람할 수 있다.

② 비밀취급 인가를 받지 아니한 사람에게 비밀을 열람하거나 취급하게 할 때에는 국가정보원장이 정하는 바에 따라 소속 기관의 장(비밀이 군사와 관련된 사항인 경우에는 국방부장관)이 미리 열람자의 인적사항과 열람하려는 비밀의 내용 등을 확인하고 열람 시 비밀 보호에 필요한 자체 보안대책을 마련하는 등의 보안조치를 하여야 한다. 다만, Ⅰ급비밀의 보안조치에 관하여는 (**국가정보원장**)과 미리 협의하여야 한다.

제25조(비밀의 공개) ① 중앙행정기관의 장은 다음에 해당하는 사유가 있을 때에는 그가 생산한 비밀을 보안심사위원회의 심의를 거쳐 공개할 수 있다. **다만, Ⅰ급비밀의 공개에 관하여는 국가정보원장과 미리 협의하여야 한다.**

1. 국가안전보장을 위하여 국민에게 긴급히 알려야 할 필요가 있다고 판단될 때
2. 공개함으로써 국가안전보장 또는 국가이익에 현저한 도움이 된다고 판단될 때

제27조(비밀의 반출) 비밀은 보관하고 있는 **시설 밖으로 반출해서는 아니 된다.**

다만, 공무상 반출이 필요할 때에는 **소속 기관의 장의** (**승인**)을 받아야 한다.

제32조(국가보안시설 및 국가보호장비 지정) ① (**국가정보원장**)은 파괴 또는 기능이 침해되거나 비밀이 누설될 경우 전략적·군사적으로 막대한 손해가 발생하거나 국가안전보장에 연쇄적 혼란을 일으킬 우려가 있는 시설 및 항공기·선박 등 중요 장비를 각각 **국가보안시설 및 국가보호장비로 지정할 수 있다.**

제33조(국가보안시설 및 국가보호장비 보호대책의 수립) ① **국가정보원장**은 국가보안시설 및 국가보호장비를 보호하기 위하여 국가보안시설 및 국가보호장비 **보호대책을 수립해야 한다.**

제34조(보호지역) ① 각급기관의 장과 관리기관 등의 장은 국가안전보장에 관련되는 인원·문서·자재·시설의 보호를 위하여 필요한 장소에 일정한 범위의 (   )을 설정할 수 있다.

② 제1항에 따라 설정된 보호지역은 그 중요도에 따라 제한(   ), 제한(   ), 통제구역으로 나눈다.

③ **보호지역에 접근하거나 출입하려는 사람**은 각급기관의 장 또는 관리기관 등의 장의 승인을 받아야 한다.

④ 보호지역을 관리하는 사람은 제3항에 따른 승인을 받지 않은 사람의 보호지역 접근이나 출입을 제한하거나 금지할 수 있다.

보호지역

지역/구역

▬ 참고

보안업무규정 시행규칙 제33조(보관기준) ① 비밀은 일반문서나 암호자재와 혼합하여 보관하여서는 아니 된다.

② (   )비밀은 반드시 **금고에 보관**하여야 하며, **다른 비밀과 혼합하여 보관하여서는 아니 된다.**

③ Ⅱ급비밀 및 Ⅲ급비밀은 금고 또는 이중 철제캐비닛 등 **잠금장치가 있는 안전한 용기에 보관**하여야 하며, 보관책임자가 Ⅱ급비밀 취급 인가를 받은 때에는 Ⅱ급비밀과 Ⅲ급비밀을 같은 용기에 **혼합하여 보관할 수 있다.**

④ **보관용기에 넣을 수 없는 비밀**은 (   ) 또는 (   )에 보관하는 등 그 내용이 노출되지 아니하도록 **특별한 보호대책을 마련**(   ).

Ⅰ급

제한구역 / 통제구역

하여야 한다

제34조(보관용기) ① 비밀의 보관용기 **외부에는 비밀의 보관을 알리거나 나타내는 어떠한 표시도 해서는 아니 된다.**

② 보관용기의 잠금장치의 종류 및 사용방법은 (   ) **외의 사람이 알지 못하도록 특별한 통제를 하여야 하며,** 다른 사람이 **알았을 때에는 즉시 이를 변경하여야 한다.**

보관책임자

제54조(보호지역의 구분) ① 영 제34조제2항에 따른 제한지역, 제한구역 및 통제구역이란 각각 다음 각 호의 지역 또는 구역을 말한다.

1. 제한지역	비밀 또는 국·공유재산의 보호를 위하여 **울타리** 또는 **방호·경비인력**에 의하여

		승인을 받지 않은 사람의 **접근**이나 **출입에 대한 감시가 필요한 지역**
	2. 제한( )	비인가자가 비밀, 주요시설 및 Ⅲ급 비밀 소통용 암호자재에 접근하는 것을 방지하기 위하여 **안내를 받아 출입하여야 하는 구역**
	3. ( )구역	보안상 **매우 중요한 구역**으로서 비인가자의 **출입이 금지**되는 구역

제35조(보안측정) ① **국가정보원장**은 보안사고를 예방하기 위하여 국가보안시설, 국가보호장비 및 보호지역에 대하여 **보안측정을 한다.**

② 제1항에 따른 보안측정은 **국가정보원장이 직권**으로 하거나 **각급기관의 장** 또는 관리기관의 장의 **요청**에 따라 한다.

제36조(신원조사) ① (   )은 국가보안을 위하여 국가에 대한 충성심·성실성 및 신뢰성을 조사하기 위하여 **신원조사를 한다.**

② **신원조사**는 국가정보원장이 **직권**으로 하거나 관계 기관의 장의 **요청**에 따라 한다.

③ 신원조사의 대상이 되는 사람은 다음 각 호와 같다.

1. (   ) **임용 예정자**
2. 비밀취급 인가 예정자
3. 국가보안시설·보호장비를 관리하는 기관 등의 장
   (해당 국가보안시설 등의 관리 업무를 수행하는 소속 직원을 **포함한다**)
4. 임명할 때 정부의 승인이나 동의가 필요한 공공기관의 임원
5. 그 밖에 다른 법령에서 정하는 사람이나 각급기관의 장이 국가보안상 필요하다고 인정하는 사람

제45조(권한의 위탁) ① **국가정보원장**은 제36조에 따른 신원조사와 관련한 **권한의** 일부를 **국방부장관**과 (   )에게 위탁할 수 있다.

② 국가정보원장은 필요하다고 인정할 때에는 **관계 기관의 장**에게 제35조에 따른 보안측정 및 제38조에 따른 보안사고 조사와 관련한 권한의 일부를 **위탁할 수 있다.**

구역

통제

국가정보원장

공무원

경찰청장

16 | 국가재정법

제1조(목적) 이 법은 국가의 예산·기금·결산·성과관리 및 국가채무 등 재정에 관한 사항을 정함으로써 효율적이고 성과 지향적이며 투명한 재정운용과 건전재정의 기틀을 확립하는 것을 목적으로 한다.

제2조(회계연도) 국가의 회계연도는 **매년 1월 1일에 시작**하여 **12월 31일에 종료**한다.

제4조(회계구분) ① 국가의 회계는 (   )와 **특별회계**로 구분한다.

일반회계

② **일반회계**는 조세수입 등을 주요 세입으로 하여 국가의 일반적인 세출에 충당하기 위하여 설치한다.

③ (   )는 국가에서 특정한 사업을 운영하고자 할 때, 특정한 자금을 보유하여 운용하고자 할 때, 특정한 세입으로 특정한 세출에 충당함으로써 일반회계와 구분하여 회계처리할 필요가 있을 때에 법률로써 설치하되, 별표 1에 규정된 법률에 의하지 아니하고는 이를 설치할 수 없다.

특별회계

제28조(중기사업계획서의 제출) 각 **중앙관서의 장**은 매년 (   )까지 **당해** 회계연도부터 **5회계연도** 이상의 기간 동안의 신규사업 및 **기획재정부장관**이 정하는 주요 계속사업에 대한 중기사업계획서를 기획재정부장관에게 **제출하여야 한다.**

1월 31일

제29조(예산안편성지침의 통보) ① 기획재정부장관은 (   )의 심의를 거쳐 **대통령의 승인**을 얻은 다음 연도의 예산안편성지침을 매년 (   )까지 **각 중앙관서의 장**에게 **통보하여야 한다.**

국무회의
3월 31일

제31조(예산요구서의 제출) ① 각 **중앙관서의 장**은 제29조의 규정에 따른 예산안편성지침에 따라 그 소관에 속하는 다음 연도의 세입세출예산·계속비·명시이월비 및

- 105 -

국고채무부담행위 요구서(**예산요구서**)를 작성하여 매년 (   )까지 **기획재정부장관**에게 **제출하여야 한다.**

제32조(예산안의 편성) (   )은 제31조제1항의 규정에 따른 **예산요구서**에 따라 예산안을 편성하여 **국무회의의** 심의를 거친 후 **대통령의 (   )을 얻어야 한다.**

제33조(예산안의 국회제출) 정부는 제32조의 규정에 따라 대통령의 승인을 얻은 예산안을 회계연도 개시 (   ) 전까지 (   )에 **제출하여야 한다.**

제35조(국회제출 중인 예산안의 수정) 정부는 예산안을 **국회**에 **제출한 후** 부득이한 사유로 인하여 그 내용의 **일부를 수정하고자 하는 때에는** (   )의 심의를 거쳐 **대통령의 승인을 얻은 수정예산안을** (   )에 제출할 수 있다.

제42조(예산배정요구서의 제출) 각 **중앙관서의 장**은 예산이 확정된 후 사업운영계획 및 이에 따른 세입세출예산 · 계속비와 국고채무부담행위를 포함한 (   )를 **기획재정부장관**에게 **제출하여야 한다.**

제43조(예산의 배정) ① **기획재정부장관**은 제42조의 규정에 따른 **예산배정요구서**에 따라 (   ) 예산배정계획을 작성하여 (   )**의 심의를 거친 후 대통령의 승인을 얻어야 한다.**
② **기획재정부장관**은 각 중앙관서의 장에게 예산을 배정한 때에는 (   )에 **통지하여야 한다.**
③ 기획재정부장관은 필요한 때에는 대통령령이 정하는 바에 따라 회계연도 개시 전에 예산을 배정할 수 있다.

제44조(예산집행지침의 통보) 기획재정부장관은 예산집행의 효율성을 높이기 위하여 매년 **예산집행에 관한 지침**을 작성하여 (   )에게 통보하여야 한다.

제45조(예산의 목적 외 사용금지) 각 중앙관서의 장은 세출예산이 정한 목적 (   ) 경비를 사용할 수 없다.

5월 31일

기획재정부장관
승인

120일 / 국회

국무회의
국회

예산배정요구서

분기별 / 국무회의

감사원

각 중앙관서의 장

외에

17 언론중재 및 피해구제 등에 관한 법률

(약칭: 언론중재법)   [법률 제16060호]

제1조(목적) 이 법은 언론사 등의 언론보도 또는 그 매개로 인하여 침해되는 명예 또는 권리나 그 밖의 법익에 관한 다툼이 있는 경우 이를 조정하고 중재하는 등의 실효성 있는 구제제도를 확립함으로써 언론의 자유와 공적 책임을 조화함을 목적으로 한다.

제2조(정의) 이 법에서 사용하는 용어의 뜻은 다음과 같다.

1. "(   )"이란 **방송, 신문, 잡지** 등 정기간행물, 뉴스통신 및 **인터넷신문**을 말한다. | 언론
4. "신문"이란 「신문 등의 진흥에 관한 법률」 제2조제1호에 따른 신문을 말한다.
10. "인터넷신문"이란 「신문 등의 진흥에 관한 법률」 제2조제2호에 따른 인터넷신문을 말한다.
12. "**언론사**"란 방송사업자, 신문사업자, 잡지 등 정기간행물사업자, 뉴스통신사업자 및 인터넷신문사업자를 말한다.
14. "사실적 주장"이란 증거에 의하여 그 존재 여부를 판단할 수 있는 사실관계에 관한 주장을 말한다.
15. "언론보도"란 언론의 사실적 주장에 관한 보도를 말한다.
16. "(   )"란 언론의 보도 내용의 전부 또는 일부가 **진실하지 아니한 경우** 이를 **진실에 부합되게 고쳐서 보도하는 것**을 말한다. | 정정보도
17. "(   )"란 언론의 보도 내용의 **진실 여부에 관계없이** 그와 **대립되는 반박적 주장을 보도하는 것**을 말한다. | 반론보도

제7조(언론중재위원회의 설치) ① 언론등의 보도 또는 매개("언론보도등")로 인한 분쟁의 조정·중재 및 침해사항을 심의하기 위하여 **언론중재위원회**를 둔다.

40명 / 90명
문화체육관광부

③ 중재위원회는 ( ) 이상 ( ) 이내의 **중재위원**으로 구성하며, 중재위원은 다음 각 호의 사람 중에서 ( )**장관**이 **위촉한다.** 이 경우 제1호부터 제3호까지의 위원은 각각 중재위원 정수의 **5분의 1** 이상이 되어야 한다.

> 1. **법관**의 자격이 있는 사람 중에서 법원행정처장이 추천한 사람
> 2. **변호사**의 자격이 있는 사람 중에서 「변호사법」 제78조에 따른 대한변호사협회의 장이 추천한 사람
> 3. 언론사의 취재·보도 업무에 **10년 이상 종사한 사람**
> 4. 그 밖에 언론에 관하여 학식과 경험이 풍부한 사람

3년

⑤ 위원장·부위원장·감사 및 중재위원의 **임기**는 각각 ( )으로 하며, **한 차례만 연임할 수 있다.**

출석위원 과반수

⑨ 중재위원회의 회의는 **재적위원 과반수의 출석**과 ( )**의 찬성**으로 의결한다.

제14조(정정보도 청구의 요건) ① 사실적 주장에 관한 언론보도등이 진실하지 아니함으로 인하여 피해를 입은 자(피해자)는 해당 언론보도등이 있음을 **안 날부터 3개월** 이내에 언론사, 인터넷뉴스서비스사업자 및 인터넷 멀티미디어 방송사업자(언론사등)에게 그 언론보도등의 내용에 관한 **정정보도를 청구할 수 있다.**

다만, 해당 언론보도등이 있은 후 **6개월**이 지났을 때에는 그러하지 아니하다.

고의·과실 / 위법성

② 제1항의 청구에는 언론사등의 ( )이나 ( )을 필요로 하지 아니한다.

대표자

제15조(정정보도청구권의 행사) ① 정정보도 청구는 언론사등의 ( )에게 서면으로 하여야 하며, **청구서에는** 피해자의 **성명·주소·전화번호 등의 연락처**를 적고, **정정의 대상인 언론보도등의 내용 및 정정을 청구하는 이유와 청구하는 정정보도문을 명시하여야 한다.**

다만, 인터넷신문 및 인터넷뉴스서비스의 언론보도등의 내용이 해당 인터넷 홈페이지를 통하여 계속 보도 중이거나 매개 중인 경우에는 그 내용의 정정을 함께 청구할 수 있다.

3일

② 제1항의 청구를 받은 언론사등의 대표자는 ( ) **이내**에 그 **수용 여부**에 대한 통지를 청구인에게 **발송하여야 한다.** 이 경우 정정의 대상인 언론보도등의 내용이 방송이나 인터넷신문, 인터넷뉴스서비스 및 인터넷 멀티미디어 방송의 보도과정에

서 성립한 경우에는 해당 언론사등이 그러한 사실이 없었음을 입증하지 아니하면 그 사실의 존재를 부인하지 못한다.

③ 언론사등이 제1항의 **청구를 수용할 때**에는 지체 없이 피해자 또는 그 대리인과 정정보도의 내용·크기 등에 관하여 협의한 후, 그 청구를 받은 날부터 (　　) 내에 정정보도문을 **방송하거나 게재**(인터넷신문 및 인터넷뉴스서비스의 경우 제1항 단서에 따른 해당 언론보도등 내용의 정정을 포함한다)**하여야 한다.**

　다만, 신문 및 잡지 등 정기간행물의 경우 이미 편집 및 제작이 완료되어 부득이할 때에는 다음 발행 호에 이를 게재하여야 한다.

④ 다음 각 호의 어느 하나에 해당하는 사유가 있는 경우에는 언론사등은 **정정보도 청구를 거부**(　　　　).

> 1. 피해자가 정정보도청구권을 행사할 **정당한 이익이 없는 경우**
> 2. 청구된 정정보도의 내용이 **명백히 사실과 다른 경우**
> 3. 청구된 정정보도의 내용이 명백히 **위법한 내용**인 경우
> 4. 정정보도의 청구가 **상업적인 광고만을 목적**으로 하는 경우
> 5. 청구된 정정보도의 내용이 국가·지방자치단체 또는 공공단체의 **공개회의**와 법원의 **공개재판**절차의 **사실보도에 관한 것**인 경우

제16조(반론보도청구권) ① 사실적 주장에 관한 언론보도등으로 인하여 **피해를 입은** 자는 그 보도 내용에 관한 **반론보도**를 언론사등에 **청구할 수 있다.**

② 제1항의 청구에는 언론사등의 고의·과실이나 (　　　)을 필요로 하지 아니하며, 보도 내용의 (　　　)와 상관없이 그 **청구를 할 수 있다.**

제17조(추후보도청구권) ① 언론등에 의하여 범죄혐의가 있거나 형사상의 조치를 받았다고 보도 또는 공표된 자는 그에 대한 형사절차가 무죄판결 또는 이와 동등한 형태로 종결되었을 때에는 그 사실을 **안 날부터** (　　　) 이내에 언론사등에 이 사실에 관한 추후보도의 게재를 청구할 수 있다.

② 제1항에 따른 추후보도에는 청구인의 **명예나 권리 회복**에 필요한 **설명** 또는 **해명이 포함되어야 한다.**

제18조(조정신청) ① 이 법에 따른 정정보도청구등과 관련하여 분쟁이 있는 경우 피해자 또는 언론사등은 중재위원회에 조정을 신청할 수 있다.

② 피해자는 언론보도등에 의한 피해의 배상에 대하여 제14조제1항의 기간 이내에

──

7일

할 수 있다

위법성

진실 여부

3개월

중재위원회에 조정을 신청할 수 있다. 이 경우 피해자는 손해배상액을 명시하여야 한다.

③ **정정보도청구등과 손해배상의 조정신청**은 제14조제1항(제16조제3항에 따라 준용되는 경우를 포함한다) 또는 제17조제1항의 기간 이내에 **서면** 또는 **구술**이나 그 밖에 대통령령으로 정하는 바에 따라 **전자문서** 등으로 하여야 하며, 피해자가 먼저 언론사등에 정정보도청구등을 한 경우에는 피해자와 언론사등 사이에 **협의가 불성립된 날부터** ( ) 이내에 하여야 한다.

제19조(조정) ① 조정은 관할 중재부에서 한다. 관할구역을 같이 하는 중재부가 여럿일 경우에는 중재위원회 위원장이 중재부를 지정한다.

② 조정은 **신청 접수일부터** ( ) **이내**에 하여야 하며, 중재부의 장은 조정신청을 접수하였을 때에는 지체 없이 조정기일을 정하여 당사자에게 출석을 요구하여야 한다.

14일

14일

18 | 물품관리법

[법률 제9516호]

제1조(목적) 이 법은 국가 물품의 취득·보관·사용 및 처분에 관한 기본적인 사항을 정하여 **국가 물품을 효율적이고 적정하게 관리**하는 것을 목적으로 한다.

제7조(총괄기관) ① (　　　　　　　)은 물품관리의 제도와 정책에 관한 사항을 관장하며, 물품관리에 관한 정책의 결정을 위하여 필요하면 **조달청장**이나 **각 중앙관서의 장**으로 하여금 물품관리 상황에 관한 보고를 하게 하거나 필요한 조치를 할 수 있다.

② (　　　　)은 각 중앙관서의 장이 수행하는 **물품관리에 관한 업무를 총괄·조정**한다.

③ **조달청장**은 각 중앙관서의 장이 수행하는 물품관리에 관한 사항에 대하여 다음 각 호의 **조치를 할 수 있다.**

　　1. 각 중앙관서의 장이 수행하는 **물품관리 상황에 관한 자료의 요구 및 감사의 실시**

　　2. 각 중앙관서의 장이 수행하는 **물품관리에 관한 모범사례** 등 주요 사항의 **관보게재**

　　3. 제35조제1항에 따라 **불용 결정된 물품의 재활용촉진**에 관한 조치

　　4. 그 밖에 물품관리에 필요한 사항으로서 대통령령으로 정하는 조치

④ 조달청장이 실시하는 **물품관리 상황에 관한 감사는 실지감사 또는 서면감사**의 방법으로 한다.

⑤ 조달청장은 **감사 결과 부당하거나 위법한 사실이 있으면** 해당 중앙관서의 장에게 대통령령으로 정하는 바에 따라 **시정 요구 등의 조치를 하여야 한다.**

⑥ 조달청장은 **부당하거나 위법한 사실의 재발 방지**를 위하여 필요하다고 인정하는

기획재정부장관

조달청장

경우에는 제5항에 따른 시정 요구 등과 함께 책임 있는 **관계 공무원에 대한 주의 또는 징계 처분을 요구할 수 있다.**

각 중앙관서의 장

제9조(물품관리관) ① (   )은 대통령령으로 정하는 바에 따라 그 소관 물**품관리에 관한 사무를** 소속 공무원에게 **위임**할 수 있고, 필요하면 다른 중앙관서의 소속 공무원에게 위임할 수 있다.

② 제1항에 따라 각 중앙관서의 장으로부터 **물품관리에 관한 사무를 위임받은 공무원**을 **물품관리관**이라 한다.

③ 제1항에 따른 물품관리에 관한 사무의 위임은 특정한 직위를 지정하여 할 수 있다.

물품관리관

제외한다

제10조(물품출납공무원) ① (   )은 대통령령으로 정하는 바에 따라 그가 소**속된 관서의 공무원에게 그 관리하는 물품의 출납과 보관에 관한 사무**(출납명령에 관한 사무는 (   ))를 **위임하여야 한다.**

② 제1항에 따라 물품의 출납과 보관에 관한 사무를 위임받은 공무원을 물품출납공무원이라 한다.

③ 제1항에 따라 물품관리관이 그 사무를 위임하는 경우에는 특정한 직위를 지정하여 할 수 있다.

제11조(물품운용관) ① **물품관리관**은 대통령령으로 정하는 바에 따라 그가 소속된 관서의 공무원에게 국가의 사무 또는 사업의 목적과 용도에 따라서 물품을 사용하게 하거나 사용 중인 물품의 관리에 관한 사무를 **위임하여야 한다.**

물품운용관

② 제1항에 따라 **물품의 사용에 관한 사무를 위임받은 공무원**을 (   )이라 한다.

③ 제1항에 따라 물품관리관이 그 사무를 위임하는 경우에는 특정한 직위를 지정하여 할 수 있다.

제12조(관리기관의 분임 및 대리) ① 각 중앙관서의 장은 **물품관리관의 사무의 일부를 분장하는 공무원을, 물품관리관은 물품출납공무원의 사무의 일부를 분장하는 공무원**을 대통령령으로 정하는 바에 **따라 각각** (   ).

둘 수 있다

② 각 중앙관서의 장은 **물품관리관에게 사고가 있을 때**에는 그 사무를 **대리하는 공무원을, 물품관리관은 물품출납공무원 또는 물품운용관에게 사고가 있을 때**에는 그 사무를 **대리하는 공무원**을 대통령령으로 정하는 바에 따라 **각각 지정할 수 있다.**

〈자랑스러운 경찰의 표상〉

인물	주요내용
김구	대한민국의 대표적인 정치가이자 독립운동가이다. **1919년 3.1운동 직후, 상하이에 수립한 대한민국 임시정부의 초대 경무국장이다.** 대한민국 임시정부 조직에 참여하였으며, 1944년 대한민국 임시정부 주석에 선임되었다.
안병하 치안감	1980년 5.18 광주 민주화 운동 당시 전라남도 경찰국장으로서 과격한 진압을 지시했던 군과 달리 '분산되는 자는 너무 추격하지 말 것, 부상자 발생하지 않도록 할 것' 등과 '연행과정에서 학생의 피해가 없도록 유의하라'고 지시하였다. 신군부의 명령을 어겼다는 이유로 직위해제 후 육군보안사령부에서 고문을 받고 후유증으로 1988년 10월 10일 사망했다. 상부의 부당한 지시를 단호히 거부했던 공직자로서의 용기를 높이 평가받았으며, 2005년 11월 서울 국립현충원에 유해를 안장했으며 2017년 11월 치안감으로 추서되었다.
차일혁 총경	한국전쟁 당시 '빨치산 토벌대장'으로 유명했으며, 전란의 어려움 속에서 문화재를 소중하게 생각하여 화엄사 등을 지켜냈으며 2008년 문화훈장을 추서받았다. 당시 공비들의 근거지가 될 수 있는 사찰을 불태우라는 상부의 명령에 대해 현명하게 대처하여, 구례 화엄사, 고창 선운사, 장성 백양사 등 여러 사찰과 문화재를 보호하였다.
최규식 경무관	1967년 10월부터 **종로경찰서장으로 재직**하였다. 이듬해 1월 21일 북한의 **김신조 등 31명이 청와대를 기습**해왔으며, **현장에서 경찰들을 배치하고 지휘**하였다. 당시 총상을 입고 '청와대를 사수하라'는 마지막 명령을 내리면서 현장에서 순직하였다. 특정지역을 관할하는 경찰 책임자로서 마지막 순간까지 투철한 사명감으로 임무를 완수하여 공을 인정받았으며, 이후 경무관으로 추서되었으며 태극공무훈장을 수여하였다.
정종수 경사	1960년 경찰에 투신하여 종로경찰서 재직하였다. 1968년 **1.21 사태 당시 최규식 경무관과 함께 청와대 습격하기 위해 침투한 무장공비 31명과 교전 중에 전사**하였다. 군 방어선을 뚫린 상황에서 격투 끝에 청와대를 사수하였으며, 순국으로 대한민국을 지킨 영웅으로 평가받고 있다.
안맥결	도산 안창호 선생의 조카인 안맥결 서장은 평양 숭의여학교에 재학 중이던 1919년 평양 3·1운동과 숭의여학교 10·1만세운동에 참여했다가 구금됐다. 이후 '**결백단**' 임원으로 활동하며 임시정부에 군자금을 전달했고, 1937년 11월 수양동우회 사건으로 체포돼 옥고를 치렀다. 해방 이후, 1946년 6월 미군정시기 **제1기 여자경찰간부로 임용**되었으며 1952년 **제3대 서울여자경찰서장**을 역임하였다. 당시 권위적인 사회 분위기 속에서 여자경찰 제도는 선진적이고 민주적인 제도로 평가받고 있다.
문형순	**제주 4.3 사건 당시 성산포 경찰서장으로 재직**하였으며, 계엄군의 예비검속자에 대한 총살 명령에 '**부당함으로 불이행**'한다고 거부하고 주민들을 방면하였다. 당시 4.3사건으로 제주도민 수천명이 희생되었으나, 성산포 경찰서 관할지역의 희생자는 6명에 불과했다. 수백명 주민의 목숨을 구한 의인으로 평가받아 2018년 경찰영웅에 선정되었다.

나석주 의사	대한민국 임시정부 시절 경무국 경호원 및 의경대원으로 활동하였다. 1926년 12월 식민수탈의 심장인 **식산은행과 동양척식회사에 폭탄을 투척**하였다. 나석주 의사는 마지막 유언은 **"나는 조국의 자유를 위해 투쟁했다. 2천만 민중아, 분투하여 쉬지 말라!"**이다.
이준규 서장	5.18 광주 민주화 당시, 목포경찰서장으로 재직중이었으며, 신구부의 **유혈진압 명령을 거부**하였다. 당시 '**시민들에게 발포하지 말라**'는 지시로 시민의 생명과 안전을 지켜냈으며, **무장명령을 거부**했으며, **총기류를 인근 섬으로 반출**시켜 시민군과 무력 충돌을 막아냈다. 이러한 공을 인정받아 2020년 제75주년 경찰의 날 기념식에서 경찰영웅에 선정되었다.

02

각 론

[법률 제14908호]

제1조(목적) 이 법은 경범죄의 종류 및 처벌에 필요한 사항을 정함으로써 국민의 자유와 권리를 보호하고 **사회공공의 질서유지**에 이바지함을 목적으로 한다.

제2조(남용금지) 이 법을 적용할 때에는 국민의 권리를 부당하게 침해하지 아니하도록 세심한 주의를 기울여야 하며, **본래의 목적에서 벗어나 다른 목적을 위하여 이 법을 적용하여서는 아니 된다.**

제3조(경범죄의 종류) ① 다음 각 호의 어느 하나에 해당하는 사람은 (   ) 이하의 벌금, 구류 또는 과료의 형으로 처벌한다.

10만원

1. (빈집 등에의 침입) 다른 사람이 살지 아니하고 관리하지 아니하는 집 또는 그 울타리·건조물·배·자동차 안에 정당한 이유 없이 들어간 사람
2. (**흉기의 은닉휴대**) 칼·쇠몽둥이·쇠톱 등 사람의 생명 또는 신체에 중대한 위해를 끼치거나 집이나 그 밖의 건조물에 침입하는 데에 사용될 수 있는 연장이나 기구를 정당한 이유 없이 숨겨서 지니고 다니는 사람
3. (폭행 등 예비) 다른 사람의 신체에 위해를 끼칠 것을 공모하여 예비행위를 한 사람이 있는 경우 그 공모를 한 사람
5. (시체 현장변경 등) 사산아를 감추거나 정당한 이유 없이 변사체 또는 사산아가 있는 현장을 바꾸어 놓은 사람
6. (**도움이 필요한 사람 등의 신고불이행**) 자기가 관리하고 있는 곳에 도움을 받아야 할 노인, 어린이, 장애인, 다친 사람 또는 병든 사람이 있거나 시체 또는 사산아가 있는 것을 알면서 이를 관계 공무원에게 지체 없이 신고하지 아니한 사람

7. (**관명사칭 등**) 국내외의 공직, 계급, 훈장, 학위 또는 그 밖에 법령에 따라 정하여진 명칭이나 칭호 등을 거짓으로 꾸며 대거나 자격이 없으면서 법령에 따라 정하여진 제복, 훈장, 기장 또는 기념장, 그 밖의 표장 또는 이와 비슷한 것을 사용한 사람

8. (**물품강매·호객행위**) 요청하지 아니한 물품을 억지로 사라고 한 사람, 요청하지 아니한 일을 해주거나 재주 등을 부리고 그 대가로 돈을 달라고 한 사람 또는 여러 사람이 모이거나 다니는 곳에서 영업을 목적으로 떠들썩하게 손님을 부른 사람

9. (**광고물 무단부착 등**) 다른 사람 또는 단체의 집이나 그 밖의 인공구조물과 자동차 등에 함부로 광고물 등을 붙이거나 내걸거나 끼우거나 글씨 또는 그림을 쓰거나 그리거나 새기는 행위 등을 한 사람 또는 다른 사람이나 단체의 간판, 그 밖의 표시물 또는 인공구조물을 함부로 옮기거나 더럽히거나 훼손한 사람 또는 공공장소에서 광고물 등을 함부로 뿌린 사람

10. (**마시는 물 사용방해**) 사람이 마시는 물을 더럽히거나 사용하는 것을 방해한 사람

11. (**쓰레기 등 투기**) 담배꽁초, 껌, 휴지, 쓰레기, 죽은 짐승, 그 밖의 더러운 물건이나 못쓰게 된 물건을 함부로 아무 곳에나 버린 사람

12. (**노상방뇨 등**) 길, 공원, 그 밖에 여러 사람이 모이거나 다니는 곳에서 함부로 침을 뱉거나 대소변을 보거나 또는 그렇게 하도록 시키거나 개 등 짐승을 끌고 와서 대변을 보게 하고 이를 치우지 아니한 사람

13. (**의식방해**) 공공기관이나 그 밖의 단체 또는 개인이 하는 행사나 의식을 못된 장난 등으로 방해하거나 행사나 의식을 하는 자 또는 그 밖에 관계 있는 사람이 말려도 듣지 아니하고 행사나 의식을 방해할 우려가 뚜렷한 물건을 가지고 행사장 등에 들어간 사람

14. (**단체가입 강요**) 싫다고 하는데도 되풀이하여 단체 가입을 억지로 강요한 사람

15. (**자연훼손**) 공원·명승지·유원지나 그 밖의 녹지구역 등에서 풀·꽃·나무·돌 등을 함부로 꺾거나 캔 사람 또는 바위·나무 등에 글씨를 새기거나 하여 자연을 훼손한 사람

16. (**타인의 가축·기계 등 무단조작**) 다른 사람 또는 단체의 소나 말, 그 밖의 짐승 또는 매어 놓은 배·뗏목 등을 함부로 풀어 놓거나 자동차 등의 기계를 조작한 사람

17. (물길의 흐름 방해) 개천·도랑이나 그 밖의 물길의 흐름에 방해될 행위를 한 사람

18. (구걸행위 등) 다른 사람에게 구걸하도록 시켜 올바르지 아니한 이익을 얻은 사람 또는 공공장소에서 구걸을 하여 다른 사람의 통행을 방해하거나 귀찮게 한 사람

19. ((   ) 조성) 정당한 이유 없이 길을 막거나 시비를 걸거나 주위에 모여들거나 뒤따르거나 몹시 거칠게 겁을 주는 말이나 행동으로 **다른 사람을 불안**하게 하거나 **귀찮고 불쾌하게 한 사람** 또는 여러 사람이 이용하거나 다니는 도로·공원 등 **공공장소에서 고의로 험악한 문신**을 드러내어 다른 사람에게 **혐오감**을 준 사람

20. (**음주소란 등**) 공회당·극장·음식점 등 여러 사람이 모이거나 다니는 곳 또는 여러 사람이 타는 기차·자동차·배 등에서 몹시 거친 말이나 행동으로 주위를 시끄럽게 하거나 술에 취하여 이유 없이 다른 사람에게 주정한 사람

21. (인근소란 등) 악기·라디오·텔레비전·전축·종·확성기·전동기 등의 소리를 지나치게 크게 내거나 큰소리로 떠들거나 노래를 불러 이웃을 시끄럽게 한 사람

22. (위험한 불씨 사용) 충분한 주의를 하지 아니하고 건조물, 수풀, 그 밖에 불 붙기 쉬운 물건 가까이에서 불을 피우거나 휘발유 또는 그 밖에 불이 옮아 붙기 쉬운 물건 가까이에서 불씨를 사용한 사람

23. (물건 던지기 등 위험행위) 다른 사람의 신체나 다른 사람 또는 단체의 물건에 해를 끼칠 우려가 있는 곳에 충분한 주의를 하지 아니하고 물건을 던지거나 붓거나 또는 쏜 사람

24. (인공구조물 등의 관리소홀) 무너지거나 넘어지거나 떨어질 우려가 있는 인공구조물이나 그 밖의 물건에 대하여 관계 공무원으로부터 고칠 것을 요구받고도 필요한 조치를 게을리하여 여러 사람을 위험에 빠트릴 우려가 있게 한 사람

25. (위험한 동물의 관리 소홀) 사람이나 가축에 해를 끼치는 버릇이 있는 개나 그 밖의 동물을 함부로 풀어놓거나 제대로 살피지 아니하여 나다니게 한 사람

26. (동물 등에 의한 행패 등) 소나 말을 놀라게 하여 달아나게 하거나 개나 그 밖의 동물을 시켜 사람이나 가축에게 달려들게 한 사람

불안감

27. (무단소등) 여러 사람이 다니거나 모이는 곳에 켜 놓은 등불이나 다른 사람 또는 단체가 표시를 하기 위하여 켜 놓은 등불을 함부로 끈 사람

28. (공중통로 안전관리소홀) 여러 사람이 다니는 곳에서 위험한 사고가 발생하는 것을 막을 의무가 있으면서도 등불을 켜 놓지 아니하거나 그 밖의 예방조치를 게을리한 사람

29. (공무원 원조불응) 눈·비·바람·해일·지진 등으로 인한 재해, 화재·교통사고·범죄, 그 밖의 급작스러운 사고가 발생하였을 때에 현장에 있으면서도 정당한 이유 없이 관계 공무원 또는 이를 돕는 사람의 현장출입에 관한 지시에 따르지 아니하거나 공무원이 도움을 요청하여도 도움을 주지 아니한 사람

30. (**거짓 인적사항 사용**) 성명, 주민등록번호, 등록기준지, 주소, 직업 등을 거짓으로 꾸며대고 배나 비행기를 타거나 인적사항을 물을 권한이 있는 공무원이 적법한 절차를 거쳐 묻는 경우 정당한 이유 없이 다른 사람의 인적사항을 자기의 것으로 거짓으로 꾸며댄 사람

31. (미신요법) 근거 없이 신기하고 용한 약방문인 것처럼 내세우거나 그 밖의 미신적인 방법으로 병을 진찰·치료·예방한다고 하여 사람들의 마음을 홀리게 한 사람

32. (야간통행제한 위반) 전시·사변·천재지변, 그 밖에 사회에 위험이 생길 우려가 있을 경우에 경찰청장이나 해양경찰청장이 정하는 야간통행제한을 위반한 사람

33. (**과다노출**) 공개된 장소에서 공공연하게 성기·엉덩이 등 신체의 주요한 부위를 노출하여 다른 사람에게 부끄러운 느낌이나 불쾌감을 준 사람

34. (**지문채취 불응**) 범죄 피의자로 입건된 사람의 신원을 지문조사 외의 다른 방법으로는 확인할 수 없어 경찰공무원이나 검사가 지문을 채취하려고 할 때에 정당한 이유 없이 이를 거부한 사람

35. (자릿세 징수 등) 여러 사람이 모이거나 쓸 수 있도록 개방된 시설 또는 장소에서 좌석이나 주차할 자리를 잡아 주기로 하거나 잡아주면서, 돈을 받거나 요구하거나 돈을 받으려고 다른 사람을 귀찮게 따라다니는 사람

36. (행렬방해) 공공장소에서 승차·승선, 입장·매표 등을 위한 행렬에 끼어들거나 떠밀거나 하여 그 행렬의 질서를 어지럽힌 사람

37. (무단 출입) 출입이 금지된 구역이나 시설 또는 장소에 정당한 이유 없이 들어간 사람

38. (총포 등 조작장난) 여러 사람이 모이거나 다니는 곳에서 충분한 주의를 하

지 아니하고 총포, 화약류, 그 밖에 폭발의 우려가 있는 물건을 다루거나 이를 가지고 장난한 사람

39. (무임승차 및 무전취식) 영업용 차 또는 배 등을 타거나 다른 사람이 파는 음식을 먹고 정당한 이유 없이 제 값을 치르지 아니한 사람

40. (장난전화 등) 정당한 이유 없이 다른 사람에게 전화 · 문자메시지 · 편지 · 전자우편 · 전자문서 등을 여러 차례 되풀이하여 괴롭힌 사람

41. (**지속적 괴롭힘**) **상대방의 명시적 의사에 반하여** 지속적으로 **접근을 시도하여 면회** 또는 **교제를** 요구하거나 **지켜보기, 따라다니기, 잠복하여 기다리기** 등의 **행위를 반복하여 하는 사람**

② 다음 각 호의 어느 하나에 해당하는 사람은 (   ) **이하의 벌금, 구류 또는 과료**의 형으로 처벌한다.

20만원

1. (   ) 올바르지 아니한 이익을 얻을 목적으로 다른 사람 또는 단체의 사업이나 사사로운 일에 관하여 신문, 잡지, 그 밖의 출판물에 어떤 사항을 싣거나 싣지 아니할 것을 약속하고 돈이나 물건을 받은 사람

2. (   ) 여러 사람에게 물품을 팔거나 나누어 주거나 일을 해주면서 **다른 사람을 속이거나 잘못 알게 할 만한 사실을 들어 광고한 사람**

3. (   ) 못된 장난 등으로 다른 **사람, 단체** 또는 **공무수행 중인 자의 업무를 방해**한 사람

4. (   ) 흥행장, 경기장, 역, 나루터, 정류장, 그 밖에 정하여진 요금을 받고 입장시키거나 승차 또는 승선시키는 곳에서 **웃돈을 받고 입장권 · 승차권 또는 승선권을 다른 사람에게 되판 사람**

출판물의 부당게재

거짓 광고

업무방해

암표매매

③ 다음 각 호의 어느 하나에 해당하는 사람은 (   ) **이하의 벌금, 구류 또는 과료**의 형으로 처벌한다.

60만원

1. (관공서에서의 주취소란) **술에 취한 채**로 **관공서**에서 몹시 거친 말과 행동으로 주정하거나 시끄럽게 한 사람

2. (거짓신고) 있지 아니한 **범죄나 재해 사실**을 공무원에게 **거짓**으로 신고한 사람

제4조(교사 · 방조) 제3조의 죄를 짓도록 시키거나 도와준 사람은 죄를 지은 사람에 준하여 벌한다.

면제 / 할 수 있다

범칙자

상습적
구류처분

피해자
18세

10일

5일

제5조(형의 면제와 병과) 제3조에 따라 사람을 벌할 때에는 그 사정과 형편을 헤아려서 그 형을 (   )하거나 **구류와 과료를 함께 과(   ).**

제6조(정의) ① 이 장에서 "범칙행위"란 제3조제1항 각 호 및 제2항 각 호의 어느 하나에 해당하는 위반행위를 말하며, 그 구체적인 범위는 대통령령으로 정한다.

② 이 장에서 (   )란 **범칙행위를 한 사람으로서** 다음 각 호의 어느 하나에 **해당하지 아니하는 사람**을 말한다.

> 1. 범칙행위를 (   )**으로 하는 사람**
> 2. 죄를 지은 동기나 수단 및 결과를 헤아려볼 때 (   )**을 하는 것이 적절하다고 인정되는 사람**
> 3. (   )**가 있는 행위를 한 사람**
> 4. (   ) **미만인 사람**

③ 이 장에서 **"범칙금"**이란 범칙자가 제7조에 따른 통고처분에 따라 국고 또는 제주특별자치도의 금고에 납부하여야 할 금전을 말한다.

제7조(통고처분) ① **경찰서장,** 해양경찰서장, 제주특별자치도지사 또는 철도특별사법경찰대장은 **범칙자로 인정되는 사람에 대하여** 그 이유를 명백히 나타낸 서면으로 **범칙금을 부과하고 이를 납부할 것을 통고할 수 있다.**

다만, 다음 각 호의 어느 하나에 해당하는 사람에게는 통고하지 아니한다.

> 1. 통고처분서 받기를 **거부한 사람**
> 2. **주거 또는 신원이 확실하지 아니한 사람**
> 3. 그 밖에 **통고처분을 하기가 매우 어려운 사람**

제8조(범칙금의 납부) ① 통고처분서를 받은 사람은 통고처분서를 받은 날부터 (   ) **이내에** 경찰청장·해양경찰청장 또는 철도특별사법경찰대장이 지정한 은행, 그 지점이나 대리점, 우체국 또는 제주특별자치도지사가 지정하는 금융기관이나 그 지점에 **범칙금을 납부하여야 한다.**

다만, **천재지변**이나 그 밖의 **부득이한 사유로** 말미암아 그 기간 내에 범칙금을 **납부할 수 없을 때에는** 그 부득이한 **사유가 없어지게 된 날부터** (   ) **이내에 납부하여야 한다.**

② **납부기간에 범칙금을 납부하지 아니한 사람**은 납부기간의 마지막 날의 다음 날부터 20일 이내에 통고받은 범칙금에 그 금액의 (　　　　)을 **더한 금액을 납부하여야 한다.**

100분의 20

③ 범칙금을 납부한 사람은 그 범칙행위에 대하여 다시 처벌받지 아니한다.

제8조의2(범칙금의 납부) ① 범칙금은 제8조에 따른 납부 방법 외에 대통령령으로 정하는 범칙금 납부대행기관을 통하여 신용카드, 직불카드 등(신용카드등)으로 낼 수 있다. 이 경우 "범칙금 납부대행기관"이란 정보통신망을 이용하여 신용카드등에 의한 결제를 수행하는 기관으로서 대통령령으로 정하는 바에 따라 범칙금 납부대행기관으로 지정받은 자를 말한다.

② 제1항에 따라 **신용카드등으로 내는 경우에는 범칙금 납부대행기관의** (　　　)을 **납부일로 본다.**

승인일

③ **범칙금 납부대행기관**은 납부자로부터 신용카드등에 의한 과태료 납부대행 용역의 대가로 대통령령으로 정하는 바에 따라 납부대행 **수수료를 받을 수 있다.**

제9조(통고처분 불이행자 등의 처리) ① (　　　　), 해양경찰서장 및 제주특별자치도지사는 다음 각 호의 어느 하나에 해당하는 사람에 대하여는 지체 없이 (　　　)을 **청구하여야 한다.**

경찰서장
즉결심판

다만, **즉결심판이 청구되기 전까지** 통고받은 범칙금에 그 금액의 (　　　)을 더한 금액을 납부한 사람에 대하여는 그러하지 아니하다.

100분의 50

> 1. 제7조 제1항 (**거부한 사람, 주거 또는 신원이 확실하지 아니한 사람,** 그 밖에 **통고처분을 하기가 매우 어려운 사람**) 어느 하나에 해당하는 사람
> 2. 제8조제2항에 따른 **납부기간에 범칙금을 납부하지 아니한 사람**

② 제1항제2호에 따라 즉결심판이 청구된 피고인이 통고받은 범칙금에 그 금액의 **100분의 50을 더한 금액을 납부하고** 그 **증명서류를 즉결심판 선고 전까지 제출하였을 때에는 경찰서장,** 해양경찰서장 및 제주특별자치도지사는 그 피고인에 대한 **즉결심판 청구를** (　　)하여야 한다.

취소

③ 제1항 단서 또는 제2항에 따라 **범칙금을 납부한 사람**은 그 범칙행위에 대하여 **다시 처벌받지 아니한다.**

[법률 제15979호]

제1조(목적) 이 법은 법률상 의무의 효율적인 이행을 확보하고 국민의 권리와 이익을 보호하기 위하여 질서위반행위의 성립요건과 과태료의 부과·징수 및 재판 등에 관한 사항을 규정하는 것을 목적으로 한다.

제2조(정의) 이 법에서 사용하는 용어의 뜻은 다음과 같다.

질서위반행위

1. "(   )"란 법률(지방자치단체의 조례를 포함한다. 이하 같다)상의 의무를 위반하여 과태료를 부과하는 행위를 말한다. 다만, 다음 각 목의 어느 하나에 해당하는 행위를 제외한다.

   가. 대통령령으로 정하는 사법상·소송법상 의무를 위반하여 과태료를 부과하는 행위

   나. 대통령령으로 정하는 법률에 따른 징계사유에 해당하여 과태료를 부과하는 행위

2. "**행정청**"이란 행정에 관한 의사를 결정하여 표시하는 국가 또는 지방자치단체의 기관, 그 밖의 법령 또는 자치법규에 따라 행정권한을 가지고 있거나 위임 또는 위탁받은 공공단체나 그 기관 또는 사인을 말한다.

3. "**당사자**"란 **질서위반행위를 한 자연인** 또는 **법인**(법인이 아닌 사단 또는 재단으로서 대표자 또는 관리인이 있는 것을 포함한다)을 **말한다.**

행위 시

제3조(법 적용의 시간적 범위) ① 질서위반행위의 성립과 과태료 처분은 (   )의 법률에 따른다.

② 질서위반행위 후 법률이 변경되어 그 행위가 질서위반행위에 해당하지 아니하게 되거나 **과태료가 변경되기 전의 법률보다 가볍게 된 때**에는 법률에 특별한 규정이

변경된 법률

없는 한 (   )을 적용한다.

③ 행정청의 과태료 처분이나 **법원의 과태료 재판이 확정된 후 법률이 변경되어 그** **행위가 질서위반행위에 해당하지 아니하게 된 때**에는 변경된 법률에 특별한 규정이 없는 한 **과태료의 징수** 또는 **집행을 면제한다.**

제4조(법 적용의 장소적 범위) ① 이 법은 대한민국 **영역** 안에서 질서위반행위를 한 자에게 적용한다.

② 이 법은 대한민국 **영역 밖에서** 질서위반행위를 한 대한민국의 **국민**에게 적용한다.

③ 이 법은 대한민국 영역 밖에 있는 대한민국의 **선박** 또는 **항공기** 안에서 질서위 반행위를 한 **외국인**에게 적용한다.

제6조(질서위반행위 법정주의) (   )에 따르지 아니하고는 어떤 행위도 질서위반행 위로 **과태료를 부과하지 아니한다.**

> 법률

제7조(고의 또는 과실) (   ) 또는 (   )이 없는 질서위반행위는 **과태료를 부과하지** 아니한다.

> 고의 / 과실

제8조(위법성의 착오) 자신의 행위가 위법하지 아니한 것으로 (   )하고 행한 질서위 반행위는 그 오인에 정당한 이유가 있는 때에 한하여 **과태료를 부과하지 아니한다.**

> 오인

제9조(책임연령) (   )가 되지 아니한 자의 질서위반행위는 **과태료를 부과하지 아니** 한다. 다만, 다른 법률에 특별한 규정이 있는 경우에는 그러하지 아니하다.

> 14세

제10조(심신장애) ① **심신장애로 인하여 행위의 옳고 그름을 판단할 능력이 없거나** 그 판단에 따른 행위를 할 능력이 없는 자의 질서위반행위는 **과태료를 부과하지** 아니한다.

② **심신장애로 인하여 제1항에 따른 능력이 미약한 자의 질서위반행위는 과태료를** (   )한다.

> 감경

③ 스스로 심신장애 상태를 일으켜 질서위반행위를 한 자에 대하여는 제1항 및 제2 항을 적용하지 아니한다.

제12조(다수인의 질서위반행위 가담) ① (   ) **이상이** 질서위반행위에 가담한 때에 는 (   )**가 질서위반행위를 한 것으로 본다.**

> 2인
> 각자

② 신분에 의하여 성립하는 질서위반행위에 **신분이 없는 자가 가담한 때에는 신분** 이 없는 자에 대하여도 질서위반행위가 성립한다.

③ 신분에 의하여 과태료를 감경 또는 가중하거나 과태료를 부과하지 아니하는 때에는 그 신분의 효과는 신분이 없는 자에게는 미치지 아니한다.

제13조(수개의 질서위반행위의 처리) ① 하나의 행위가 (   ) **이상**의 질서위반행위에 해당하는 경우에는 각 질서위반행위에 대하여 정한 과태료 중 (   ) 과태료를 부과한다.

② 제1항의 경우를 제외하고 2 **이상**의 **질서위반행위가 경합하는 경우**에는 각 질서위반행위에 대하여 정한 과태료를 (   ) **부과한다**. 다만, 다른 법령(지방자치단체의 조례를 포함한다. 이하 같다)에 특별한 규정이 있는 경우에는 그 법령으로 정하는 바에 따른다.

제15조(과태료의 시효) ① 과태료는 행정청의 과태료 부과처분이나 법원의 **과태료 재판이 확정된 후** (   )**간 징수**하지 아니하거나 **집행**하지 아니하면 시효로 인하여 소멸한다.

제16조(사전통지 및 의견 제출 등) ① 행정청이 질서위반행위에 대하여 **과태료를 부과하고자 하는 때**에는 미리 당사자에게 대통령령으로 정하는 사항을 통지하고, (   ) **이상의 기간을 정하여** (   )**을 제출할 기회를 주어야 한다.**

이 경우 지정된 기일까지 의견 제출이 없는 경우에는 의견이 없는 것으로 본다.

② **당사자**는 의견 **제출 기한 이내**에 대통령령으로 정하는 방법에 따라 **행정청에 의견을 진술하거나 필요한 자료를 제출할 수 있다.**

③ 행정청은 제2항에 따라 당사자가 **제출한 의견에 상당한 이유가 있는 경우**에는 **과태료를 부과하지 아니하거나** 통지한 내용을 변경할 수 있다.

제18조(자진납부자에 대한 과태료 감경) ① 행정청은 당사자가 제16조에 따른 **의견 제출 기한 이내**에 과태료를 자진하여 납부하고자 하는 경우에는 대통령령으로 정하는 바에 따라 **과태료를 감경할 수 있다.**

② 당사자가 제1항에 따라 감경된 **과태료를 납부한 경우**에는 해당 질서위반행위에 대한 **과태료 부과 및 징수절차는 종료**한다.

제19조(과태료 부과의 제척기간) ① 행정청은 질서위반행위가 종료된 날(다수인이 질서위반행위에 가담한 경우에는 (   )**가 종료된 날**을 말한다)**부터** (   )**이 경과한 경우**에는 해당 질서위반행위에 대하여 **과태료를 부과할 수 없다.**

[여백 메모]

2
가장 중한

각각

5년

10일
의견

최종행위 / 5년

제20조(이의제기) ① 행정청의 **과태료 부과**에 **불복하는** 당사자는 과태료 부과 통지를 받은 날부터 (　　) 이내에 해당 행정청에 **서면**으로 (　　　　)를 할 수 있다.

② 제1항에 따른 **이의제기가 있는 경우**에는 행정청의 **과태료 부과처분**은 그 **효력**을 상실한다.

60일 / 이의제기

성매매알선 등 행위의 처벌에 관한 법률

(약칭: 성매매처벌법)   [법률 제12349호]

제1조(목적) 이 법은 성매매, 성매매알선 등 행위 및 성매매 목적의 인신매매를 근절하고, 성매매피해자의 인권을 보호함을 목적으로 한다.

제2조(정의) ① 이 법에서 사용하는 용어의 뜻은 다음과 같다.

성매매

> 1. "(   )"란 **불특정인**을 상대로 **금품**이나 그 밖의 **재산상의 이익**을 수수하거나 수수하기로 **약속**하고 다음 각 목의 어느 하나에 해당하는 **행위**를 하거나 **그 상대방이 되는 것**을 말한다.
>   가. **성교행위**
>   나. 구강, 항문 등 신체의 일부 또는 도구를 이용한 **유사 성교행위**

알선

> 2. "**성매매(   ) 등 행위**"란 다음 각 목의 어느 하나에 해당하는 행위를 하는 것을 말한다.
>   가. 성매매를 **알선, 권유, 유인** 또는 **강요**하는 행위
>   나. 성매매의 (   )를 **제공**하는 행위

장소
건물

> 다. 성매매에 제공되는 사실을 알면서 **자금, 토지** 또는 (   )**을 제공**하는 행위

인신매매

> 3. "**성매매 목적의 (   )**"란 다음 각 목의 어느 하나에 해당하는 행위를 하는 것을 말한다.
>   가. 성을 파는 행위 또는 「형법」 제245조에 따른 음란행위를 하게 하거나, 성교행위 등 음란한 내용을 표현하는 사진·영상물 등의 촬영 대상으로 삼을 목적으로 **위계, 위력,** 그 밖에 이에 준하는 방법으로 **대상자를 지배·관리하면서 제3자에게 인계하는 행위**
>   나. 가목과 같은 목적으로 「청소년 보호법」 제2조제1호에 따른 **청소년,** 사물을 변별하거나 의사를 결정할 **능력이 없거나 미약한 사람** 또는 대통

령령으로 정하는 **중대한 (   )가 있는 사람**이나 그를 보호·감독하는 사람에게 선불금 등 금품이나 그 밖의 재산상의 이익을 제공하거나 제공하기로 약속하고 대상자를 지배·관리하면서 제3자에게 인계하는 행위

다. 가목 및 나목의 행위가 행하여지는 것을 알면서 가목과 같은 목적이나 전매를 위하여 대상자를 인계받는 행위

라. 가목부터 다목까지의 행위를 위하여 대상자를 모집·이동·은닉하는 행위

4. "(   )"란 다음 각 목의 어느 하나에 해당하는 사람을 말한다.

가. **위계, 위력**, 그 밖에 이에 준하는 방법으로 성매매를 (   )**당한 사람**

나. 업무관계, 고용관계, 그 밖의 관계로 인하여 보호 또는 감독하는 사람에 의하여 「마약류관리에 관한 법률」 제2조에 따른 마약·향정신성의약품 또는 대마((...))**에 중독되어 성매매를 한 사람**

다. **청소년, 사물을 변별하거나 의사를 결정할 능력이 없거나 미약한 사람** 또는 대통령령으로 정하는 중대한 장애가 있는 사람으로서 성매매를 하도록 알선·유인된 사람

라. 성매매 목적의 **인신매매**를 당한 사람

제4조(금지행위) 누구든지 다음 각 호의 어느 하나에 해당하는 **행위를 하여서는 아니** 된다.

1. **성매매**
2. **성매매알선** 등 행위
3. 성매매 목적의 **인신매매**
4. 성을 파는 행위를 하게 할 목적으로 다른 사람을 **고용·모집**하거나 성매매가 행하여진다는 사실을 알고 직업을 **소개·알선**하는 행위
5. 제1호, 제2호 및 제4호의 행위 및 그 행위가 행하여지는 업소에 대한 **광고행위**

제6조(성매매피해자에 대한 처벌특례와 보호) ① 성매매피해자의 성매매는 처벌하지 아니한다.

② 검사 또는 사법경찰관은 수사과정에서 피의자 또는 참고인이 **성매매피해자에 해 당한다고 볼 만한 상당한 이유가 있을 때에는 지체 없이 법정대리인, 친족 또는 변

호인에게 통지하고, 신변보호, 수사의 비공개, 친족 또는 지원시설·성매매피해상담소에의 인계 등 그 보호에 **필요한 조치를 하여야 한다.**

다만, 피의자 또는 참고인의 사생활 보호 등 **부득이한 사유가 있는 경우에는** 통지하지 아니할 수 있다.

제7조(신고의무 등) ① 「성매매방지 및 피해자보호 등에 관한 법률」 제5조 제1항에 따른 **지원시설** 및 같은 법 제10조에 따른 **성매매피해상담소의** 장이나 종사자가 업무와 관련하여 **성매매 피해사실을 알게 되었을 때에는** 지체없이 (　　　)에 신고 (　　　).

제8조(신뢰관계에 있는 사람의 동석) ① (　　)은 신고자등을 증인으로 신문할 때에는 직권으로 또는 본인·법정대리인이나 **검사의 신청에** 의하여 **신뢰관계에 있는 사람을** 동석하게 (　　).

② **수사기관은 신고자등을 조사할 때에는** 직권으로 또는 본인·법정대리인의 신청에 의하여 **신뢰관계에 있는 사람을** 동석하게 (　　).

③ 법원 또는 수사기관은 (　　), 사물을 변별하거나 **의사를 결정할 능력이 없거나 미약한 사람** 또는 대통령령으로 정하는 중대한 (　　)**가 있는 사람에** 대하여 제1항 및 제2항에 따른 신청을 받은 경우에는 재판이나 수사에 지장을 줄 우려가 있는 등 **특별한 사유가 없으면 신뢰관계에 있는 사람을** 동석하게 (　　).

제9조(심리의 비공개) ① **법원은** 신고자등의 사생활이나 신변을 보호하기 위하여 필요하면 결정으로 **심리를 공개하지 아니할 수 있다.**

② 증인으로 소환받은 신고자등과 그 가족은 사생활이나 신변을 보호하기 위하여 **증인신문의 비공개를 신청할 수 있다.**

③ 재판장은 제2항에 따른 신청을 받으면 그 허가 여부, 법정 외의 장소에서의 신문 등 신문의 방식 및 장소에 관하여 결정할 수 있다.

제10조(불법원인으로 인한 채권무효) ① 다음 각 호의 어느 하나에 해당하는 사람이 그 행위와 관련하여 **성을 파는 행위를** 하였거나 **할 사람에게 가지는** (　　)**은** 그 **계약의 형식이나 명목에 관계없이** (　　)**로 한다.** 그 채권을 **양도하거나** 그 채무를 인수한 경우에도 **또한 같다.**

왼쪽 여백 주석:
수사기관
하여야 한다

법원

할 수 있다

할 수 있다
청소년
장애

하여야 한다

채권
무효

1. 성매매알선 등 행위를 한 사람
2. 성을 파는 행위를 할 사람을 고용·모집하거나 그 직업을 소개·알선한 사람
3. 성매매 목적의 인신매매를 한 사람

제21조(벌칙) ① 성매매를 한 사람은 (　　) 이하의 징역이나 (　　) 이하의 벌금·구류 또는 과료에 처한다.　　　　　　　　　　　　　　　　　1년 / 300만원

② 제7조제3항을 위반한 사람은 500만원 이하의 벌금에 처한다.

제22조((　　　　)의 가중처벌) 제18조 또는 제19조에 규정된 범죄를 목적으로 **단체** 또는 **집단을 구성**하거나 그러한 단체 또는 집단에 **가입한 사람**은 「폭력행위 등 처벌에 관한 법률」 제4조의 예에 따라 처벌한다.　　　　　　　　　　범죄단체

제25조(몰수 및 추징) 제18조부터 제20조까지에 규정된 죄를 범한 사람이 그 **범죄로** 인하여 얻은 금품이나 그 밖의 **재산**은 몰수하고, 몰수할 수 없는 경우에는 그 가액을 (　　)한다.　　　　　　　　　　　　　　　　　　　　　　추징

제26조(형의 감면) 이 법에 규정된 **죄를 범한 사람**이 수사기관에 (　　)하거나 (　　)한 경우에는 형을 **감경**하거나 **면제**할 수 있다.　　　　　　　　신고 / 자수

(약칭: 성폭력처벌법)   [법률 제17086호]

제1조(목적) 이 법은 성폭력범죄의 처벌 및 그 절차에 관한 특례를 규정함으로써 **성폭력범죄 피해자의 생명과 신체의 안전을 보장**하고 **건강한 사회질서의 확립**에 이바지함을 목적으로 한다.

제5조(친족관계에 의한 강간 등) ① **친족관계**인 사람이 폭행 또는 협박으로 사람을 **강간**한 경우에는 (   ) 이상의 **유기징역**에 처한다.

② 친족관계인 사람이 폭행 또는 협박으로 사람을 **강제추행**한 경우에는 (   ) 이상의 유기징역에 처한다.

③ 친족관계인 사람이 사람에 대하여 「형법」 제299조(준강간, 준강제추행)의 죄를 범한 경우에는 제1항 또는 제2항의 예에 따라 처벌한다.

④ 제1항부터 제3항까지의 **친족의 범위**는 (   ) **이내의 혈족·인척과 동거하는 친족**으로 한다.

⑤ 제1항부터 제3항까지의 친족은 **사실상의 관계에 의한 친족을** (   )**한다.**

제6조(장애인에 대한 강간·강제추행 등) ① 신체적인 또는 정신적인 **장애가 있는 사람**에 대하여 「형법」 제297조(강간)의 죄를 범한 사람은 **무기징역** 또는 **7년 이상의 징역**에 처한다.

② 신체적인 또는 정신적인 **장애가 있는 사람**에 대하여 폭행이나 협박으로 다음 각 호의 어느 하나에 해당하는 행위를 한 사람은 **5년 이상의 유기징역**에 처한다.

> 1. 구강·항문 등 신체(성기는 제외한다)의 내부에 성기를 넣는 행위
> 2. 성기·항문에 손가락 등 신체(성기는 제외한다)의 일부나 도구를 넣는 행위

7년

5년

4촌

포함

③ 신체적인 또는 정신적인 **장애가 있는 사람**에 대하여 「형법」 제298조(**강제추행**)의 죄를 범한 사람은 (   ) 이상의 **유기징역** 또는 **2천만원** 이상 **5천만원** 이하의 **벌금**에 처한다.　　　　　　　　　　　　　　　　　　　　　　　　　3년

④ 신체적인 또는 정신적인 장애로 **항거불능** 또는 **항거곤란 상태**에 있음을 이용하여 사람을 **간음**하거나 **추행**한 사람은 제1항부터 제3항까지의 예에 따라 처벌한다.

⑤ **위계**(僞計) 또는 **위력**(威力)으로써 신체적인 또는 정신적인 **장애가 있는 사람**을 (   )한 사람은 **5년 이상의 유기징역**에 처한다.　　　　　　　　　간음

⑥ **위계** 또는 **위력**으로써 신체적인 또는 **정신적인 장애가 있는 사람**을 (   )한 사람은 **1년 이상의 유기징역** 또는 **1천만원** 이상 **3천만원** 이하의 **벌금**에 처한다.　　추행

⑦ **장애인의 보호, 교육** 등을 목적으로 하는 시설의 장 또는 **종사자**가 보호, 감독의 대상인 장애인에 대하여 제1항부터 제6항까지의 **죄를 범한 경우**에는 그 죄에 정한 형의 **2분의 1**까지 **가중한다.**

제7조(13세 미만의 미성년자에 대한 강간, 강제추행 등) ① (   )세 미만의 사람에 대하여 「형법」 제297조(**강간**)의 죄를 범한 사람은 **무기징역** 또는 **10년 이상의 징역**에 처한다.　　　　　　　　　　　　　　　　　　　　　　　　　13

② **13세 미만의 사람**에 대하여 **폭행**이나 **협박**으로 다음 각 호의 어느 하나에 해당하는 행위를 한 사람은 **7년 이상의 유기징역**에 처한다.

> 1. 구강·항문 등 신체(**성기는 제외한다**)의 내부에 성기를 넣는 행위
> 2. 성기·항문에 손가락 등 신체(성기는 제외한다)의 일부나 도구를 넣는 행위

③ **13세 미만의 사람**에 대하여 「형법」 제298조(**강제추행**)의 죄를 범한 사람은 **5년 이상의 유기징역** 또는 **3천만원** 이상 **5천만원** 이하의 **벌금**에 처한다.

④ 13세 미만의 사람에 대하여 「형법」 제299조(**준강간, 준강제추행**)의 죄를 범한 사람은 제1항부터 제3항까지의 예에 따라 처벌한다.

⑤ 위계 또는 위력으로써 **13세 미만의 사람**을 **간음**하거나 **추행**한 사람은 제1항부터 제3항까지의 예에 따라 처벌한다.

상해

상해

제8조(강간 등 상해·치상) ① 제3조제1항(특수강도강간), 제4조(특수강간), 제6조(장애인에 대한 강간·강제추행 등), 제7조(13세 미만의 미성년자에 대한 강간, 강제추행 등) 또는 제15조(제3조제1항, 제4조, 제6조 또는 제7조의 **미수범**으로 한정한다)의 **죄를 범한 사람**이 다른 사람을 (   )하거나 **상해에 이르게 한 때**에는 무기징역 또는 10년 이상의 징역에 처한다.

② 제5조(친족관계에 의한 강간 등) 또는 제15조(제5조의 **미수범**으로 한정한다)의 **죄를 범한 사람**이 다른 사람을 **상해**하거나 (   )**에 이르게 한 때**에는 무기징역 또는 7년 이상의 징역에 처한다.

제9조(강간 등 살인·치사) ① 제3조부터 제7조까지, 제15조(제3조부터 제7조까지의 미수범으로 한정한다)의 죄 또는 「형법」 제297조(**강간**), 제297조의2(**유사강간**) 및 제298조(**강제추행**)부터 제300조(**미수범**)까지의 죄를 범한 사람이 다른 사람을 **살해한 때**에는 사형 또는 무기징역에 처한다.

추행

제10조(업무상 위력 등에 의한 추행) ① 업무, 고용이나 그 밖의 관계로 인하여 자기의 보호, 감독을 받는 사람에 대하여 **위계 또는 위력으로** (   )**한 사람**은 3년 이하의 징역 또는 1천500만원 이하의 벌금에 처한다.

② 법률에 따라 **구금된 사람을 감호하는 사람**이 그 사람을 **추행한 때**에는 5년 이하의 징역 또는 2천만원 이하의 벌금에 처한다.

공중

1년

제11조(공중 밀집 장소에서의 추행) 대중교통수단, 공연·집회 장소, 그 밖에 (   )이 밀집하는 장소에서 사람을 추행한 사람은 (   ) 이하의 징역 또는 300만원 이하의 벌금에 처한다.

침입

1년

제12조(성적 목적을 위한 다중이용장소 침입행위) 자기의 성적 욕망을 만족시킬 목적으로 화장실, 목욕장·목욕실 또는 발한실, 모유수유시설, 탈의실 등 불특정 **다수**가 이용하는 다중이용장소에 (   )하거나 같은 장소에서 **퇴거의 요구를 받고** 응하지 아니하는 사람은 (   ) 이하의 징역 또는 300만원 이하의 벌금에 처한다.

수치심

2년

제13조(통신매체를 이용한 음란행위) 자기 또는 다른 사람의 성적 욕망을 유발하거나 만족시킬 목적으로 전화, 우편, 컴퓨터, 그 밖의 통신매체를 통하여 성적 (   )이나 혐오감을 일으키는 말, 음향, 글, 그림, 영상 또는 물건을 상대방에게 도달하게 한 사람은 (   ) 이하의 징역 또는 500만원 이하의 벌금에 처한다.

제14조(카메라 등을 이용한 촬영) ① 카메라나 그 밖에 이와 유사한 기능을 갖춘 기계장치를 이용하여 성적 욕망 또는 수치심을 유발할 수 있는 사람의 신체를 촬영대상자의 **의사에 반하여 촬영한 자**는 5년 이하의 징역 또는 3천만원 이하의 벌금에 처한다.

② 제1항에 따른 **촬영물 또는 복제물**(복제물의 복제물을 포함한다)을 **반포·판매·임대·제공 또는 공공연하게 전시·상영한 자** 또는 제1항의 촬영이 촬영 당시에는 촬영대상자의 의사에 반하지 아니한 경우에도 사후에 그 촬영물 또는 복제물을 촬영대상자의 의사에 반하여 반포등을 한 자는 **5년 이하의 징역** 또는 **3천만원 이하의 벌금**에 처한다.

③ 영리를 목적으로 촬영대상자의 **의사에 반하여 정보통신망**을 이용하여 제2항의 **죄를 범한 자**는 **7년 이하의 징역**에 처한다.

제14조의2(허위영상물 등의 반포등) ① 반포등을 할 목적으로 사람의 얼굴·신체 또는 음성을 대상으로 한 **촬영물·영상물** 또는 음성물을 영상물등의 **대상자의 의사에 반하여** 성적 욕망 또는 수치심을 유발할 수 있는 형태로 **편집·합성 또는 가공**(편집등)한 자는 **5년 이하의 징역** 또는 **5천만원 이하의 벌금**에 처한다.

제18조(고소 제한에 대한 예외) 성폭력범죄에 대하여는 「형사소송법」 제224조(고소의 제한) 및 「군사법원법」 제266조에도 불구하고 자기 또는 (배우자)의 직계존속을 고소(할 수 있다).

제20조(「형법」상 감경규정에 관한 특례) (음주) 또는 (약물)로 인한 심신장애 상태에서 **성폭력범죄**(제2조제1항제1호의 죄는 제외한다)를 **범한 때**에는 「형법」 제10조제1항·제2항(심신장애인 감면 규정) 및 제11조(농아자 감경규정)를 적용하지 아니할 수 있다.

제21조(공소시효에 관한 특례) ① 미성년자에 대한 성폭력범죄의 공소시효는 「형사소송법」 제252조제1항 및 「군사법원법」 제294조제1항에도 불구하고 해당 **성폭력범죄**로 피해를 당한 미성년자가 (성년에 달한 날)부터 진행한다.

② 제2조제3호 및 제4호의 죄와 제3조부터 제9조까지의 죄는 (디엔에이(DNA)증거) 등 그 죄를 증명할 수 있는 과학적인 증거가 있는 때에는 공소시효가 (10년) 연장된다.

13

③ (　　)세 미만의 사람 및 신체적인 또는 정신적인 장애가 있는 사람에 대하여 다음 각 호의 죄를 범한 경우에는 제1항과 제2항에도 불구하고 「형사소송법」 제249조부터 제253조까지 및 「군사법원법」 제291조부터 제295조까지에 규정된 **공소시효를 적용하지 아니한다.**

> 1. 「형법」 제297조(**강간**), 제298조(**강제추행**), 제299조(**준강간, 준강제추행**), 제301조(**강간등 상해 · 치상**) 또는 제301조의2(**강간등 살인 · 치사**)의 죄
> 2. 제6조제2항(**장애인에 대한 강간 · 강제추행 등**), 제7조제2항 및 제5항(**13세 미만의 미성년자에 대한 강간, 강제추행 등**), 제8조(**강간 등 상해 · 치상**), 제9조의 죄(**강간 등 살인 · 치사**)
> 3. 「아동 · 청소년의 성보호에 관한 법률」 제9조(**강간 등 상해 · 치상**) 또는 제10조의 죄(**강간 등 살인 · 치사**)

사법경찰관

제25조(피의자의 얼굴 등 공개) ① 검사와 (　　　　　)은 성폭력범죄의 피의자가 죄를 범하였다고 믿을 만한 충분한 증거가 있고, **국민의 알권리 보장, 피의자의 재범방지 및 범죄예방** 등 오로지 **공공의 이익**을 위하여 필요할 때에는 **얼굴, 성명 및 나이** 등 피의자의 **신상에 관한 정보를** (　　　)**할 수 있다.**

공개

청소년

다만, 피의자가 「청소년 보호법」 제2조제1호의 (　　　　)**에 해당하는 경우**에는 **공개하지 아니한다.**

② 제1항에 따라 공개를 할 때에는 피의자의 인권을 고려하여 신중하게 결정하고 이를 남용하여서는 아니 된다.

19

장애

제30조(영상물의 촬영 · 보존 등) ① 성폭력범죄의 **피해자가** (　　)**세 미만**이거나 신체적인 또는 정신적인 (　　)로 사물을 변별하거나 **의사를 결정할 능력이 미약한 경우**에는 피해자의 진술 내용과 조사 과정을 비디오녹화기 등 **영상물 녹화장치로 촬영 · 보존**(　　　　　　).

하여야 한다

② 영상물 녹화는 피해자 또는 **법정대리인이 이를 원하지 아니하는 의사를 표시한 경우에는 촬영을 하여서는 아니 된다.** 다만, 가해자가 친권자 중 일방인 경우는 그러하지 아니하다.

개시 / 종료

③ **영상물 녹화는 조사의** (　　)**부터** (　　)**까지의 전 과정 및 객관적 정황을 녹화**하여야 하고, 녹화가 완료된 때에는 지체 없이 그 원본을 피해자 또는 **변호사 앞에서 봉인하고 피해자로 하여금 기명날인 또는 서명하게 하여야 한다.**

④ 검사 또는 사법경찰관은 피해자가 제1항의 **녹화장소에 도착한 시각, 녹화를 시작하고 마친 시각**, 그 밖에 녹화과정의 진행경과를 확인하기 위하여 필요한 사항을 조서 또는 별도의 **서면에 기록한 후 수사기록에 편철**(　　　　). ⟶ 하여야 한다

⑤ 검사 또는 사법경찰관은 **피해자 또는 법정대리인이 신청하는 경우**에는 영상물 촬영과정에서 작성한 조서의 사본을 신청인에게 발급하거나 **영상물을 재생하여 시청하게** (　　　　). ⟶ 하여야 한다

⑥ 제1항에 따라 촬영한 **영상물에 수록된 피해자의 진술**은 공판준비기일 또는 공판기일에 피해자나 조사 과정에 동석하였던 **신뢰관계에 있는 사람** 또는 진술조력인의 진술에 의하여 그 성립의 **진정함이 인정된 경우**에 (　　)로 할 수 있다. ⟶ 증거

⑦ 누구든지 제1항에 따라 촬영한 영상물을 수사 및 재판의 용도 (　　) 다른 목적으로 사용하여서는 아니 된다. ⟶ 외에

제31조(심리의 비공개) ① 성폭력범죄에 대한 심리는 그 피해자의 사생활을 보호하기 위하여 결정으로써 (　　)하지 아니할 수 있다. ⟶ 공개

② 증인으로 소환받은 성폭력범죄의 **피해자와 그 가족**은 사생활보호 등의 사유로 증인신문의 (　　　)를 신청할 수 있다. ⟶ 비공개

제42조(신상정보 등록대상자) ① "등록대상 성범죄"로 유죄판결이나 약식명령이 확정된 자 또는 공개명령이 확정된 자는 신상정보 (　　　　)가 된다. ⟶ 등록대상자

다만, 제12조(성적 목적을 위한 다중이용장소 침입행위)·제13조(통신매체를 이용한 음란행위)의 범죄 및 「아동·청소년의 성보호에 관한 법률」 제11조제3항(아동·청소년이용음란물의 제작·배포하거나, 공연히 전시 또는 상영) 및 제5항(아동·청소년이용음란물 소지)의 범죄로 (　　　)을 선고받은 자는 (　　)한다. ⟶ 벌금형 / 제외

④ 법원은 제1항의 **판결이나 약식명령이 확정된 날부터** (　　) 이내에 판결문 또는 약식명령 등본을 (　　　)장관에게 송달하여야 한다. ⟶ 14일 / 법무부

제43조(신상정보의 제출 의무) ① 등록대상자는 제42조제1항의 **판결이 확정된 날부터** (　　) 이내에 다음 각 호의 신상정보(**기본신상정보**)를 자신의 **주소지를 관할하는** (　　　　)에게 **제출하여야 한다.** ⟶ 30일 / 경찰관서의 장

다만, 등록대상자가 **교정시설 또는 치료감호시설에 수용된 경우**에는 그 교정시설의 장 또는 치료감호시설의 장(**교정시설등의 장**)에게 기본신상정보를 **제출함으로써** 이를 갈음할 수 있다.

> 1. 성명　　2. 주민등록번호　　3. 주소 및 실제거주지
> 4. 직업 및 직장 등의 소재지　　5. 연락처(전화번호, 전자우편주소를 말한다)
> 6. 신체정보(키와 몸무게)　　7. 소유차량의 등록번호

변경

20일

③ 등록대상자는 제1항에 따라 제출한 **기본신상정보가 (　　)된 경우**에는 그 사유와 **변경내용(변경정보)**을 변경사유가 발생한 날부터 (　　) **이내**에 제1항에 따라 **제출하여야 한다.**

6개월

제43조의2(출입국 시 신고의무 등) ① 등록대상자가 (　　) 이상 국외에 체류하기 위하여 출국하는 경우에는 미리 관할경찰관서의 장에게 체류국가 및 체류기간 등을 신고하여야 한다.

② 제1항에 따라 신고한 **등록대상자가 입국하였을 때**에는 특별한 사정이 없으면 (　　) **이내에 관할경찰관서의 장에게 입국 사실을 신고하여야 한다.** 제1항에 따른 신고를 하지 아니하고 출국하여 6개월 이상 국외에 체류한 등록대상자가 입국하였을 때에도 또한 같다.

14일

③ 관할경찰관서의 장은 제1항 및 제2항에 따른 **신고를 받았을 때**에는 지체 없이 **법무부장관에게 해당 정보를 송달하여야 한다.**

제44조(등록대상자의 신상정보 등록 등) ① 법무부장관은 송달받은 정보와 다음 각 호의 등록대상자 **정보를 등록하여야 한다.**

> 1. 등록대상 **성범죄 경력정보**
> 2. 성범죄 **전과사실(　　　　　)**
> 3. 「특정 범죄자에 대한 보호관찰 및 전자장치 부착 등에 관한 법률」에 따른 **전자장치 부착 여부**

죄명, 횟수

② 법무부장관은 등록대상자가 제1항에 따라 **등록한 정보를 정보통신망을 이용**하여 (　　)**할 수 있도록 하여야 한다.** 다만, 등록대상자가 신청하는 경우에는 등록한 정보를 등록대상자에게 통지하여야 한다.

열람

법무부

제45조(등록정보의 관리) ① (　　　　　)장관은 기본신상정보를 **최초로 등록한 날**(최초등록일)부터 다음 각 호의 구분에 따른 기간(등록기간) 동안 **등록정보를 보존·관리(　　　　　).**

하여야 한다

다만, **법원**이 제4항에 따라 등록기간을 정한 경우에는 그 기간 동안 등록정보를 **보존·관리하여야 한다.**

1. 신상정보 등록의 원인이 된 성범죄로 **사형, 무기징역·무기금고형 또는 10년 초과의 징역·금고형**을 선고받은 사람	( )	30년
2. 신상정보 등록의 원인이 된 성범죄로 **3년 초과 10년 이하의 징역·금고형**을 선고받은 사람	( )	20년
3. 신상정보 등록의 원인이 된 성범죄로 **3년 이하의 징역·금고형**을 선고받은 사람 또는 「아동·청소년의 성보호에 관한 법률」 제49조제1항제4호에 따라 **공개명령이 확정된 사람**	( )	15년
4. 신상정보 등록의 원인이 된 성범죄로 **벌금형을 선고받은 사람**	( )	10년

아동 · 청소년의 성보호에 관한 법률

(약칭: 청소년성보호법)   [법률 제16622호]

제1조(목적) 이 법은 아동 · 청소년대상 성범죄의 처벌과 절차에 관한 특례를 규정하고 피해아동 · 청소년을 위한 구제 및 지원 절차를 마련하며 아동 · 청소년대상 성범죄자를 체계적으로 관리함으로써 **아동 · 청소년을 성범죄로부터 보호하고 아동 · 청소년이 건강한 사회구성원으로 성장**할 수 있도록 함을 목적으로 한다.

제2조(정의) 이 법에서 사용하는 용어의 뜻은 다음과 같다.

1. **"아동 · 청소년"**이란 (   ) 미만의 자를 말한다.
   다만, 19세에 도달하는 연도의 1월 1일을 맞이한 자는 **제외한다**.

4. **"아동 · 청소년의 성을 사는 행위"**란 아동 · 청소년, 아동 · 청소년의 성을 사는 행위를 알선한 자 또는 아동 · 청소년을 실질적으로 보호 · 감독하는 자 등에게 금품이나 그 밖의 재산상 이익, 직무 · 편의제공 등 대가를 제공하거나 약속하고 다음 각 목의 어느 하나에 해당하는 행위를 아동 · 청소년을 대상으로 하거나 아동 · 청소년으로 하여금 하게 하는 것을 말한다.

   > 가. **성교 행위**
   > 나. 구강 · 항문 등 신체의 일부나 도구를 이용한 **유사 성교 행위**
   > 다. 신체의 전부 또는 일부를 접촉 · 노출하는 행위로서 일반인의 **성적 수치심이나 혐오감을 일으키는 행위**
   > 라. (   )

5. **"아동 · 청소년이용(   )"**이란 아동 · 청소년 또는 아동 · 청소년으로 명백하게 인식될 수 있는 사람이나 표현물이 등장하여 제4호의 어느 하나에 해당하는 행위를 하거나 그 밖의 성적 행위를 하는 내용을 표현하는 것으로서 필름 · 비디오물 · 게임물 또는 컴퓨터나 그 밖의 통신매체를 통한 화상 · 영상 등의 형태로 된

19세

자위 행위

음란물

- 140 -

것을 말한다.

6. "(   )"이란 제2호나목부터 라목까지, 제7조부터 제14조(제13조제1항
의 죄는 제외한다)까지의 죄의 **피해자가 된 아동 · 청소년을 말한다.**

7. "(   )"이란 제13조제1항(아동 · 청소년의 성을 사는 행위 등)의 죄의
상대방이 된 아동 · 청소년을 말한다.

제11조(아동 · 청소년이용음란물의 제작 · 배포 등) ① 아동 · 청소년이용음란물을 제
작 · 수입 또는 **수출**한 자는 무기징역 또는 (   )년 이상의 유기징역에 처한다.

② (   )를 목적으로 아동 · 청소년이용음란물을 **판매 · 대여 · 배포 · 제공**하거나
이를 목적으로 소지 · 운반하거나 공연히 **전시** 또는 **상영**한 자는 (   )년 이하의
징역에 처한다.

③ 아동 · 청소년이용음란물을 (   ) · 제공하거나 공연히 **전시** 또는 **상영**한 자는 7
년 이하의 징역 또는 5천만원 이하의 벌금에 처한다.

④ 아동 · 청소년이용음란물을 (   )할 것이라는 정황을 알면서 아동 · 청소년을 아
동 · 청소년이용음란물의 **제작자**에게 (   )한 자는 3년 이상의 징역에 처한다.

⑤ 아동 · 청소년이용음란물임을 알면서 이를 (   )한 자는 1년 이하의 징역 또는
2천만원 이하의 벌금에 처한다.

⑥ 제1항의 **미수범은 처벌한다**

제12조(아동 · 청소년 매매행위) ① 아동 · 청소년의 성을 사는 행위 또는 **아동 · 청소
년이용음란물**을 제작하는 행위의 대상이 될 것을 알면서 **아동 · 청소년을 매매** 또는
국외에 이송하거나 국외에 거주하는 아동 · 청소년을 **국내에 이송**한 자는 **무기징역**
또는 **5년 이상의 징역**에 처한다.

② 제1항의 미수범은 처벌한다.

제13조(아동 · 청소년의 성을 사는 행위 등) ① 아동 · 청소년의 성을 사는 행위를 한
자는 **1년 이상 10년 이하의 징역** 또는 **2천만원 이상 5천만원 이하의 벌금**에 처한다.

② 아동 · 청소년의 성을 사기 위하여 아동 · 청소년을 **유인**하거나 성을 팔도록 **권
유**한 자는 1년 이하의 징역 또는 1천만원 이하의 벌금에 처한다.

피해아동 · 청소년

대상아동 · 청소년

5

영리

10

배포

제작
알선

소지

제14조(아동·청소년에 대한 강요행위 등) ① 다음 각 호의 어느 하나에 해당하는 자는 (   ) 이상의 유기징역에 처한다.

> 1. **폭행**이나 **협박**으로 아동·청소년으로 하여금 아동·청소년의 성을 사는 행위의 상대방이 되게 한 자
> 2. **선불금, 그 밖의 채무를 이용**하는 등의 방법으로 **아동·청소년을 곤경에 빠뜨리거나 위계 또는 위력**으로 아동·청소년으로 하여금 아동·청소년의 성을 사는 행위의 상대방이 되게 한 자
> 3. **업무·고용이나 그 밖의 관계로 자신의 보호 또는 감독을 받는 것**을 이용하여 아동·청소년으로 하여금 아동·청소년의 성을 사는 행위의 상대방이 되게 한 자
> 4. **영업으로** 아동·청소년을 아동·청소년의 성을 사는 행위의 상대방이 되도록 **유인·권유**한 자

② 제1항제1호부터 제3호까지의 죄를 범한 자가 그 대가의 전부 또는 일부를 받거나 이를 요구 또는 약속한 때에는 7년 이상의 유기징역에 처한다.
③ 아동·청소년의 성을 사는 행위의 상대방이 되도록 유인·권유한 자는 7년 이하의 징역 또는 5천만원 이하의 벌금에 처한다.
④ 제1항과 제2항의 미수범은 처벌한다.

제15조(알선영업행위 등) ① 다음 각 호의 어느 하나에 해당하는 자는 7년 (   )의 유기징역에 처한다.

> 1. 아동·청소년의 성을 사는 행위의 **장소를 제공하는 행위를 업으로 하는 자**
> 2. 아동·청소년의 성을 사는 행위를 알선하거나 **정보통신망에서 알선정보를 제공하는 행위를 업으로 하는 자**
> 3. 제1호 또는 제2호의 범죄에 사용되는 사실을 알면서 **자금·토지 또는 건물을 제공한 자**
> 4. 영업으로 아동·청소년의 성을 사는 행위의 **장소를 제공·알선하는 업소에** 아동·청소년을 고용하도록 한 자

② 다음 각 호의 어느 하나에 해당하는 자는 7년 (   )의 징역 또는 5천만원 이하의 벌금에 처한다.

5년

이상

이하

> 1. 영업으로 아동·청소년의 성을 사는 행위를 하도록 유인·권유 또는 강요한 자
> 2. 아동·청소년의 성을 사는 행위의 장소를 제공한 자
> 3. 아동·청소년의 성을 사는 행위를 알선하거나 정보통신망에서 알선정보를 제공한 자
> 4. 영업으로 제2호 또는 제3호의 행위를 약속한 자

③ 아동·청소년의 성을 사는 행위를 하도록 **유인·권유** 또는 **강요**한 자는 **5년 이하의 징역** 또는 **3천만원 이하의 벌금**에 처한다.

제16조(피해자 등에 대한 강요행위) 폭행이나 협박으로 아동·청소년대상 성범죄의 **피해자** 또는 「아동복지법」 제3조제3호에 따른 **보호자**를 상대로 (   )를 **강요한 자**는 **7년 이하의 유기징역**에 처한다.

합의

제18조(신고의무자의 성범죄에 대한 가중처벌) 제34조제2항 각 호의 기관·시설 또는 단체의 장과 그 종사자가 자기의 보호·감독 또는 진료를 받는 아동·청소년을 대상으로 **성범죄를 범한 경우**에는 그 죄에 정한 형의 (   )까지 **가중처벌**한다.

2분의 1

제19조(「형법」상 감경규정에 관한 특례) (   ) 또는 약물로 인한 심신장애 상태에서 아동·청소년대상 **성폭력범죄를 범한 때**에는 「형법」 제10조제1항·제2항(심신장애인 감면규정) 및 제11조(농아자 감경규정)를 적용하지 아니(   ).

음주

할 수 있다

제20조(공소시효에 관한 특례) ① 아동·청소년대상 성범죄의 공소시효는 「형사소송법」 제252조제1항에도 불구하고 해당 성범죄로 피해를 당한 **아동·청소년이** (   )부터 진행한다.

성년에 달한 날

② 제7조의 죄는 **디엔에이(DNA)증거** 등 그 죄를 증명할 수 있는 과학적인 증거가 있는 때에는 공소시효가 (   ) **연장**된다.

10년

③ (   )**세 미만의 사람** 및 신체적인 또는 정신적인 **장애가 있는 사람**에 대하여 다음 각 호의 죄를 범한 경우에는 제1항과 제2항에도 불구하고 「형사소송법」 제249조부터 제253조까지 및 「군사법원법」 제291조부터 제295조까지에 규정된 **공소시효를 적용하지** (   ).

13

아니한다

1. 「형법」 제297조(강간), 제298조(강제추행), 제299조(준강간, 준강제추행), 제301조(강간등 상해·치상) 또는 제301조의2(강간등 살인·치사)의 죄

2. 제9조 및 제10조의 죄

3. 「성폭력범죄의 처벌 등에 관한 특례법」 제6조제2항, 제7조제2항·제5항, 제8조, 제9조의 죄

④ 다음 각 호의 죄를 범한 경우에는 제1항과 제2항에도 불구하고 「형사소송법」 제249조부터 제253조까지 및 「군사법원법」 제291조부터 제295조까지에 규정된 **공소시효를 적용하지 (아니한다).**

1. 「형법」 제301조의2(강간등 살인·치사)의 죄(강간등 살인에 한정한다)

2. 제10조제1항의 죄

3. 「성폭력범죄의 처벌 등에 관한 특례법」 제9조제1항의 죄

제21조(형벌과 수강명령 등의 병과) ① 법원은 **아동·청소년대상 성범죄**를 범한 「소년법」 제2조의 소년에 대하여 형의 **선고를 유예하는 경우에는 반드시 (보호관찰)을 명하여야 한다.**

② **법원은 아동·청소년대상 성범죄를 범한 자에 대하여 유죄판결을 선고하거나 약식명령을 고지하는 경우에는 (500시간)의 범위에서 재범예방에 필요한 수강명령 또는 성폭력 치료프로그램의 이수명령을 병과하여야 한다.**

다만, 수강명령 또는 이수명령을 부과할 수 없는 특별한 사정이 있는 경우에는 그러하지 아니하다.

제23조(친권상실청구 등) ① 아동·청소년대상 성범죄 사건을 수사하는 **검사는** 그 사건의 **가해자가** 피해아동·청소년의 **친권자나 (후견인)인 경우에 법원에 「민법」** 제924조의 **친권상실선고** 또는 같은 법 제940조의 **후견인 변경 결정을 청구하여야 한다.**

다만, 친권상실선고 또는 후견인 변경 결정을 하여서는 아니 될 특별한 사정이 있는 경우에는 그러하지 아니하다.

② 다음 각 호의 기관·시설 또는 단체의 장은 검사에게 제1항의 청구를 하도록 요청할 수 있다. 이 경우 청구를 요청받은 검사는 요청받은 날부터 (30일) 내에 해당 기관·시설 또는 단체의 장에게 그 처리 **결과를 통보하여야 한다.**

1. 아동권리보장원 또는 아동보호전문기관
2. 성폭력피해상담소 및 성폭력피해자보호시설
3. 청소년상담복지센터 및 청소년쉼터

③ 제2항 각 호 외의 부분 후단에 따라 처리 **결과를 통보받은 기관·시설 또는 단체의 장**은 그 처리 결과에 대하여 **이의가 있을 경우** 통보받은 날부터 (   ) 내에 직접 **법원**에 제1항의 **청구를 할 수 있다.**

30일

제26조(영상물의 촬영·보존 등) ① 아동·청소년대상 성범죄 피해자의 **진술내용과 조사과정**은 비디오녹화기 등 영상물 녹화장치로 **촬영·보존(   ).**

하여야 한다

② 영상물 녹화는 피해자 또는 법정대리인이 이를 **원하지 아니하는 의사를 표시한 때**에는 **촬영을 하여서는 아니 된다.** 다만, 가해자가 친권자 중 일방인 경우는 그러하지 아니하다.

③ 영상물 녹화는 **조사의 개시부터 종료까지의 전 과정 및 객관적 정황을 녹화**하여야 하고, 녹화가 **완료된 때**에는 지체 없이 그 원본을 피해자 또는 변호사 앞에서 봉인하고 **피해자로 하여금 기명날인** 또는 서명하게 하여야 한다.

제28조(신뢰관계에 있는 사람의 동석) ① 법원은 아동·청소년대상 **성범죄의 피해자**를 증인으로 **신문하는 경우**에 검사, 피해자 또는 법정대리인이 신청하는 경우에는 재판에 지장을 줄 우려가 있는 등 부득이한 경우가 아니면 **피해자와 (   )**에 있는 사람을 동석하게 (   ).

신뢰관계
하여야 한다

제34조(아동·청소년대상 성범죄의 신고) ① 누구든지 아동·청소년대상 성범죄의 발생 사실을 알게 된 때에는 **수사기관에 신고(   ).**

할 수 있다

② 다음 각 호의 어느 하나에 해당하는 **기관·시설 또는 단체의 장과 그 종사자**는 직무상 아동·청소년대상 성범죄의 발생 사실을 **알게 된 때**에는 즉시 **수사기관에 신고(   ).**

하여야 한다

1. 「유아교육법」 제2조제2호의 **유치원**
2. 「초·중등교육법」 제2조의 학교 및 「고등교육법」 제2조의 **학교**
3. 「의료법」 제3조의 **의료기관**
4. 「아동복지법」 제3조제10호의 **아동복지시설**
5. 「장애인복지법」 제58조의 **장애인복지시설**
6. 「영유아보육법」 제2조제3호의 **어린이집**
7. 「학원의 설립·운영 및 과외교습에 관한 법률」 제2조제1호의 **학원** 및 같은 조 제2호의 **교습소**

8. 「성매매방지 및 피해자보호 등에 관한 법률」 제5조의 **성매매피해자등을 위한 지원시설** 및 같은 법 제10조의 **성매매피해상담소**
9. 「한부모가족지원법」 제19조에 따른 **한부모가족복지시설**
10. 「가정폭력방지 및 피해자보호 등에 관한 법률」 제5조의 **가정폭력 관련 상담소** 및 같은 법 제7조의 **가정폭력피해자 보호시설**
11. 「성폭력방지 및 피해자보호 등에 관한 법률」 제10조의 **성폭력피해상담소** 및 같은 법 제12조의 **성폭력피해자보호시설**
12. 「청소년활동 진흥법」 제2조제2호의 **청소년활동시설**
13. 「청소년복지 지원법」 제29조제1항에 따른 **청소년상담복지센터** 및 같은 법 제31조제1호에 따른 **청소년쉼터**
14. 「청소년 보호법」 제35조의 **청소년 보호 · 재활센터**
15. 「국민체육진흥법」 제2조제9호가목 및 나목의 **체육단체**

제38조(대상아동 · 청소년에 대한 수사 등) ① 「성매매알선 등 행위의 처벌에 관한 법률」 제21조제1항에도 불구하고 (　　　　　　)에 대하여는 보호 및 재활을 위하여 처벌하지 아니한다.

대상아동 · 청소년

② 사법경찰관은 대상아동 · 청소년을 발견한 경우 신속하게 사건을 수사한 후 「소년법」에 따라 가정법원소년부 또는 지방법원소년부의 **보호사건으로 처리하는 것이** 상당한지에 관한 **의견을 첨부**하여 지체 없이 **검사에게 송치하여야 한다.**

06 청소년 보호법

[법률 제17091호]

제1조(목적) 이 법은 청소년에게 유해한 매체물과 약물 등이 청소년에게 **유통**되는 것과 청소년이 **유해한 업소**에 출입하는 것 등을 **규제**하고 청소년을 유해한 환경으로부터 보호 · 구제함으로써 청소년이 건전한 인격체로 성장할 수 있도록 함을 목적으로 한다.

제2조(정의) 이 법에서 사용하는 용어의 뜻은 다음과 같다.
1. "**청소년**"이란 만 (19세   ) **미만**인 사람을 말한다.
   다만, 만 19세가 되는 해의 1월 1일을 맞이한 사람은 **제외한다**.
2. "**매체물**"이란 다음 각 목의 어느 하나에 해당하는 것을 말한다.
   가. 「영화 및 비디오물의 진흥에 관한 법률」에 따른 **영화 및 비디오물**
   나. 「게임산업진흥에 관한 법률」에 따른 **게임물**
   다. 「음악산업진흥에 관한 법률」에 따른 **음반, 음악파일, 음악영상물 및 음악영상파일**
   라. 「공연법」에 따른 **공연**(국악공연은 제외한다)
   마. 「전기통신사업법」에 따른 **전기통신을 통한 부호 · 문언 · 음향 또는 영상정보**
   바. 「방송법」에 따른 방송프로그램(보도 방송프로그램은 제외한다)
   사. 「신문 등의 진흥에 관한 법률」에 따른 일반일간신문(주로 정치 · 경제 · 사회에 관한 보도 · 논평 및 여론을 전파하는 신문은 제외한다), **특수일간신문**(경제 · 산업 · 과학 · 종교 분야는 제외한다), **일반주간신문**(정치 · 경제 분야는 제외한다), **특수주간신문**(경제 · 산업 · 과학 · 시사 · 종교 분야는 제외한다), **인터넷신문**(주로 보도 · 논평 및 여론을 전파하는 기사는 제외한다) 및 **인터넷뉴스서비스**

아. 「잡지 등 정기간행물의 진흥에 관한 법률」에 따른 **잡지**(정치·경제·사회·
시사·산업·과학·종교 분야는 제외한다), 정보간행물, 전자간행물 및 그
밖의 간행물

자. 「출판문화산업 진흥법」에 따른 **간행물, 전자출판물 및 외국간행물**(사목 및 아
목에 해당하는 매체물은 제외한다)

차. 「옥외광고물 등의 관리와 옥외광고산업 진흥에 관한 법률」에 따른 옥외광고
물과 가목부터 자목까지의 매체물에 수록·게재·전시되거나 그 밖의 방법으
로 포함된 **상업적 광고선전물**

카. 그 밖에 청소년의 정신적·신체적 건강을 해칠 우려가 있어 대통령령으로 정
하는 **매체물**

3. **"청소년유해매체물"**이란 다음 각 목의 어느 하나에 해당하는 것을 말한다.

가. 청소년보호위원회가 청소년에게 유해한 것으로 결정하거나 확인하여 **여성가
족부장관**이 고시한 매체물

나. 각 심의기관이 청소년에게 유해한 것으로 심의하거나 확인하여 **여성가족부장
관**이 고시한 매체물

4. **"청소년유해 약물등"**이란 청소년에게 유해한 것으로 인정되는 다음 가목의 **약물**
("청소년유해약물")과 청소년에게 유해한 것으로 인정되는 다음 나목의 **물건**("청
소년유해물건")을 말한다.

가. **청소년유해 약물**

1) 「주세법」에 따른 **주류**
2) 「담배사업법」에 따른 **담배**
3) 「마약류 관리에 관한 법률」에 따른 **마약류**
4) 「화학물질관리법」에 따른 **환각물질**
5) 그 밖에 중추신경에 작용하여 습관성, 중독성, 내성 등을 유발하여 인체에
유해하게 작용할 수 있는 약물 등 청소년의 사용을 제한하지 아니하면 청
소년의 심신을 심각하게 손상시킬 우려가 있는 약물로서 대통령령으로 정
하는 기준에 따라 관계 기관의 의견을 들어 제36조에 따른 청소년보호위
원회가 결정하고 여성가족부장관이 고시한 것

나. 청소년유해 물건

1) 청소년에게 **음란한 행위를 조장하는 성기구** 등 청소년의 사용을 제한하지 아니하면 청소년의 심신을 심각하게 손상시킬 우려가 있는 성 관련 물건으로서 대통령령으로 정하는 기준에 따라 청소년보호위원회가 결정하고 여성가족부장관이 고시한 것

2) 청소년에게 **음란성·포악성·잔인성·사행성 등을 조장하는 완구류** 등 청소년의 사용을 제한하지 아니하면 청소년의 심신을 심각하게 손상시킬 우려가 있는 물건으로서 대통령령으로 정하는 기준에 따라 청소년보호위원회가 결정하고 여성가족부장관이 고시한 것

3) **청소년유해약물과 유사한 형태의 제품**으로 청소년의 사용을 제한하지 아니하면 청소년의 청소년유해약물 이용습관을 심각하게 조장할 우려가 있는 물건으로서 대통령령으로 정하는 기준에 따라 청소년보호위원회가 결정하고 여성가족부장관이 고시한 것

5. "청소년유해업소"란 청소년의 **출입**과 **고용**이 청소년에게 **유해**한 것으로 인정되는 (　　　　　　　)와 청소년의 **출입**은 **가능**하나 **고용**이 청소년에게 **유해**한 것으로 인정되는 다음 나목의 업소(((　　　　　　　)))를 말한다.

이 경우 업소의 구분은 그 업소가 영업을 할 때 다른 법령에 따라 요구되는 **허가·인가·등록·신고 등의 여부와 관계없이 실제로 이루어지고 있는 영업행위를 기준**으로 한다.

> *청소년 출입·고용 금지업소*
> *청소년 고용금지업소*

가. 청소년 (　　　　) 금지업소

1) 「게임산업진흥에 관한 법률」에 따른 **일반게임제공업** 및 복합유통게임제공업 중 대통령령으로 정하는 것
2) 「사행행위 등 규제 및 처벌 특례법」에 따른 **사행행위영업**
3) 「식품위생법」에 따른 **식품접객업** 중 대통령령으로 정하는 것
4) 「영화 및 비디오물의 진흥에 관한 법률」 제2조제16호에 따른 **비디오물감상실업**·제한관람가비디오물소극장업 및 복합영상물제공업
5) 「음악산업진흥에 관한 법률」에 따른 **노래연습장업** 중 대통령령으로 정하는 것
6) 「체육시설의 설치·이용에 관한 법률」에 따른 **무도학원업 및 무도장업**

> *출입·고용*

7) 전기통신설비를 갖추고 불특정한 사람들 사이의 **음성대화** 또는 **화상대화**를 매개하는 것을 주된 목적으로 하는 영업. 다만, 「전기통신사업법」 등 다른 법률에 따라 통신을 매개하는 영업은 제외한다.

8) 불특정한 사람 사이의 신체적인 접촉 또는 은밀한 부분의 노출 등 **성적행위**가 이루어지거나 이와 유사한 행위가 이루어질 우려가 있는 서비스를 제공하는 영업으로서 청소년보호위원회가 결정하고 여성가족부장관이 고시한 것

9) 청소년유해**매체물** 및 청소년유해**약물**등을 **제작 · 생산 · 유통하는 영업** 등 청소년의 출입과 고용이 청소년에게 유해하다고 인정되는 영업으로서 대통령령으로 정하는 기준에 따라 청소년보호위원회가 결정하고 여성가족부장관이 고시한 것

10) 「한국마사회법」 제6조제2항에 따른 **장외발매소**

11) 「경륜 · 경정법」 제9조제2항에 따른 **장외매장**

나. **청소년 (　　　)금지업소**

1) 「게임산업진흥에 관한 법률」에 따른 **청소년게임제공업** 및 **인터넷컴퓨터게임시설제공업**

2) 「공중위생관리법」에 따른 **숙박업, 목욕장업, 이용업** 중 대통령령으로 정하는 것

3) 「식품위생법」에 따른 **식품접객업** 중 대통령령으로 정하는 것

4) 「영화 및 비디오물의 진흥에 관한 법률」에 따른 **비디오물소극장업**

5) 「화학물질관리법」에 따른 **유해화학물질 영업**.
   다만, 유해화학물질 사용과 직접 관련이 없는 영업으로서 대통령령으로 정하는 영업은 **제외한다.**

6) 회비 등을 받거나 유료로 만화를 빌려 주는 **만화대여업**

7) 청소년유해매체물 및 청소년유해약물등을 **제작 · 생산 · 유통하는 영업** 등 청소년의 고용이 청소년에게 유해하다고 인정되는 영업으로서 대통령령으로 정하는 기준에 따라 청소년보호위원회가 결정하고 여성가족부장관이 고시한 것

6. "**유통**"이란 매체물 또는 약물 등을 판매 · 대여 · 배포 · 방송 · 공연 · 상영 · 전시 · 진열 · 광고하거나 시청 또는 이용하도록 제공하는 행위와 이러한 목적으로 매체물 또는 약물 등을 인쇄 · 복제 또는 수입하는 행위를 말한다.

고용

7. **"청소년폭력·학대"**란 폭력이나 학대를 통하여 청소년에게 신체적·정신적 피해를 발생하게 하는 행위를 말한다.

8. **"청소년유해환경"**이란 청소년유해매체물, 청소년유해약물등, 청소년유해업소 및 청소년폭력·학대를 말한다.

제24조(인터넷게임 이용자의 친권자등의 동의) ① 「게임산업진흥에 관한 법률」에 따른 게임물 중 「정보통신망 이용촉진 및 정보보호 등에 관한 법률」 제2조제1항제1호에 따른 정보통신망을 통하여 실시간으로 제공되는 게임물(이하 "인터넷게임"이라 한다)의 제공자는 회원으로 가입하려는 사람이 (   )**의 청소년일 경우**에는 **친권자등의 동의를 받아야 한다.**

② 제1항의 친권자등의 동의에 필요한 사항은 「게임산업진흥에 관한 법률」에서 정하는 바에 따른다.

〔16세 미만〕

제26조(심야시간대의 인터넷게임 제공시간 제한) ① 인터넷게임의 제공자는 (   ) **미만의 청소년에게 오전** (   )**부터 오전** (   )**까지 인터넷게임을 제공하여서는 아니 된다.**

〔16세〕
〔0시 / 6시〕

제29조(청소년 고용 금지 및 출입 제한 등) ① **청소년유해업소의 업주는 청소년을 고용**하여서는 **아니 된다.**
청소년유해업소의 업주가 종업원을 고용하려면 **미리 나이를 확인하여야 한다.**

② **청소년 출입·고용금지업소의** (   )**와** (   )**는 출입자의 나이를 확인하여 청소년이 그 업소에 출입하지 못하게 하여야 한다.**

③ **숙박업을 운영하는 업주는 종사자를 배치**하거나 대통령령으로 정하는 **설비** 등을 갖추어 출입자의 **나이를 확인**하고 제30조제8호의 우려가 있는 경우에는 **청소년의 출입을 제한하여야 한다.**

④ 청소년유해업소의 **업주와 종사자는 나이 확인**을 위하여 필요한 경우 **주민등록증**이나 그 밖에 나이를 확인할 수 있는 **증표의 제시를 요구**할 수 있으며, 증표 제시를 요구받고도 정당한 사유 없이 **증표를 제시하지 아니하는 사람**에게는 그 업소의 **출입을 제한할 수 있다.**

⑤ 제2항에도 불구하고 **청소년이 친권자등을 동반할 때**에는 대통령령으로 정하는 바에 따라 **출입하게 할 수 있다.**
다만, 「식품위생법」에 따른 식품접객업 중 대통령령으로 정하는 업소의 경우에는 출입할 수 없다.

〔업주 / 종사자〕

⑥ 청소년유해업소의 업주와 종사자는 그 업소에 대통령령으로 정하는 바에 따라 **청소년의 출입과 고용을 제한**하는 **내용**을 **표시하여야 한다.**

제30조(청소년 유해행위의 금지) 누구든지 청소년에게 다음 각 호의 어느 하나에 해당하는 행위를 하여서는 **아니 된다.**

---

1. 영리를 목적으로 청소년으로 하여금 **신체적인 접촉** 또는 **은밀한 부분의 노출** 등 **성적 접대행위**를 하게 하거나 이러한 행위를 알선·매개하는 행위
2. 영리를 목적으로 청소년으로 하여금 **손님과 함께 술**을 마시거나 **노래** 또는 **춤** 등으로 손님의 **유흥**을 돋우는 **접객행위**를 하게 하거나 이러한 행위를 알선·매개하는 행위
3. **영리**나 **흥행**을 목적으로 청소년에게 **음란한 행위**를 하게 하는 행위
4. **영리**나 **흥행**을 목적으로 청소년의 **장애**나 **기형** 등의 모습을 일반인들에게 **관람시키는 행위**
5. 청소년에게 **구걸**을 시키거나 청소년을 이용하여 구걸하는 행위
6. 청소년을 **학대**하는 행위
7. 영리를 목적으로 청소년으로 하여금 거리에서 **손님을 유인하는 행위**를 하게 하는 행위
8. 청소년을 **남녀 혼숙**하게 하는 등 풍기를 문란하게 하는 영업행위를 하거나 이를 목적으로 **장소를 제공**하는 행위
9. 주로 차 종류를 조리·판매하는 업소에서 청소년으로 하여금 영업장을 벗어나 **차 종류를 배달하는 행위**를 하게 하거나 이를 조장하거나 묵인하는 행위

제31조(청소년 통행금지·제한구역의 지정 등) ① 특별자치시장·특별자치도지사·시장·군수·구청장(시장·군수·구청장)은 청소년 보호를 위하여 필요하다고 인정할 경우 청소년의 정신적·신체적 건강을 해칠 우려가 있는 구역을 **청소년 통행금지구역** 또는 **청소년 통행제한구역**으로 지정(   ).

하여야 한다

제32조(청소년에 대하여 가지는 채권의 효력 제한) ① 제30조에 따른 행위를 한 자가 그 행위와 관련하여 **청소년에 대하여** 가지는 **채권**은 그 **계약의 형식**이나 **명목에 관계없이** (   )로 한다.

무효

② 제2조 제5호 가목3) 및 나목3)에 따른 업소의 업주가 고용과 관련하여 청소년에 대하여 가지는 **채권**은 그 계약의 형식이나 명목에 관계없이 **무효로 한다.**

국민보호와 공공안전을 위한 테러방지법

(약칭: 테러방지법)   [법률 제15608호]

제1조(목적) 이 법은 테러의 예방 및 대응 활동 등에 관하여 필요한 사항과 테러로 인한 피해보전 등을 규정함으로써 테러로부터 국민의 생명과 재산을 보호하고 국가 및 공공의 안전을 확보하는 것을 목적으로 한다.

제2조(정의) 이 법에서 사용하는 용어의 뜻은 다음과 같다.

1. "(   )"란 국가·지방자치단체 또는 외국 정부의 **권한행사를 방해**하거나 **의무 없는 일을 하게 할 목적** 또는 **공중을 협박할 목적**으로 하는 다음 각 목의 행위를 말한다.

> 가. (   )을 살해하거나 사람의 신체를 상해하여 생명에 대한 위험을 발생하게 하는 행위 또는 사람을 체포·감금·약취·유인하거나 인질로 삼는 행위
>
> 나. (   )와 관련된 다음에 해당하는 행위
>
> > 1) 운항중인 항공기를 **추락**시키거나 **전복·파괴**하는 행위, 그 밖에 운항중인 항공기의 안전을 해칠 만한 손괴를 가하는 행위
> >
> > 2) 폭행이나 협박, 그 밖의 방법으로 운항중인 항공기를 **강탈**하거나 항공기의 **운항을 강제하는 행위**
> >
> > 3) 항공기의 운항과 관련된 항공시설을 **손괴**하거나 조작을 방해하여 항공기의 안전운항에 위해를 가하는 행위
>
> 다. (   ) 또는 **해상구조물**과 관련된 다음에 해당하는 행위
>
> > 1) 운항중인 선박 또는 해상구조물을 **파괴**하거나, 그 안전을 위태롭게 할 만한 정도의 **손상**을 가하는 행위
> > (운항 중인 선박이나 해상구조물에 실려 있는 **화물**에 손상을 가하는 행위를 (   ))

테러

사람

항공기

선박

포함한다

2) 폭행이나 협박, 그 밖의 방법으로 운항 중인 선박 또는 해상구조물을 **강탈**하거나 선박의 **운항을 강제하는 행위**

3) 운항 중인 선박의 안전을 **위태**롭게 하기 위하여 그 선박 운항과 관련된 기기·시설을 **파괴**하거나 중대한 **손상**을 가하거나 **기능장애** 상태를 야기하는 행위

라. 사망·중상해 또는 중대한 물적 손상을 유발하도록 제작되거나 그러한 위력을 가진 **생화학**·(   )·**소이성 무기**나 **장치**를 다음에 해당하는 차량 또는 시설에 배치하거나 폭발시키거나 그 밖의 방법으로 이를 사용하는 행위

1) 기차·전차·자동차 등 사람 또는 물건의 운송에 이용되는 차량으로서 **공중이 이용하는 차량**

2) 1)에 해당하는 차량의 운행을 위하여 이용되는 시설 또는 도로, 공원, 역, 그 밖에 **공중이 이용하는 시설**

3) **전기**나 **가스**를 공급하기 위한 시설, 공중의 음용수를 공급하는 **수도**, **전기통신**을 이용하기 위한 시설 및 그 밖의 시설로서 공용으로 제공되거나 공중이 이용하는 시설

4) **석유**, **가연성 가스**, **석탄**, 그 밖의 연료 등의 원료가 되는 물질을 **제조** 또는 **정제**하거나 연료로 만들기 위하여 **처리·수송** 또는 **저장**하는 시설

5) 공중이 출입할 수 있는 건조물·항공기·선박으로서 1)부터 4)까지에 해당하는 것을 제외한 시설

마. (   ), **방사성물질** 또는 **원자력시설**과 관련된 다음에 해당하는 행위

1) **원자로**를 파괴하여 사람의 생명·신체 또는 재산을 해하거나 그 밖에 공공의 안전을 위태롭게 하는 행위

2) **방사성물질** 등과 원자로 및 관계 시설, 핵연료주기시설 또는 방사선발생장치를 부당하게 조작하여 사람의 생명이나 신체에 위험을 가하는 행위

3) **핵물질**을 수수·소지·소유·보관·사용·운반·개조·처분 또는 분산하는 행위

4) 핵물질이나 원자력시설을 파괴·손상 또는 그 원인을 제공하거나 원자력시설의 정상적인 운전을 방해하여 방사성물질을 배출하거나 **방사선**을 노출하는 행위

2. "테러단체"란 (　　　　　　　)이 지정한 테러단체를 말한다.

3. "(　　　　　　　)"이란 테러단체의 조직원이거나 테러단체 선전, 테러자금 모금·기부, 그 밖에 테러 예비·음모·선전·선동을 하였거나 하였다고 의심할 상당한 이유가 있는 사람을 말한다.

4. "(　　　　　　　　)"이란 테러를 실행·계획·준비하거나 테러에 참가할 목적으로 국적국이 아닌 국가의 테러단체에 가입하거나 가입하기 위하여 이동 또는 이동을 시도하는 내국인·외국인을 말한다.

5. "테러자금"이란 「공중 등 협박목적 및 대량살상무기확산을 위한 자금조달행위의 금지에 관한 법률」 제2조제1호에 따른 공중 등 협박목적을 위한 자금을 말한다.

6. "(　　　　　　)"이란 제1호의 테러 관련 정보의 수집, 테러위험인물의 관리, 테러에 이용될 수 있는 위험물질 등 테러수단의 안전관리, 인원·시설·장비의 보호, 국제행사의 안전확보, 테러위협에의 대응 및 무력진압 등 테러 예방과 대응에 관한 제반 활동을 말한다.

7. "관계기관"이란 대테러활동을 수행하는 국가기관, 지방자치단체, 그 밖에 대통령령으로 정하는 기관을 말한다.

국제연합(UN)

테러위험인물

외국인테러전투원

대테러활동

■ 참고

테러방지법 시행령 제2조(관계기관의 범위) 「국민보호와 공공안전을 위한 테러방지법」 제2조제7호에서 "대통령령으로 정하는 기관"이란 다음 각 호의 기관 또는 단체를 말한다.

1. 「공공기관의 운영에 관한 법률」 제4조에 따른 공공기관
2. 「지방공기업법」 제2조제1항제1호부터 제4호까지의 사업을 수행하는 지방직영기업, 지방공사 및 지방공단

---

8. **"대테러조사"**란 대테러활동에 필요한 정보나 자료를 수집하기 위하여 현장조사·문서열람·시료채취 등을 하거나 조사대상자에게 자료제출 및 진술을 요구하는 활동을 말한다.

제3조(국가 및 지방자치단체의 책무) ① 국가 및 지방자치단체는 테러로부터 국민의 생명·신체 및 재산을 보호하기 위하여 테러의 예방과 대응에 필요한 제도와 여건을 조성하고 대책을 수립하여 이를 시행하여야 한다.

인권

기본권

② 국가 및 지방자치단체는 제1항의 대책을 강구함에 있어 국민의 기본적 (   )인권이 침해당하지 아니하도록 최선의 노력을 하여야 한다.

③ 이 법을 집행하는 공무원은 헌법상 (   )을 존중하여 이 법을 집행하여야 하며 헌법과 법률에서 정한 적법절차를 준수할 의무가 있다.

제4조(다른 법률과의 관계) 이 법은 대테러활동에 관하여 다른 법률에 우선하여 적용한다.

국가테러대책위원회

제5조(국가테러대책위원회) ① 대테러활동에 관한 정책의 중요사항을 **심의·의결**하기 위하여 (   )를 둔다.

② 대책위원회는 국무총리 및 관계기관의 장 중 <u>대통령령으로 정하는 사람</u>으로 구성하고 **위원장**은 **국무총리**로 한다.

③ 대책위원회는 다음 각 호의 사항을 **심의·의결**한다.

> 1. 대테러활동에 관한 국가의 정책 수립 및 평가
> 2. 국가 대테러 기본계획 등 중요 중장기 대책 추진사항
> 3. 관계기관의 대테러활동 역할 분담·조성이 필요한 사항
> 4. 그 밖에 위원장 또는 위원이 대책위원회에서 심의·의결할 필요가 있다고 제의하는 사항

■ 참고

테러방지법 시행령 제3조(국가테러대책위원회 구성) ① 법 제5조제2항에서 **"대통령령으로 정하는 사람"**이란 기획재정부장관, 외교부장관, 통일부장관, 법무부장관, 국방부장관, 행정안전부장관, 산업통상자원부장관, 보건복지부장관, 환경부장관, 국토교통부장관, 해양수산부장관, 국가정보원장, 국무조정실장, 금융위원회 위원장, 원자력안전위원회 위원장, 대통령경호처장, 관세청장, **경찰청장**, 소방청장 및 해양경찰청장을 말한다.

---

④ 그 밖에 대책위원회의 구성·운영 등에 필요한 사항은 대통령령으로 정한다.

■ 참고

테러방지법 시행령 제14조(테러사건대책본부) ① 외교부장관, 국방부장관, 국토교통부장관, 경찰청장 및 해양경찰청장은 테러가 발생하거나 발생할 우려

가 현저한 경우(국외테러의 경우는 대한민국 국민에게 중대한 피해가 발생하거나 발생할 우려가 있어 긴급한 조치가 필요한 경우에 한한다)에는 다음 각 호의 구분에 따라 **테러사건대책본부**를 설치·운영하여야 한다.

1. 외교부장관: **국외테러**사건대책본부
2. 국방부장관: **군사시설테러**사건대책본부
3. 국토교통부장관: **항공테러**사건대책본부
4. 경찰청장: (   ) **테러**사건대책본부
5. 해양경찰청장: **해양테러**사건대책본부

제6조(대테러센터) ① 대테러활동과 관련하여 다음 각 호의 사항을 수행하기 위하여 **국무총리 소속**으로 관계기관 공무원으로 구성되는 (   )를 둔다.

1. 국가 대테러활동 관련 임무분담 및 협조사항 실무 조정
2. 장단기 국가대테러활동 지침 작성·배포
3. **테러경보** 발령
4. 국가 중요행사 대테러안전대책 수립
5. 대책위원회의 회의 및 운영에 필요한 사무의 처리
6. 그 밖에 대책위원회에서 심의·의결한 사항

② 대테러센터의 조직·정원 및 운영에 관한 사항은 대통령령으로 정한다.
③ 대테러센터 소속 직원의 인적사항은 **공개**하지 **아니할 수 있다.**

> ◢ **참고**
>
> **테러방지법 시행령 제18조(대테러특공대 등)** ① 국방부장관, 경찰청장 및 해양경찰청장은 테러사건에 신속히 대응하기 위하여 대테러특공대를 설치·운영한다.
> ② 국방부장관, 경찰청장 및 해양경찰청장은 제1항에 따른 대테러특공대를 설치·운영하려는 경우에는 대책위원회의 심의·의결을 거쳐야 한다.
> ③ **대테러특공대**는 다음 각 호의 임무를 수행한다.
> 1. 대한민국 또는 국민과 관련된 국내외 테러사건 진압
> 2. 테러사건과 관련된 폭발물의 탐색 및 처리
> 3. 주요 요인 경호 및 국가 중요행사의 안전한 진행 지원
> 4. 그 밖에 테러사건의 예방 및 저지활동

국내일반

대테러센터

> **▰ 참고**
>
> **테러방지법 시행령 제20조(테러정보통합센터)** ① 국가정보원장은 테러 관련 정보를 통합관리하기 위하여 관계기관 공무원으로 구성되는 테러정보통합센터를 설치 · 운영한다.
>
> ② 테러정보통합센터는 다음 각 호의 임무를 수행한다.
>
>   1. 국내외 테러 관련 정보의 통합관리 · 분석 및 관계기관에의 배포
>
>   2. 24시간 테러 관련 상황 전파체계 유지
>
>   3. 테러 위험 징후 평가
>
>   4. 그 밖에 테러 관련 정보의 통합관리에 필요한 사항

관심 · 주의 · 경계 · 심각

> **▰ 참고**
>
> **테러방지법 시행령 제22조(테러경보의 발령)** ① 대테러센터장은 테러 위험 징후를 포착한 경우 테러경보 발령의 필요성, 발령 단계, 발령 범위 및 기간 등에 관하여 실무위원회의 심의를 거쳐 테러경보를 발령한다.
>
> ② **테러경보**는 테러위협의 정도에 따라 (　　　　　　　　　　)의 4단계로 구분한다.
>
> ③ 대테러센터장은 테러경보를 발령하였을 때에는 즉시 위원장에게 보고하고, 관계기관에 전파하여야 한다.

기본권

인권

제7조(대테러 인권보호관) ① 관계기관의 대테러활동으로 인한 **국민의** (　　　　　) **침해 방지**를 위하여 대책위원회 소속으로 대테러 (　　　)보호관 **1명**을 둔다.

② 인권보호관의 자격, 임기 등 운영에 관한 사항은 대통령령으로 정한다.

> **▰ 참고**
>
> **테러방지법 시행령 제7조(대테러 인권보호관의 자격 및 임기)** ① 법 제7조제1항에 따른 대테러 인권보호관은 다음 각 호의 어느 하나에 해당하는 대한민국 국민 중에서 위원장이 위촉한다.
>
>   1. **변호사** 자격이 있는 사람으로서 **10년 이상**의 실무경력이 있는 사람
>
>   2. 인권 분야에 전문지식이 있고 「고등교육법」 제2조제1호에 따른 학교에서 **부교수 이상**으로 10년 이상 재직하고 있거나 재직하였던 사람

3. 국가기관 또는 지방자치단체에서 **3급 상당 이상의 공무원**으로 재직하였던 사람 중 인권 관련 업무 경험이 있는 사람

4. 인권분야 비영리 민간단체·법인·국제기구에서 근무하는 등 **인권 관련** 활동에 **10년** 이상 종사한 경력이 있는 사람

② 인권보호관의 임기는 2년으로 하고, 연임할 수 있다.

③ 인권보호관은 다음 각 호의 경우를 제외하고는 그 의사에 반하여 해촉되지 아니한다.

1. 「국가공무원법」 제33조 각 호의 결격사유에 해당하는 경우

2. 직무와 관련한 형사사건으로 기소된 경우

3. 직무상 알게 된 비밀을 누설한 경우

4. 그 밖에 장기간의 심신쇠약으로 인권보호관의 직무를 계속 수행할 수 없는 특별한 사유가 발생한 경우

제8조(전담조직의 설치) ① 관계기관의 장은 테러 예방 및 대응을 위하여 필요한 전담조직을 둘 수 있다.

② 관계기관의 **전담조직**의 구성 및 운영과 효율적 테러대응을 위하여 필요한 사항은 <u>대통령령</u>으로 정한다.

◢ **참고**

테러방지법 시행령 제11조(전담조직) ① 법 제8조에 따른 전담조직은 제12조부터 제21조까지의 규정에 따라 테러 예방 및 대응을 위하여 관계기관 합동으로 구성하거나 관계기관의 장이 설치하는 다음 각 호의 전문조직(협의체를 포함한다)으로 한다.

1. 지역 테러대책협의회   2. 공항·항만 테러대책협의회

3. 테러사건대책본부   4. 현장지휘본부

5. 화생방테러대응지원본부   6. 테러복구지원본부

7. 대테러특공대   8. 테러대응구조대

9. 테러정보통합센터   10. 대테러합동조사팀

제9조(테러위험인물에 대한 정보 수집 등) ① (   )은 테러위험인물에 대하여 출입국·금융거래 및 통신이용 등 관련 (   )를 **수집**할 수 있다. 이 경우 출입국·금융거래 및 통신이용 등 관련 정보의 수집에 있어서는 「출입국관리법」, 「관세

국가정보원장

정보

법」, 「특정 금융거래정보의 보고 및 이용 등에 관한 법률」, 「통신비밀보호법」의 절차에 따른다.

② **국가정보원장**은 제1항에 따른 정보 수집 및 분석의 결과 테러에 이용되었거나 이용될 가능성이 있는 금융거래에 대하여 (　　　　) 등의 조치를 취하도록 금융위원회 위원장에게 요청할 수 있다.

③ **국가정보원장**은 테러위험인물에 대한 (　　　　)와 (　　　　)를 「개인정보 보호법」 제2조의 개인정보처리자와 「위치정보의 보호 및 이용 등에 관한 법률」 제5조 제7항에 따른 개인위치정보사업자 및 같은 법 제5조의2제3항에 따른 사물위치정보 **사업자에게 요구**할 수 있다.

④ **국가정보원장**은 대테러활동에 필요한 정보나 자료를 수집하기 위하여 대테러조사 및 테러위험인물에 대한 (　　　)을 할 수 있다. 이 경우 사전 또는 사후에 대책위원회 위원장에게 보고하여야 한다.

제10조(테러예방을 위한 안전관리대책의 수립) ① (　　　　　　)은 대통령령으로 정하는 국가중요시설과 많은 사람이 이용하는 시설 및 장비(테러대상시설)에 대한 테러예방대책과 테러의 수단으로 이용될 수 있는 폭발물·총기류·화생방물질(테러이용수단), 국가 중요행사에 대한 안전관리대책을 수립하여야 한다.

② 제1항에 따른 안전관리대책의 수립·시행에 필요한 사항은 대통령령으로 정한다.

제11조(테러취약요인 사전제거) ① 테러대상시설 및 테러이용수단의 소유자 또는 관리자는 보안장비를 설치하는 등 테러취약요인 제거를 위하여 노력하여야 한다.

② 국가는 제1항의 테러대상시설 및 테러이용수단의 소유자 또는 관리자에게 필요한 경우 그 비용의 전부 또는 일부를 지원할 수 있다.

③ 제2항에 따른 비용의 지원 대상·기준·방법 및 절차 등에 필요한 사항은 대통령령으로 정한다.

제12조(테러선동·선전물 긴급 삭제 등 요청) ① **관계기관의 장**은 테러를 선동·선전하는 글 또는 그림, 상징적 표현물, 테러에 이용될 수 있는 폭발물 등 **위험물 제조법** 등이 **인터넷**이나 **방송·신문, 게시판** 등을 통해 **유포**될 경우 해당 기관의 장에게 **긴급 삭제** 또는 **중단**, 감독 등의 협조를 **요청할 수 있다.**

② 제1항의 협조를 요청받은 해당 기관의 장은 필요한 조치를 취하고 그 결과를 관계기관의 장에게 통보하여야 한다.

지급정지

개인정보 / 위치정보

추적

관계기관의 장

제13조(외국인테러전투원에 대한 규제) ① **관계기관의 장**은 외국인테러전투원으로 출국하려 한다고 의심할 만한 상당한 이유가 있는 내국인·외국인에 대하여 일시 **출국(　　)**를 **법무부장관**에게 요청할 수 있다.

② 제1항에 따른 일시 **출국금지 기간**은 (　　)로 한다. 다만, 출국금지를 계속할 필요가 있다고 판단할 상당한 이유가 있는 경우에 관계기관의 장은 그 사유를 명시하여 연장을 요청할 수 있다.

③ 관계기관의 장은 외국인테러전투원으로 가담한 사람에 대하여 「여권법」 제13조에 따른 여권의 효력정지 및 같은 법 제12조제3항에 따른 재발급 거부를 외교부장관에게 요청할 수 있다.

제14조(신고자 보호 및 포상금) ① (　　)는 「특정범죄신고자 등 보호법」에 따라 테러에 관한 신고자, 범인검거를 위하여 **제보**하거나 **검거**활동을 한 사람 또는 그 친족 등을 **보호하여야 한다.**

② 관계기관의 장은 테러의 계획 또는 실행에 관한 사실을 관계기관에 신고하여 **테러를 사전에 예방**할 수 있게 하였거나, 테러에 가담 또는 지원한 사람을 **신고**하거나 **체포**한 사람에 대하여 대통령령으로 정하는 바에 따라 (　　)을 지급할 수 있다.

제15조(테러피해의 지원) ① 테러로 인하여 신체 또는 재산의 피해를 입은 **국민**은 관계기관에 **즉시 신고하여야 한다.** 다만, 인질 등 부득이한 사유로 신고할 수 없을 때에는 법률관계 또는 계약관계에 의하여 보호의무가 있는 사람이 이를 알게 된 때에 즉시 신고하여야 한다.

② 국가 또는 지방자치단체는 제1항의 **피해를 입은 사람**에 대하여 대통령령으로 정하는 바에 따라 치료 및 복구에 필요한 **비용**의 전부 또는 일부를 **지원할 수 있다.** 다만, 「여권법」 제17조제1항 단서에 따른 외교부장관의 허가를 받지 아니하고 방문 및 체류가 금지된 국가 또는 지역을 방문·체류한 사람에 대해서는 그러하지 아니하다.

③ 제2항에 따른 비용의 지원 기준·절차·금액 및 방법 등에 관하여 필요한 사항은 대통령령으로 정한다.

제16조(특별위로금) ① 테러로 인하여 **생명의 피해를 입은 사람**의 유족 또는 신체상의 장애 및 장기치료를 요하는 피해를 입은 사람에 대해서는 그 피해의 정도에 따라 등급을 정하여 (　　　)을 **지급할 수 있다.**

금지
90일

국가

포상금

특별위로금

다만, 「여권법」 제17조제1항 단서에 따른 외교부장관의 허가를 받지 아니하고 방문 및 체류가 금지된 국가 또는 지역을 방문·체류한 사람에 대해서는 그러하지 아니하다.

② 제1항에 따른 특별위로금의 지급 기준·절차·금액 및 방법 등에 관하여 필요한 사항은 대통령령으로 정한다.

■ 참고

테러방지법 시행령 제36조(특별위로금의 종류) ① 법 제16조제1항에 따른 특별위로금은 다음 각 호의 구분에 따라 지급한다.
1. 유족특별위로금: 테러로 인하여 **사망**한 경우
2. 장해특별위로금: 테러로 인하여 신체상의 **장애**를 입은 경우
3. 중상해특별위로금: 테러로 인하여 **장기치료**가 필요한 피해를 입은 경우

제17조(테러단체 구성죄 등) ① 테러단체를 **구성**하거나 구성원으로 **가입**한 사람은 다음 각 호의 구분에 따라 처벌한다.

1. 수괴는 사형·무기 또는 **10년 이상**의 징역
2. 테러를 기획 또는 지휘하는 등 중요한 역할을 맡은 사람은 무기 또는 **7년 이상**의 징역
3. 타국의 외국인테러전투원으로 가입한 사람은 **5년 이상**의 징역
4. 그 밖의 사람은 **3년 이상**의 징역

② **테러자금**임을 알면서도 자금을 조달·알선·보관하거나 그 취득 및 발생원인에 관한 사실을 가장하는 등 테러단체를 지원한 사람은 **10년 이하의 징역** 또는 1억원 이하의 벌금에 처한다.

③ 테러단체 가입을 지원하거나 타인에게 가입을 권유 또는 선동한 사람은 5년 이하의 징역에 처한다.

④ 제1항 및 제2항의 미수범은 처벌한다.

⑤ 제1항 및 제2항에서 정한 죄를 범할 목적으로 예비 또는 음모한 사람은 3년 이하의 징역에 처한다.

⑥ 「형법」 등 국내법에 죄로 규정된 행위가 제2조의 테러에 해당하는 경우 해당 법률에서 정한 형에 따라 처벌한다.

08 도로교통법

[법률 제16830호]

제1조(목적) 이 법은 도로에서 일어나는 교통상의 모든 위험과 장해를 방지하고 제거하여 안전하고 원활한 교통을 확보함을 목적으로 한다.

제2조(정의) 이 법에서 사용하는 용어의 뜻은 다음과 같다.

1. "(   )"란 다음 각 목에 해당하는 곳을 말한다.

   가. 「도로법」에 따른 도로

   나. 「유료도로법」에 따른 유료도로

   다. 「농어촌도로 정비법」에 따른 농어촌도로

   라. 그 밖에 현실적으로 불특정 다수의 **사람** 또는 **차마가 통행**할 수 있도록 **공개된 장소로서 안전하고 원활한 교통을 확보할 필요가 있는 장소**

2. "**자동차전용도로**"란 자동차만 다닐 수 있도록 설치된 도로를 말한다.

3. "**고속도로**"란 자동차의 고속 운행에만 사용하기 위하여 지정된 도로를 말한다.

4. "(   )"란 **연석선**(차도와 보도를 구분하는 돌), **안전표지** 또는 그와 비슷한 인공구조물을 이용하여 경계를 표시하여 모든 차가 통행할 수 있도록 설치된 도로의 부분을 말한다.

5. "**중앙선**"이란 차마의 통행 방향을 명확하게 구분하기 위하여 도로에 황색 실선이나 황색 점선 등의 안전표지로 표시한 선 또는 중앙분리대나 울타리 등으로 설치한 시설물을 말한다.

6. "차로"란 차마가 한 줄로 도로의 정하여진 부분을 통행하도록 차선으로 구분한 차도의 부분을 말한다.

7. "차선"이란 차로와 차로를 구분하기 위하여 그 경계지점을 안전표지로 표시한 선을 말한다.

도로

차도

8. "자전거도로"란 안전표지, 위험방지용 울타리나 그와 비슷한 인공구조물로 경계를 표시하여 자전거가 통행할 수 있도록 설치된 「자전거 이용 활성화에 관한 법률」 제3조 각 호의 도로를 말한다.

9. "자전거횡단도"란 자전거가 일반도로를 횡단할 수 있도록 안전표지로 표시한 도로의 부분을 말한다.

10. "(   )"란 연석선, 안전표지나 그와 비슷한 인공구조물로 경계를 표시하여 **보행자**(유모차와 행정안전부령으로 정하는 **보행보조용 의자차를 포함**한다)**가 통행**할 수 있도록 한 **도로의 부분**을 말한다.

11. "**길가장자리구역**"이란 **보도와 차도가 (   )** 도로에서 보행자의 안전을 확보하기 위하여 안전표지 등으로 경계를 표시한 도로의 가장자리 부분을 말한다.

13. "(   )"란 '십'자로, 'T'자로나 그 밖에 **둘 이상**의 도로가 교차하는 부분을 말한다.

15. "(   )"란 도로교통에서 **문자·기호** 또는 **등화**를 사용하여 진행·정지·방향전환·주의 등의 **신호를 표시**하기 위하여 **사람**이나 **전기**의 힘으로 조작하는 장치를 말한다.

16. "**안전표지**"란 교통안전에 필요한 **주의·규제·지시** 등을 표시하는 표지판이나 도로의 바닥에 표시하는 기호·문자 또는 선 등을 말한다.

■ 참고

도로교통법 시행규칙 제8조(안전표지) ①법 제4조제1항에 따른 안전표지는 다음 각 호와 같이 구분한다.

1. (   )**표지**
   도로상태가 **위험**하거나 도로 또는 그 부근에 **위험물**이 있는 경우에 필요한 안전조치를 할 수 있도록 이를 도로사용자에게 알리는 표지

2. (   )**표지**
   도로교통의 안전을 위하여 각종 제한·금지 등의 **규제**를 하는 경우에 이를 도로사용자에게 알리는 표지

3. (   )**표지**
   도로의 통행방법·통행구분 등 도로교통의 안전을 위하여 필요한 **지시**를 하는 경우에 도로사용자가 이에 따르도록 알리는 표지

보도
구분되지 아니한
교차로
신호기
주의
규제
지시

4. (　　)표지

주의표지·규제표지 또는 지시표지의 **주기능을** **보충**하여 도로사용자에게 알리는 표지

5. (　　)표시

도로교통의 안전을 위하여 각종 주의·규제·지시 등의 내용을 **노면**에 기호·문자 또는 선으로 도로사용자에게 알리는 표지

17. "**차마**"란 다음 각 목의 차와 우마를 말한다.

가. "(　　)"란 다음의 어느 하나에 해당하는 것을 말한다.

1) **자동차**　　2) **건설기계**　　3) **원동기장치자전거**　　4) **자전거**

5) 사람 또는 가축의 힘이나 그 밖의 동력으로 도로에서 운전되는 것.

다만, 철길이나 가설된 선을 이용하여 운전되는 것, 유모차와 행정안전부령으로 정하는 보행보조용 의자차는 **제외한다.**

18. "(　　　)"란 철길이나 가설된 선을 이용하지 아니하고 원동기를 사용하여 운전되는 차(견인되는 자동차도 자동차의 일부로 본다)로서 다음 각 목의 차를 말한다.

가. 「자동차관리법」 제3조에 따른 다음의 자동차. 다만, **원동기장치자전거**는 (　　　　).

1) **승용자동차**　　2) **승합자동차**　　3) **화물자동차**　　4) **특수자동차**

5) **이륜자동차**

19. "**원동기장치자전거**"란 다음 각 목의 어느 하나에 해당하는 차를 말한다.

가. 「자동차관리법」 제3조에 따른 이륜자동차 가운데 배기량 125시시 **이하의** **이륜자동차**

나. **배기량 50시시 미만**(전기를 동력으로 하는 경우에는 정격출력 0.59킬로와트 미만)의 원동기를 단 차(「자전거 이용 활성화에 관한 법률」 제2조제1호의2에 따른 **전기자전거**는 (　　　　))

22. "(　　　　　)"란 다음 각 목의 자동차로서 그 본래의 긴급한 용도로 사용되고 있는 자동차를 말한다.

가. **소방차**

나. **구급차**

다. **혈액 공급차량**

라. 그 밖에 대통령령으로 정하는 자동차

■ **참고**

도로교통법 시행령 제2조(긴급자동차의 종류) ① 「도로교통법」제2조제22호라목에서 "대통령령으로 정하는 자동차"란 긴급한 용도로 사용되는 다음 각 호의 어느 하나에 해당하는 자동차를 말한다.

다만, 제6호부터 제11호까지의 자동차는 이를 사용하는 사람 또는 기관 등의 신청에 의하여 ( )이 지정하는 경우로 한정한다.

1. **경찰용 자동차** 중 ( ), 그 밖의 긴급한 **경찰업무** 수행에 사용되는 자동차
2. **국군** 및 **주한 국제연합군용** 자동차 중 군 내부의 질서 유지나 부대의 질서 있는 이동을 유도하는 데 사용되는 자동차
3. **수사기관의 자동차** 중 범죄수사를 위하여 사용되는 자동차
4. 다음 각 목의 어느 하나에 해당하는 시설 또는 기관의 자동차 중 도주자의 체포 또는 **수용자, 보호관찰 대상자의** ( )를 위하여 사용되는 **자동차**
   가. 교도소・소년교도소 또는 구치소
   나. 소년원 또는 소년분류심사원
   다. 보호관찰소
5. 국내외 **요인에 대한** ( ) **수행에 공무로** 사용되는 자동차
6. **전기사업, 가스사업,** 그 밖의 **공익사업**을 하는 기관에서 위험 방지를 위한 **응급작업**에 사용되는 자동차
7. **민방위업무**를 수행하는 기관에서 **긴급예방** 또는 **복구**를 위한 출동에 사용되는 자동차
8. **도로관리**를 위하여 사용되는 자동차 중 도로상의 위험을 방지하기 위한 **응급작업**에 사용되거나 운행이 제한되는 자동차를 **단속**하기 위하여 사용되는 자동차
9. **전신・전화의 수리공사** 등 응급작업에 사용되는 자동차
10. 긴급한 **우편물**의 운송에 사용되는 자동차
11. **전파감시업무**에 사용되는 자동차

23. **"어린이통학버스"**란 다음 각 목의 시설 가운데 어린이(( ) **미만인 사람**을 말한다)를 교육 대상으로 하는 시설에서 어린이의 통학 등에 이용되는 자동차와 「여객자동차 운수사업법」 제4조제3항에 따른 여객자동차운송사업의 한정면허를 받아 어린이를 여객대상으로 하여 운행되는 운송사업용 자동차를 말한다.

가. 「유아교육법」에 따른 **유치원**, 「초·중등교육법」에 따른 **초등학교** 및 **특수학교**

나. 「영유아보육법」에 따른 **어린이집**

다. 「학원의 설립·운영 및 과외교습에 관한 법률」에 따라 설립된 **학원**

라. 「체육시설의 설치·이용에 관한 법률」에 따라 설립된 **체육시설**

24. "(   )"란 운전자가 승객을 기다리거나 화물을 싣거나 차가 고장 나거나 그 밖의 사유로 차를 계속 정지 상태에 두는 것 또는 운전자가 차에서 떠나서 즉시 그 차를 운전할 수 없는 상태에 두는 것을 말한다.

25. "(   )"란 운전자가 (   )을 초과하지 아니하고 차를 정지시키는 것으로서 **주차 외의 정지 상태**를 말한다.

26. "(   )"이란 도로에서 차마 또는 노면전차를 그 본래의 사용방법에 따라 **사용**하는 것(**조종**을 포함한다)을 말한다.

29. "**앞지르기**"란 차의 운전자가 앞서가는 다른 차의 옆을 지나서 그 차의 앞으로 나가는 것을 말한다.

30. "**일시정지**"란 차 또는 노면전차의 운전자가 그 **차** 또는 노면전차의 **바퀴를 일시적으로 완전히 정지**시키는 것을 말한다.

31. "**보행자전용도로**"란 **보행자만** 다닐 수 있도록 안전표지나 그와 비슷한 인공구조물로 표시한 도로를 말한다.

32. "**자동차운전학원**"이란 자동차등의 운전에 관한 지식·기능을 교육하는 시설로서 다음 각 목의 시설 외의 시설을 말한다.

가. 교육 관계 법령에 따른 학교에서 소속 학생 및 교직원의 연수를 위하여 설치한 시설

나. 사업장 등의 시설로서 소속 직원의 연수를 위한 시설

다. 전산장치에 의한 모의운전 연습시설

라. 지방자치단체 등이 신체장애인의 운전교육을 위하여 설치하는 시설 가운데 지방경찰청장이 인정하는 시설

마. 대가(代價)를 받지 아니하고 운전교육을 하는 시설

바. 운전면허를 받은 사람을 대상으로 다양한 운전경험을 체험할 수 있도록 하기 위하여 도로가 아닌 장소에서 운전교육을 하는 시설

33. "**모범운전자**"란 제146조에 따라 **무사고운전자** 또는 **유공운전자의 표시장**을 받거나 (   ) 이상 사업용 자동차 운전에 종사하면서 **교통사고를 일으킨 전력이**

주차

정차 / 5분

운전

2년

없는 **사람**으로서 경찰청장이 정하는 바에 따라 선발되어 교통안전 봉사활동에 종사하는 사람을 말한다.

제8조(보행자의 통행) ① 보행자는 보도와 차도가 구분된 도로에서는 언제나 보도로 통행하여야 한다.

다만, 차도를 횡단하는 경우, 도로공사 등으로 보도의 통행이 금지된 경우나 그 밖의 부득이한 경우에는 그러하지 아니하다.

② 보행자는 **보도와 차도가 구분되지 아니한 도로**에서는 차마와 마주보는 방향의 **길가장자리** 또는 길가장자리구역으로 통행하여야 한다.

다만, 도로의 통행방향이 **일방통행인 경우**에는 차마를 마주보지 아니하고 통행할 수 있다.

③ 보행자는 보도에서는 (   )**통행**을 원칙으로 한다.

제10조(도로의 횡단) ① (   )은 도로를 횡단하는 보행자의 안전을 위하여 행정안전부령으로 정하는 기준에 따라 **횡단보도를 설치할 수 있다.**

② **보행자**는 제1항에 따른 횡단보도, 지하도, 육교나 그 밖의 도로 횡단시설이 설치되어 있는 도로에서는 그 곳으로 횡단하여야 한다.

③ **보행자**는 제1항에 따른 횡단보도가 설치되어 있지 아니한 도로에서는 **가장 (   )로 횡단하여야 한다.**

도로교통법 시행규칙 제11조(횡단보도의 설치기준) 지방경찰청장은 법 제10조 제1항에 따라 횡단보도를 설치하고자 하는 때에는 다음 각 호의 기준에 적합하도록 하여야 한다.

1. 횡단보도에는 횡단보도표시와 횡단보도표지판을 설치할 것
2. 횡단보도를 설치하고자 하는 장소에 횡단보행자용 신호기가 설치되어 있는 경우에는 횡단보도표시를 설치할 것
3. 횡단보도를 설치하고자 하는 도로의 표면이 포장이 되지 아니하여 횡단보도표시를 할 수 없는 때에는 횡단보도표지판을 설치할 것. 이 경우 그 횡단보도표지판에 횡단보도의 너비를 표시하는 (   )를 설치하여야 한다.
4. 횡단보도는 육교·지하도 및 다른 횡단보도로부터 다음 각 목에 따른 거리 이내에는 설치하지 아니할 것.

우측

지방경찰청장

짧은 거리

보조표지

다만, 법 제12조 또는 제12조의2에 따라 어린이 보호구역, 노인 보호구역 또는 장애인 보호구역으로 지정된 구간인 경우 또는 보행자의 안전이나 통행을 위하여 특히 필요하다고 인정되는 경우에는 그러하지 아니하다.
가. 법 제2조제1호에 따른 도로로서 「도로의 구조·시설 기준에 관한 규칙」 제2조제8호에 따른 일반도로 중 집산도로 및 국지도로: (　　　)   100미터
나. 법 제2조제1호에 따른 도로로서 가목에 따른 도로 외의 도로: 200미터

제11조(어린이 등에 대한 보호) ① 어린이의 보호자는 교통이 빈번한 도로에서 어린이를 놀게 하여서는 아니 되며, **영유아((　　　)인 사람을 말한다)**의 보호자는 교통이 빈번한 도로에서 영유아가 **혼자 보행하게 하여서는 아니 된다.**   6세 미만

② **앞을 보지 못하는 사람**의 보호자는 그 사람이 도로를 보행할 때에는 **흰색 지팡이**를 갖고 다니도록 하거나 앞을 보지 못하는 사람에게 길을 안내하는 개로서 행정안전부령으로 정하는 개("**장애인보조견**")를 동반하도록 하는 등 필요한 조치를 하여야 한다.

③ 어린이의 보호자는 도로에서 **어린이가 자전거**를 타거나 행정안전부령으로 정하는 위험성이 큰 움직이는 **놀이기구를 타는 경우**에는 어린이의 안전을 위하여 행정안전부령으로 정하는 **인명보호 장구**를 착용하도록 (　　　　).   하여야 한다

제12조(어린이 보호구역의 지정 및 관리) ① **시장등**은 교통사고의 위험으로부터 **어린이를 보호하기 위하여** 필요하다고 인정하는 경우에는 다음 각 호의 어느 하나에 해당하는 시설의 주변도로 가운데 일정 구간을 **어린이 보호구역으로 지정**하여 자동차등과 노면전차의 **통행속도**를 시속 (　　)**킬로미터 이내로 제한할 수 있다.**   30

1. 유치원, 초등학교 또는 특수학교
2. 어린이집
3. 학원
4. 외국인학교 또는 대안학교, 외국교육기관 중 유치원·초등학교 교과과정이 있는 학교

시장등

300미터

500미터

통행

정차

30

일방통행로

■ **참고**

어린이 · 노인 및 장애인 보호구역의 지정 및 관리에 관한 규칙

[시행 2020. 3. 25] [행정안전부령 제174호]

제3조(보호구역의 지정) ① 초등학교등의 장은 특별시장 · 광역시장 · 특별자치도지사 또는 시장 · 군수(광역시의 군수는 제외한다. 이하 "시장등"이라 한다)에게 **초등학교등의 주변도로를 어린이 보호구역으로 지정**하여 줄 것을 **신청**할 수 있다.

⑥ (   )은 제4항에 따른 조사 결과 보호구역으로 지정 · 관리할 필요가 인정되는 경우에는 관할 지**방경찰청장** 또는 경찰서장과 **협의**하여 해당 보호구역 지정대상시설의 주(主) 출입문을 중심으로 반경 (   ) **이내**의 도로 중 **일정구간을 보호구역으로 지정**한다.

다만, 시장등은 해당 지역의 교통여건 및 효과성 등을 면밀히 검토하여 **필요한 경우** 보호구역 지정대상시설의 주 출입문을 중심으로 반경 (   ) **이내**의 도로에 대해서도 보호구역으로 **지정할 수 있다.**

제8조(노상주차장의 설치 금지) ① 특별시장 · 광역시장 · 특별자치도지사 또는 시장 · 군수 · 구청장은 보호구역으로 지정된 시설의 주 출입문과 직접 연결되어 있는 도로에는 **노상주차장을 설치해서는 아니 된다.**

② 특별시장 · 광역시장 · 특별자치도지사 또는 시장 · 군수 · 구청장은 보호구역에 **이미 노상주차장이 설치되어 있는 경우**에는 특별한 사유가 없으면 이를 **폐지**하거나 어린이 · 노인 또는 장애인의 통행 및 안전에 지장이 없는 곳으로 **이전**하여야 한다.

제9조(보호구역에서의 필요한 조치) ① 지방경찰청장이나 경찰서장은 「도로교통법」 제12조제1항 또는 제12조의2제1항에 따라 보호구역에서 구간별 · 시간대별로 다음 각 호의 **조치를 할 수 있다.**

　1. 차마의 (   )을 금지하거나 **제한**하는 것

　2. 차마의 (   )나 **주차**를 금지하는 것

　3. 운행속도를 시속 (   )**킬로미터 이내**로 제한하는 것

　4. 이면도로(도시지역에 있어서 간선도로가 아닌 도로로서 일반의 교통에 사용되는 도로를 말한다)를 (   )로 지정 · 운영하는 것

② 지방경찰청장이나 경찰서장이 제1항에 따른 조치를 하려는 경우에는 그 뜻을 표시하는 **안전표지를 설치하여야 한다.**

제12조의2(노인 및 장애인 보호구역의 지정 및 관리) ① 시장등은 교통사고의 위험으로부터 노인 또는 장애인을 보호하기 위하여 필요하다고 인정하는 경우에는 제1호부터 제3호까지 및 제3호의2에 따른 시설의 주변도로 가운데 일정 구간을 **노인보호구역**으로, 제4호에 따른 시설의 주변도로 가운데 일정 구간을 **장애인 보호구역**으로 각각 지정하여 차마와 노면전차의 통행을 제한하거나 금지하는 등 필요한 조치를 할 수 있다.

    1. 노인복지시설

    2. 자연공원 또는 도시공원

    3. 생활체육시설

    3의2. 그 밖에 노인이 자주 왕래하는 곳으로서 조례로 정하는 시설

    4. 「장애인복지법」 제58조에 따른 장애인복지시설 중 행정안전부령으로 정하는 시설

제13조의2(자전거의 통행방법의 특례) ① 자전거의 운전자는 자전거도로가 따로 있는 곳에서는 그 자전거도로로 통행하여야 한다.

② 자전거의 운전자는 **자전거도로가 설치되지 아니한 곳에서는** 도로 (   ) 에 붙어서 통행하여야 한다.   우측 가장자리

③ 자전거의 운전자는 **길가장자리구역**을 통행할 수 있다. 이 경우 자전거의 운전자는 **보행자의 통행에 방해가 될 때**에는 **서행**하거나 **일시정지**하여야 한다.

⑤ 자전거의 운전자는 안전표지로 통행이 허용된 경우를 제외하고는 (   ) **이상이**   2대
나란히 차도를 통행하여서는 아니 된다.

⑥ 자전거의 운전자가 **횡단보도**를 이용하여 도로를 횡단할 때에는 자전거에서 (   )   내려서
자전거를 끌고 보행하여야 한다.

제17조(자동차등과 노면전차의 속도) ① 자동차등과 노면전차의 도로 **통행 속도**는 행정안전부령으로 정한다.

② 경찰청장이나 지방경찰청장은 도로에서 일어나는 위험을 방지하고 교통의 안전과 원활한 소통을 확보하기 위하여 필요하다고 인정하는 경우에는 다음 각 호의 구분에 따라 구역이나 구간을 지정하여 제1항에 따라 정한 속도를 제한할 수 있다.

    1. (   ): **고속도로**   경찰청장

    2. 지방경찰청장: 고속도로를 제외한 도로

③ 자동차등과 노면전차의 운전자는 제1항과 제2항에 따른 **최고속도보다 빠르게** 운

전하거나 최저속도보다 느리게 운전하여서는 아니 된다. 다만, 교통이 밀리거나 그 밖의 부득이한 사유로 최저속도보다 느리게 운전할 수밖에 없는 경우에는 그러하지 아니하다.

제21조(앞지르기 방법 등) ① 모든 차의 운전자는 **다른 차를 앞지르려면** 앞차의 (   ) **으로 통행**하여야 한다.

② 자전거의 운전자는 **서행하거나 정지한 다른 차를 앞지르려면** 앞차의 (   )**으로 통행**할 수 있다. 이 경우 자전거의 운전자는 정지한 차에서 승차하거나 하차하는 사람의 안전에 유의하여 서행하거나 필요한 경우 일시정지하여야 한다.

제22조(앞지르기 금지의 시기 및 장소) ① 모든 차의 운전자는 다음 각 호의 어느 하나에 해당하는 경우에는 앞차를 **앞지르지 못한다.**

　　1. 앞차의 좌측에 다른 차가 앞차와 나란히 가고 있는 경우
　　2. 앞차가 다른 차를 앞지르고 있거나 앞지르려고 하는 경우

② 모든 차의 운전자는 다음에 해당하는 다른 차를 **앞지르지 못한다.**

　　1. 이 법이나 이 법에 따른 명령에 따라 정지하거나 서행하고 있는 차
　　2. 경찰공무원의 지시에 따라 정지하거나 서행하고 있는 차
　　3. 위험을 방지하기 위하여 정지하거나 서행하고 있는 차

③ 모든 차의 운전자는 다음 각 호의 어느 하나에 해당하는 곳에서는 다른 차를 **앞지르지 못한다.**

　　1. (   )
　　2. (   ) **안**
　　3. (   ) **위**
　　4. **도로의 구부러진 곳, 비탈길의 고갯마루 부근 또는 가파른 비탈길의 내리막** 등 지방경찰청장이 도로에서의 위험을 방지하고 교통의 안전과 원활한 소통을 확보하기 위하여 필요하다고 인정하는 곳으로서 안전표지로 지정한 곳

제23조(끼어들기의 금지) 모든 차의 운전자는 제22조 제2항 각 호의 어느 하나에 해당하는 **다른 차 앞으로 끼어들지 못한다.**

제26조(교통정리가 없는 교차로에서의 양보운전) ① 교통정리를 하고 있지 아니하는 교차로에 들어가려고 하는 차의 운전자는 **이미 교차로에 들어가 있는 다른 차가 있을 때**에는 그 차에 **진로를 양보**하여야 한다.

좌측

우측

교차로

터널

다리

② 교통정리를 하고 있지 아니하는 교차로에 들어가려고 하는 차의 운전자는 그 차가 통행하고 있는 도로의 폭보다 교차하는 도로의 **폭이 넓은 경우에는 서행**하여야 하며, **폭이 넓은 도로로부터 교차로에 들어가려고 하는 다른 차가 있을 때**에는 그 차에 **진로를 양보**하여야 한다.

③ 교통정리를 하고 있지 아니하는 교차로에 **동시에 들어가려고 하는 차의 운전자**는 ( )도로의 차에 **진로를 양보**하여야 한다.

④ 교통정리를 하고 있지 아니하는 교차로에서 **좌회전하려고 하는 차의 운전자**는 그 교차로에서 ( )하거나 ( )하려는 다른 차가 있을 때에는 그 차에 **진로를 양보하여야 한다.**

제29조(긴급자동차의 우선 통행) ① 긴급자동차는 제13조제3항에도 불구하고 긴급하고 부득이한 경우에는 도로의 ( )이나 **좌측 부분을 통행할 수 있다.**

② 긴급자동차는 이 법이나 이 법에 따른 명령에 따라 정지하여야 하는 경우에도 불구하고 **긴급하고 부득이한 경우에는** ( )하지 아니할 수 있다.

③ 긴급자동차의 운전자는 제1항이나 제2항의 경우에 교통안전에 특히 주의하면서 통행하여야 한다.

④ **교차로나 그 부근에서 긴급자동차가 접근하는 경우**에는 차마와 노면전차의 운전자는 교차로를 피하여 ( )하여야 한다.

⑤ 모든 차와 노면전차의 운전자는 제4항에 따른 곳 외의 곳에서 **긴급자동차가 접근한 경우**에는 긴급자동차가 **우선통행할 수 있도록 진로를** ( )하여야 한다.

제30조(긴급자동차에 대한 특례) 긴급자동차에 대하여는 다음 각 호의 사항을 **적용하지 아니한다.**

　　1. 제17조에 따른 자동차등의 **속도 제한.**
　　2. 앞지르기의 금지
　　3. 끼어들기의 금지

제31조(서행 또는 일시정지할 장소) ① 모든 차 또는 노면전차의 운전자는 다음 각 호의 어느 하나에 해당하는 곳에서는 ( )하여야 한다.

　　1. 교통정리를 하고 있지 아니하는 ( )
　　2. 도로가 구부러진 부근
　　3. 비탈길의 고갯마루 부근
　　4. 가파른 비탈길의 내리막

우측

직진 / 우회전

중앙

정지

일시정지

양보

서행

교차로

5. **지방경찰청장**이 도로에서의 **위험을 방지**하고 교통의 안전과 원활한 소통을 확보하기 위하여 필요하다고 인정하여 **안전표지로 지정한 곳**

② 모든 차 또는 노면전차의 운전자는 다음 각 호의 어느 하나에 해당하는 곳에서는 (　　　　)**하여야 한다.**

1. **교통정리를 하고 있지 아니하고 좌우를 확인할 수 없거나 교통이 빈번한 교차로**

2. **지방경찰청장**이 도로에서의 **위험을 방지**하고 교통의 안전과 원활한 소통을 확보하기 위하여 필요하다고 인정하여 **안전표지로 지정한 곳**

제32조(정차 및 주차의 금지) 모든 차의 운전자는 다음 각 호의 어느 하나에 해당하는 곳에서는 차를 **정차**하거나 **주차**하여서는 **아니 된다.**
다만, 이 법이나 이 법에 따른 명령 또는 경찰공무원의 지시를 따르는 경우와 위험방지를 위하여 일시정지하는 경우에는 그러하지 아니하다.

1. 교차로 · (　　　　) · 건널목이나 보도와 차도가 구분된 도로의 **보도**
2. **교차로의 가장자리**나 **도로의 모퉁이**로부터 (　　　) 이내인 곳
3. 안전지대가 설치된 도로에서는 그 안전지대의 사방으로부터 각각 (　　　) 이내인 곳
4. 버스여객자동차의 정류지임을 표시하는 기둥이나 표지판 또는 선이 설치된 곳으로부터 (　　　) 이내인 곳.
5. 건널목의 가장자리 또는 횡단보도로부터 **10미터** 이내인 곳
6. 다음 각 목의 곳으로부터 (　　　) 이내인 곳
　가. 「소방기본법」 제10조에 따른 **소방용수시설** 또는 **비상소화장치**가 설치된 곳
　나. 「화재예방, 소방시설 설치 · 유지 및 안전관리에 관한 법률」 제2조제1항 제1호에 따른 **소방시설**로서 대통령령으로 정하는 시설이 설치된 곳
7. **지방경찰청장**이 도로에서의 위험을 방지하고 교통의 **안전과 원활한 소통을** 확보하기 위하여 필요하다고 **인정하여 지정한 곳**

제33조(주차금지의 장소) 모든 차의 운전자는 다음 각 호의 어느 하나에 해당하는 곳에 차를 (　　)해서는 아니 된다.

1. **터널** 안 및 **다리** 위
2. 다음 각 목의 곳으로부터 (　　) 이내인 곳

일시정지

횡단보도
5미터
10미터

10미터

5미터

주차

5미터

가. 도로공사를 하고 있는 경우에는 그 (   ) **구역의 양쪽 가장자리**

나. 「**다중이용업소**의 안전관리에 관한 특별법」에 따른 (   )**의 영업장**

    이 속한 **건축물**로 소방본부장의 요청에 의하여 **지방경찰청장**이 지정한 곳

3. **지방경찰청장**이 도로에서의 위험을 방지하고 **교통의 안전**과 **원활한 소통**을 확보하기 위하여 필요하다고 인정하여 지정한 곳

제39조(승차 또는 적재의 방법과 제한) ① 모든 차의 운전자는 승차 인원, 적재중량 및 적재용량에 관하여 대통령령으로 정하는 운행상의 **안전기준을 넘어서** 승차시키 거나 **적재한 상태로 운전하여서는 아니 된다.** 다만, 출발지를 관할하는 (   ) 의 **허가를 받은 경우**에는 그러하지 아니하다.

제43조((   ) **등의 금지)** 누구든지 제80조에 따라 지방경찰청장으로부터 운전 면허를 받지 아니하거나 **운전면허의 효력이 정지된 경우**에는 자동차등을 운전하여 서는 아니 된다.

제44조(술에 취한 상태에서의 운전 금지) ① 누구든지 (   )**에 취한 상태**에서 자동 차등, 노면전차 또는 자전거를 **운전하여서는 아니 된다.**

② 경찰공무원은 교통의 안전과 위험방지를 위하여 필요하다고 인정하거나 제1항 을 위반하여 **술에 취한 상태**에서 자동차등, 노면전차 또는 자전거를 **운전하였다고 인정할 만한 상당한 이유**가 있는 경우에는 운전자가 술에 취하였는지를 (   ) 로 **측정할 수 있다.** 이 경우 운전자는 경찰공무원의 측정에 **응하여야 한다.**

③ 제2항에 따른 **측정 결과에 불복하는 운전자**에 대하여는 그 운전자의 동의를 받 아 (   ) 등의 방법으로 다시 측정할 수 있다.

④ 제1항에 따라 운전이 금지되는 **술에 취한 상태의 기준**은 운전자의 혈중알코올농 도가 (   )인 경우로 한다.

■ **참고**

도로교통법 제148조(벌칙) 제54조제1항에 따른 **교통사고 발생 시의 조치**를 하 지 아니한 사람(주·정차된 차만 손괴한 것이 분명한 경우에 제54조제1항제 2호에 따라 피해자에게 **인적 사항을 제공**하지 아니한 사람은 제외한다)은 5 년 이하의 징역이나 1천500만원 이하의 벌금에 처한다.

[여백 주석]
공사
다중이용업소
경찰서장
무면허운전
술
호흡조사
혈액 채취
0.03퍼센트 이상

제148조의2(벌칙) ① 제44조제1항(음주운전) ( ) 이상 위반한 사람은 2년 이상 5년 이하의 징역이나 1천만원 이상 2천만원 이하의 벌금에 처한다.

② 술에 취한 상태에 있다고 인정할 만한 상당한 이유가 있는 사람으로서 경찰공무원의 측정에 응하지 아니하는 사람은 1년 이상 5년 이하의 징역이나 500만원 이상 2천만원 이하의 벌금에 처한다.

③ 술에 취한 상태에서 자동차등 또는 노면전차를 운전한 사람은 다음 각 호의 구분에 따라 처벌한다.

1. 혈중알코올농도가 ( )퍼센트 이상인 사람	2년 이상 5년 이하의 징역이나 1천만원 이상 2천만원 이하의 벌금	면허 취소
2. 혈중알코올농도가 ( )퍼센트 이상 ( )퍼센트 미만인 사람	1년 이상 2년 이하의 징역이나 500만원 이상 1천만원 이하의 벌금	
3. 혈중알코올농도가 ( )퍼센트 이상 ( )퍼센트 미만인 사람	1년 이하의 징역이나 500만원 이하의 벌금	면허 정지

④ 제45조를 위반하여 약물로 인하여 정상적으로 운전하지 못할 우려가 있는 상태에서 자동차등 또는 노면전차를 운전한 사람은 3년 이하의 징역이나 1천만원 이하의 벌금에 처한다.

🔖 참고

특정범죄 가중처벌 등에 관한 법률(약칭: 특정범죄가중법)

제5조의11(위험운전 등 치사상) ① 음주 또는 약물의 영향으로 정상적인 운전이 곤란한 상태에서 자동차(원동기장치자전거를 포함한다)를 운전하여 사람을 ( )에 이르게 한 사람은 1년 이상 15년 이하의 징역 또는 1천만원 이상 3천만원 이하의 벌금에 처하고, ( )에 이르게 한 사람은 무기 또는 3년 이상의 징역에 처한다. 〈개정 2020. 2. 4.〉

② 음주 또는 약물의 영향으로 정상적인 운항이 곤란한 상태에서 운항의 목적으로 「해사안전법」 제41조제1항에 따른 선박의 조타기를 조작, 조작 지시 또는 도선하여 사람을 상해에 이르게 한 사람은 1년 이상 15년 이하의 징역 또는 1천만원 이상 3천만원 이하의 벌금에 처하고, 사망에 이르게 한 사람은 무기 또는 3년 이상의 징역에 처한다.

2회

0.2

0.08
0.2

0.03
0.08

상해
사망

제45조(과로한 때 등의 운전 금지) 자동차등 또는 노면전차의 **운전자**는 제44조에 따른 술에 취한 상태 외에 **과로, 질병 또는 약물**(마약, 대마, 향정신성의약품)의 영향과 그 밖의 사유로 **정상적으로 운전하지 못할 우려가 있는 상태**에서 자동차등 또는 노면전차를 운전하여서는 아니 된다.

제46조(공동 위험행위의 금지) ① 자동차등의 운전자는 도로에서 ( )**명 이상**이 공동으로 ( )**대 이상**의 자동차등을 정당한 사유 없이 **앞뒤로 또는 좌우로** 줄지어 통행하면서 다른 사람에게 **위해를 끼치거나** 교통상의 **위험을 발생**하게 하여서는 아니 된다.

② 자동차등의 동승자는 제1항에 따른 공동 위험행위를 주도하여서는 아니 된다.

제46조의2(교통단속용 장비의 기능방해 금지) 누구든지 교통단속을 회피할 목적으로 **교통단속용 장비의 기능을 방해**하는 장치를 **제작 · 수입 · 판매** 또는 **장착**하여서는 아니 된다.

제46조의3(난폭운전 금지) 자동차등의 운전자는 다음 각 호 중 ( ) **이상의 행위**를 **연달아 하거나,** (   )**의 행위를 지속 또는 반복**하여 다른 사람에게 **위협 또는 위해**를 가하거나 **교통상의 위험을 발생**하게 하여서는 아니 된다.

1. 신호 또는 지시 위반
2. 중앙선 침범
3. 속도의 위반
4. 횡단 · 유턴 · 후진 금지 위반
5. 안전거리 미확보, 진로변경 금지 위반, 급제동 금지 위반
6. 앞지르기 방법 또는 앞지르기의 방해금지 위반
7. 정당한 사유 없는 소음 발생
8. 고속도로에서의 앞지르기 방법 위반
9. 고속도로등에서의 횡단 · 유턴 · 후진 금지 위반

제51조(어린이통학버스의 특별보호) ① 어린이통학버스가 도로에 정차하여 어린이나 영유아가 타고 내리는 중임을 표시하는 **점멸등 등의 장치를 작동 중일 때**에는 어린이통학버스가 정차한 차로와 그 차로의 바로 옆 차로로 통행하는 차의 운전자는 어린이통학버스에 이르기 전에 (   )하여 안전을 확인한 후 서행하여야 한다.

2
2

둘
하나

일시정지

② 제1항의 경우 **중앙선이 설치되지 아니한 도로와 편도 1차로인** 도로에서는 **반대 방향에서 진행하는** 차의 운전자도 어린이통학버스에 이르기 전에 **일시정지**하여 안전을 확인한 후 서행하여야 한다.

③ 모든 차의 운전자는 어린이나 영유아를 태우고 있다는 표시를 한 상태로 도로를 통행하는 어린이통학버스를 앞지르지 못한다.

제52조(어린이통학버스의 신고 등) ① 어린이통학버스를 운영하려는 자는 행정안전부령으로 정하는 바에 따라 미리 관할 ( )에게 신고하고 **신고증명서를 발급** 받아야 한다.

② 어린이통학버스를 운영하는 자는 어린이통학버스 안에 제1항에 따라 발급받은 **신고증명서를 항상 갖추어 두어야 한다.**

④ 누구든지 제1항에 따른 **신고를 하지 아니하거나** 어린이를 여객대상으로 하는 **한정면허를 받지 아니하고** 어린이통학버스와 **비슷한 도색** 및 **표지**를 하거나 이러한 도색 및 표지를 한 자동차를 **운전하여서는 아니 된다.**

제53조(어린이통학버스 운전자 및 운영자 등의 의무) ① 어린이통학버스를 운전하는 사람은 어린이나 영유아가 타고 내리는 경우에만 점멸등 등의 장치를 작동하여야 하며, 어린이나 영유아를 태우고 운행 중인 경우에만 표시를 하여야 한다.

② 어린이통학버스를 운전하는 사람은 어린이나 영유아가 **어린이통학버스를 ( )** 에는 승차한 모든 어린이나 영유아가 **좌석( )를 매도록 한 후**에 출발하여야 하며, ( )에는 보도나 길가장자리구역 등 자동차로부터 **안전한 ( )에 도착** 한 것을 확인한 후에 출발하여야 한다.

③ **어린이통학버스를 운영하는 자**는 어린이통학버스에 어린이나 영유아를 태울 때에는 다음 각 호의 어느 하나에 해당하는 ( )**를 함께 태우고 운행하여야 하며,** 동승한 보호자는 어린이나 영유아가 승차 또는 하차하는 때에는 자동차에서 내려서 어린이나 영유아가 안전하게 승하차하는 것을 확인하고 운행 중에는 어린이나 영유아가 좌석에 앉아 좌석안전띠를 매고 있도록 하는 등 **어린이 보호에 필요한 조치를 하여야 한다.**

   1. 유치원이나 초등학교 또는 특수학교의 **교직원**

   2. **보육교직원**

   3. 학원 및 과외**강사**

   4. 체육시설의 **종사자**

경찰서장

탈 때
안전띠
내릴 때 / 장소

보호자

5. 그 밖에 어린이통학버스를 운영하는 자가 **지명한 사람**

④ 어린이통학버스를 **운전하는 사람**은 어린이통학버스 운행을 마친 후 어린이나 영유아가 모두 (하차)하였는지를 확인하여야 한다.

⑤ 어린이통학버스를 **운전하는 사람**이 제4항에 따라 **어린이나 영유아의 하차 여부를 확인할 때**에는 행정안전부령으로 정하는 어린이나 영유아의 **하차를 확인할 수 있는 장치**("**어린이 하차확인장치**")를 **작동**하여야 한다.

제53조의2(보호자가 동승하지 아니한 어린이통학버스 운전자의 의무) 어린이의 승차 또는 하차를 도와주는 **보호자를 태우지 아니한 어린이통학버스**를 운전하는 사람은 **어린이가 승차 또는 하차하는 때**에 (자동차에서 내려서) 어린이나 영유아가 안전하게 승하차하는 것을 확인하여야 한다.

제53조의3(어린이통학버스 운영자 등에 대한 안전교육) ① 어린이통학버스를 (운영)하는 사람과 (운전)하는 사람은 어린이통학버스의 안전운행 등에 관한 교육("**어린이통학버스 안전교육**")을 받아야 한다.

② 어린이통학버스 안전교육은 다음 각 호의 구분에 따라 실시한다.

1. **신규** 안전교육	어린이통학버스를 운영하려는 사람과 운전하려는 사람을 대상으로 그 운영 또는 운전을 하기 전에 실시하는 교육
2. **정기** 안전교육	어린이통학버스를 계속하여 운영하는 사람과 운전하는 사람을 대상으로 (2년)마다 정기적으로 실시하는 교육

③ 어린이통학버스를 **운영하는 사람**은 어린이통학버스 안전교육을 받지 아니한 사람에게 어린이통학버스를 운전하게 하여서는 아니 된다.

제54조(사고발생 시의 조치) ① 차 또는 노면전차의 운전 등 **교통으로 인하여** 사람을 사상하거나 물건을 손괴("(교통사고)")한 경우에는 그 차 또는 노면전차의 운전자나 그 밖의 **승무원**("**운전자등**")은 즉시 (정차)하여 다음 각 호의 조치를 하여야 한다.

   1. **사상자를 구호**하는 등 필요한 조치

   2. 피해자에게 **인적 사항**(성명 · 전화번호 · 주소 등) **제공**

② 제1항의 경우 그 차 또는 노면전차의 운전자등은 **경찰공무원이 현장에 있을 때**에는 그 경찰공무원에게, 경찰공무원이 **현장에 없을 때**에는 가장 가까운 **국가경찰관서**에 다음 각 호의 사항을 (지체 없이) **신고**하여야 한다.

다만, 차 또는 노면전차만 손괴된 것이 분명하고 도로에서의 위험방지와 원활한 소통을 위하여 필요한 조치를 한 경우에는 그러하지 아니하다.

1. 사고가 일어난 곳
2. 사상자 수 및 부상 정도
3. 손괴한 물건 및 손괴 정도
4. 그 밖의 조치사항 등

⑤ 긴급자동차, 부상자를 운반 중인 차, 우편물자동차 및 노면전차 등의 운전자는 긴급한 경우에는 (   ) 등으로 하여금 제1항에 따른 조치나 제2항에 따른 신고를 하게 하고 (   )을 **계속할 수 있다.**

⑥ 경찰공무원(자치경찰공무원은 제외한다)은 교통사고가 발생한 경우에는 대통령령으로 정하는 바에 따라 필요한 조사를 하여야 한다.

제59조(교통안전시설의 설치 및 관리) ① 고속도로의 관리자는 고속도로에서 일어나는 위험을 방지하고 교통의 안전과 원활한 소통을 확보하기 위하여 (   )을 설치·관리하여야 한다. 이 경우 고속도로의 관리자가 교통안전시설을 설치하려면 (   )과 **협의하여야 한다.**

② 경찰청장은 고속도로의 관리자에게 교통안전시설의 관리에 필요한 사항을 지시할 수 있다.

제66조(고장 등의 조치) 자동차의 운전자는 고장이나 그 밖의 사유로 고속도로등에서 자동차를 운행할 수 없게 되었을 때에는 행정안전부령으로 정하는 표지("**고장자동차의 표지**")를 설치하여야 하며, 그 자동차를 고속도로등이 아닌 다른 곳으로 옮겨 놓는 등의 **필요한 조치를 하여야 한다.**

▰ 참고

도로교통법 시행규칙 제40조(고장자동차의 표지) ① 자동차의 운전자는 고장이나 그 밖의 사유로 고속도로 또는 자동차전용도로에서 **자동차를 운행할 수 없게 되었을 때에는 다음 각 호의 표지를 설치(   ).**

1. 안전삼각대
2. 사방 (   ) 지점에서 식별할 수 있는 적색의 섬광신호·전기제등 또는 불꽃신호.

동승자
운전

교통안전시설

경찰청장

하여야 한다

500미터

다만, (　　) 고장이나 그 밖의 사유로 고속도로등에서 자동차를 운행할 수 없게 되었을 때로 한정한다.

③ 자동차의 운전자는 제1항에 따른 표지를 설치하는 경우 그 자동차의 **후방에서 접근하는 자동차의 운전자가 확인할 수 있는 위치**에 설치하여야 한다.

밤에

제69조(도로공사의 신고 및 안전조치 등) ① 도로관리청 또는 공사시행청의 명령에 따라 도로를 파거나 뚫는 등 **공사를 하려는 사람**("공사시행자")은 공사시행 (　　) 전에 그 일시, 공사구간, 공사기간 및 시행방법, 그 밖에 필요한 사항을 관할 (　　) **에게 신고하여야 한다.**

3일
경찰서장

다만, 산사태나 수도관 파열 등으로 긴급히 시공할 필요가 있는 경우에는 그에 알맞은 안전조치를 하고 공사를 시작한 후에 지체 없이 신고하여야 한다.

제81조(연습운전면허의 효력) 연습운전면허는 그 면허를 받은 날부터 (　　) **동안 효력을 가진다.**

1년

다만, 연습운전면허를 받은 날부터 **1년 이전이라도** 연습운전면허를 받은 사람이 **제1종 보통면허** 또는 **제2종 보통면허를 받은 경우** 연습운전면허는 그 **효력을 잃는다.**

제82조(운전면허의 결격사유) ① 다음 각 호의 어느 하나에 해당하는 사람은 운전면허를 (　　　　).

받을 수 없다

1. 18세 미만인 사람 (원동기장치자전거의 경우에는 16세 미만)
2. 교통상의 위험과 장해를 일으킬 수 있는 **정신질환자** 또는 **뇌전증 환자**로서 대통령령으로 정하는 사람
3. **듣지 못하는 사람**(제1종 운전면허 중 대형면허·특수면허만 해당한다), **앞을 보지 못하는 사람**(한쪽 눈만 보지 못하는 사람의 경우에는 제1종 운전면허 중 대형면허·특수면허만 해당한다)이나 그 밖에 대통령령으로 정하는 **신체장애인**
4. **양쪽 팔의 팔꿈치관절 이상을 잃은 사람**이나 **양쪽 팔을 전혀 쓸 수 없는 사람.**
   다만, 본인의 신체장애 정도에 적합하게 제작된 자동차를 이용하여 정상적인 운전을 할 수 있는 경우에는 그러하지 아니하다.
5. 교통상의 위험과 장해를 일으킬 수 있는 **마약·대마·향정신성의약품** 또는 **알코올 중독자**로서 대통령령으로 정하는 사람

대형 / 특수

외국인등록
국내거소신고

포함

6. 제1종 (　　)면허 또는 제1종 (　　)면허를 받으려는 경우로서 19세 미만이거나 자동차(이륜자동차는 제외한다)의 운전경험이 1년 미만인 사람

7. 대한민국의 국적을 가지지 아니한 사람 중 「출입국관리법」 제31조에 따라 (　　　　　)을 하지 아니한 사람(외국인등록이 면제된 사람은 제외한다)이나 「재외동포의 출입국과 법적 지위에 관한 법률」 제6조제1항에 따라 (　　　　)를 하지 아니한 사람

② 다음 각 호의 어느 하나의 경우에 해당하는 사람은 해당 각 호에 **규정된 기간이 지나지 아니하면 운전면허를 받을 수 없다.**

다만, 다음 각 호의 사유로 인하여 벌금 미만의 형이 확정되거나 선고유예의 **판결이 확정된 경우** 또는 **기소유예**나 「소년법」 제32조에 따른 **보호처분의 결정이 있는 경우**에는 각 호에 규정된 **기간 내라도 운전면허를 받을 수 있다.**

5년	무면허운전, 운전면허 발급제한기간 중에 국제운전면허증으로 운전, 음주운전, 과로·질병·약물운전, 공동위험행위 중에 사람을 사상한 후 구호조치 및 신고없이 도주한 경우 * 무면허인 경우는 **위반한 날**부터 기산하고 음주, 과로·질병·약물의 경우에는 **취소된 날**부터 기산한다.
4년	5년의 제한사유 이외의 사유로 교통사고를 야기한 후에 도주한 경우
3년	① 면허유무 관계없이 **음주운전(측정거부 (　　))**을 하다가 **3회 이상 교통사고**를 야기한 자 ② **자동차 이용범죄**를 범하거나 **자동차를 강·절도한 자**가 **무면허**로 운전한 경우
2년	① **3회 이상의 음주운전**, 3회이상의 음주측정거부로 운전면허가 취소된 자 ② **무면허운전**(면허정지기간 중 운전 포함)**3회 이상** 또는 운전면허 발급제한기간 중에 국제운전면허증으로 자동차 등을 3회 이상 위반하여 운전한 자 ③ **허위** 또는 **부정한 수단**으로 **운전면허**를 받은 자 ④ 운전면허를 받을 **자격이 없는 사람**이 **운전면허를 받았을 경우** ⑤ **2회 이상의 공동위험행위**로 **운전면허가 취소**된 경우 ⑥ 다른 사람의 **자동차 등을 훔치거나 빼앗은 자**

	⑦ 다른 사람이 **부정**하게 운전면허를 받도록 하기 위하여 운전면허시험에 **대신 응시한 경우** ⑧ 운전면허효력의 **정지기간 중** 운전면허증 또는 운전면허증에 갈음하는 **증명서를 교부받은 사실이 드러날 때**	
1년	① **누적벌점**초과에 의한 취소 - 1년: (　　), 2년: 201점, 3년: 271점 이상 ② 공동위험행위 ③ 음주운전으로 운전면허가 취소된 날 ④ 교통사고로 인하여 운전면허가 취소된 때(교통사고 야기 후 도주는 제외) ⑤ **무면허**(운전면허의 효력이 정지된 경우 포함) - **위반한 날** ⑥ 운전면허를 받은 사람이 **자동차 등을 이용하여 범죄행위를 한 때** ＊ 자동차 등을 이용한 범죄의 유형-국가보안법 위반, 살인, 사체유기, 방화, 강도, 강간, 강제추행, 약취유인·감금, 상습절도(절취한 물건을 운반한 경우에 한한다), 교통방해(단체에 소속되거나 다수인에 포함되어 교통을 방해한 경우에 한한다)	121점
6월	**1년의 운전면허발급제한기간에 해당하는 사유로 면허가 취소된 자가 원동기장치자전거 면허를취득하고자 하는 경우 (단, 공동위험행위로 면허 취소된 자는 제외)**	
즉시	① **적성검사**를 받지 아니하며 운전면허가 취소된자 ② 제1종 운전면허를 받은 사람이 **적성검사에 불합격**하여 다시 제2종 운전면허를 받으려 하는 경우	

③ 제93조에 따라 운전면허 취소처분을 받은 사람은 제2항에 따른 **운전면허 결격기간이 끝났다** 하여도 그 **취소처분을 받은 이후**에 제73조제2항에 따른 **특별교통안전 의무교육**을 받지 아니하면 **운전면허를 받을 수 없다.**

제84조의2(부정행위자에 대한 조치) ① **경찰청장**은 제106조에 따른 전문학원의 강사 자격시험 및 제107조에 따른 기능검정원 자격시험에서, 지방경찰청장 또는 도로교통공단은 제83조에 따른 운전면허시험에서 **부정행위를 한 사람**에 대하여는 해당 시험을 각각 **무효로 처리한다.**

② 제1항에 따라 시험이 **무효로 처리된 사람**은 그 처분이 있은 날부터 (　　) 해당 시험에 응시하지 못한다.

2년간

발급받은

제85조(운전면허증의 발급 등) ① 운전면허를 받으려는 사람은 운전면허시험에 합격하여야 한다.

② **지방경찰청장**은 운전면허시험에 합격한 사람에 대하여 **행정안전부령**으로 정하는 운전면허증을 **발급하여야 한다.**

③ 지방경찰청장은 **운전면허를 받은 사람**이 **다른 범위의 운전면허를 추가로 취득하는 경우**에는 운전면허의 **범위를 확대**(기존에 받은 운전면허의 범위를 추가하는 것을 말한다)하여 **운전면허증을 발급하여야 한다.**

④ 지방경찰청장은 운전면허를 받은 사람이 **운전면허의 범위를 축소**(기존에 받은 운전면허의 범위에서 일부 범위를 삭제하는 것을 말한다)하기를 원하는 경우에는 **운전면허의 범위를 축소**하여 운전면허증을 발급할 수 있다.

⑤ **운전면허의 효력**은 본인 또는 **대리인**이 제2항부터 제4항까지에 따른 **운전면허증**을 (　　　) **때부터 발생한다.**

이 경우 제3항 또는 제4항에 따라 운전면허의 범위를 확대하거나 축소하는 경우에도 제93조에 따라 받게 되거나 받은 운전면허 취소·정지처분의 효력과 벌점은 그대로 승계된다.

제87조(운전면허증의 갱신과 정기 적성검사) ① **운전면허를 받은 사람**은 다음 각 호의 구분에 따른 기간 이내에 대통령령으로 정하는 바에 따라 지방경찰청장으로부터 **운전면허증을 갱신하여 발급받아야 한다.**

10년 / 65세

　　1. **최초의 운전면허증 갱신기간**은 제83조제1항 또는 제2항에 따른 운전면허시험에 **합격한 날부터 기산하여** (　　　)(운전면허시험 합격일에 (　　　) **이상 75세 미만인 사람은 5년, 75세 이상인 사람은 3년**, 한쪽 눈만 보지 못하는 사람으로서 제1종 운전면허 중 보통면허를 취득한 사람은 3년)이 되는 날이 속하는 해의 1월 1일부터 12월 31일까지

　　2. **제1호 외의 운전면허증 갱신기간은 직전의 운전면허증 갱신일부터 기산하여 매 10년**(직전의 운전면허증 갱신일에 65세 이상 75세 미만인 사람은 5년, 75세 이상인 사람은 3년, 한쪽 눈만 보지 못하는 사람으로서 제1종 운전면허 중 보통면허를 취득한 사람은 3년)이 되는 날이 속하는 해의 1월 1일부터 12월 31일까지

② 다음 각 호의 어느 하나에 해당하는 사람은 제1항에 따른 운전면허증 갱신기간에 대통령령으로 정하는 바에 따라 **도로교통공단**이 실시하는 **정기 적성검사를 받아**

야 한다.

1. 제1종 운전면허를 받은 사람
2. 제2종 운전면허를 받은 사람 중 **운전면허증 갱신기간에 (   ) 이상인 사람**

③ 다음 각 호에 해당하는 사람은 운전면허증을 갱신하여 받을 수 없다.

1. **교통안전교육을 받지 아니한 사람**
2. 정기 **적성검사를 받지 아니하거나 이에 합격하지 못한 사람**

④ 운전면허증을 갱신하여 발급받거나 정기 적성검사를 받아야 하는 사람이 **해외여행** 또는 **군 복무** 등 대통령령으로 정하는 사유로 그 기간 이내에 운전면허증을 갱신하여 발급받거나 정기 **적성검사를 받을 수 없는 때**에는 대통령령으로 정하는 바에 따라 이를 **미리 받거나 그 연기를 받을 수 있다.**

제91조(임시운전증명서) ① 지방경찰청장은 다음 각 호의 어느 하나의 경우에 해당하는 사람이 임시운전증명서 발급을 신청하면 행정안전부령으로 정하는 바에 따라 **임시운전증명서를 발급할 수 있다.** 다만, 제2호의 경우에는 소지하고 있는 운전면허증에 행정안전부령으로 정하는 사항을 기재하여 발급함으로써 임시운전증명서 발급을 갈음할 수 있다.

1. **운전면허증을 받은 사람**이 제86조에 따른 (   ) **신청**을 한 경우
2. 제87조에 따른 **정기 적성검사** 또는 **운전면허증 (   ) 발급 신청**을 하거나 제88조에 따른 **수시 적성검사**를 신청한 경우
3. 제93조에 따른 운전면허의 **취소처분 또는 정지처분 대상자가 운전면허증을 제출**한 경우

② **임시운전증명서**는 그 유효기간 중에는 운전면허증과 같은 효력이 있다.

◢ 참고

도로교통법 시행규칙 제88조(임시운전증명서)

② 임시운전증명서의 유효기간은 (   ) **이내**로 하되, 법 제93조에 따른 운전면허의 취소 또는 정지처분 대상자의 경우에는 (   ) **이내**로 할 수 있다. 다만, (   )이 필요하다고 인정하는 경우에는 그 유효기간을 1회에 한하여 **20일의 범위**에서 **연장할 수 있다.**

[우측 여백 정답]

70세

재발급
갱신

20일
40일
경찰서장

제93조(운전면허의 취소·정지) ① 지방경찰청장은 **운전면허**(연습운전면허는 제외한다)를 **받은 사람**이 다음 각 호의 어느 하나에 해당하면 행정안전부령으로 정하는 기준에 따라 운전면허(운전자가 받은 모든 범위의 운전면허를 포함한다)를 **취소하거나** (   ) 이내의 범위에서 운전면허의 효력을 정지시킬 수 있다.

1. 제44조제1항을 위반하여 **술에 취한 상태에서 자동차등을 운전**한 경우
2. 제44조제1항 또는 제2항 후단을 위반(자동차등을 운전한 경우로 한정한다)한 사람이 다시 같은 조 제1항을 위반하여 운전면허 정지 사유에 해당된 경우
3. 술에 취한 상태에 있다고 인정할 만한 상당한 이유가 있음에도 불구하고 **경찰공무원의 측정에 응하지 아니한 경우**
4. **약물**의 영향으로 인하여 정상적으로 운전하지 못할 우려가 있는 상태에서 자동차등을 운전한 경우
5. **공동 위험행위를 한 경우**
5의2. **난폭운전을 한 경우**
6. **교통사고로 사람을 사상한 후, 필요한 조치 또는 신고를 하지 아니한 경우**
7. 운전면허를 받을 수 없는 사람에 해당된 경우
8. 운전면허를 받을 수 없는 사람이 운전면허를 받거나 **거짓**이나 그 밖의 **부정한 수단**으로 운전면허를 받은 경우 또는 운전면허효력의 **정지기간 중** 운전면허증 또는 운전면허증을 갈음하는 **증명서를 발급받은 사실이 드러난 경우**
9. 적성검사를 받지 아니하거나 그 **적성검사에 불합격한 경우**
10. 운전 중 **고의** 또는 **과실로 교통사고를 일으킨 경우**
10의2. 운전면허를 받은 사람이 **자동차등을 이용**하여 「형법」 제258조의2(   )·제261조(   )·제284조(   ) 또는 제369조(   )를 위반하는 행위를 한 경우

제95조(운전면허증의 반납) ① 운전면허증을 받은 사람이 다음 각 호의 어느 하나에 해당하면 그 사유가 발생한 날부터 (   )(제4호 및 제5호의 경우 새로운 운전면허증을 받기 위하여 운전면허증을 제출한 때)에 **주소지를 관할하는 지방경찰청장에게 운전면허증을 반납하여야 한다.**

1. 운전면허 **취소처분**을 받은 경우
2. 운전면허효력 **정지처분**을 받은 경우
3. 운전면허증을 잃어버리고 다시 발급받은 후 그 **잃어버린 운전면허증을 찾은**

1년

특수상해

특수폭행 / 특수협
박 / 특수손괴

7일 이내

경우

4. **연습운전면허증을 받은 사람**이 제1종 보통면허증 또는 제2종 보통면허증을
받은 경우

5. 운전면허증 **갱신을 받은 경우**

② **경찰공무원**은 운전면허증을 **반납하지 아니한 사람**이 소지한 운전면허증을 **직접
회수**할 수 있다.

제97조(자동차등의 운전 금지) ① 국제운전면허증을 가지고 국내에서 자동차등을 운
전하는 사람이 다음 각 호의 어느 하나에 해당하는 경우에는 그 사람의 주소지를
관할하는 지방경찰청장은 행정안전부령으로 정한 기준에 따라 (   )을 넘지 아니 **1년**
하는 범위에서 **국제운전면허증에 의한 자동차등의 운전**을 금지할 수 있다.

1. 적성검사를 받지 아니하였거나 적성검사에 불합격한 경우

2. 운전 중 고의 또는 과실로 교통사고를 일으킨 경우

3. 대한민국 국적을 가진 사람이 운전면허가 취소되거나 효력이 정지된 후 제82
조제2항 각 호에 규정된 기간이 지나지 아니한 경우

4. 자동차등의 운전에 관하여 이 법이나 이 법에 따른 명령 또는 처분을 위반한
경우

제98조(국제운전면허증의 발급 등) ① 운전면허를 받은 사람이 국외에서 운전을 하기
위하여 국제운전면허증을 발급받으려면 지방경찰청장에게 신청하여야 한다.

② 국제운전면허증의 유효기간은 발급받은 날부터 1년으로 한다.

③ 국제운전면허증은 이를 발급받은 사람의 국내운전면허의 효력이 없어지거나 취
소된 때에는 그 효력을 잃는다.

④ 국제운전면허증을 발급받은 사람의 국내운전면허의 효력이 정지된 때에는 그 정
지기간 동안 그 효력이 정지된다.

제158조의2(형의 감면) 긴급자동차((   ), **혈액공급차량, 경찰용자동차**)의 **소방차, 구급차**
운전자가 그 차를 본래의 긴급한 용도로 운행하는 중에 **교통사고를 일으킨 경우**에
는 그 긴급활동의 시급성과 불가피성 등 정상을 참작하여 제151조 또는 「교통사고
처리 특례법」 제3조제1항에 따른 형을 **감경**하거나 **면제**할 수 있다.

제162조(통칙) ① 이 장에서 "범칙행위"란 제156조 각 호 또는 제157조 각 호의 죄에
해당하는 위반행위를 말하며, 그 구체적인 범위는 대통령령으로 정한다.

② 이 장에서 "(   )"란 범칙행위를 한 사람으로서 다음 각 호의 어느 하나에 해당하지 아니하는 사람을 말한다.

1. **범칙행위 당시** 운전면허증등 또는 이를 갈음하는 **증명서를 제시하지 못하거나** 경찰공무원의 운전자 신원 및 운전면허 확인을 위한 **질문에 응하지 아니한 운전자**

2. **범칙행위로 교통사고를 일으킨 사람.**

   다만, 「교통사고처리 특례법」에 따라 업무상과실치상죄·중과실치상죄 또는 이 법 제151조의 죄에 대한 벌을 받지 아니하게 된 사람은 **제외한다.**

제163조(통고처분) ① **경찰서장**이나 제주특별자치도지사는 **범칙자로 인정하는 사람**에 대하여는 이유를 분명하게 밝힌 범칙금 납부통고서로 범칙금을 낼 것을 통고(   ). 다만, 다음 각 호의 어느 하나에 해당하는 사람에 대하여는 그러하지 아니하다.

1. 성명이나 주소가 확실하지 아니한 사람
2. 달아날 우려가 있는 사람
3. 범칙금 납부통고서 받기를 거부한 사람

제164조(범칙금의 납부) ① 제163조에 따라 **범칙금 납부통고서를 받은 사람은 (   ) 이내에** 경찰청장이 지정하는 국고은행, 지점, 대리점, 우체국 또는 제주특별자치도지사가 지정하는 금융회사 등이나 그 지점에 **범칙금을 내야 한다.** 다만, 천재지변이나 그 밖의 **부득이한 사유**로 말미암아 그 기간에 범칙금을 낼 수 없는 경우에는 부득이한 **사유가 없어지게 된 날부터 (   ) 이내에** 내야 한다.

② 제1항에 따른 **납부기간에 범칙금을 내지 아니한 사람은 납부기간이 끝나는 날의 (   )부터 20일 이내에 통고받은 범칙금에 100분의 (   )을 더한 금액을 내야** 한다.

③ 제1항이나 제2항에 따라 **범칙금을 낸 사람은 범칙행위에 대하여 다시 벌 받지 아니한다.**

제165조(통고처분 불이행자 등의 처리) ① **경찰서장 또는 제주특별자치도지사는** 다음 각 호의 어느 하나에 해당하는 사람에 대해서는 지체 없이 (   )**을 청구**(   ). 다만, 제2호에 해당하는 사람으로서 즉결심판이 청구되기 전까지 통고받은 범칙금액에 **100분의 (   )을 더한 금액을** 납부한 사람에 대해서는 그러하지 아니하다.

범칙자

할 수 있다

10일

5일

다음 날 / 20

즉결심판

하여야 한다

50

1. 제163조제1항 각 호의 어느 하나에 해당하는 사람
2. 제164조제2항에 따른 납부기간에 범칙금을 납부하지 아니한 사람

② 즉결심판이 청구된 피고인이 **즉결심판의 선고 전까지** 통고받은 **범칙금액에 100분의 50을 더한 금액을 내고 납부를 증명하는 서류를 제출**하면 경찰서장 또는 제주특별자치도지사는 피고인에 대한 **즉결심판 청구를 (   )하여야 한다.**

취소

운전면허		운전할 수 있는 차량
종별	**구분**	
제1종	대형면허	1. 승용자동차 2. 승합자동차 3. 화물자동차 4. 삭제 〈2018. 4. 25.〉 5. 건설기계 　　가. 덤프트럭, 아스팔트살포기, 노상안정기 　　나. 콘크리트믹서트럭, 콘크리트펌프, 천공기(트럭적재식) 　　다. 콘크리트믹서트레일러, 아스팔트콘크리트재생기 　　라. 도로보수트럭, **3톤 미만의 지게차** 6. 특수자동차[대형견인차, 소형견인차 및 구난차(이하 "**구난차등**"이라 한다)는 **제외한다**] 7. 원동기장치자전거
	보통면허	1. 승용자동차 2. 승차정원 ( ) 이하의 승합자동차 4. 적재중량 ( ) 미만의 화물자동차 5. 건설기계(도로를 운행하는 3톤 미만의 지게차로 한정한다) 6. 총중량 10톤 미만의 특수자동차(구난차등은 제외한다) 7. 원동기장치자전거

■ 도로교통법 시행규칙 [별표 18] 〈개정 2018. 4. 25.〉
운전할 수 있는 차의 종류(제53조 관련)

15명
12톤

	소형면허	1. 3륜화물자동차 2. 3륜승용자동차 3. 원동기장치자전거
특 수 면 허	대형 견인차	1. **견인형 특수자동차** 2. 제2종 보통면허로 운전할 수 있는 차량
	소형 견인차	1. **총중량 3.5톤 이하의 견인형 특수자동차** 2. 제2종 보통면허로 운전할 수 있는 차량
	구난차	1. **구난형 특수자동차** 2. 제2종보통면허로 운전할 수 있는 차량

제2종	보통면허	1. 승용자동차 2. 승차정원 ( ) **이하의 승합자동차** 3. 적재중량 ( ) **이하의 화물자동차** 4. 총중량 **3.5톤 이하의 특수자동차(구난차등은** ( )**한다)** 5. 원동기장치자전거
	소형면허	1. 이륜자동차(측차부를 포함한다) 2. 원동기장치자전거
	원동기장치 자전거면허	원동기장치자전거
연습면허	제1종 보통	1. 승용자동차 2. 승차정원 ( )**명 이하의 승합자동차** 3. 적재중량 ( )**톤 미만의 화물자동차**
	제2종 보통	1. 승용자동차 2. 승차정원 ( )**명 이하의 승합자동차** 3. 적재중량 ( )**톤 이하의 화물자동차**

10명
4톤

제외

15
12

10
4

(약칭: 실종아동법)   [법률 제15608호]

제1조(목적) 이 법은 실종아동등의 발생을 예방하고 조속한 발견과 복귀를 도모하며 복귀 후의 사회 적응을 지원함으로써 실종아동등과 가정의 복지증진에 이바지함을 목적으로 한다.

제2조(정의) 이 법에서 사용하는 용어의 정의는 다음과 같다.

1. "(   )등"이란 다음 각 목의 어느 하나에 해당하는 사람을 말한다.

   가. **실종 당시 (   )인 아동**

   나. 「장애인복지법」 제2조의 장애인 중 지적장애인, 자폐성장애인 또는 정신장애인

   다. 「치매관리법」 제2조제2호의 치매환자

2. "(   )"이란 약취·유인 또는 유기되거나 사고를 당하거나 가출하거나 길을 잃는 등의 사유로 인하여 보호자로부터 이탈된 아동등을 말한다.

3. **"보호자"**란 친권자, 후견인이나 그 밖에 다른 법률에 따라 아동등을 보호하거나 부양할 의무가 있는 사람을 말한다. 다만, 제4호의 보호시설의 장 또는 종사자는 제외한다.

4. **"보호시설"**이란 「사회복지사업법」 제2조제4호에 따른 사회복지시설 및 인가·신고 등이 없이 아동등을 보호하는 시설로서 사회복지시설에 준하는 시설을 말한다.

5. **"유전자검사"**란 개인 식별을 목적으로 혈액·머리카락·침 등의 검사대상물로부터 유전자를 분석하는 행위를 말한다.

6. "유전정보"란 유전자검사의 결과로 얻어진 정보를 말한다.

7. "신상정보"란 이름·나이·사진 등 특정인임을 식별하기 위한 정보를 말한다.

제3조(국가의 책무) ① **보건복지부장관**은 실종아동등의 발생예방, 조속한 발견·복귀와 복귀 후 사회 적응을 위하여 다음 각 호의 사항을 시행하여야 한다.

아동
18세 미만

실종아동등

1. 실종아동등을 위한 정책 수립 및 시행
2. 실종아동등과 관련한 실태조사 및 연구
3. 실종아동등의 발생예방을 위한 연구 · 교육 및 홍보
4. 제8조에 따른 정보연계시스템 및 데이터베이스의 구축 · 운영
5. 실종아동등의 가족지원
6. 실종아동등의 복귀 후 사회 적응을 위한 상담 및 치료서비스 제공
7. 그 밖에 실종아동등의 보호 및 지원에 필요한 사항

② **경찰청장**은 실종아동등의 조속한 발견과 복귀를 위하여 다음 각 호의 사항을 시행하여야 한다.

1. 실종아동등에 대한 신고체계의 구축 및 운영
2. 실종아동등의 발견을 위한 수색 및 수사
3. 제11조에 따른 유전자검사대상물의 채취
4. 그 밖에 실종아동등의 발견을 위하여 필요한 사항

③ 「아동복지법」 제10조에 따른 아동정책조정위원회는 제1항의 보건복지부장관의 책무와 제2항의 경찰청장의 책무 등 실종아동등과 관련한 국가의 책무수행을 종합 · 조정한다.

제4조(다른 법률과의 관계) 실종아동등에 관하여 다른 법률에 제11조부터 제15조까지의 규정과 다른 규정이 있는 경우에는 이 법의 규정에 따른다.

제5조(실종아동전문기관의 설치 등) ①보건복지부장관은 실종아동전문기관을 설치하여 운영하거나 사회복지법인 등 대통령령으로 정하는 법인 또는 단체에 그 업무의 전부 또는 일부를 위탁하여 운영하게 할 수 있다.

제6조(신고의무 등) ①다음 각 호의 어느 하나에 해당하는 사람은 그 직무를 수행하면서 **실종아동등임을 알게 되었을 때**에는 제3조제2항제1호에 따라 경찰청장이 구축하여 운영하는 **신고체계**(경찰신고체계)로 지체 없이 **신고(   )**.

하여야 한다

1. **보호시설의 장** 또는 그 **종사자**
2. 「아동복지법」 제13조에 따른 **아동복지전담공무원**
3. 「청소년 보호법」 제35조에 따른 **청소년 보호 · 재활센터의 장** 또는 그 **종사자**
4. 「사회복지사업법」 제14조에 따른 **사회복지전담공무원**
5. 「의료법」 제3조에 따른 **의료기관의 장** 또는 **의료인**

6. 업무·고용 등의 관계로 사실상 **아동등을 보호·감독하는 사람**

② **지방자치단체의 장**이 관계 법률에 따라 아동등을 **보호조치할 때**에는 아동등의 신상을 기록한 신고접수서를 작성하여 **경찰신고체계로 제출하여야 한다.**

제7조(미신고 보호행위의 금지) 누구든지 정당한 사유 없이 실종아동등을 **경찰관서의 장에게 신고하지 아니하고 보호할 수 없다.**

제7조의2(실종아동등의 조기발견을 위한 사전신고증 발급 등) ① (   )은 실종 아동등의 조속한 발견과 복귀를 위하여 아동등의 **보호자가 신청하는 경우** 아동등의 지문 및 얼굴 등에 관한 정보(**지문등정보**)를 제8조의2에 따른 정보시스템에 등록하고 아동등의 **보호자**에게 사전신고증을 발급할 수 있다.

② 경찰청장은 제1항에 따라 **지문등정보를 등록한 후** 해당 신청서(서면으로 신청한 경우로 한정한다)는 **지체 없이 파기하여야 한다.**

③ 경찰청장은 제1항에 따라 등록된 **지문등정보를 데이터베이스로 구축·운영할 수 있다.**

④ 제1항에 따른 지문등정보의 범위, 사전신고증 발급에 필요한 등록 방법 및 절차 등에 필요한 사항은 **행정안전부령**으로 정하고, 제2항에 따른 신청서의 파기 방법과 절차 및 제3항에 따른 데이터베이스 구축 등과 관련된 사항은 **대통령령**으로 정한다.

> 경찰청장

제7조의3(실종아동등의 지문등정보의 등록·관리) ① (   )은 보호시설의 입소자 중 보호자가 확인되지 아니한 아동등으로부터 서면동의를 받아 아동등의 지문등정보를 등록·관리할 수 있다. 이 경우 해당 아동등이 미성년자·심신상실자 또는 심신미약자인 때에는 본인 외에 법정대리인의 동의를 받아야 한다. 다만, 심신상실·심신미약 또는 의사무능력 등의 사유로 본인의 동의를 얻을 수 없는 때에는 본인의 동의를 생략할 수 있다.

② **경찰청장**은 제1항에 따른 지문등정보의 등록·관리를 위하여 제7조의2제3항에 따른 데이터베이스를 활용할 수 있다.

③ 제1항에 따른 실종아동등의 지문등정보의 등록·관리 등에 필요한 사항은 대통령령으로 정한다.

> 경찰청장

제7조의4(지문등정보의 목적 외 이용제한) 누구든지 정당한 사유 없이 **지문등정보를** 실종아동등을 찾기 위한 **목적 외로 이용**하여서는 **아니 된다.**

경찰청장

제8조의2(실종아동등 신고 · 발견을 위한 정보시스템의 구축 · 운영) ① (   )은 실종아동등에 대한 신속한 신고 및 발견 체계를 갖추기 위한 정보시스템(**정보시스템**)을 **구축 · 운영하여야 한다.**

② **경찰청장**은 실종아동등의 조속한 발견을 위하여 제8조제1항에 따라 구축 · 운영 중인 정보연계시스템을 「사회복지사업법」 제6조의2제2항에 따라 구축 · 운영하는 **사회복지업무 관련 정보시스템과 연계**하여 해당 정보시스템이 보유한 **실종아동등의 신상정보의 내용을 활용할 수 있다.**

③ 제1항에 따른 정보시스템의 구축 · 운영에 필요한 사항과 제2항에 따른 정보시스템과 연계가 가능한 신상정보의 범위 및 신상정보 확인 방법 · 절차 등에 필요한 사항은 대통령령으로 정한다.

실시 여부

제9조(수색 또는 수사의 실시 등) ① **경찰관서의 장**은 실종아동등의 발생 **신고를 접수하면 지체 없이 수색 또는 수사의 (   )를 결정하여야 한다.**

② **경찰관서의 장**은 실종아동등(**범죄로 인한 경우를 제외한다.**)의 조속한 **발견을 위하여 필요한 때**에는 다음 각 호의 어느 하나에 해당하는 자에게 실종아동등의 위치 확인에 필요한 「위치정보의 보호 및 이용 등에 관한 법률」 제2조제2호에 따른 **개인위치정보,** 「인터넷주소자원에 관한 법률」 제2조제1호에 따른 **인터넷주소** 및 「통신비밀보호법」 제2조제11호마목 · 사목에 따른 **통신사실확인자료**(개인위치정보등)의 제공을 요청할 수 있다. 이 경우 경찰관서의 장의 **요청을 받은 자**는 「통신비밀보호법」 제3조에도 불구하고 **정당한 사유가 없으면** 이에 **따라야 한다.**

 1. 「위치정보의 보호 및 이용 등에 관한 법률」 제5조제7항에 따른 개인위치정보 사업자
 2. 「정보통신망 이용촉진 및 정보보호 등에 관한 법률」 제2조제1항제3호에 따른 정보통신서비스 제공자 중에서 대통령령으로 정하는 기준을 충족하는 제공자
 3. 「정보통신망 이용촉진 및 정보보호 등에 관한 법률」 제23조의3에 따른 본인 확인기관
 4. 「개인정보 보호법」 제24조의2에 따른 주민등록번호 대체가입수단 제공기관

③ 제2항의 요청을 받은 자는 그 실종아동등의 동의 없이 **개인위치정보등을 수집할** 수 있으며, **실종아동등의 동의가 없음을 이유**로 경찰관서의 장의 **요청을 거부하여** **아니 된다** 서는 (   ).

④ 경찰관서와 경찰관서에 종사하거나 종사하였던 자는 **실종아동등을 찾기 위한 목적**으로 제공받은 개인위치정보등을 실종아동등을 찾기 위한 **목적 외의 용도로** 이용하여서는 **아니 되며, 목적을 달성하였을 때**에는 지체 없이 **파기하여야 한다.**

⑤ 제1항의 수색 또는 수사 등에 필요한 사항은 행정안전부령으로 정하고, 제2항에 따른 개인위치정보등의 제공을 요청하는 방법 및 절차, 제4항에 따른 파기 방법 및 절차 등에 필요한 사항은 대통령령으로 정한다.

제9조의3(실종아동등 조기발견 지침 등) ① (   )은 불특정 다수인이 이용하는 시설에서 실종아동등을 빨리 발견하기 위하여 다음 각 호의 사항을 포함한 실종아동등 발생예방 및 조기발견을 위한 지침(**실종아동등 조기발견 지침**)을 마련하여 (   ).

  1. 보호자의 신고에 관한 사항
  2. 실종아동등 발생 상황 전파와 경보발령 절차
  3. 출입구 감시 및 수색 절차
  4. 실종아동등 미발견 시 경찰 신고 절차
  5. 경찰 도착 후 경보발령 해제에 관한 사항
  6. 그 밖에 실종아동등 발생예방과 찾기에 관한 사항

② 다음 각 호의 어느 하나에 해당하는 시설·장소 중 대통령령으로 정하는 규모의 시설·장소의 소유자·점유자 또는 관리자(**관리주체**)는 **실종아동등이 신고되는 경우** 실종아동등 조기발견 지침에 따라 **즉시 경보발령, 수색, 출입구 감시 등의 조치를 하여야 한다.**

  1. 「유통산업발전법」에 따른 대규모점포
  2. 「관광진흥법」에 따른 유원시설
  3. 「도시철도법」에 따른 도시철도의 역사(출입통로·대합실·승강장 및 환승통로와 이에 딸린 시설을 포함한다)
  4. 「여객자동차 운수사업법」에 따른 여객자동차터미널
  5. 「공항시설법」에 따른 공항시설 중 여객터미널
  6. 「항만법」에 따른 항만시설 중 여객이용시설
  7. 「철도산업발전기본법」에 따른 철도시설 중 역시설(물류시설은 제외한다)
  8. 「체육시설의 설치·이용에 관한 법률」에 따른 전문체육시설
  9. 「공연법」에 따른 공연이 행하여지는 공연장 등 시설 또는 장소

보건복지부장관

고시하여야 한다

10. 「박물관 및 미술관 진흥법」에 따른 박물관 및 미술관
11. 지방자치단체가 문화체육관광 진흥 목적으로 주최하는 지역축제가 행하여지는 장소
12. 그 밖에 대통령령으로 정하는 시설·장소

③ **관리주체**는 제2항에 따른 **시설·장소의 종사자**에게 실종아동등 조기발견 지침에 관한 **교육·훈련**을 **연 1회** 실시하고, 그 **결과**를 관할 **경찰관서의 장**에게 **보고하여야 한다.**

④ **관할 경찰관서의 장**은 실종아동등 조기발견 지침이 준수되도록 제2항에 따른 조치와 제3항에 따른 **교육·훈련**의 실시에 관한 사항을 **지도·감독하여야 한다.**

⑤ 관계 행정기관의 장은 제2항에 따른 시설·장소의 허가, 등록, 신고 또는 휴업, 폐업 등의 여부에 관한 정보를 관할 경찰관서의 장에게 통보하여야 한다. 다만, 「전자정부법」 제36조제1항에 따른 행정정보 공동이용을 통하여 확인할 수 있는 정보는 예외로 한다.

제1조(목적) 이 규칙은 실종아동등 및 가출인의 신속한 발견 등을 위한 업무를 효율적으로 처리하기 위해 필요한 사항을 규정함을 목적으로 한다.

제2조(정의) 이 규칙에서 사용하는 용어의 뜻은 다음과 같다.

1. **"아동등"**이란 「실종아동등의 보호 및 지원에 관한 법률」 제2조제1호에 따른 실종 당시 (   ) **미만 아동**, 지적·자폐성·정신(   ), **치매환자**를 말한다.   18세 / 장애인

2. **"실종아동등"**이란 법 제2조제2호에 따른 사유로 인하여 **보호자로부터 이탈**된 아동등을 말한다.

3. **"(   )"**이란 **보호자가 찾고 있는** 실종아동등을 말한다.   찾는실종아동등

4. **"보호실종아동등"**이란 보호자가 확인되지 않아 **경찰관이 보호하고 있는** 실종아동등을 말한다.

5. **"장기실종아동등"**이란 보호자로부터 신고를 접수한 지 (   )**이 경과**한 후에도 발견되지 않은 찾는실종아동등을 말한다.   48시간

6. **"가출인"**이란 신고 당시 보호자로부터 이탈된 (   ) **이상**의 사람을 말한다.   18세

7. **"(   )"**란 실종아동등 및 가출인이 실종·가출 전 최종적으로 목격되었거나 목격되었을 것으로 추정하여 신고자 등이 진술한 장소를 말하며, 신고자 등이 최종 목격 장소를 진술하지 못하거나, 목격되었을 것으로 추정되는 장소가 대중교통시설 등일 경우 또는 실종·가출 발생 후 (   )**이 경과**한 때에는 실종아동등 및 가출인의 실종 전 최종 주거지를 말한다.   발생지 / 1개월

8. **"발견지"**란 실종아동등 또는 가출인을 발견하여 보호 중인 장소를 말하며, 발견한 장소와 보호 중인 장소가 서로 다른 경우에는 (   ) **중인 장소**를 말한다.   보호

제외한다

경찰청

지방경찰청

채무관계

지명수배

허위

9. **"강력범죄"**란 「경찰청 사무분장 규칙」 제24조에 따른 사건 중 **살인·강도·변사사건** 등을 말하며, **약취·유인·체포·감금**은 (   ).

제4조(실종아동찾기센터) ① 실종아동등의 조속한 발견 등 관련 업무를 효율적으로 수행하기 위해 (   )에 **실종아동찾기센터**를 설치한다.

제5조(장기실종자 추적팀) ① 장기실종아동등에 대한 전담 추적·조사를 위해 경찰청 또는 (   )에 장기**실종자 추적팀**을 설치할 수 있다.

② 장기실종자 추적팀은 다음 각 호의 업무를 수행한다.

   1. 장기실종아동등에 대한 전담 조사

   2. 실종아동등·가출인 관련 사건의 수색·수사 지도

   3. 그 밖의 소속 경찰관서의 장이 지시하는 실종아동등 관련 업무

제6조(정보시스템의 운영) ① **경찰청 생활안전국장**은 법 제8조의2제1항에 따른 정보시스템으로 실종아동등 프로파일링시스템 및 실종아동찾기센터 홈페이지(**인터넷 안전드림**)를 운영한다.

② 실종아동등 프로파일링시스템은 **경찰관서 내에서만 사용할 수 있도록 제한**하고, 인터넷 안전드림은 누구든 사용할 수 있도록 공개 하는 등 분리하여 운영한다. 다만, 자료의 전송 등을 위해 필요한 경우 상호 연계할 수 있다.

제7조(정보시스템 입력 대상 및 정보 관리) ① 실종아동등 프로파일링시스템에 입력하는 대상은 다음 각 호와 같다.

   1. **실종아동등**

   2. **가출인**

   3. 보호시설 입소자 중 **보호자가 확인되지 않는 사람**(보호시설 무연고자)

② 경찰관서의 장은 실종아동등 또는 가출인에 대한 신고를 접수한 후 신고대상자가 다음 각 호의 어느 하나에 해당하는 경우에는 신고 내용을 **실종아동등 프로파일링시스템에 입력하지 않을 수 있다.**

   1. (   ) **해결**, 형사사건 당사자 소재 확인 등 실종아동등 및 가출인 **발견 외 다른 목적**으로 신고된 사람

   2. 수사기관으로부터 (   ) 또는 **지명통보**된 사람

   3. (   )로 신고된 사람

4. **보호자가 가출 시 동행**한 아동등

5. 그 밖에 신고 내용을 종합하였을 때 명백히 제1항에 따른 입력 대상이 아니
라고 판단되는 사람

③ 실종아동등 프로파일링시스템에 등록된 자료의 보존기간은 다음 각 호와 같다.
다만, 대상자가 사망하거나 보호자가 삭제를 요구한 경우는 즉시 삭제하여야 한다.

1. **발견된 18세 미만 아동 및 가출인**: 수배 해제 후로부터 **5년간 보관**

2. **발견된 지적 · 자폐성 · 정신장애인 등 및 치매환자**: 수배 해제 후로부터 **10년
간 보관**

3. 미발견자: 소재 발견 시까지 보관

4. 보호시설 무연고자: 본인 요청 시

④ 경찰관서의 장은 **본인** 또는 **보호자의 동의를** 받아 실종아동등 프로파일링시스템
에서 데이터베이스로 관리하는 실종아동등 및 보호시설 무연고자 **자료를 인터넷 안
전드림에 공개할 수 있다.**

⑤ 경찰관서의 장은 다음 각 호의 어느 하나에 해당하는 때에는 지체 없이 인터넷
안전드림에 **공개된 자료를 삭제하여야 한다.**

1. 찾는실종아동등을 **발견**한 때

2. 보호실종아동등 또는 보호시설 무연고자의 **보호자를 확인**한 때

3. 본인 또는 보호자가 공개된 자료의 **삭제를 요청**하는 때

제10조(신고 접수) ① 실종아동등 신고는 (   )에 **관계 없이** 실종아동찾기센터, 각
지방경찰청 및 경찰서에서 전화, 서면, 구술 등의 방법으로 접수하며, 신고를 접수
한 경찰관은 (   )와의 **관련 여부 등을 확인해야 한다.**

② 경찰청 실종아동찾기센터는 실종아동등에 대한 신고를 접수하거나, 신고 접수에
대한 보고를 받은 때에는 즉시 실종아동등 프로파일링시스템에 입력, 관할 경찰관
서를 지정하는 등 필요한 조치를 하여야 한다. 이 경우 관할 경찰관서는 (   )
관할 경찰관서 등 실종아동등을 신속히 발견할 수 있는 관서로 지정해야 한다.

제15조(신고 접수) ① 가출인 신고는 관할에 관계없이 접수하여야 하며, **신고를 접수
한 경찰관은 (   )와 관련 여부를 확인하여야 한다.**

② **경찰서장은** 가출인에 대한 **신고를 접수한 때**에는 정보시스템의 자료 조회, 신고
자의 진술을 청취하는 방법 등으로 가출인을 발견하기 위한 조치를 하여야 하며,

관할

범죄

발생지

범죄

가출인을 발견하지 못한 경우에는 즉시 **실종아동등 프로파일링시스템**에 가출인에 대한 사항을 **입력한다.**

③ 경찰서장은 접수한 가출인 신고가 **다른 관할인 경우** 제2항의 조치 후 지체 없이 가출인의 **발생지를 관할하는 경찰서장**에게 **이첩하여야 한다.**

제16조(신고에 대한 조치 등) ① 가출인 사건을 관할하는 경찰서장은 정보시스템 자료의 조회, 다른 자료와의 대조, 주변인물과의 연락 등 **가출인을 발견하기 위해 지속적으로 추적하고,** 실종아동등 프로파일링시스템에 등록한 날로부터 (　　　　　) **보호자에게 귀가 여부를 확인한다.**

② 경찰서장은 **가출인을 발견한 때**에는 **등록을 해제**하고, 해당 가출인을 **발견한 경찰서와 관할하는 경찰서**가 다른 경우에는 발견 사실을 (　　　) **경찰서장**에게 **지체 없이 알려야 한다.**

④ 경찰서장은 **가출인을 발견한 경우**에는 가출신고가 되어 있음을 고지하고, 보호자에게 통보한다. 다만, 가출인이 거부하는 때에는 보호자에게 가출인의 소재를 알 수 있는 사항을 통보하여서는 아니 된다.

제18조(현장 탐문 및 수색) ① 찾는실종아동등 및 가출인발생신고를 접수 또는 이첩받은 발생지 관할 경찰서장은 즉시 현장출동 경찰관을 지정하여 **탐문·수색하도록** (　　　　).

다만, 경찰관서장이 판단하여 수색의 실익이 없거나 현저히 곤란한 경우에는 탐문·수색을 생략하거나 **중단(　　　　).**

② 경찰서장은 제1항의 규정에 따라 현장을 탐문·수색한 결과, **정밀수색이 필요하다고 인정될 경우**에는 **추가로** 필요한 **경찰관** 등을 **출동시킬 수 있다.**

③ 현장출동 경찰관은 제1항의 규정에 따라 현장을 **탐문·수색한 결과**에 대해 **필요한 보고서를 작성**하여 실종아동등 프로파일링시스템에 **등록**하고 경찰서장에게 보고하여야 한다.

제19조(추적 및 수사) ① 찾는실종아동등 및 가출인에 대한 발생지 관할 경찰서장은 신고자·목격자 조사, 최종 목격지 및 주거지 수색, 위치추적 등 통신수사, 유전자검사, 실종아동등 프로파일링시스템 정보조회 등의 방법을 통해 실종아동등 및 가출인을 발견하기 위한 추적에 착수한다.

② 경찰서장은 실종아동등 및 가출인이 범죄관련 여부가 의심되는 경우, 신속히 수사에 착수하여야 한다.

제20조(실종수사 조정위원회) ① 경찰서장은 실종아동등 및 가출인의 수색·추적 중 인지된 강력범죄의 업무를 조정하기 위하여 실종수사 조정위원회를 구성하여 운영할 수 있다.

> 1. **위원회**는 **위원장**을 **경찰서장**으로 하고, 위원은 **여성청소년과장**(미직제시 생활안전과장), **형사과장**(미직제시 수사과장) 등 과장 **3인** 이상으로 구성한다.
> 2. 위원회는 경찰서 여성청소년과장이 회부한 강력범죄 의심 사건의 범죄관련성 여부 판단 및 담당부서를 결정한다.

② 위원회는 경찰서 **여성청소년과장**의 안건 회부 후 (　　) **내**에 **서면**으로 결정하여야 한다.

24시간

③ (　　　)은 위원회 결정에 따라 실종아동등 및 가출인 발견을 위해 신속히 **추적** 또는 **수사**에 **착수하여야 한다.**

경찰서장

11 아동학대범죄의 처벌 등에 관한 특례법

(약칭: 아동학대처벌법)   [법률 제17087호]

제1조(목적) 이 법은 아동학대범죄의 처벌 및 그 절차에 관한 특례와 피해아동에 대한 보호절차 및 아동학대행위자에 대한 보호처분을 규정함으로써 아동을 보호하여 아동이 건강한 사회 구성원으로 성장하도록 함을 목적으로 한다.

제2조(정의) 이 법에서 사용하는 용어의 뜻은 다음과 같다.

1. **"아동"**이란 (   )**세 미만인 사람**을 말한다.
2. **"보호자"**란 친권자, 후견인, 아동을 보호·양육·교육하거나 그러한 의무가 있는 자 또는 업무·고용 등의 관계로 사실상 아동을 보호·감독하는 자를 말한다.
3. **"아동학대"**란 보호자를 포함한 **성인이 아동의 건강 또는 복지를 해치거나 정상적 발달을 저해할 수 있는 신체적·정신적·성적 폭력**이나 **가혹행위**를 하는 것과 **아동의 보호자가 아동을** (   )**하거나 방임하는 것**을 말한다
5. **"아동학대행위자"**란 아동학대범죄를 범한 사람 및 그 **공범**을 말한다.
6. **"피해아동"**이란 아동학대범죄로 인하여 **직접적**으로 **피해를 입은 아동**을 말한다.

제3조(다른 법률과의 관계) 아동학대범죄에 대하여는 이 법을 우선 적용한다. 다만, 「성폭력범죄의 처벌 등에 관한 특례법」, 「아동·청소년의 성보호에 관한 법률」에서 **가중처벌되는 경우에는** 그 법에서 정한 바에 따른다.

제6조(상습범) 상습적으로 **아동학대범죄를 범한 자는** 그 죄에 정한 **형의 2분의 1까지 가중한다.** 다만, 다른 법률에 따라 상습범으로 가중처벌되는 경우에는 그러하지 아니하다.

18

유기

제7조(아동복지시설의 종사자 등에 대한 가중처벌) 아동학대 신고의무자가 보호하는 아동에 대하여 **아동학대범죄를 범한 때**에는 그 죄에 정한 형의 2분의 1까지 가중한다.

제8조(형벌과 수강명령 등의 병과) ① 법원은 아동학대행위자에 대하여 유죄판결(선고유예는 **제외한다**)을 선고하면서 (   )**시간**의 범위에서 재범예방에 필요한 **수강명령** 또는 아동학대 치료프로그램의 **이수명령**을 **병과할 수 있다.**

`200`

제9조(친권상실청구 등) ① **아동학대행위자가** 제5조(아동학대 중상해) 또는 제6조(상습범)의 범죄를 저지른 때에는 검사는 그 사건의 아동학대행위자가 피해아동의 **친권자나 후견인**인 경우에 (   )에 「민법」 제924조의 **친권상실의 선고** 또는 같은 법 제940조의 **후견인의 변경** 심판을 **청구하여야 한다.** 다만, 친권상실의 선고 또는 후견인의 변경 심판을 하여서는 아니 될 특별한 사정이 있는 경우에는 그러하지 아니하다.

`법원`

② **검사가** 제1항에 따른 **청구를 하지 아니한 때**에는 특별시장·광역시장·특별자치시장·도지사·특별자치도지사는 검사에게 제1항의 **청구를** 하도록 **요청할 수 있다.** 이 경우 청구를 요청받은 **검사는** 요청받은 날부터 (   )**일 내**에 그 처리 결과를 시·도지사 또는 시장·군수·구청장에게 **통보하여야 한다.**

`30`

③ 처리 결과를 통보받은 시·도지사 또는 시장·군수·구청장은 그 처리 **결과**에 대하여 **이의가 있을 경우** 통보받은 날부터 (   )**일 내**에 직접 **법원**에 제1항의 **청구를 할 수 있다.**

`30`

제10조(아동학대범죄 신고의무와 절차) ① (   ) 아동학대범죄를 알게 된 경우나 그 의심이 있는 경우에는 특별시·광역시·특별자치시·도·특별자치도 또는 (   )기관에 신고할 수 있다.

`누구든지`

`수사`

② 다음 각 호의 어느 하나에 해당하는 사람이 직무를 수행하면서 **아동학대범죄를 알게 된 경우**나 그 의심이 있는 경우에는 시·도, 시·군·구 또는 **수사기관에** (   ) 신고하여야 한다.

`즉시`

1. 아동권리보장원 및 가정위탁지원센터의 장과 그 종사자
2. 아동복지시설의 장과 그 종사자(**아동보호전문기관**의 장과 그 종사자는 **제외한다**)
3. 아동복지전담공무원

4. 가정폭력 관련 상담소 및 가정폭력피해자 보호시설의 장과 그 종사자

5. 건강가정지원센터의 장과 그 종사자

6. 다문화가족지원센터의 장과 그 종사자

7. 사회복지전담공무원 및 사회복지시설의 장과 그 종사자

8. 성매매방지 및 피해자보호 지원시설 및 성매매피해상담소의 장과 그 종사자

9. 성폭력피해상담소, 성폭력피해자보호시설의 장과 그 종사자 및 성폭력피해자 통합지원센터의 장과 그 종사자

10. 119구급대의 대원

11. 응급의료기관등에 종사하는 응급구조사

12. 육아종합지원센터의 장과 그 종사자 및 어린이집의 원장 등 보육교직원

13. 유치원의 장과 그 종사자

14. 아동보호전문기관의 장과 그 종사자

15. 의료기관의 장과 그 의료기관에 종사하는 의료인 및 의료기사

16. 장애인복지시설의 장과 그 종사자로서 시설에서 장애아동에 대한 상담·치료·훈련 또는 요양 업무를 수행하는 사람

17. 정신건강복지센터, 정신의료기관, 정신요양시설, 정신재활시설의 장과 그 종사자

18. 청소년시설 및 같은 조 제8호에 따른 청소년단체의 장과 그 종사자

19. 청소년 보호·재활센터의 장과 그 종사자

20. 초·중등학교의 장과 그 종사자

21. 한부모가족복지시설의 장과 그 종사자

22. 학원의 운영자·강사·직원 및 교습소의 교습자·직원

23. 아이돌보미

24. 취약계층 아동에 대한 통합서비스지원 수행인력

25. 입양기관의 장과 그 종사자

제10조의4(고소에 대한 특례) ① 피해아동 또는 그 **법정대리인**은 아동학대행위자를 **고소할 수 있다.**

피해아동의 **법정대리인이 행위자인 경우** 또는 아동학대행위자와 공동으로 아동학대범죄를 범한 경우에는 피해아동의 (   )이 고소할 수 있다.

② 피해아동은 「형사소송법」 제224조에도 불구하고 **아동학대행위자가** 자기 또는 배우자의 **직계존속인** 경우에도 **고소할 수 있다.** 법정대리인이 고소하는 경우에도

또한 같다.

③ 피해아동에게 고소할 **법정대리인**이나 **친족이 없는 경우**에 이해관계인이 신청하면 **검사는** (　　)**일 이내에 고소할 수 있는 사람을 지정하여야 한다.**

제11조(현장출동) ① 아동학대범죄 신고를 접수한 **사법경찰관리**나 아동학대전담공무원은 **지체 없이** 아동학대범죄의 **현장에 출동하여야 한다.** 이 경우 수사기관의 장이나 시·도지사 또는 시장·군수·구청장은 서로 동행하여 줄 것을 요청할 수 있으며, 그 요청을 받은 수사기관의 장이나 시·도지사 또는 시장·군수·구청장은 정당한 사유가 없으면 사법경찰관리나 아동학대전담공무원이 아동학대범죄 현장에 동행하도록 조치하여야 한다.

② 아동학대범죄 신고를 접수한 **사법경찰관리**나 아동학대전담공무원은 아동학대범죄가 행하여지고 있는 것으로 신고된 **현장에 출입**하여 아동 또는 아동학대행위자 등 **관계인**에 대하여 **조사를 하거나 질문을 할 수 있다.**
다만, 아동학대전담공무원은 다음 각 호를 위한 범위에서만 아동학대행위자 등 관계인에 대하여 조사 또는 질문을 할 수 있다.

　　1. 피해아동의 보호
　　2. 「아동복지법」 제22조의4의 사례관리계획에 따른 사례관리

③ **시·도지사** 또는 **시장·군수·구청장**은 제1항에 따른 **현장출동 시** 아동보호 및 사례관리를 위하여 필요한 경우 아동보호전문기관의 장에게 **아동보호전문기관의 직원이 동행할 것을 요청할 수 있다.** 이 경우 아동보호전문기관의 직원은 피해아동의 보호 및 사례관리를 위한 범위에서 아동학대전담공무원의 조사에 참여할 수 있다.

제12조(피해아동 등에 대한 응급조치) ① 현장에 **출동**하거나 아동학대범죄 **현장을 발견한 경우** 또는 학대현장 이외의 장소에서 학대피해가 확인되고 **재학대의 위험이 급박·현저한 경우, 사법경찰관리** 또는 아동학대전담공무원은 피해아동, 피해아동의 형제자매인 아동 및 피해아동과 동거하는 아동의 보호를 위하여 즉시 다음 각 호의 조치((　　)**조치)를 하여야 한다.**
이 경우 제3호의 조치를 하는 때에는 **피해아동등의 이익을 최우선**으로 고려하여야 하며, 피해아동등을 보호하여야 할 필요가 있는 등 특별한 사정이 있는 경우를 제외하고는 **피해아동등의 의사를 존중하여야 한다.**

　　1. 아동학대**범죄 행위의 제지**
　　2. 아동학대**행위자**를 피해아동등으로부터 **격리**

10

응급

   3. 피해아동등을 아동학대 관련 **보호시설**로 **인도**

   4. 긴급치료가 필요한 **피해아동**을 **의료기관**으로 인도

② **사법경찰관리**나 아동학대전담공무원은 제1항제3호 및 제4호 규정에 따라 **피해아동등을 분리·인도하여 보호하는 경우** 지체 없이 피해아동등을 인도받은 보호시설·의료시설을 관할하는 시·도지사 또는 **시장·군수·구청장**에게 그 사실을 **통보(　　　　)**.

③ 제1항제2호부터 제4호까지의 규정에 따른 **응급조치**는 (　　　)시간을 넘을 수 **없다**. 다만, 검사가 제15조제2항에 따라 **임시조치를 법원에 청구한 경우**에는 법원의 임시조치 (　　) 시까지 연장된다.

④ **사법경찰관리** 또는 아동학대전담공무원이 제1항에 따라 **응급조치를 한 경우**에는 즉시 **응급조치결과보고서를** 작성하여야 한다.

이 경우 **사법경찰관리가 응급조치를 한 경우**에는 관할 **경찰관서의 장이 시·도지사** 또는 **시장·군수·구청장**에게, **아동학대전담공무원이 응급조치를 한 경우**에는 소속 **시·도지사** 또는 **시장·군수·구청장**이 관할 **경찰관서의** 장에게 작성된 **응급조치결과보고서를** 지체 없이 **송부하여야 한다.**

제13조(아동학대행위자에 대한 긴급임시조치) ① 사법경찰관은 응급조치에도 불구하고 **아동학대범죄가 재발될 우려가** 있고, 긴급을 요하여 **법원의 임시조치 결정을 받을 수 없을 때**에는 직권이나 피해아동등, 그 법정대리인, 변호사, 시·도지사, 시장·군수·구청장 또는 아동보호전문기관의 장의 신청에 따라 제19조 제1항 제1호부터 제3호까지의 어느 하나에 해당하는 **조치를 할 수 있다.**

② 사법경찰관은 **긴급임시조치를 한 경우**에는 즉시 **긴급임시조치결정서를 작성하여야** 하고, 그 내용을 시·도지사 또는 시장·군수·구청장에게 지체 없이 **통지하여야 한다.**

제14조(임시조치의 청구) ① (　　　)는 아동학대범죄가 **재발될 우려가** 있다고 인정하는 경우에는 **직권**으로 또는 사법경찰관이나 보호관찰관의 **신청**에 따라 **법원**에 제19조제1항 각 호의 **임시조치를** (　　)할 수 있다.

제15조(응급조치·긴급임시조치 후 임시조치의 청구) ① 사법경찰관이 응급조치 또는 긴급임시조치를 하였거나 시·도지사 또는 시장·군수·구청장으로부터 응급조치가 행하여졌다는 통지를 받은 때에는 지체 없이 **검사**에게 **임시조치의 청구**를

하여야 한다

72

결정

검사

청구

신청하여야 한다.

② 제1항의 신청을 받은 검사는 **임시조치를 청구하는 때**에는 **응급조치가 있었던 때**부터 (   )**시간 이내**에, 긴급임시조치가 있었던 **때**부터 (   )**시간 이내**에 하여야 한다. 이 경우 응급조치결과보고서 및 긴급임시조치결정서를 첨부하여야 한다.

72 / 48

③ **사법경찰관**은 검사가 **임시조치**를 **청구**하지 아니하거나 법원이 임시조치의 **결정**을 하지 아니한 때에는 즉시 그 긴급임시조치를 **취소하여야 한다.**

제19조(아동학대행위자에 대한 임시조치) ① (   )는 아동학대범죄의 원활한 조사·심리 또는 피해아동등의 보호를 위하여 필요하다고 인정하는 경우에는 **결정**으로 **아동학대행위자**에게 다음 각 호의 어느 하나에 해당하는 **조치((   )조치)**를 할 수 있다.

판사

임시

　1. 피해아동등 또는 가정구성원의 주거로부터 **퇴거** 등 **격리**
　2. 피해아동등 또는 가정구성원의 주거, 학교 또는 보호시설 등에서 100미터 이내의 접근 금지
　3. 피해아동등 또는 가정구성원에 대한 전기통신을 이용한 접근 금지
　4. **친권** 또는 **후견인** 권한 행사의 **제한** 또는 정지
　5. **아동보호전문기관** 등에의 상담 및 교육 **위탁**
　6. **의료기관**이나 그 밖의 **요양시설**에의 위탁
　7. 경찰관서의 **유치장** 또는 **구치소**에의 유치

② 제1항 각 호의 처분은 **병과할 수 있다.**

③ 판사는 피해아동등에 대하여 제12조 제1항 제2호부터 제4호까지의 규정에 따른 **응급조치**가 행하여진 경우에는 임시조치가 청구된 때로부터 (   )**시간 이내**에 **임시조치** 여부를 **결정하여야 한다.**

24

제24조(사법경찰관의 사건송치) 사법경찰관은 아동학대범죄를 신속히 수사하여 **사건**을 검사에게 **송치하여야 한다.** 이 경우 **사법경찰관**은 해당 사건을 **아동보호사건**으로 처리하는 것이 적절한 지에 관한 **의견**을 **제시**할 수 있다.

제34조(공소시효의 정지와 효력) ① 아동학대범죄의 **공소시효**는「형사소송법」제252조에도 불구하고 해당 아동학대범죄의 **피해아동이** (   )**에** 달한 날부터 진행한다.

성년

② 아동학대범죄에 대한 **공소시효**는 해당 아동보호사건이 **법원에 송치된 때**부터 **시효 진행이 정지된다.**

③ **공범** 중 1명에 대한 제2항의 **시효정지**는 다른 **공범자**에게도 **효력을 미친다.**

12 | 유실물법

[법률 제12210호]

제1조(습득물의 조치) ① 타인이 유실한 물건을 습득한 자는 이를 신속하게 **유실자** 또는 **소유자**, 그 밖에 물건회복의 **청구권을 가진 자**에게 **반환**하거나 **경찰서**(지구대·파출소 등 소속 경찰관서를 포함한다) 또는 제주특별자치도의 자치경찰단 사무소(**자치경찰단**)에 **제출**(   ).

하여야 한다

다만, 법률에 따라 소유 또는 소지가 금지되거나 범행에 사용되었다고 인정되는 물건은 신속하게 경찰서 또는 자치경찰단에 제출하여야 한다.

② 물건을 경찰서에 제출한 경우에는 경찰서장이, 자치경찰단에 제출한 경우에는 제주특별자치도지사가 물건을 반환받을 자에게 반환하여야 한다. 이 경우에 **반환을 받을 자의 성명**이나 **주거를 알 수 없을 때**에는 대통령령으로 정하는 바에 따라 공고(   ).

하여야 한다

▰ 참고

유실물법 시행령

제3조(습득공고 등) ① 법 제1조제1항에 따라 습득물을 제출받은 경찰서장 또는 제주특별자치도지사가 제출받은 습득물을 반환받을 자를 알 수 없어 법 제1조제2항 후단에 따라 공고할 때에는 그 **습득물을 제출받은 날부터** 다음 각 호의 어느 하나에 **해당하는 날까지** 법 제16조에 따라 유실물에 관한 정보를 제공하는 **인터넷 사이트에 해당 습득물에 관한 정보를 게시하여야 한다.**

1. 습득물의 유실자 또는 소유자, 그 밖에 물건회복의 청구권을 가진 자(청구권자) 또는 습득자가 습득물을 **찾아간 날**

2. 습득물이 법 제15조에 따라 국고 또는 제주특별자치도의 금고에 **귀속하게 된 날**

제5조(법정기간이 경과된 습득물의 조치) ① 경찰서장 또는 제주특별자치도지사는 그 보관하는 습득물에 대하여 **민법** 제253조에 규정된 기간내((   ) 이내)에 청구권자가 나타나지 아니하여 습득자가 그 소유권을 취득하게 되었을 때에는 그 사실을 별지 제7호서식의 **소유권 취득 통지서**에 따라 통지하거나 **전화 또는 문자** 메시지로 **알려 주어야 한다.**

`6개월`

제2조(보관방법) ① 경찰서장 또는 자치경찰단을 설치한 제주특별자치도지사는 보관한 물건이 **멸실되거나 훼손될 우려가 있을 때** 또는 보관에 과다한 비용이나 불편이 수반될 때에는 대통령령으로 정하는 방법으로 이를 **매각할 수 있다.**

② 매각에 드는 **비용**은 매각대금에서 충당한다.

③ 매각 비용을 공제한 매각대금의 **남은 금액**은 **습득물**로 간주하여 보관한다.

제3조(비용 부담) 습득물의 보관비, 공고비, 그 밖에 **필요한 비용**은 물건을 반환받는 자나 물건의 소유권을 취득하여 이를 **인도받는 자**가 **부담**하되, 「민법」 제321조부터 제328조까지의 규정을 적용한다.

제4조(보상금) 물건을 반환받는 자는 물건가액의 100분의 ( ) **이상** 100분의 (   ) 이하의 범위에서 보상금을 **습득자**에게 **지급하여야 한다.** 다만, 국가·지방자치단체와 그 밖에 대통령령으로 정하는 공공기관은 보상금을 청구할 수 없다.

`5 / 20`

제5조(매각한 물건의 가액) 제2조에 따라 **매각한 물건의 가액**은 매각대금을 그 물건의 가액으로 한다.

제6조(비용 및 보상금의 청구기한) 제3조의 비용과 제4조의 보상금은 물건을 반환한 후 ( )개월이 지나면 (   )할 수 없다.

`1 / 청구`

제7조(습득자의 권리 포기) 습득자는 미리 신고하여 습득물에 관한 모든 권리를 포기하고 의무를 지지 아니할 수 있다.

제9조(습득자의 권리 상실) 습득물이나 그 밖에 이 법의 규정을 준용하는 물건을 횡령함으로써 처벌을 받은 자 및 **습득일부터** ( )일 **이내**에 제1조제1항 또는 제11조제1항의 **절차를 밟지** 아니한 자는 제3조의 비용과 제4조의 **보상금을 받을 권리** 및 **습득물의 소유권**을 취득할 (   )를 상실한다.

`7`

`권리`

반씩

습득자

제10조(선박, 차량, 건축물 등에서의 습득) ① 관리자가 있는 선박, 차량, 건축물, 그 밖에 일반인의 통행을 금지한 구내에서 **타인의 물건을 습득한 자**는 그 물건을 **관리자에게 인계하여야 한다.**

② 제1항의 경우에는 **선박, 차량, 건축물 등의 점유자를 습득자로 한다.** 자기가 관리하는 장소에서 타인의 물건을 습득한 경우에도 또한 같다.

③ 이 조의 경우에 **보상금**은 제2항의 **점유자와 실제로 물건을 습득한 자가** (   ) **나누어야 한다.**

④ 「민법」 제253조에 따라 소유권을 취득하는 경우에는 제2항에 따른 습득자와 제1항에 따른 사실상의 습득자는 반씩 나누어 그 소유권을 취득한다. 이 경우 습득물은 제2항에 따른 습득자에게 인도한다.

제11조(장물의 습득) ① 범죄자가 놓고 간 것으로 인정되는 물건을 습득한 자는 신속히 그 물건을 **경찰서**에 제출하여야 한다.

② 제1항의 물건에 관하여는 법률에서 정하는 바에 따라 몰수할 것을 제외하고는 이 법 및 「민법」 제253조를 준용한다. 다만, 공소권이 소멸되는 날부터 **6개월간 환부받는 자가 없을 때**에만 (   )가 그 소유권을 취득한다.

③ **범죄수사상 필요할 때**에는 **경찰서장**은 공소권이 소멸되는 날까지 공고를 하지 아니할 수 있다.

④ **경찰서장**은 제출된 습득물이 **장물**이 아니라고 판단되는 상당한 이유가 있고, **재산적 가치**가 없거나 타인이 **버린 것**이 분명하다고 인정될 때에는 이를 **습득자에게 반환할 수 있다.**

■ 참고

민법 제253조(유실물의 소유권취득) 유실물은 법률에 정한 바에 의하여 공고한 후 **6개월 내**에 그 소유자가 **권리를 주장하지 아니하면 습득자**가 그 소유권을 취득한다

제12조(준유실물) 착오로 점유한 물건, 타인이 놓고 간 물건이나 일실한 가축에 관하여는 이 법 및 「민법」 제253조를 준용한다. 다만, **착오로 점유한 물건**에 대하여는 제3조의 **비용**과 제4조의 **보상금**을 **청구할 수 없다.**

제14조(수취하지 아니한 물건의 소유권 상실) 이 법 및 「민법」 제253조, 제254조에 따라 물건의 소유권을 취득한 자가 그 **취득한 날부터** (   )**개월 이내에** 물건을 경찰서 또는 자치경찰단으로부터 받아가지 아니할 때에는 그 **소유권을 상실한다.**

3

제15조(수취인이 없는 물건의 귀속) 이 법의 규정에 따라 경찰서 또는 자치경찰단이 보관한 물건으로서 **교부받을 자가 없는 경우**에는 그 소유권은 (   ) 또는 제주특별자치도의 금고에 **귀속**한다.

국고

제16조(인터넷을 통한 유실물 정보 제공) (   )은 경찰서장 및 자치경찰단장이 관리하고 있는 유실물에 관한 **정보**를 **인터넷 홈페이지** 등을 통하여 국민에게 **제공하여야 한다.**

경찰청장

가정폭력범죄의 처벌 등에 관한 특례법

(약칭: 가정폭력처벌법)   [법률 제14962호]

제1조(목적) 이 법은 가정폭력범죄의 형사처벌 절차에 관한 특례를 정하고 가정폭력 범죄를 범한 사람에 대하여 환경의 조정과 성행의 교정을 위한 보호처분을 함으로써 **가정폭력범죄로 파괴된 가정의 평화와 안정을 회복**하고 건강한 가정을 가꾸며 **피해자와 가족구성원의 인권을 보호**함을 목적으로 한다.

제2조(정의) 이 법에서 사용하는 용어의 뜻은 다음과 같다.

1. "(   )"이란 **가정구성원** 사이의 **신체적, 정신적 또는 재산상 피해를 수반하는 행위**를 말한다.

2. "**가정구성원**"이란 다음 각 목의 어느 하나에 해당하는 사람을 말한다.

> 가. **배우자(사실상 혼인관계에 있는 사람을 포함한다)** 또는 배우자였던 사람
> 나. 자기 또는 배우자와 **직계존비속관계**(사실상의 양친자관계를 (   ))에 있거나 있었던 사람
> 다. **계부모와 자녀의 관계 또는 적모와 서자의 관계**에 있거나 있었던 사람
> 라. 동거하는 **친족**

3. "**가정폭력범죄**"란 가정폭력으로서 다음 각 목의 어느 하나에 해당하는 죄를 말한다.

> 가. 「형법」 제2편제25장 **상해와 폭행의 죄**
>   (상해, 존속상해), (중상해, 존속중상해), (특수상해), (폭행, 존속폭행), (특수폭행), (상습범)의 죄
> 나. 「형법」 제2편제28장 **유기와 학대의 죄**
>   (유기, 존속유기)·(영아유기), (학대, 존속학대), (아동혹사)의 죄
> 다. 「형법」 제2편제29장 **체포와 감금의 죄**

(체포, 감금, 존속체포, 존속감금), (중체포, 중감금, 존속중체포, 존속중감금), (특수체포, 특수감금), (상습범) 및 (미수범)의 죄

라. 「형법」 제2편제30장 **협박의 죄**

(협박, 존속협박) · (특수협박),(상습범), (미수범)의 죄

마. 「형법」 제2편제32장 **강간과 추행의 죄**

(강간), (유사강간), (강제추행), (준강간, 준강제추행), (강간등 상해 · 치상), (강간등 살인 · 치사), (미성년자등에 대한 간음), (미성년자에 대한 간음, 추행), 의 죄

바. 「형법」 제2편제33장 **명예에 관한 죄**

(명예훼손), (사자의 명예훼손), (출판물등에 의한 명예훼손), (모욕)의 죄

사. 「형법」 제2편제36장 **주거침입의 죄**

(주거 · 신체 수색)의 죄

아. 「형법」 제2편제37장 **권리행사를 방해하는 죄**

(강요), (미수범)의 죄

자. 「형법」 제2편제39장 **사기와 공갈의 죄**

(공갈), (특수공갈)의 죄

차. 「형법」 제2편제42장

(재물손괴등)의 죄

◤ 참고

가정폭력범죄가 아닌 범죄
살인, 강도, 절도, 사기, 횡령, 배임, **약취 · 유인**, 상해치사, 폭행치사, 유기치사상, 체포감금치사상, **인질강요, 중손괴**, 특수손괴, **주거침입, 퇴거불응, 업무방해**(공무집행방해)

---

4. "**가정폭력행위자**"란 가정폭력**범죄를 범한 사람** 및 가정구성원인 공범을 말한다.
5. "**피해자**"란 가정폭력범죄로 인하여 직접적으로 **피해를 입은 사람**을 말한다.
6. "**가정보호사건**"이란 가정폭력범죄로 인하여 이 법에 따른 **보호처분의 대상이 되는 사건**을 말한다.
7. "**보호처분**"이란 법원이 가정보호사건에 대하여 심리를 거쳐 **가정폭력행위자**에게 하는 제40조에 따른 처분을 말한다.

7의2. "피해자보호명령사건"이란 가정폭력범죄로 인하여 제55조의2에 따른 피해자
  보호명령의 대상이 되는 사건을 말한다.

18세 미만

8. "**아동**"이란 「아동복지법」 제3조제1호에 따른 (   ) 아동을 말한다.

제3조(다른 법률과의 관계) 가정폭력범죄에 대하여는 이 법을 우선 적용한다.
다만, 아동학대범죄에 대하여는 「아동학대범죄의 처벌 등에 관한 특례법」을 우선
적용한다.

수사기관

제4조(신고의무 등) ① 누구든지 가정폭력범죄를 알게 된 경우에는 (   )에 신고
할 수 있다.

② 다음 각 호의 어느 하나에 해당하는 사람이 직무를 수행하면서 **가정폭력범죄를**
하여야 한다
알게 된 경우에는 정당한 사유가 없으면 즉시 **수사기관에 신고**(   ).

> 1. **아동**의 **교육과 보호**를 담당하는 기관의 **종사자**와 그 기관장
> 2. 아동, 60세 이상의 노인, 그 밖에 정상적인 판단 능력이 결여된 사람의 치료
>   등을 담당하는 **의료인 및 의료기관의 장**
> 3. **노인복지시설**, 아동복지시설, 장애인복지시설의 종사자와 그 기관장
> 4. **다문화가족지원센터**의 전문인력과 그 장
> 5. 따른 **국제결혼중개업자와 그 종사자**
> 6. **구조대 · 구급대의 대원**
> 7. **사회복지 전담공무원**
> 8. **건강가정지원센터의 종사자와 그 센터의 장**

③ 아동상담소, 가정폭력 관련 상담소 및 보호시설, 성폭력피해상담소 및 보호시설
(상담소등)에 근무하는 **상담원**과 그 **기관장**은 피해자 또는 피해자의 법정대리인 등
과의 상담을 통하여 **가정폭력범죄를 알게 된 경우**에는 가정폭력피해자의 명시적인
하여야 한다
반대의견이 없으면 **즉시 신고**(   ).

④ 누구든지 제1항부터 제3항까지의 규정에 따라 가정폭력범죄를 **신고한 사람**("신
고자")에게 그 신고행위를 이유로 **불이익을** 주어서는 **아니 된다.**

응급조치
사법경찰관리

제5조(가정폭력범죄에 대한 (   )) 진행 중인 가정폭력범죄에 대하여 신고를 받
은 (   )는 즉시 **현장**에 나가서 다음 각 호의 **조치를 하여야 한다.**

> 1. **폭력행위의 제지, 가정폭력행위자 · 피해자의 분리 및 범죄수사**
> 2. 피해자를 가정폭력 관련 **상담소** 또는 **보호시설**로 인도
>   (피해자가 **동의**한 경우만 해당한다)
> 3. 긴급치료가 필요한 피해자를 **의료기관**으로 인도
> 4. 폭력행위 재발 시 **임시조치를 신청**할 수 있음을 통보

제6조(고소에 관한 특례) ① **피해자** 또는 그 법정대리인은 가정폭력행위자를 **고소**
(   ). 피해자의 법정대리인이 가정폭력행위자인 경우 또는 가정폭력행위자와
공동으로 가정폭력범죄를 범한 경우에는 피해자의 (   )**이 고소할 수 있다.**   ··· **할 수 있다**
② **피해자**는 「형사소송법」 제224조에도 불구하고 가정폭력행위자가 **자기** 또는 **배** ··· **친족**
우자의 **직계존속**인 경우에도 **고소할 수 있다.** 법정대리인이 고소하는 경우에도 또
한 같다.
③ 피해자에게 고소할 법정대리인이나 **친족이 없는 경우**에 이해관계인이 신청하면
(   )**는** (   ) 이내에 **고소할 수 있는 사람을 지정하여야 한다.**   ··· **검사 / 10일**

제7조(사법경찰관의 사건 송치) 사법경찰관은 가정폭력범죄를 신속히 수사하여 사건
을 **검사**에게 **송치하여야 한다.** 이 경우 사법경찰관은 해당 사건을 가정보호사건으
로 처리하는 것이 적절한지에 관한 (   )**을 제시할 수 있다.**   ··· **의견**

제8조(임시조치의 청구 등) ① (   )**는** 가정폭력범죄가 재발될 우려가 있다고 인정   ··· **검사**
하는 경우에는 **직권**으로 또는 사법경찰관의 **신청**에 의하여 **법원**에 제29조제1항제1
호 · 제2호 또는 제3호의 (   )**를 청구할 수 있다.**   ··· **임시조치**

② **검사**는 가정폭력행위자가 제1항의 청구에 의하여 결정된 임시조치를 위반하여
가정폭력범죄가 재발될 우려가 있다고 인정하는 경우에는 **직권**으로 또는 사법경찰
관의 신청에 의하여 **법원**에 제29조 제1항제5호(**국가경찰관서의 유치장 / 구치소 유
치**)의 **임시조치를 청구할 수 있다.**

③ 제1항 및 제2항의 경우 **피해자** 또는 그 법정대리인은 **검사** 또는 사법경찰관에게
제1항 및 제2항에 따른 **임시조치의 청구** 또는 그 **신청을 요청**하거나 이에 관하여
의견을 진술할 수 있다.

제8조의2(긴급임시조치) ① 사법경찰관은 제5조에 따른 **응급조치에도 불구하고** 가정폭력범죄가 **재발될 우려**가 있고, **긴급을 요하여** 법원의 **임시조치 결정을 받을 수 없을 때**에는 직권 또는 피해자나 그 법정대리인의 신청에 의하여 다음 하나에 해당하는 조치(   )를 **할 수 있다.**

> 1. 피해자 또는 가정구성원의 **주거** 또는 점유하는 **방실로부터의 퇴거** 등 **격리**
> 2. 피해자 또는 가정구성원의 주거, 직장 등에서 100미터 이내의 접근 금지
> 3. 피해자 또는 가정구성원에 대한 **전기통신을 이용한 접근 금지**

제8조의3(긴급임시조치와 임시조치의 청구) ① 사법경찰관이 **긴급임시조치를 한 때**에는 **지체 없이 검사**에게 제8조에 따른 **임시조치를 신청**하고, 신청받은 **검사는 법원에 임시조치를 청구하여야 한다.** 이 경우 임시조치의 청구는 긴급임시조치를 한 때부터 (   ) **이내에 청구**하여야 하며, 제8조의2제2항에 따른 **긴급임시조치결정서**를 첨부하여야 한다.

② 제1항에 따라 임시조치를 **청구하지 아니하거나** 법원이 임시조치의 **결정을 하지 아니한 때**에는 즉시 긴급임시조치를 **취소하여야 한다.**

제9조(가정보호사건의 처리) ① 검사는 가정폭력범죄로서 **사건의 성질 · 동기 및 결과, 가정폭력행위자의 성행** 등을 고려하여 이 법에 따른 **보호처분**을 하는 것이 적절하다고 인정하는 경우에는 **가정보호사건으로 처리할 수 있다.** 이 경우 검사는 **피해자의 의사를 존중**하여야 한다.

제9조의2(상담조건부 기소유예) 검사는 가정폭력사건을 수사한 결과 가정폭력행위자의 성행 교정을 위하여 필요하다고 인정하는 경우에는 **상담조건부 기소유예**를 할 수 있다.

제29조(임시조치) ① (   )는 가정보호사건의 원활한 조사 · 심리 또는 피해자 보호를 위하여 필요하다고 인정하는 경우에는 결정으로 **가정폭력행위자**에게 다음 각 호의 어느 하나에 해당하는 (   )를 **할 수 있다.**

> 1. 피해자 또는 가정구성원의 **주거** 또는 **점유**하는 **방실로부터의 퇴거** 등 **격리**
> 2. 피해자 또는 가정구성원의 **주거, 직장** 등에서 (   ) **이내의 접근 금지**
> 3. 피해자 또는 가정구성원에 대한 「전기통신기본법」 제2조제1호의 **전기통신을 이용한 접근 금지**

긴급임시조치

48시간

판사

임시조치

100미터

    4. **의료기관**이나 그 밖의 **요양소**에의 **위탁**

    5. 국가경찰관서의 **유치장** 또는 **구치소**에의 **유치**

② 동행영장에 의하여 동행한 **가정폭력행위자** 또는 제13조에 따라 **인도된 가정폭력행위자**에 대하여는 가정폭력행위자가 법원에 인치된 때부터 (　　　) **이내**에 제1항의 **조치 여부를 결정하여야 한다.**

③ 법원은 제1항에 따른 조치를 결정한 경우에는 검사와 피해자에게 통지하여야 한다.

⑤ 제1항제1호부터 제3호까지의 **임시조치기간은** (　　　), 같은 항 제4호 및 제5호의 **임시조치기간은** (　　　)**을 초과할 수 없다.**

    다만, 피해자의 보호를 위하여 그 기간을 **연장할 필요가 있다고 인정하는 경우**에는 결정으로 제1항제1호부터 제3호까지의 **임시조치는 두 차례**만, 같은 항 제4호 및 제5호의 **임시조치는 한 차례**만 각 기간의 범위에서 **연장할 수 있다.**

24시간

2개월

1개월

14 총포 · 도검 · 화약류 등의 안전관리에 관한 법률

(약칭: 총포화약법)   [법률 제16670호]

제1조(목적) 이 법은 총포 · 도검 · 화약류 · 분사기 · 전자충격기 · 석궁의 제조 · 판매 · 임대 · 운반 · 소지 · 사용과 그 밖에 안전관리에 관한 사항을 정하여 총포 · 도검 · 화약류 · 분사기 · 전자충격기 · 석궁으로 인한 위험과 재해를 미리 방지함으로써 공공의 안전을 유지하는 데 이바지함을 목적으로 한다.

제2조(정의) ① 이 법에서 **"총포"**란 권총, 소총, 기관총, 포, 엽총, 금속성 탄알이나 가스 등을 쏠 수 있는 장약총포, 공기총(**가스를 이용하는 것**을 **포함한다**) 및 총포신 · 기관부 등 그 부품으로서 대통령령으로 정하는 것을 말한다.

② 이 법에서 **"도검"**이란 칼날의 길이가 **15센티미터** (   )인 칼 · 검 · 창 · 치도 · 비수 등으로서 성질상 흉기로 쓰이는 것과 칼날의 길이가 **15센티미터** (   )이라 할지라도 흉기로 사용될 **위험성이 뚜렷한 것** 중에서 대통령령으로 정하는 것을 말한다.

제5조(제조업자의 결격사유) 다음 각 호의 어느 하나에 해당하는 자는 총포 · 도검 · 화약류 · 분사기 · 전자충격기 · 석궁 (   )의 허가를 받을 수 없다.

1. ( ) **이상의 실형을 선고**받고 그 집행이 끝나거나 집행을 받지 아니하기로 확정된 후 3년이 지나지 아니한 자
2. **금고 이상의 형의 집행유예를 선고**받고 그 유예기간이 끝난 날부터 ( )이 **지나지 아니한 자**
3. 심신상실자, 마약 · 대마 · 향정신성의약품 또는 **알코올 중독자**, 그 밖에 이에 준하는 **정신장애인**
4. ( ) **미만**인 자
5. 피성년**후견인** 및 피한정후견인

[여백 주석]
이상
미만

제조업
금고

1년

20세

6. **파산선고**를 받고 복권되지 아니한 자

7. 제45조제1항에 따라 허가가 취소된 후 3년이 지나지 아니한 자

8. 임원 중에 제1호부터 제7호까지의 (　　　　)에 해당하는 자가 있는 법인·단체 　　어느 하나

제13조(총포·도검·화약류·분사기·전자충격기·석궁 소지자의 결격사유 등)

① 다음 각 호의 어느 하나에 해당하는 자는 총포·도검·화약류·분사기·전자충격기·석궁의 (　　　　)를 받을 수 없다. 　　소지허가

1. **20세 미만인 자.**
   다만, 대한체육회장이나 특별시·광역시·특별자치시·도 또는 특별자치도의 체육회장이 추천한 **선수** 또는 후보자가 사격경기용 총을 소지하려는 경우는 (　　　). 　　제외한다

2. **심신상실자, 마약·대마·향정신성의약품** 또는 **알코올 중독자, 정신질환자** 또는 **뇌전증 환자**로서 대통령령으로 정하는 사람

3. **금고 이상의 실형을 선고**받고 그 집행이 끝나거나(집행이 끝난 것으로 보는 경우를 포함한다) 면제된 날부터 (　　)이 지나지 아니한 자 　　5년

4. 이 법을 위반하여 **벌금형을 선고**받고 (　　)이 지나지 아니한 자 　　5년

5. 「특정강력범죄의 처벌에 관한 특례법」 제2조제1항 각 호의 어느 하나에 해당하는 **특정강력범죄**를 범하여 **벌금형의 선고** 또는 **징역 이상의 형의 집행유예**를 선고받고 그 유예기간이 끝난 날부터 **5년**이 지나지 아니한 자

6. 이 법을 위반하여 **금고 이상의 형의 집행유예**를 선고받고 그 유예기간이 끝난 날부터 (　　)이 지나지 아니한 자 　　3년

6의2. 다음 각 목의 어느 하나에 해당하는 죄를 범하여 벌금형을 선고받고 (　　) 이 지나지 아니하거나 **금고 이상의 형의 집행유예**를 선고받고 그 유예기간이 끝난 날부터 **5년**이 지나지 아니한 사람 　　5년

   가. 「형법」(**범죄단체 등의 조직**)

   나. 「형법」(**상해, 존속상해**), (**폭행, 존속폭행**), (**특수폭행**) 의 죄

   다. 「아동·청소년의 성보호에 관한 법률」 제7조(**아동·청소년에 대한 강간· 강제추행 등**) 및 제8조(**장애인인 아동·청소년에 대한 간음 등**) 의 죄

6의3. 「도로교통법」 (　　　　)으로 **벌금 이상의 형을 선고**받은 날부터 **5년** 이내에 **다시 음주운전** 등으로 **벌금 이상의 형을 선고**받고 그 집행이 종료되거나 집행이 면제된 날부터 (　　)이 지나지 아니한 사람 　　음주운전 / 5년

7. 제45조 또는 제46조제1항에 따라 **허가가 취소된 후 1년**이 지나지 아니한 자

제23조(발견 · 습득의 신고 등) 누구든지 유실 · 매몰 또는 정당하게 관리되고 있지 아니하는 총포 · 도검 · 화약류 · 분사기 · 전자충격기 · 석궁이라고 인정되는 물건을 발견하거나 습득하였을 때에는 (　　　) 이내에 가까운 **경찰관서에 신고하여야** 하며, 국가경찰공무원(의무경찰을 포함한다)의 지시 없이 이를 만지거나 옮기거나 두들기거나 해체하여서는 아니 된다.

제25조(화약류저장소 설치허가) ① 화약류저장소를 설치하려는 자는 대통령령으로 정하는 화약류저장소의 종류별 구분에 따라 그 설치하려는 곳을 관할하는 **지방경찰청장 또는 경찰서장의 (　　　)를 받아야 한다.** 화약류저장소의 위치 · 구조 · 설비를 **변경하려는 경우에도** 또한 같다.

② 지방경찰청장 또는 경찰서장은 제1항에 따른 **허가신청을 받은 경우에** 그 저장소의 구조 · 위치 및 설비가 대통령령으로 정하는 **기준에 적합하지 아니할 때에는** 화약류저장소의 설치를 **허가하여서는 아니** 된다.

③ **화약류저장소 설치허가를** 받으려는 자의 **결격사유에** 관하여는 **제5조를 준용한다.**

④ 지방경찰청장 또는 경찰서장은 제45조제2항에 따라 **화약류저장소의 설치허가가 취소된 후 (　　　) 이내에** 그 장소에 **화약류저장소를 설치하려는** 자에 대해서는 제1항에 따른 **허가를 하여서는 아니** 된다.

⑤ 화약류저장소의 **설치허가를 받은 자**("화약류저장소설치자")는 화약류저장소를 다른 자에게 관리 **위탁하거나 빌려주어서는 아니 된다.**

제26조(화약류의 운반) ① 화약류를 운반하려는 사람은 행정안전부령으로 정하는 바에 따라 (　　　)를 **관할하는 경찰서장에게 신고하여야 한다.** 다만, 대통령령으로 정하는 수량 이하의 화약류를 운반하는 경우에는 그러하지 아니하다.

② **운반신고를 받은 경찰서장**은 행정안전부령으로 정하는 바에 따라 **화약류운반신고증명서를 발급**하여야 한다.

③ **화약류를 운반하는 사람**은 제2항에 따라 발급받은 **화약류운반신고증명서를 지니고 있어야 한다.**

④ 화약류를 운반할 때에는 그 적재방법, 운반방법, 운반경로, 운반표지 등에 관하여 대통령령으로 정하는 기술상의 기준과 제2항에 따른 화약류운반신고증명서에 적힌 지시에 따라야 한다.

다만, **철도 · 선박 · 항공기로 운반하는 경우에는 그러하지 아니하다.**

(24시간 / 허가 / 6개월 / 발송지)

15 | 경비업법

[법률 제16316호]

제1조(목적) 이 법은 경비업의 육성 및 발전과 그 체계적 관리에 관하여 필요한 사항을 정함으로써 경비업의 건전한 운영에 이바지함을 목적으로 한다.

제2조(정의) 이 법에서 사용하는 용어의 정의는 다음과 같다.

1. **"경비업"**이라 함은 다음에 해당하는 업무의 전부 또는 일부를 도급받아 행하는 영업을 말한다.

( )경비업무	경비를 필요로 하는 시설 및 장소(경비대상시설)에서의 **도난 · 화재** 그 밖의 **혼잡** 등으로 인한 위험발생을 방지하는 업무	시설
호송경비업무	운반중에 있는 현금 · 유가증권 · 귀금속 · 상품 그 밖의 ( )에 대하여 도난 · 화재 등 위험발생을 방지하는 업무	물건
신변보호업무	( )의 생명이나 신체에 대한 위해의 발생을 방지하고 그 신변을 보호하는 업무	사람
( )경비업무	경비대상시설에 설치한 **기기**에 의하여 감지 · 송신된 정보를 그 경비대상시설**외의 장소**에 설치한 관제시설의 기기로 수신하여 **도난 · 화재** 등 **위험발생**을 방지하는 업무	기계
특수경비업무	공항(항공기를 포함한다) 등 대통령령이 정하는 **국가중요시설**의 **경비** 및 **도난 · 화재** 그 밖의 **위험발생**을 방지하는 업무	

2. **"경비지도사"**라 함은 경비원을 지도·감독 및 교육하는 자를 말하며 **일반경비지도사**와 **기계경비지도사**로 구분한다.

3. **"경비원"**이라 함은 경비업의 허가를 받은 법인이 채용한 고용인으로서 다음에 해당하는 자를 말한다.

가. **일반경비원**	시설, 호송, 신변, 기계 경비업무를 수행하는 자
나. **특수경비원**	특수 경비업무를 수행하는 자

4. **"무기"**라 함은 인명 또는 신체에 위해를 가할 수 있도록 제작된 **권총·소총** 등을 말한다.

5. **"집단민원현장"**이란 다음 각 목의 장소를 말한다.

> 가. 「노동조합 및 노동관계조정법」에 따라 노동관계 당사자가 **노동쟁의 조정신청**을 한 사업장 또는 **쟁의행위**가 발생한 사업장
> 나. 「도시 및 주거환경정비법」에 따른 **정비사업**과 관련하여 이해대립이 있어 **다툼**이 있는 장소
> 다. 특정 **시설물**의 설치와 관련하여 **민원**이 있는 장소
> 라. **주주총회**와 관련하여 이해대립이 있어 **다툼**이 있는 장소
> 마. 건물·토지 등 부동산 및 동산에 대한 소유권·운영권·관리권·점유권 등 **법적 권리**에 대한 이해대립이 있어 **다툼**이 있는 장소
> 바. **100명** 이상의 사람이 모이는 국제·문화·예술·체육 행사장
> 사. 「행정대집행법」에 따라 **대집행**을 하는 장소

제3조(법인) 경비업은 **법인**이 아니면 이를 영위할 수 없다.

제4조(경비업의 허가) ① **경비업을 영위하고자 하는 법인**은 도급받아 행하고자 하는 경비업무를 특정하여 그 법인의 주사무소의 소재지를 관할하는 **지방경찰청장의 (   )를 받아야 한다.** 도급받아 행하고자 하는 경비업무를 **변경하는 경우**에도 또한 같다.
② 제1항에 따른 허가를 받고자 하는 법인은 다음 각 호의 요건을 갖추어야 한다.

> 1. 대통령령으로 정하는 (   )원 이상의 **자본금**의 보유
> 2. 다음 각 목의 경비**인력** 요건
>   가. **시설경비업무: 경비원 (   )명** 이상 및 **경비지도사 1명** 이상

(여백 메모: 허가 / 1억 / 20)

　나. 시설경비업무 **외의** 경비업무: 대통령령으로 정하는 경비 인력

　3. 제2호의 경비인력을 교육할 수 있는 **교육장**을 포함하여 대통령령으로 정하는 시설과 장비의 보유

　4. 그 밖에 경비업무 수행을 위하여 대통령령으로 정하는 사항

③ 경비업의 허가를 받은 법인은 다음 각호에 해당하는 때에는 **지방경찰청장**에게 (　　) **하여야 한다.**

　1. 영업을 폐업하거나 휴업한 때

　2. 법인의 명칭이나 대표자·임원을 변경한 때

　3. 법인의 주사무소나 출장소를 신설·이전 또는 폐지한 때

　4. 기계경비업무의 수행을 위한 관제시설을 신설·이전 또는 폐지한 때

　5. 특수경비업무를 개시하거나 종료한 때

　6. 그 밖에 대통령령이 정하는 중요사항을 변경한 때

제4조의2(허가의 제한) ① 누구든지 허가를 받은 경비업체와 **동일한 명칭**으로 경비업 허가를 받을 수 없다.

② 제19조 제1항 제2호(**허가받은 경비업무외의 업무에 경비원을 종사하게 한 때**) 및 제7호(**소속 경비원으로 하여금 경비업무의 범위를 벗어난 행위를 하게 한 때**)의 사유로 경비업체의 허가가 취소된 경우 허가가 취소된 날부터 **10년**이 지나지 아니한 때에는 누구든지 허가가 취소된 경비업체와 동일한 명칭으로 **허가**를 받을 수 없다.

③ 제19조제1항제2호 및 제7호의 사유로 **허가가 취소된 법인**은 법인명 또는 임원의 변경에도 불구하고 허가가 취소된 날부터 (　　)**년이 지나지 아니한 때에는 허가를 받을 수 없다.**

제5조(임원의 결격사유) 다음 각호에 해당하는 자는 경비업을 영위하는 법인의 **임원**이 될 수 없다.

　1. 피성년후견인 또는 피한정후견인

　2. 파산선고를 받고 복권되지 아니한 자

　3. 금고 이상의 형의 선고를 받고 그 형이 실효되지 아니한 자

　4. 이 법 또는 「대통령 등의 경호에 관한 법률」에 위반하여 벌금형의 선고를

신고

5

받고 3년이 지나지 아니한 자

5. 이 법[제19조 제1항 제2호(**허가받은 경비업무외의 업무에 경비원을 종사하게 한 때**) 및 제7호(**소속 경비원으로 하여금 경비업무의 범위를 벗어난 행위를 하게 한 때**)는 제외한다] 또는 **이 법에 의한 명령에 위반**하여 허가가 취소된 법인의 허가취소 당시의 임원이었던 자로서 그 취소 후 3년이 지나지 아니한 자

6. 제19조제1항제2호 및 제7호의 사유로 허가가 취소된 법인의 허가취소 당시의 임원이었던 자로서 허가가 취소된 날부터 5년이 지나지 아니한 자

제6조(허가의 유효기간 등) ① 제4조제1항의 규정에 의한 경비업 허가의 유효기간은 허가받은 날부터 (   )**년**으로 한다.

② 유효기간이 만료된 후 계속하여 경비업을 하고자 하는 법인은 행정안전부령으로 정하는 바에 따라 **갱신허가**를 받아야 한다.

제7조(경비업자의 의무) ① 경비업자는 경비대상시설의 소유자 또는 관리자(시설주)의 관리권의 범위안에서 경비업무를 수행하여야 하며, **다른 사람의 자유와 권리를 침해하거나 그의 정당한 활동에 간섭하여서는 아니된다.**

② 경비업자는 경비업무를 성실하게 수행하여야 하고, 도급을 의뢰받은 경비업무가 **위법 또는 부당**한 것일 때에는 이를 **거부하여야 한다.**

③ 경비업자는 불공정한 계약으로 경비원의 권익을 침해하거나 경비업의 건전한 육성과 발전을 해치는 행위를 하여서는 아니된다.

④ 경비업자의 임·직원이거나 임·직원이었던 자는 다른 법률에 특별한 규정이 있는 경우를 제외하고는 그 직무상 알게 된 비밀을 누설하거나 다른 사람에게 제공하여 이용하도록 하는 등 부당한 목적을 위하여 사용하여서는 아니된다.

⑤ 경비업자는 **허가받은 경비업무**(   ) 업무에 경비원을 종사하게 하여서는 아니된다.

⑥ 경비업자는 **집단민원현장**에 경비원을 배치하는 때에는 **경비지도사**를 선임하고 그 장소에 배치하여 행정안전부령으로 정하는 바에 따라 경비원을 지도·감독하게 하여야 한다.

⑦ 특수경비업무를 수행하는 경비업자("특수경비업자")는 특수경비업무의 개시신고를 하는 때에는 **국가중요시설**에 대한 특수경비업무의 수행이 중단되는 경우 시설주의 동의를 얻어 다른 특수경비업자중에서 경비업무를 대행할 자("경비대행업자")를

지정하여 허가관청에 신고하여야 한다. 경비대행업자의 지정을 **변경하는 경우**에도 또한 같다.

⑧ 특수경비업자는 국가중요시설에 대한 **특수경비업무를 중단하게 되는 경우**에는 미리 이를 경비대행업자에게 통보하여야 하며, 경비대행업자는 통보받은 즉시 그 경비업무를 인수하여야 한다.

제7조의2(경비업무 도급인 등의 의무) ① **누구든지** 허가를 받지 아니한 자에게 경비업무를 도급하여서는 아니 된다.

② 누구든지 집단민원현장에 경비인력을 (**20**)**명** 이상 배치하려고 할 때에는 그 경비인력을 직접 고용하여서는 아니 되고, 경비업자에게 경비업무를 **도급**하여야 한다. 다만, 시설주 등이 집단민원현장 발생 (**3**)**개월 전**까지 직접 고용하여 경비업무를 수행하는 피고용인의 경우에는 그러하지 아니하다.

③ 경비업무를 도급하는 자는 그 경비업무를 수급한 경비업자의 경비원 채용 시 **무자격자**나 **부적격자** 등을 **채용**하도록 **관여**하거나 **영향력**을 **행사**해서는 아니 된다.

④ 무자격자 및 부적격자의 구체적인 범위 등은 대통령령으로 정한다.

제10조(경비지도사 및 경비원의 결격사유) ① 다음 각호의 어느 하나에 해당하는 자는 경비지도사 또는 일반경비원이 될 수 없다.

1. 만 (**18세**) **미만**인 자, 피성년후견인, 피한정후견인
2. 파산선고를 받고 복권되지 아니한 자
3. (**금고**) **이상**의 실형의 선고를 받고 그 집행이 종료(집행이 종료된 것으로 보는 경우를 포함한다)되거나 집행이 면제된 날부터 5년이 지나지 아니한 자
4. 금고 이상의 형의 **집행유예**선고를 받고 그 유예기간중에 있는 자
5. 다음 각 목의 어느 하나에 해당하는 죄를 범하여 **벌금형**을 선고받은 날부터 (**10**)**년**이 지나지 아니하거나 **금고** 이상의 형을 선고받고 그 **집행이 종료된 날** 또는 집행이 유예·면제된 날부터 **10년**이 지나지 아니한 자
   가. 「형법」 제114조(**범죄단체 등의 조직**) 의 죄
   나. 「폭력행위 등 처벌에 관한 법률」 제4조(**단체 등의 구성·활동**)의 죄
   다. 「형법」 제297조(**강간**), 제297조의2(**유사강간**), 제298조(**강제추행**)부터 제301조(미수범)까지, 제301조의2(**강간등 살인·치사**), 제302조(**미성년자 등에 대한 간음**), 제303조(**업무상위력 등에 의한 간음**), 제305조(**미성년자에 대한 간음, 추행**), 제305조의2의(상습범) 죄

라. 「성폭력범죄의 처벌 등에 관한 특례법」 제3조(특수강도강간 등), (특수강간 등), (친족관계에 의한 강간 등), (장애인에 대한 강간·강제추행 등), (13세 미만의 미성년자에 대한 강간, 강제추행 등), (강간 등 상해·치상), (강간 등 살인·치사), (업무상 위력 등에 의한 추행), (공중 밀집 장소에서의 추행)

마. 「아동·청소년의 성보호에 관한 법률」 제7조(**아동·청소년에 대한 강간·강제추행 등**) 및 제8조(**장애인인 아동·청소년에 대한 간음 등**)의 죄

바. 다목부터 마목까지의 죄로서 다른 법률에 따라 가중처벌되는 죄

6. 다음 각 목의 어느 하나에 해당하는 죄를 범하여 **벌금형**을 선고받은 날부터 **5년**이 지나지 아니하거나 **금고** 이상의 형을 선고받고 그 집행이 유예된 날부터 **5년**이 지나지 아니한 자

　가. 「형법」 제329조(**절도**), (**야간주거침입절도**), (**특수절도**), 제331조의2(**자동차등 불법사용**) 및 제333조(**강도**), 제334조(**특수강도**)의 죄

　나. 가목의 죄로서 다른 법률에 따라 가중처벌되는 죄

7. 제5호 다목부터 바목까지의 어느 하나에 해당하는 죄를 범하여 **치료감호**를 선고받고 그 집행이 종료된 날 또는 집행이 면제된 날부터 (　　)**년이 지나지 아니한 자** 또는 제6호 각 목의 어느 하나에 해당하는 죄를 범하여 치료감호를 선고받고 그 집행이 면제된 날부터 5년이 지나지 아니한 자

8. 이 법이나 이 **법**에 따른 **명령을 위반**하여 **벌금형**을 선고받은 날부터 **5년**이 지나지 아니하거나 금고 이상의 형을 선고받고 그 집행이 유예된 날부터 5년이 지나지 아니한 자

② 다음 각 호의 어느 하나에 해당하는 자는 **특수경비원**이 될 수 없다.

1. 만 (　　)**세 미만** 또는 만 (　　)**세 이상**인 자, 피성년후견인, 피한정후견인
2. 제1항 <u>제2호부터 제8호</u>까지의 어느 하나에 해당하는 자
3. 금고 이상의 형의 **선고유예**를 받고 그 유예기간중에 있는 자
4. 행정안전부령으로 정하는 신체조건에 미달되는 자

제12조(경비지도사의 선임 등) ② 선임된 경비지도사의 직무는 다음과 같다.

1. 경비원의 지도·감독·교육에 관한 계획의 수립·실시 및 그 기록의 유지

  2. 경비현장에 배치된 경비원에 대한 순회점검 및 감독

  3. 경찰기관 및 소방기관과의 연락방법에 대한 지도

  4. 집단민원현장에 배치된 경비원에 대한 지도·감독

  5. 그 밖에 대통령령이 정하는 직무

제14조(특수경비원의 직무 및 무기사용 등) ① **특수경비업자**는 특수경비원으로 하여금 배치된 경비구역안에서 관할 경찰서장 및 공항경찰대장 등 국가중요시설의 경비책임자(관할 경찰관서장)와 국가중요시설의 **시설주의 감독**을 받아 시설을 **경비**하고 **도난·화재** 그 밖의 **위험의 발생을 방지**하는 업무를 수행하게 하여야 한다.

② 특수경비원은 국가중요시설에 대한 경비업무 수행중 국가중요시설의 정상적인 운영을 해치는 장해를 일으켜서는 아니된다.

③ **지방경찰청장**은 국가중요시설에 대한 경비업무의 수행을 위하여 필요하다고 인정하는 때에는 시설주의 신청에 의하여 **무기를 구입한다.** 이 경우 시설주는 그 무기의 구입대금을 지불하고, 구입한 무기를 국가에 **기부채납**하여야 한다.

⑦ 시설주로부터 무기의 관리를 위하여 지정받은 책임자(관리책임자)는 다음 각호에 의하여 이를 관리하여야 한다.

  1. 무기출납부 및 무기장비운영카드를 비치·기록하여야 한다.

  2. 무기는 관리책임자가 직접 지급·회수하여야 한다.

⑧ 특수경비원은 국가중요시설의 경비를 위하여 무기를 사용하지 아니하고는 다른 수단이 없다고 인정되는 때에는 필요한 한도안에서 (   )를 사용할 수 있다. 다만, 다음 각호의 1에 해당하는 때를 제외하고는 사람에게 위해를 끼쳐서는 아니된다.

무기

  1. 무기 또는 폭발물을 소지하고 국가중요시설에 침입한 자가 특수경비원으로부터 3회 이상 투기 또는 투항을 요구받고도 이에 불응하면서 계속 항거하는 경우 이를 억제하기 위하여 무기를 사용하지 아니하고는 다른 수단이 없다고 인정되는 때

  2. 국가중요시설에 침입한 무장간첩이 특수경비원으로부터 투항을 요구받고도 이에 불응한 때

제15조(특수경비원의 의무) ① 특수경비원은 직무를 수행함에 있어 시설주·관할 경찰관서장 및 소속상사의 직무상 **명령에 복종하여야** 한다.

② 특수경비원은 소속상사의 허가 또는 정당한 사유없이 **경비구역**을 벗어나서는 아니된다.

③ 특수경비원은 파업·태업 그 밖에 경비업무의 정상적인 운영을 저해하는 일체의 (　　　)를 하여서는 아니된다.

④ 특수경비원이 무기를 휴대하고 경비업무를 수행하는 때에는 다음 각호에 정하는 **무기의 안전사용수칙**을 지켜야 한다.

> 1. 특수경비원은 사람을 향하여 **권총** 또는 **소총**을 발사하고자 하는 때에는 미리 **구두** 또는 **공포탄**에 의한 사격으로 상대방에게 **경고하여야** 한다.
>   다만, 다음 각목의 1에 해당하는 경우로서 부득이한 때에는 경고하지 아니할 수 있다.
>   가. 특수경비원을 급습하거나 타인의 생명·신체에 대한 중대한 위험을 야기하는 범행이 목전에 실행되고 있는 등 상황이 급박하여 경고할 **시간적 여유가 없는 경우**
>   나. **인질·간첩** 또는 **테러사건**에 있어서 은밀히 작전을 수행하는 경우
>
> 2. 특수경비원은 무기를 사용하는 경우에 있어서 범죄와 무관한 다중의 생명·신체에 위해를 가할 우려가 있는 때에는 이를 사용하여서는 아니된다.
>   다만, 무기를 사용하지 아니하고는 타인 또는 특수경비원의 생명·신체에 대한 중대한 위협을 방지할 수 없다고 인정되는 때에는 필요한 **최소한의** 범위 안에서 이를 사용할 수 있다.
>
> 3. 특수경비원은 **총기** 또는 **폭발물**을 가지고 대항하는 경우를 **제외하고는** (　) **세 미만**의 자 또는 **임산부**에 대하여는 **권총** 또는 **소총**을 발사하여서는 **아니된다.**

제15조의2(경비원 등의 의무) ① 경비원은 직무를 수행함에 있어 타인에게 위력을 과시하거나 물리력을 행사하는 등 **경비업무의 범위를 벗어난 행위**를 하여서는 아니된다.

② **누구든지** 경비원으로 하여금 **경비업무의 범위를 벗어난 행위**를 하게 하여서는 아니된다.

제16조(경비원의 복장 등) ① 경비업자는 **경찰공무원** 또는 **군인**의 제복과 색상 및 디자인 등이 **명확히 구별되는** 소속 **경비원의 복장**을 정하고 이를 확인할 수 있는 사진을 첨부하여 주된 사무소를 관할하는 (　　　　　)에게 행정안전부령으로 정하는 바에 따라 (　　)**하여야 한다.**
② 경비업자는 경비업무 수행 시 경비원에게 소속 경비업체를 표시한 **이름표**를 부착하도록 하고, 제1항에 따라 신고된 동일한 **복장**을 착용하게 하여야 하며, 복장에 소속 회사를 오인할 수 있는 표시를 하거나 다른 회사의 복장을 착용하게 하여서는 아니 된다.
　다만, 집단민원현장이 아닌 곳에서 신변보호업무를 수행하는 경우 또는 경비업무의 성격상 부득이한 사유가 있어 관할 경찰관서장이 허용하는 경우에는 그러하지 아니하다.
③ **지방경찰청장**은 제1항에 따라 제출받은 사진을 검토한 후 경비업자에게 복장 변경 등에 대한 **시정명령**을 할 수 있다.
④ **시정명령**을 받은 경비업자는 이를 이행하여야 하고, 지방경찰청장에게 행정안전부령으로 정하는 바에 따라 이행보고를 하여야 한다.

제16조의2(경비원의 장비 등) ① 경비원이 휴대할 수 있는 **장비**의 종류는 **경적·단봉·분사기** 등 행정안전부령으로 정하되, (　　) **중**에만 이를 **휴대할 수 있다.**
② 경비업자가 경비원으로 하여금 분사기를 휴대하여 직무를 수행하게 하는 경우에는 「총포·도검·화약류 등 단속법」에 따라 **미리** 분사기의 **소지허가**를 받아야 한다.
③ 누구든지 장비를 **임의로 개조**하여 통상의 용법과 달리 사용함으로써 다른 사람의 생명·신체에 위해를 가하여서는 아니 된다.
④ 경비원은 경비업무를 위하여 필요하다고 인정되는 상당한 이유가 있을 때에는 **필요한 최소한도**에서 장비를 사용할 수 있다.

제16조의3(출동차량 등) ① 경비업자는 출동차량 등의 도색 및 표지를 **경찰차량** 및 **군차량**과 명확히 (　　)될 수 있게 하여야 한다.
② 경비업자는 출동차량 등의 도색 및 표지를 정하고 이를 확인할 수 있는 사진을 첨부하여 주된 사무소를 관할하는 (　　　　　)에게 행정안전부령으로 정하는 바에 따라 **신고하여야 한다.**
③ 지방경찰청장은 제출받은 사진을 검토한 후 경비업자에게 도색 및 표지 변경 등에 대한 **시정명령**을 할 수 있다.

지방경찰청장
신고

근무

구별

지방경찰청장

④ 시정명령을 받은 경비업자는 이를 이행하여야 하고, 지방경찰청장에게 행정안전부령으로 정하는 바에 따라 이행보고를 하여야 한다.

제20조(경비지도사자격의 취소 등) ① **경찰청장**은 경비지도사가 다음 각호에 해당하는 때에는 그 자격을 **취소**하여야 한다.

> 1. 제10조제1항 각호의 **결격사유**에 해당하게 된 때
> 2. **허위** 그 밖의 **부정**한 방법으로 경비지도사자격증을 교부받은 때
> 3. 경비지도사자격증을 다른 사람에게 **빌려**주거나 **양도**한 때
> 4. **자격(　　)기간** 중에 경비지도사로 선임되어 활동한 때

② **경찰청장**은 경비지도사가 다음 각호에 해당하는 때에는 대통령령이 정하는 바에 따라 (　　)**년**의 범위 내에서 그 자격을 **정지**시킬 수 있다.

> 1. 직무를 성실하게 수행하지 아니한 때
> 2. 경찰청장 또는 지방경찰청장의 명령을 위반한 때

제21조(청문) 경찰청장 또는 시방경찰청장은 다음 각호에 해당하는 처분을 하고자 하는 경우에는 **청문**을 실시하여야 한다.

> 1. **경비업 허가**의 **취소** 또는 **영업정지**
> 2. **경비지도사자격**의 **취소** 또는 **정지**

제22조(경비협회) ① 경비업자는 경비업무의 건전한 발전과 경비원의 자질향상 및 교육훈련 등을 위하여 대통령령이 정하는 바에 따라 **경비협회**를 설립할 수 있다.
② 경비협회는 (　　)으로 한다.
③ 경비협회의 **업무**는 다음과 같다.

> 1. 경비업무의 연구
> 2. 경비원 교육·훈련 및 그 연구
> 3. 경비원의 후생·복지에 관한 사항
> 4. 경비진단에 관한 사항
> 5. 그 밖에 경비업무의 건전한 운영과 육성에 관하여 필요한 사항

④ 경비협회에 관하여 이 법에 특별한 규정이 있는 것을 제외하고는 민법중 (　　) **법인**에 관한 규정을 준용한다.

정지

1

법인

사단

16 청원경찰법

[법률 제15765호]

제1조(목적) 이 법은 청원경찰의 직무·임용·배치·보수·**사회보장** 및 그 밖에 필요한 사항을 규정함으로써 청원경찰의 원활한 운영을 목적으로 한다.

제2조(정의) 이 법에서 "**청원경찰**"이란 다음 각 호의 어느 하나에 해당하는 **기관의 장** 또는 **시설·사업장** 등의 경영자가 **경비**를 부담할 것을 조건으로 경찰의 배치를 신청하는 경우 그 기관·시설 또는 사업장 등의 **경비를 담당**하게 하기 위하여 **배치하는 경찰**을 말한다.

> 1. **국가기관** 또는 **공공단체**와 그 관리하에 있는 중요 시설 또는 사업장
> 2. 국내 주재 **외국기관**
> 3. 그 밖에 행정안전부령으로 정하는 **중요 시설**, 사업장 또는 장소

제3조(청원경찰의 직무) 청원경찰은 제4조제2항에 따라 청원경찰의 배치 결정을 받은 자(**청원주**)와 배치된 기관·시설 또는 사업장 등의 구역을 관할하는 **경찰서장의 감독**을 받아 그 **경비구역만의 경비**를 목적으로 필요한 범위에서 「(   )」에 따른 **경찰관의 직무를 수행한다.**

경찰관직무집행법

제4조(청원경찰의 배치) ① **청원경찰을 배치받으려는 자**는 대통령령으로 정하는 바에 따라 관할 (   )에게 청원경찰 **배치를 신청하여야 한다.**
② 지방경찰청장은 제1항의 청원경찰 배치 신청을 받으면 지체 없이 그 배치 여부를 결정하여 신청인에게 알려야 한다.
③ **지방경찰청장**은 청원경찰 배치가 필요하다고 인정하는 기관의 장 또는 시설·사업장의 경영자에게 청원경찰을 배치할 것을 (   )**할 수 있다.**

지방경찰청장

요청

제5조(청원경찰의 임용 등) ① 청원경찰은 **청원주가 임용하되**, 임용을 할 때에는 미리 **지방경찰청장**의 ( )을 받아야 한다.

② 「국가공무원법」 제33조 각 호의 어느 하나의 **결격사유**에 해당하는 사람은 **청원경찰로 임용될 수 없다.**

③ 청원경찰의 임용자격·임용방법·교육 및 보수에 관하여는 대통령령으로 정한다.

④ 청원경찰의 복무에 관하여는 「국가공무원법」 제57조, 제58조제1항, 제60조 및 「경찰공무원법」 제18조를 준용한다.

제5조의2(청원경찰의 징계) ① 청원주는 청원경찰이 다음 각 호의 어느 하나에 해당하는 때에는 대통령령으로 정하는 징계절차를 거쳐 징계처분을 하여야 한다.

> 1. 직무상의 **의무를 위반**하거나 **직무를 태만**히 한 때
> 2. **품위를 손상**하는 행위를 한 때

② 청원경찰에 대한 징계의 종류는 **파면, 해임, 정직, 감봉** 및 **견책**으로 구분한다.

③ 청원경찰의 징계에 관하여 그 밖에 필요한 사항은 대통령령으로 정한다.

> **■ 참고**
>
> **청원경찰법 시행령**
>
> **제8조(징계)** ① 관할 **경찰서장**은 청원경찰이 징계사유에 해당한다고 인정되면 ( )에게 해당 청원경찰에 대하여 징계처분을 하도록 요청할 수 있다.
>
> ② **정직**은 **1개월 이상 3개월 이하**로 하고, 그 기간에 청원경찰의 신분은 보유하나 직무에 종사하지 못하며, **보수의** ( )를 줄인다.
>
> ③ **감봉**은 **1개월 이상 3개월 이하**로 하고, 그 기간에 **보수의** ( )을 줄인다.
>
> ④ **견책**은 전과에 대하여 훈계하고 회개하게 한다.
>
> ⑤ **청원주**는 청원경찰 배치 결정의 통지를 받았을 때에는 **통지를 받은 날부터** ( )**일 이내**에 청원경찰에 대한 징계규정을 제정하여 관할 **지방경찰청장**에게 **신고하여야 한다.** 징계규정을 **변경할 때**에도 또한 같다.

제6조(청원경찰경비) ① (　　　　)는 다음 각 호의 청원경찰경비를 부담하여야 한다.

> 1. 청원경찰에게 지급할 **봉급**과 각종 **수당**
> 2. 청원경찰의 **피복비**
> 3. 청원경찰의 **교육비**
> 4. 제7조에 따른 보상금 및 제7조의2에 따른 **퇴직금**

② **국가기관 또는 지방자치단체에 근무하는 청원경찰**의 보수는 다음 각 호의 구분에 따라 같은 재직기간에 해당하는 경찰공무원의 보수를 감안하여 대통령령으로 정한다.

1. 재직기간 15년 미만	(　　　)
2. 재직기간 15년 이상 23년 미만	경장
3. 재직기간 23년 이상 30년 미만	경사
4. 재직기간 30년 이상	(　　)

제7조(보상금) 청원주는 청원경찰이 다음 각 호의 어느 하나에 해당하게 되면 대통령령으로 정하는 바에 따라 청원경찰 **본인** 또는 그 **유족**에게 **보상금을 지급하여야 한다.**
　1. 직무수행으로 인하여 **부상**을 입거나, **질병**에 걸리거나 또는 **사망**한 경우
　2. 직무상의 **부상·질병**으로 인하여 **퇴직**하거나, **퇴직 후 2년 이내에 사망**한 경우

제7조의2(퇴직금) 청원주는 청원경찰이 퇴직할 때에는 「근로자퇴직급여 보장법」에 따른 **퇴직금을 지급하여야 한다.** 다만, 국가기관이나 지방자치단체에 근무하는 청원경찰의 퇴직금에 관하여는 따로 대통령령으로 정한다.

제8조(제복 착용과 무기 휴대) ① 청원경찰은 근무 중 **제복**을 착용(　　　　).
② **지방경찰청장**은 청원경찰이 직무를 수행하기 위하여 필요하다고 인정하면 청원주의 신청을 받아 관할 경찰서장으로 하여금 청원경찰에게 (　　)를 **대여하여 지니게 할 수 있다.**
③ 청원경찰의 복제와 무기 휴대에 필요한 사항은 대통령령으로 정한다.

제9조의3(감독) ① **청원주**는 항상 소속 청원경찰의 **근무 상황**을 **감독**하고, 근무 수행에 필요한 **교육을 하여야 한다.**

청원주
순경
경위
하여야 한다
무기

지방경찰청장

② (   )은 청원경찰의 효율적인 운영을 위하여 **청원주를 지도**하며 **감독상 필요한 명령**을 할 수 있다.

제9조의4(쟁의행위의 금지) 청원경찰은 **파업, 태업** 또는 그 밖에 업무의 정상적인 운영을 방해하는 일체의 **쟁의행위**를 하여서는 **아니 된다.**

6

제10조(직권남용 금지 등) ① 청원경찰이 직무를 수행할 때 **직권을 남용**하여 국민에게 **해를 끼친 경우**에는 (   )**개월 이하**의 **징역**이나 **금고**에 처한다.
② **청원경찰 업무에 종사하는 사람**은 「형법」이나 그 밖의 법령에 따른 **벌칙**을 적용할 때에는 (   )**으로 본다.**

공무원

제10조의2(청원경찰의 불법행위에 대한 배상책임) **청원경찰**(국가기관이나 지방자치단체에 근무하는 청원경찰은 **제외한다**)의 직무상 불법행위에 대한 배상책임에 관하여는 「(   )」**의 규정**을 따른다.

민법

제10조의3(권한의 위임) 이 법에 따른 **지방경찰청장의 권한**은 그 일부를 대통령령으로 정하는 바에 따라 관할 **경찰서장**에게 (   )할 수 있다.

위임

제10조의4(의사에 반한 면직) ① **청원경찰**은 형의 선고, 징계처분 또는 신체상·정신상의 이상으로 직무를 감당하지 못할 때를 **제외하고는** 그 의사에 반하여 (   )**되지 아니한다.**
② 청원주가 청원경찰을 **면직시켰을 때**에는 그 사실을 관할 경찰서장을 거쳐 지방경찰청장에게 **보고하여야 한다.**

면직

제10조의6(당연 퇴직) 청원경찰이 다음 각 호의 어느 하나에 해당할 때에는 **당연 퇴직된다.**
　1. 제5조제2항에 따른 **임용결격사유**에 해당될 때
　2. 제10조의5에 따라 청원경찰의 **배치가 폐지**되었을 때
　3. **나이가** (   )**가 되었을 때.**

60세

다만, 그 날이 1월부터 6월 사이에 있으면 6월 30일에, 7월부터 12월 사이에 있으면 12월 31일에 각각 당연 퇴직된다.

> **참고**
>
> **청원경찰법 시행령**
> **제17조(감독)** 관할 경찰서장은 **매달 (   ) 이상** 청원경찰을 배치한 경비구역에 대하여 다음 각 호의 사항을 **감독하여야 한다.**
>   1. **복무규율**과 근무 상황
>   2. 무기의 관리 및 취급 사항
> **제18조(청원경찰의 신분)** 청원경찰은 「형법」이나 그 밖의 법령에 따른 (   )을 적용하는 경우와 법 및 이 영에서 **특별히 규정한 경우**를 제외하고는 공무원으로 보지 아니한다.

제11조(벌칙) 제9조의4를 위반하여 파업, 태업 또는 그 밖에 업무의 정상적인 운영을 방해하는 (   )를 한 사람은 **1년 이하의 징역** 또는 **1천만원 이하의 벌금**에 처한다.

제12조(과태료) ① 다음 각 호의 어느 하나에 해당하는 자에게는 **500만원 이하의 과태료**를 부과한다.
  1. 지방경찰청장의 배치 결정을 받지 아니하고 청원경찰을 배치하거나 지방경찰청장의 승인을 받지 아니하고 청원경찰을 임용한 자
  2. 정당한 사유 없이 경찰청장이 고시한 최저부담기준액 이상의 보수를 지급하지 아니한 자
  3. 감독상 필요한 명령을 정당한 사유 없이 이행하지 아니한 자

1회

벌칙

쟁의행위

17 | 통합방위법

제1조(목적) 이 법은 **적의 침투·도발**이나 그 **위협에 대응**하기 위하여 **국가 총력전**의 개념을 바탕으로 **국가방위요소를 통합·운용**하기 위한 통합방위 대책을 수립·시행하기 위하여 필요한 사항을 규정함을 목적으로 한다.

제2조(정의) 이 법에서 사용하는 용어의 뜻은 다음과 같다.

1. "(   )"란 **적의 침투·도발**이나 그 위협에 대응하기 위하여 각종 **국가방위요소를 통합**하고 **지휘체계를 일원화**하여 **국가를 방위하는 것**을 말한다.

2. "(   )"란 통합방위작전의 수행에 필요한 다음 각 목의 방위전력 또는 그 지원 요소를 말한다.

> 가. 「국군조직법」제2조에 따른 **국군**
> 나. **경찰청·해양경찰청** 및 그 소속 기관과 「제주특별자치도 설치 및 국제자유도시 조성을 위한 특별법」에 따른 **자치경찰기구**
> 다. **국가기관** 및 **지방자치단체**
> 라. 「예비군법」제1조에 따른 **예비군**
> 마. 「민방위기본법」제17조에 따른 **민방위대**
> 바. 제6조에 따라 통합방위협의회를 두는 **직장**

3. "(   )"란 적의 **침투·도발**이나 그 **위협**에 **대응**하여 제6호부터 제8호까지의 구분에 따라 선포하는 **단계별 사태를 말한다.**

4. "(   )"이란 통합방위사태가 선포된 지역에서 제15조에 따라 통합방위본부장, 지역군사령관, 함대사령관 또는 지방경찰청장("**작전지휘관**")이 국가방위요소를 통합하여 **지휘·통제**하는 **방위작전**을 말한다.

통합방위

- 통합방위
- 국가방위요소
- 통합방위사태
- 통합방위작전

5. "(　　　　　　　　)"이란 통합방위작전 관할구역에 있는 군부대의 **여단장급 이상** 지휘관 중에서 통합방위본부장이 정하는 사람을 말한다. 　지역군사령관

6. "(　　)사태"란 일정한 조직체계를 갖춘 적의 **대규모 병력 침투** 또는 **대량살상무기** 공격 등의 도발로 발생한 비상사태로서 통합방위본부장 또는 지역군사령관의 지휘·통제 하에 통합방위작전을 수행하여야 할 사태를 말한다. 　갑종

7. "(　　)사태"란 일부 또는 **여러 지역에서 적이 침투·도발**하여 **단기간 내에 치안이 회복되기 어려워** 지역군사령관의 지휘·통제 하에 통합방위작전을 수행하여야 할 사태를 말한다. 　을종

8. "(　　)사태"란 적의 **침투·도발 위협**이 **예상**되거나 **소규모의 적이 침투하였을 때**에 지방경찰청장, 지역군사령관 또는 함대사령관의 지휘·통제 하에 통합방위작전을 수행하여 단기간 내에 치안이 회복될 수 있는 사태를 말한다. 　병종

9. "(　　　)"란 적이 특정 임무를 수행하기 위하여 대한민국 **영역을 침범한 상태**를 말한다. 　침투

10. "(　　　)"이란 적이 특정 임무를 수행하기 위하여 대한민국 **국민** 또는 **영역에 위해를 가하는 모든 행위**를 말한다. 　도발

11. "**위협**"이란 대한민국을 침투·도발할 것으로 예상되는 적의 침투·도발 능력과 기도가 드러난 상태를 말한다.

12. "**방호**"란 적의 각종 도발과 위협으로부터 인원·시설 및 장비의 피해를 방지하고 모든 기능을 정상적으로 유지할 수 있도록 보호하는 작전 활동을 말한다.

13. "(　　　　　　)"이란 공공기관, 공항·항만, 주요 산업시설 등 적에 의하여 점령 또는 파괴되거나 기능이 마비될 경우 **국가안보와 국민생활에 심각한 영향을 주게 되는 시설**을 말한다. 　국가중요시설

제4조(중앙 통합방위협의회) ① 국무총리 소속으로 중앙 **통합방위협의회**를 둔다.

제8조(통합방위본부) ① 합동참모본부에 **통합방위본부**를 둔다.
② 통합방위본부에는 본부장과 부본부장 1명씩을 두되, **통합방위본부장**은 (　　　　　　) 이 되고 **부본부장**은 합동참모본부 **합동작전본부장**이 된다. 　합동참모의장

제12조(통합방위사태의 선포) ① 통합방위사태는 **갑종사태, 을종사태** 또는 **병종사태**로 구분하여 선포한다.

② 제1항의 사태에 해당하는 상황이 발생하면 다음 각 호의 구분에 따라 해당하는 사람은 **즉시 국무총리를 거쳐 (　　　　)에게 통합방위사태의 선포를 건의하여야** 한다.

1. **갑종사태에 해당하는 상황이 발생하였을 때** 또는 **둘 이상**의　특별시 · 광역시 · 특별자치시 · 도 · 특별자치도에 걸쳐 **을종사태에** 해당하는 **상황이 발생**하였을 때	**국방부장관**
2. **둘 이상**의 시 · 도에 걸쳐 **병종사태에** 해당하는 상황이 발생하였을 때	**행정안전부장관 또는 국방부장관**

③ **대통령**은 제2항에 따른 건의를 받았을 때에는 중앙협의회와 국무회의의 심의를 거쳐 **통합방위사태를 선포할 수 있다.**

④ **지방경찰청장, 지역군사령관** 또는 **함대사령관**은 을종사태나 병종사태에 해당하는 상황이 발생한 때에는 즉시 (　　　　)에게 통합방위사태의 **선포를 건의하여야** 한다.

⑤ (　　　　)는 제4항에 따른 건의를 받은 때에는 시 · 도 협의회의 심의를 거쳐 **을종사태** 또는 **병종사태를 선포할 수 있다.**

⑥ **시 · 도지사**는 제5항에 따라 **을종사태** 또는 **병종사태를 선포한 때**에는 지체 없이 **행정안전부장관** 및 **국방부장관**과 국무총리를 거쳐 **대통령에게** 그 사실을 **보고하여야** 한다.

제16조(통제구역 등) ① 시 · 도지사 또는 시장 · 군수 · 구청장은 다음 각 호의 어느 하나에 해당하면 대통령령으로 정하는 바에 따라 인명 · 신체에 대한 위해를 방지하기 위하여 필요한 통제구역을 설정하고, 통합방위작전 또는 경계태세 발령에 따른 **군 · 경 합동작전에 관련되지 아니한 사람에** 대하여는 **출입을 금지 · 제한하거나 그 통제구역으로부터 퇴거할 것을 명할 수** 있다.

1. 통합방위사태가 선포된 경우
2. 적의 침투 · 도발 징후가 확실하여 경계태세 1급이 발령된 경우

제17조(대피명령) ① 시·도지사 또는 **시장·군수·구청장**은 통합방위사태가 선포된
때에는 인명·신체에 대한 위해를 방지하기 위하여 즉시 작전지역에 있는 **주민**이나
체류 중인 **사람**에게 **대피할 것을 명**(   ).

할 수 있다

제18조(검문소의 운용) ① **지방경찰청장**, 지방해양경찰청장, 지역군사령관 및 함대사
령관은 관할구역 중에서 적의 침투가 예상되는 곳 등에 (   )를 설치·운용
할 수 있다.

검문소

다만, 지방해양경찰청장이 검문소를 설치하는 경우에는 미리 관할 함대사령관과
협의하여야 한다.

② 검문소의 지휘·통신체계 및 운용 등에 필요한 사항은 대통령령으로 정한다.

제21조(국가중요시설의 경비·보안 및 방호) ① **국가중요시설의 관리자**는 경비·보안
및 방호책임을 지며, 통합방위사태에 대비하여 **자체방호계획을 수립하여야 한다.**
이 경우 국가중요시설의 관리자는 자체방호계획을 수립하기 위하여 필요하면 **지방
경찰청장** 또는 지역군사령관에게 **협조를 요청할 수 있다.**

② 지방경찰청장 또는 지역군사령관은 통합방위사태에 대비하여 국가중요시설에 대
한 방호지원계획을 수립·시행하여야 한다.

③ **국가중요시설의 평시 경비·보안활동**에 대한 지도·감독은 **관계 행정기관의 장
과 국가정보원장**이 수행한다.

④ 국가중요시설은 국방부장관이 관계 행정기관의 장 및 국가정보원장과 협의하여
지정한다.

☛ **참고**

국가중요시설 지정 및 방호훈령 (국방부 훈령)

제5조(국가중요시설의 대상) 국가중요시설의 대상은 다음 각 호와 같다.

1. 주요 국가 및 공공기관시설
2. 철강, 조선, 항공기, 정유, 중화학, 방위산업, 대규모 가스·유류 저장시설
   등 주요 산업시설
3. 원자력 발전소, 대용량 발전소 및 변전소 등 주요 전력시설
4. 전국 및 지역권 방송국, 송신·중계소 등 주요 방송시설
5. 국제위성지구국, 해저통신중계국, 국가기간전산망, 전화국 등 주요 정보통
   신시설

6. 철도 교통관제 센터 및 지하철 종합 사령실, 교량, 터널 등 주요 교통시설

7. 주요 국제·국내선 공항

8. 대형 선박의 출·입항이 가능한 항만

9. 대형 취수·정수시설 및 다목적 댐 등 주요 수원시설

10. 종합적인 체계를 갖춘 연구시설, 핵연료 개발 연구시설 등 국가 안보상 중요한 과학연구시설

11. 교정·정착지원 시설

12. 전력, 통신, 상수도, 가스 등을 수용하고 있는 대도시 주요 지하공동구 시설

13. 기타 적에 의해 점령 또는 파괴되거나 기능이 마비될 경우 국가안보 및 국민생활에 심대한 영향을 미치는 시설

제6조(국가중요시설의 분류) ① 국가중요시설은 시설의 기능·역할의 중요성과 가치의 정도에 따라 국가중요시설 "가"등급, 국가중요시설 "나"등급, 국가중요시설 "다"등급으로 구분하며 그 기준은 다음 각 호와 같다.

1. ( )	적에 의하여 점령 또는 파괴되거나, 기능 마비시 광범위한 지역의 통합방위작전수행이 요구되고, 국민생활에 결정적인 영향을 미칠 수 있는 시설
2. ( )	적에 의하여 점령 또는 파괴되거나, 기능 마비시 일부 지역의 통합방위작전수행이 요구되고, 국민생활에 중대한 영향을 미칠 수 있는 시설
3. ( )	적에 의하여 점령 또는 파괴되거나, 기능 마비시 제한된 지역에서 단기간 통합방위작전수행이 요구되고, 국민생활에 상당한 영향을 미칠 수 있는 시설

② 수 개의 국가중요시설이 인접한 지역에 밀집되어 효과적인 경비·보안 및 방호를 위하여 단일 국가중요시설로 지정할 경우 그 등급은 동일 울타리 내의 시설 중 최상위 등급 시설의 등급으로 한다.

③ 수 개 분야의 생산품을 생산하는 산업시설의 등급은 최상위 등급 시설 또는 주 생산품 생산시설의 등급으로 한다.

가 급

나 급

다 급

제7조(국가중요시설의 분류기준)

① 국가 및 공공기관시설은 다음 각 호와 같이 분류한다.

    1. 다음 각 목의 국가 및 공공기관시설은 (　　　　)으로 한다.   **"가"급**

      가. 청와대, 국회의사당, 대법원, 정부중앙청사

      나. 국방부 · 국가정보원 청사

      다. 한국은행 본점

    2. 다음 각 목의 국가 및 공공기관시설은 (　　　　)"나"급으로 한다.   **"나"급**

      가. 중앙행정기관 각 부(部) · 처(處) 및 이에 준하는 기관

      나. 대검찰청 · **경찰청** · 기상청 청사

      다. 한국산업은행 · 한국수출입은행 본점

    3. 다음 각 목의 국가 및 공공기관시설은 (　　　　)"다"급으로 한다.   **"다"급**

      가. 중앙행정기관의 청사

      나. 국가정보원 지부

      다. 한국은행 각 지역본부

      라. 다수의 정부기관이 입주한 남북출입관리 시설

      마. 기타 중요 국 · 공립기관

18 경찰 비상업무 규칙

[경찰청훈령 제743호]

제1조(목적) 이 훈령은 경찰공무원복무규정 제14조제2항 및 국가공무원당직및비상근무규칙 제30조제2항의 규정에 의거 **치안상의 비상상황**에 대하여 정황에 따른 지역별, 기능별 **경찰력의 운용과 활동체계를 규정**함으로써 **비상상황**에 **효율적**으로 **대응**함을 목적으로 한다.

제2조(정의) 이 훈령에서 사용하는 용어의 정의는 다음과 같다.

1. "**비상상황**"이라 함은 대간첩·테러, 대규모 재난 등의 긴급 상황이 발생하거나 발생할 우려가 있는 경우 또는 다수의 경력을 동원해야 할 치안수요가 발생하여 치안활동을 강화할 필요가 있는 때를 말한다.

2. "**지휘선상 위치 근무**"라 함은 비상연락체계를 유지하며 유사시 (　　　) **이내**에 현장지휘 및 현장근무가 가능한 장소에 위치하는 것을 말한다.

3. "(　　　　　)"라 함은 감독순시·현장근무 및 사무실 대기 등 관할구역 내에 위치하는 것을 말한다.

4. "**정착근무**"라 함은 사무실 또는 상황과 관련된 현장에 위치하는 것을 말한다.

5. "**필수요원**"이라 함은 전 경찰관 및 일반직공무원 중 경찰기관의 장이 지정한 자로 **비상소집시** (　　　) **이내**에 응소하여야 할 자를 말한다.

6. "**일반요원**"이라 함은 필수요원을 제외한 경찰관 등으로 비상소집시 2시간 이내에 응소하여야 할 자를 말한다.

7. "**가용경력**"이라 함은 총원에서 휴가·출장·교육·파견 등을 제외하고 실제 동원될 수 있는 모든 인원을 말한다.

8. "**소집관**"이라 함은 비상근무발령권자로부터 권한을 위임받아 비상근무발령에 따른 비상소집을 지휘·감독하는 주무참모 또는 상황관리관(치안상황실장)을 말한다.

1시간

정위치 근무

1시간

- 242 -

9. **"작전준비태세"**라 함은 '경계강화'단계를 발령하기 이전에 별도의 경력동원 없이 경찰작전부대의 출동태세 점검, 지휘관 및 참모의 비상연락망 구축 및 신속한 응소체제를 유지하며, 작전상황반을 운영하는 등 필요한 작전사항을 미리 조치하는 것을 말한다.

제3조(근무방침) ①비상근무는 비상상황 하에서 업무수행의 효율화를 도모하기 위해서 발령한다.

② 비상근무 대상은 경비, 작전, 정보(보안), 수사, 교통 업무 중 비상상황에 국한한다. 다만, **2개 이상의 기능**에 관련되는 상황에 대하여는 **경비비상**으로 **통합** (　　　) 하여 실시한다.   단일화

③ 적용지역은 전국 또는 일정지역(지방경찰청 및 경찰서 관할)으로 구분한다. 다만, **2개 이상의 지역**에 관련되는 상황은 **차상급 기관**에서 **주관하여 실시**한다.

제4조(비상근무의 종류 및 등급) ① 비상근무는 그 상황의 유형에 따라 다음과 같이 구분하여 발령한다.

　　1. 경비 소관: 경비, 작전비상

　　2. 정보(보안) 소관: 정보비상

　　3. 수사 소관: 수사비상

　　4. 교통 소관: 교통비상

② 기능별 상황의 긴급성 및 중요도에 따라 비상등급을 다음과 같이 구분하여 실시한다.

> 1. 갑호 비상　　2. 을호 비상　　3. 병호 비상　　4. 경계 강화
> 5. 작전준비태세(작전비상시 적용)

제5조(발령) ①비상근무의 **발령권자**는 다음과 같다.

1. **전국 또는 2개 이상 지방경찰청 관할지역**	(　　　)	경찰철장
2. **지방경찰청 또는 2개 이상 경찰서 관할지역**	(　　　)	지방경찰청장
3. **단일 경찰서 관할지역**	(　　　)	경찰서장

③ 제1항제2호·제3호의 경우 **비상근무 발령권자는 비상구분, 실시목적, 기간 및 범위, 경력 및 장비동원사항** 등을 (   ) 기관의 장에게 보고하여 **사전에** (   )을 얻어야 한다. 다만, **긴급을 요하는 경우**에는 **비상근무를 발령**하고, 사후에 **승인**을 얻을 수 있다.

④ 제3항의 규정에도 불구하고 '**경계강화, 작전준비태세**'를 발령한 경우에는 승인을 요하지 아니한다.

제6조(해제) ① 비상근무의 발령권자는 **비상상황이 종료되는 즉시 비상근무를 해제**하고, 비상근무 해제시 제5조제1항제2호·제3호의 발령권자는 (   ) 이내에 **해제일시, 사유 및 비상근무결과** 등을 (   ) 기관의 장에게 **보고한다.**

제7조(근무요령) ① 비상근무 발령권자는 비상상황을 판단하여 다음의 기준에 따라 비상근무를 실시한다.

1. 갑호 비상	가. 비상근무 갑호가 발령된 때에는 **연가를 중지**하고 가용경력 ( )**까지 동원**할 수 있다. 나. 지휘관(지구대장, 파출소장은 지휘관에 준한다)과 참모는 **정착근무**를 원칙으로 한다.
2. 을호 비상	가. 비상근무 을호가 발령된 때에는 **연가를 중지**하고 가용경력 ( )**까지 동원**할 수 있다. 나. 지휘관과 참모는 **정위치 근무**를 원칙으로 한다.
3. 병호 비상	가. 비상근무 병호가 발령된 때에는 부득이한 경우를 제외하고는 **연가를 억제**하고 가용경력 ( )까지 동원할 수 있다. 나. 지휘관과 참모는 **정위치 근무** 또는 **지휘선상 위치** 근무를 원칙으로 한다.
4. 경계 강화	가. 별도의 **경력동원 없이 특정분야의 근무를 강화**한다. 나. 전 경찰관은 비상연락체계를 유지하고 경찰작전부대는 상황발생시 즉각 출동이 가능하도록 출동대기태세를 유지한다. 다. 지휘관과 참모는 ( ) 근무를 원칙으로 한다.
5. 작전준비 태세 (작전비상 시 적용)	가. 별도의 **경력동원 없이** 경찰관서 지휘관 및 참모의 **비상연락망을 구축**하고 **신속한 응소체제**를 유지한다. 나. 경찰작전부대는 상황발생시 즉각 출동이 가능하도록 출동태세 점검을 실시한다. 다. 유관기관과의 긴밀한 연락체계를 유지하고, 필요시 작전상황반을 유지한다.

차상급 / 승인

6시간
차상급

100%

50%

30%

지휘선상 위치

제8조(연습상황의 부여금지) 비상근무기간 중에는 비상근무 발령자의 지시 또는 승인 없이 연습상황을 부여하여서는 아니 된다. 다만, **경계강화, 작전준비태세**의 경우에는 그러하지 아니하다.

제12조(응소) ② 비상소집명령을 전달받은 자와 이를 알게 된 경찰관 등은 소집 장소로 응소하되, **필수요원**은 (   ) **이내**에 **일반요원**은 (   ) **이내**에 응소함을 원칙으로 한다. 다만, 교통수단이 두절되거나 없을 때에는 가까운 경찰서에 응소 후 지시에 따른다.

1시간 / 2시간

제17조(설치) ① 비상상황에서 **경찰청, 지방경찰청, 경찰서** 등에 (   )를 둘 수 있다.

경찰지휘본부

② **경찰지휘본부**는 당해 지휘본부장이 필요하다고 인정할 때에 설치하며 **경찰청 및 지방경찰청**은 (   )에 **설치함을 원칙**으로 한다.

치안상황실

③ 각종 상황발생시 상황의 효율적인 관리를 위해 **필요한 경우 현장인근에 현장지휘본부**를 **설치**할 수 있다.

(약칭: 재난안전법)   [법률 제16666호]

재난

제3조(정의) 이 법에서 사용하는 용어의 뜻은 다음과 같다.

1. "(   )"이란 국민의 생명·신체·재산과 국가에 피해를 주거나 줄 수 있는 것으로서 다음 각 목의 것을 말한다.

> 가. **자연재난**
>   태풍, 홍수, 호우, 강풍, 풍랑, 해일, 대설, 한파, 낙뢰, 가뭄, 폭염, 지진, 황사, 조류 대발생, 조수, 화산활동, 소행성·유성체 등 자연우주물체의 추락·충돌, 그 밖에 이에 준하는 **자연현상**으로 인하여 발생하는 재해
>
> 나. (   )
>   화재·붕괴·폭발·교통사고(항공사고 및 해상사고를 포함한다)·화생방사고·환경오염사고 등으로 인하여 발생하는 대통령령으로 정하는 규모 이상의 피해와 국가핵심기반의 마비, 「감염병의 예방 및 관리에 관한 법률」에 따른 (   ) 또는 「가축전염병예방법」에 따른 **가축전염병**의 확산, 「미세먼지 저감 및 관리에 관한 특별법」에 따른 **미세먼지** 등으로 인한 피해

사회재난

감염병

2. "**해외재난**"이란 대한민국의 영역 밖에서 대한민국 국민의 생명·신체 및 재산에 피해를 주거나 줄 수 있는 재난으로서 **정부차원에서 대처**할 필요가 있는 재난을 말한다.

재난관리

3. "(   )"란 재난의 예방·대비·대응 및 복구를 위하여 하는 모든 활동을 말한다.

안전관리

4. "(   )"란 재난이나 그 밖의 각종 사고로부터 사람의 생명·신체 및 재산의 안전을 확보하기 위하여 하는 모든 활동을 말한다.

4의2. "**안전기준**"이란 각종 시설 및 물질 등의 제작, 유지관리 과정에서 안전을 확보할 수 있도록 적용하여야 할 기술적 기준을 체계화한 것을 말하며, 안전 기준의 분야, 범위 등에 관하여는 대통령령으로 정한다.

5. "**재난관리책임기관**"이란 재난관리업무를 하는 다음 각 목의 기관을 말한다.

　가. **중앙행정기관** 및 **지방자치단체**(「제주특별자치도 설치 및 국제자유도시 조성을 위한 특별법」 제10조제2항에 따른 행정시를 포함한다)

　나. **지방행정기관·공공기관·공공단체**(공공기관 및 공공단체의 지부 등 지 방조직을 포함한다) 및 재난관리의 대상이 되는 중요시설의 관리기관 등 으로서 대통령령으로 정하는 기관

5의2. "**재난관리주관기관**"이란 재난이나 그 밖의 각종 사고에 대하여 그 유형별 로 예방·대비·대응 및 복구 등의 업무를 주관하여 수행하도록 대통령령으 로 정하는 **관계 중앙행정기관**을 말한다.

6. "**긴급구조**"란 재난이 발생할 우려가 현저하거나 재난이 발생하였을 때에 **국 민의 생명·신체 및 재산을 보호**하기 위하여 긴급구조기관과 긴급구조지원기 관이 하는 **인명구조, 응급처치**, 그 밖에 필요한 모든 긴급한 조치를 말한다.

7. "**긴급구조기관**"이란 **소방청·소방본부 및 소방서**를 말한다.

　다만, **해양에서 발생한 재난**의 경우에는 **해양경찰청·지방해양경찰청 및 해양경찰서**를 말한다.

8. "**긴급구조지원기관**"이란 긴급구조에 필요한 인력·시설 및 장비, 운영체계 등 긴급구조능력을 보유한 기관이나 단체로서 대통령령으로 정하는 기관과 단체를 말한다.

9. "**국가재난관리기준**"이란 모든 유형의 재난에 공통적으로 활용할 수 있도록 재난관리의 전 과정을 통일적으로 단순화·체계화한 것으로서 **행정안전부장 관**이 고시한 것을 말한다.

9의2. "**안전문화활동**"이란 안전교육, 안전훈련, 홍보 등을 통하여 안전에 관한 가치와 인식을 높이고 안전을 생활화하도록 하는 등 재난이나 그 밖의 각종 사고로부터 안전한 사회를 만들어가기 위한 활동을 말한다.

9의3. "(　　　　　)"이란 **어린이, 노인, 장애인** 등 재난에 취약한 사람을 말 한다.   안전취약계층

10. "**재난관리정보**"란 재난관리를 위하여 필요한 재난상황정보, 동원가능 자원정 보, 시설물정보, 지리정보를 말한다.

11. **"재난안전통신망"**이란 재난관리책임기관·긴급구조기관 및 긴급구조지원기관이 재난관리업무에 이용하거나 재난현장에서의 통합지휘에 활용하기 위하여 구축·운영하는 무선통신망을 말한다.

12. **"국가핵심기반"**이란 에너지, 정보통신, 교통수송, 보건의료 등 국가경제, 국민의 안전·건강 및 정부의 핵심기능에 중대한 영향을 미칠 수 있는 시설, 정보기술시스템 및 자산 등을 말한다.

제4조(국가 등의 책무) ① **국가**와 **지방자치단체**는 재난이나 그 밖의 각종 사고로부터 국민의 생명·신체 및 재산을 **보호**할 책무를 지고, 재난이나 그 밖의 각종 사고를 **예방**하고 피해를 줄이기 위하여 **노력**하여야 하며, 발생한 피해를 신속히 **대응·복구**하기 위한 **계획**을 수립·시행하여야 한다.

② 국가와 지방자치단체는 안전에 관한 **정보**를 적극적으로 **공개**하여야 하며, 누구든지 이를 편리하게 **이용**할 수 있도록 하여야 한다.

③ 제3조제5호나목에 따른 **재난관리책임기관의 장**은 소관 업무와 관련된 안전관리에 관한 **계획**을 수립하고 시행하여야 하며, 그 소재지를 관할하는 특별시·광역시·특별자치시·도·특별자치도와 **시·군·구**의 재난 및 안전관리업무에 협조하여야 한다.

제5조(국민의 책무) 국민은 국가와 지방자치단체가 재난 및 안전관리업무를 수행할 때 **최대한 협조**하여야 하고, 자기가 소유하거나 사용하는 건물·시설 등으로부터 재난이나 그 밖의 각종 사고가 발생하지 아니하도록 **노력**하여야 한다.

행정안전부장관

제6조(재난 및 안전관리 업무의 총괄·조정) (　　　　　　)은 국가 및 지방자치단체가 행하는 **재난 및 안전관리 업무를 총괄·조정**한다.

행정안전부

제14조(중앙재난안전대책본부 등) ① 대통령령으로 정하는 대규모 재난의 **대응·복구(수습)** 등에 관한 사항을 총괄·조정하고 필요한 조치를 하기 위하여 (　　　)에 **중앙재난안전대책본부**를 둔다.

② 중앙대책본부에 본부장과 차장을 둔다.

③ 중앙대책본부의 **본부장**(중앙대책본부장)은 **행정안전부장관**이 되며, 중앙대책본부장은 중앙대책본부의 업무를 총괄하고 필요하다고 인정하면 중앙재난안전대책본부회의를 소집할 수 있다.

다만, 해외재난의 경우에는 외교부장관이, 방사능재난의 경우에는 같은 법 제25조에 따른 중앙방사능방재대책본부의 장이 각각 중앙대책본부장의 권한을 행사한다.

④ 제3항에도 불구하고 재난의 효과적인 **수습**을 위하여 다음 각 호의 어느 하나에 해당하는 경우에는 **국무총리가 중앙대책본부장의 권한을 행사할 수 있다.** 이 경우 **행정안전부장관, 외교부장관**(해외재난의 경우에 한정한다) 또는 원자력안전위원회 **위원장**(방사능 재난의 경우에 한정한다)이 **차장**이 된다.

    1. 국무총리가 **범정부적 차원**의 **통합 대응**이 **필요**하다고 인정하는 경우

    2. 행정안전부장관이 국무총리에게 **건의**하거나 제15조의2제2항에 따른 수습본부장의 **요청**을 받아 행정안전부장관이 국무총리에게 **건의**하는 경우

제16조(지역재난안전대책본부) ① 해당 관할 구역에서 재난의 수습 등에 관한 사항을 총괄·조정하고 필요한 조치를 하기 위하여 시·도지사는 시·도재난안전대책본부(**시·도대책본부**)를 두고, 시장·군수·구청장은 시·군·구재난안전대책본부(**시·군·구대책본부**)를 둔다.

② 시·도대책본부 또는 시·군·구대책본부(**지역대책본부**)의 본부장(**지역대책본부장**)은 **시·도지사** 또는 **시장·군수·구청장**이 되며, 지역대책본부장은 지역대책본부의 업무를 총괄하고 필요하다고 인정하면 대통령령으로 정하는 바에 따라 지역재난안전대책본부회의를 소집할 수 있다.

③ 시·군·구대책본부의 장은 재난현장의 총괄·조정 및 지원을 위하여 재난현장 통합지원본부(통합지원본부)를 설치·운영할 수 있다. 이 경우 통합지원본부의 장은 긴급구조에 대해서는 제52조에 따른 시·군·구긴급구조통제단장의 현장지휘에 협력하여야 한다.

제60조(특별재난지역의 선포) ① **중앙대책본부장**은 대통령령으로 정하는 규모의 재난이 발생하여 **국가의 안녕 및 사회질서의 유지**에 중대한 영향을 미치거나 **피해를 효과적으로 수습**하기 위하여 특별한 조치가 필요하다고 인정하거나 제3항에 따른 **지역대책본부장의 요청**이 타당하다고 인정하는 경우에는 중앙위원회의 심의를 거쳐 해당 지역을 (　　　　　)으로 선포할 것을 (　　　)에게 **건의**할 수 있다.

② 제1항에 따라 특별재난지역의 선포를 건의받은 **대통령**은 해당 지역을 **특별재난지역**으로 **선포할 수 있다.**

제61조(특별재난지역에 대한 지원) 국가나 지방자치단체는 제60조에 따라 **특별재난지역으로 선포된 지역**에 대하여는 제66조제3항에 따른 지원을 하는 외에 대통령령으로 정하는 바에 따라 **응급대책** 및 **재난구호**와 복구에 필요한 **행정상·재정상·금융상·의료상**의 **특별지원**을 할 수 있다.

특별재난지역 / 대통령

20 | 경찰 재난관리 규칙

[경찰청훈령 제903호]

제1조(목적) 이 규칙은 「재난 및 안전관리 기본법」에 따른 경찰의 재난예방·대비·대응·복구활동에 관하여 필요한 사항을 규정함을 목적으로 한다.

제2조(정의) 이 훈령에서 사용하는 용어의 뜻은 다음 각 호와 같다.

1. **"재난"**이란 「재난 및 안전관리 기본법」 제3조 제1호의(자연재난 + 사회재난) 재해 또는 피해를 말한다.
2. **"재난관리"**란 재난의 예방·대비·대응 및 복구를 위하여 하는 모든 활동을 말한다.
3. **"긴급구조"**란 인명구조나 응급처치, 그 밖에 필요한 모든 긴급조치를 말한다.
4. **"대민지원"**이란 법에 따라 중앙 또는 지역재난안전대책본부, 중앙사고수습본부, 중앙 또는 지역긴급구조통제단 등으로부터 경찰 지원요청이 있을 경우 인명구조와 장비·인력·물자·방역 지원 등을 하는 행위를 말한다.

제4조(재난관리 업무분담) ① 재난관리 업무와 관련한 각 국·관별 임무는 다음 각 호와 같다.

1. **경비국**
    가. 재난관리 업무총괄
      1) 자연재난 분야
      2) 인적재난(교통사고 제외), 그 밖의 재난분야 중 다른 부서에서 담당하지 않는 분야
      3) 국가기반체계 마비 분야 중 다른 부서에서 담당하지 않는 분야
    나. 재난대책본부 및 재난상황실 운영
    다. 대민지원 조정, 통제

라. 재난관리부대 교육훈련

마. 재난관리를 위한 경력운용 및 가용장비 운용

2. **기획조정관**

가. 재난 관련 부서 정원 확보

나. 경찰관서 피해복구비 산정

다. 재난 관련 국회 업무 협조

3. **경무인사기획관**

가. 재난 관련 경찰관 안전사고 예방 및 사고시 업무처리

나. 재난지역 경찰 장비, 물자, 수송지원 등 대민지원 업무

다. 경찰관서 피해복구 업무 및 자체 경비

4. **생활안전국**

가. 재난취약지역 및 국가핵심기반시설 예방순찰

나. 재난지역 주민대피 지원

다. 재난지역 현금다액취급업소 등 범죄예방

라. 재난지역 총포·화약류 안전관리 강화

5. **수사국**

가. 재난지역 강·절도 등 형사활동

나. 재난원인에 대한 수사활동

6. **정보국**

가. 재난지역 주민 집단민원 등 정보활동

7. **보안국**

가. 재난지역 안보위해요소 점검 등 보안활동

8. **외사국**

가. 재난지역 체류외국인 관련 치안활동

9. **대변인**

가. 재난복구, 사고수습, 대민지원 활동 등 대국민 홍보

나. 온·오프라인 이슈(허위·왜곡 사실, 유언비어) 모니터링

10. **감사관**

가. 재난지역 경찰관 자체사고 예방

11. **정보화장비정책관**

가. 국가적 정보통신 피해발생시 긴급통신망 복구지원

나. 재난지역 통신장비 설치·운영

12. **교통국**

　　가. 재난지역 교통통제 및 긴급차량 출동로 확보

　　나. 재난지역 교통안전시설 관리

　　다. 재난지역 교통정보 홍보활동

　　라. 인적재난 중 교통사고 분야

13. **사이버안전국**

　　가. 인터넷상 유언비어에 대한 수사활동

14. **과학수사관리관**

　　가. 사상자 신원확인

② 재난 발생시 각 국·관은 제1항에 정한 업무를 처리하고 그 결과를 제8조에 따른 **재난대책본부장**에게 통보한다.

제5조(재난대책본부의 설치) 제2조제1호의 재난 중 **인명** 또는 **재산의 피해정도가 매우 크거나 사회적, 경제적**으로 **광범위한 영향**이 있는 **재난이 발생**하였거나 발생할 우려가 있을 때에 **경찰의 재난관리 업무를 총괄 조성**하고 긴급재난대책, 피해 조사 및 복구에 관하여 필요한 심의, 조정, 정책결정 등의 조치를 하기 위하여 (　　　　) 소속하에 **재난대책본부를 둔다.**

제6조(재난대책본부의 구성) ① **재난대책본부장**은 (　　　　)으로 하며, 위원은 혁신기획조정담당관, 경무담당관, 범죄예방정책과장, 수사기획과장, 경비과장, 정보1과장, 보안1과장, 외사기획과장, 홍보담당관, 감사담당관, 정보화장비기획담당관, 교통기획과장, 사이버안전과장, 과학수사담당관이 된다.

제9조(재난상황실의 설치) ① 재난이 발생하였거나 재난이 발생할 우려가 있을 때 **경비국장**은 위기관리센터에 재난상황실을 설치·운영할 수 있다.

② **재난의 발생 가능 정도**에 따라 재난관리 단계를 다음 각 호와 같이 **4단계로 구분**하여 관리하며, (　　　)**단계에는 반드시** (　　　　　)을 **설치·운영한다.**

　다만, 그 밖의 단계에는 **경비국장**이 필요하다고 판단한 경우에 설치·운영할 수 있다.

경찰청장

경비국장

심각 / 재난상황실

1. "( )단계"	**일부지역 기상특보 발령** 등 재난발생 징후와 관련된 현상이 나타나고 있으나 그 활동수준이 낮아서 재난으로 발전할 가능성이 적은 상태를 말한다.	관심
2. "( )단계"	**전국적 기상특보 발령** 등 재난발생 징후의 활동이 비교적 활발하여 재난으로 발전할 수 있는 일정수준의 경향이 나타나는 상태를 말한다.	주의
3. "( )단계"	전국적 기상특보 발령 등 재난발생 징후의 활동이 활발하여 **재난으로 발전할 가능성이 농후한 상태**를 말한다.	경계
4. "( )단계"	**재난이 발생**하였거나 재난의 발생이 **확실시되는 상태**를 말한다.	심각

21 특정범죄 가중처벌 등에 관한 법률

(약칭: 특정범죄가중법)   [법률 제16922호]

제1조(목적) 이 법은 「형법」, 「관세법」, 「조세범 처벌법」, 「지방세기본법」, 「산림자원의 조성 및 관리에 관한 법률」 및 「마약류관리에 관한 법률」에 규정된 특정범죄에 대한 가중처벌 등을 규정함으로써 건전한 사회질서의 유지와 국민경제의 발전에 이바지함을 목적으로 한다.

제2조(뇌물죄의 가중처벌) ① 「형법」 제129조(수뢰, 사전수뢰)·제130소(제삼자뇌물제공) 또는 제132조(알선수뢰)에 규정된 죄를 범한 사람은 그 수수·요구 또는 약속한 뇌물의 가액(수뢰액)에 따라 다음 각 호와 같이 가중처벌한다.

> 1. 수뢰액이 **1억원 이상**인 경우, **무기** 또는 **10년 이상의 징역**에 처한다.
> 2. 수뢰액이 **5천만원** 이상 **1억원 미만**인 경우, **7년 이상의 유기징역**에 처한다.
> 3. 수뢰액이 **3천만원** 이상 **5천만원 미만**인 경우, **5년 이상의 유기징역**에 처한다.

제5조의3(도주차량 운전자의 가중처벌) ① 「도로교통법」 제2조에 규정된 자동차·원동기장치자전거의 교통으로 인하여 「형법」 제268조의 죄를 범한 해당 차량의 운전자(사고운전자)가 **피해자를 구호**하는 등 「도로교통법」 제54조제1항(사고발생 시의 조치)에 따른 **조치를 하지 아니하고 도주한 경우**에는 다음 각 호의 구분에 따라 **가중처벌**한다.

> 1. 피해자를 (   )에 이르게 하고 **도주**하거나, 도주 후에 피해자가 **사망**한 경우에는 **무기** 또는 **5년 이상**의 징역에 처한다.
> 2. 피해자를 (   )에 이르게 한 경우에는 **1년 이상의 유기징역** 또는 500만원 이상 3천만원 이하의 벌금에 처한다.

사망

상해

② 사고운전자가 피해자를 사고 **장소로부터 옮겨 유기하고 도주한 경우**에는 다음 각 호의 구분에 따라 **가중처벌한다.**

> 1. 피해자를 (   )에 이르게 하고 도주하거나, 도주 후에 피해자가 사망한 경우에는 **사형, 무기** 또는 (   ) **이상**의 징역에 처한다.
> 2. 피해자를 (   )에 이르게 한 경우에는 3년 이상의 유기징역에 처한다.

사망
5년
상해

제5조의9(보복범죄의 가중처벌 등) ① 자기 또는 타인의 형사사건의 수사 또는 재판과 관련하여 고소·고발 등 수사단서의 제공, 진술, 증언 또는 자료제출에 대한 (   )**의 목적**으로 「형법」 제250조제1항**(살인)**의 죄를 범한 사람은 **사형, 무기** 또는 **10년 이상의 징역**에 처한다.

고소·고발 등 수사단서의 제공, 진술, 증언 또는 자료제출을 하지 못하게 하거나 고소·고발을 취소하게 하거나 거짓으로 진술·증언·자료제출을 하게 할 목적인 경우에도 또한 같다.

보복

제5조의10(운행 중인 자동차 운전자에 대한 폭행 등의 가중처벌) ① 운행 중인 자동차의 운전자를 (   )하거나 (   )한 사람은 **5년 이하**의 징역 또는 **2천만원 이하**의 벌금에 처한다.

② 제1항의 죄를 범하여 사람을 **상해**에 이르게 한 경우에는 (   ) **이상**의 유기징역에 처하고, **사망**에 이르게 한 경우에는 **무기 또는 5년 이상의 징역**에 처한다.

폭행 / 협박

3년

제5조의11(위험운전 등 치사상) ① (   ) 또는 **약물의 영향**으로 정상적인 운전이 곤란한 상태에서 자동차(원동기장치자전거를 포함한다)를 운전하여 사람을 (   )**에 이르게 한 사람은 1년 이상 15년 이하의 징역** 또는 **1천만원 이상 3천만원 이하**의 벌금에 처하고, (   )**에 이르게 한 사람은 무기 또는 3년 이상의 징역**에 처한다.

음주

상해

사망

제5조의13(어린이 보호구역에서 어린이 치사상의 가중처벌) 자동차(원동기장치자전거를 포함)의 운전자가 「도로교통법」 제12조제3항(어린이 보호구역의 지정 및 관리)에 따른 **어린이 보호구역**에서 같은 조 제1항에 따른 조치를 준수하고 어린이의 안전에 유의하면서 운전하여야 할 의무를 위반하여 **어린이**((   ) **미만**인 사람을 말한다)에게 「교통사고처리 특례법」 제3조제1항[처벌의 특례 – 「형법」제268조(업무상과실·중과실 치사상)의 죄를]의 죄를 범한 경우에는 다음 각 호의 구분에 따라 **가중처벌한다.**

13세

1. **어린이를 사망**에 이르게 한 경우에는 **무기** 또는 **3년 이상의 징역**에 처한다.
2. **어린이를 상해**에 이르게 한 경우에는 **1년 이상** 15년 **이하의 징역** 또는 500만원 **이상 3천만원 이하의 벌금**에 처한다.

집회 및 시위에 관한 법률

(약칭: 집시법)   [법률 제13834호]

제1조(목적) 이 법은 적법한 집회 및 시위를 최대한 보장하고 위법한 시위로부터 국민을 보호함으로써 집회 및 시위의 권리 보장과 공공의 안녕질서가 적절히 조화를 이루도록 하는 것을 목적으로 한다.

제2조(정의) 이 법에서 사용하는 용어의 뜻은 다음과 같다.

1. "**옥외집회**"란 천장이 없거나 사방이 폐쇄되지 아니한 장소에서 여는 집회를 말한다.
2. "(   )"란 여러 사람이 공동의 목적을 가지고 도로, 광장, 공원 등 일반인이 자유로이 통행할 수 있는 장소를 행진하거나 위력 또는 기세를 보여, 불특정한 여러 사람의 의견에 영향을 주거나 제압을 가하는 행위를 말한다. | 시위
3. "(   )"란 **자기 이름으로 자기 책임 아래 집회나 시위를 여는 사람이나 단체**를 말한다. **주최자**는 **주관자**를 따로 두어 **집회 또는 시위의 실행을 맡아 관리하도록 위임**할 수 있다. 이 경우 주관자는 그 위임의 범위 안에서 주최자로 본다. | 주최자
4. "(   )"이란 **주최자가 자신을 보좌하여** 집회 또는 시위의 질서를 유지하게 할 목적으로 임명한 자를 말한다. | 질서유지인
5. "**질서유지선**"이란 관할 경찰서장이나 지방경찰청장이 **적법한 집회 및 시위를 보호**하고 질서유지나 원활한 교통 소통을 위하여 집회 또는 시위의 장소나 행진 구간을 일정하게 구획하여 설정한 띠, 방책, 차선 등의 경계 표지를 말한다.
6. "**경찰관서**"란 국가경찰관서를 말한다.

제3조(집회 및 시위에 대한 방해 금지) ① 누구든지 폭행, 협박, 그 밖의 방법으로 평화적인 집회 또는 시위를 방해하거나 질서를 문란하게 하여서는 아니 된다.

② 누구든지 폭행, 협박, 그 밖의 방법으로 집회 또는 시위의 주최자나 질서유지인의 이 법의 규정에 따른 임무 수행을 방해하여서는 아니 된다.

③ 집회 또는 시위의 **주최자는 평화적인 집회 또는 시위가 방해받을 염려가 있다고** 인정되면 관할 경찰관서에 그 사실을 알려 **보호를 요청할 수 있다.** 이 경우 **관할 경찰관서의 장은 정당한 사유 없이 보호 요청을 거절하여서는 아니 된다.**

제4조(특정인 참가의 배제) 집회 또는 시위의 **주최자** 및 질서유지인은 특정한 사람이나 단체가 집회나 시위에 **참가하는 것을 막을 수 있다.** 다만, **언론사의 (　　)는** 출입이 보장되어야 하며, 이 경우 기자는 **신분증을 제시하고** 기자임을 표시한 **완장을 착용**하여야 한다.

제5조(집회 및 시위의 금지) ① 누구든지 다음 각 호의 어느 하나에 해당하는 집회나 시위를 주최하여서는 아니 된다.

1. 헌법재판소의 결정에 따라 **해산된 정당의 목적을 달성하기 위한 집회 또는 시위**
2. 집단적인 폭행, 협박, 손괴, 방화 등으로 **공공의 안녕 질서에 직접적인 위협**을 끼칠 것이 명백한 집회 또는 시위

② 누구든지 제1항에 따라 금지된 집회 또는 시위를 할 것을 선전하거나 선동하여서는 아니 된다.

제6조(옥외집회 및 시위의 신고 등) ① **옥외집회나 시위를 주최하려는 자는** 그에 관한 다음 각 호의 사항 모두를 적은 **신고서를** 옥외집회나 시위를 시작하기 (　　)**시간** 전부터 (　　)**시간** 전에 관할 **경찰서장**에게 제출하여야 한다.

다만, 옥외집회 또는 시위 장소가 (　　) **이상의 경찰서의 관할에 속하는 경우에**는 관할 **지방경찰청장**에게 제출하여야 하고, **두 곳 이상의 지방경찰청 관할에 속하는 경우에는 (　　)를 관할하는 지방경찰청장**에게 제출하여야 한다.

1. 목적
2. 일시(필요한 시간을 포함한다)
3. 장소
4. 주최자(단체인 경우에는 그 대표자를 포함한다), 연락책임자, 질서유지인에 관한 다음 각 목의 사항

기자

720

48

두 곳

주최지

　　가. 주소　　　나. 성명　　　다. 직업　　　라. 연락처
5. 참가 예정인 단체와 인원
6. 시위의 경우 그 방법(진로와 약도를 포함한다)

② 관할 경찰서장 또는 지방경찰청장(관할경찰관서장)은 신고서를 접수하면 신고자에게 접수 일시를 적은 **접수증을** (　　) **내주어야 한다.**　　즉시

③ **주최자**는 신고한 옥외집회 또는 시위를 하지 아니하게 된 경우에는 신고서에 적힌 집회 일시 (　　) **전**에 그 철회사유 등을 적은 철회신고서를 관할경찰관서장에게 제출하여야 한다.　　24시간

④ 철회신고서를 받은 관할경찰관서장은 금지 통고를 한 집회나 시위가 있는 경우에는 그 금지 통고를 받은 **주최자**에게 **사실을 즉시 알려야 한다.**

⑤ 통지를 받은 주최자는 그 금지 통고된 집회 또는 시위를 최초에 신고한 대로 개최할 수 있다.

다만, 금지 통고 등으로 시기를 놓친 경우에는 **일시를 새로 정하여** 집회 또는 시위를 시작하기 (　　)**시간 전**에 관할경찰관서장에게 **신고서를 제출**하고 집회 또는 시위를 **개최할 수 있다.**　　24

제7조(신고서의 보완 등) ① 관할경찰관서장은 신고서의 기재 사항에 미비한 점을 **발견하면** 접수증을 교부한 때부터 (　　)**시간** 이내에 주최자에게 (　　)**시간**을 기한으로 그 기재 사항을 **보완할 것을 통고할 수 있다.**　　12 / 24

② 보완 통고는 보완할 사항을 분명히 밝혀 서면으로 주최자 또는 연락책임자에게 송달하여야 한다.

제8조(집회 및 시위의 금지 또는 제한 통고) ① 제6조제1항에 따른 신고서를 접수한 관할경찰관서장은 신고된 옥외집회 또는 시위가 다음 각 호의 어느 하나에 해당하는 때에는 신고서를 접수한 때부터 (　　)**시간 이내**에 집회 또는 시위를 **금지할 것을** 주최자에게 **통고할 수 있다.**　　48

다만, 집회 또는 시위가 집단적인 **폭행, 협박, 손괴, 방화** 등으로 공공의 안녕 질서에 직접적인 **위험을 초래한 경우**에는 남은 기간의 해당 집회 또는 시위에 대하여 신고서를 접수한 때부터 (　　)**시간이 지난 경우**에도 **금지 통고**를 할 수 있다.　　48

1. 제5조제1항, 제10조 본문 또는 제11조에 위반된다고 인정될 때
2. 제7조제1항에 따른 신고서 기재 사항을 보완하지 아니한 때

3. 제12조에 따라 금지할 집회 또는 시위라고 인정될 때

② 관할경찰관서장은 집회 또는 시위의 **시간과 장소가 중복되는** (   )**개 이상의 신고가 있는 경우** 그 목적으로 보아 서로 상반되거나 방해가 된다고 인정되면 **각 옥외집회 또는 시위 간에** (   )**을 나누거나** (   )**를 분할하여** 개최하도록 권유하는 등 각 옥외집회 또는 시위가 서로 방해되지 아니하고 **평화적으로 개최·진행될 수 있도록 노력**하여야 한다.

③ 관할경찰관서장은 제2항에 따른 **권유가 받아들여지지 아니하면 뒤에 접수된 옥외집회 또는 시위에 대하여** 제1항에 준하여 그 집회 또는 시위의 **금지를 통고할 수 있다.**

④ 제3항에 따라 뒤에 접수된 옥외집회 또는 시위가 금지 통고된 경우 먼저 신고를 접수하여 옥외집회 또는 시위를 개최할 수 있는 자는 집회 시작 1시간 전에 관할경찰관서장에게 집회 개최 사실을 통지하여야 한다.

⑤ 다음 각 호의 어느 하나에 해당하는 경우로서 그 **거주자나 관리자가 시설이나 장소의 보호를 요청하는 경우**에는 집회나 시위의 금지 또는 제한을 통고할 수 있다. 이 경우 집회나 시위의 금지 통고에 대하여는 제1항을 준용한다.

1. 제6조제1항의 신고서에 적힌 장소("**신고장소**")가 다른 사람의 **주거지역**이나 이와 유사한 장소로서 집회나 시위로 **재산** 또는 **시설**에 **심각한 피해가 발생**하거나 **사생활의 평온**을 뚜렷하게 **해칠 우려**가 있는 경우
2. 신고장소가 「초·중등교육법」 제2조에 따른 **학교의 주변 지역**으로서 집회 또는 시위로 **학습권을 뚜렷이 침해**할 우려가 있는 경우
3. 신고장소가 「군사기지 및 군사시설 보호법」 제2조제2호에 따른 **군사시설의 주변 지역**으로서 집회 또는 시위로 시설이나 군 작전의 수행에 **심각한 피해가 발생할 우려**가 있는 경우

⑥ 집회 또는 시위의 금지 또는 제한 통고는 그 이유를 분명하게 밝혀 서면으로 주최자 또는 연락책임자에게 송달하여야 한다.

제9조(집회 및 시위의 금지 통고에 대한 이의 신청 등) ① 집회 또는 시위의 주최자는 제8조에 따른 금지 통고를 받은 날부터 (   ) 이내에 해당 경찰관서의 **바로 위의** (   )**의 장**에게 이의를 신청할 수 있다.

② 제1항에 따른 이의 신청을 받은 경찰관서의 장은 접수 일시를 적은 접수증을 이

의 신청인에게 즉시 내주고 접수한 때부터 **24시간 이내에 재결을 하여야 한다.** 이 경우 접수한 때부터 24시간 이내에 재결서를 발송하지 아니하면 관할경찰관서장의 금지 통고는 소급하여 그 효력을 잃는다.

③ 이의 신청인은 제2항에 따라 금지 통고가 위법하거나 부당한 것으로 재결되거나 그 효력을 잃게 된 경우 처음 신고한 대로 집회 또는 시위를 개최할 수 있다. 다만, 금지 통고 등으로 시기를 놓친 경우에는 일시를 새로 정하여 집회 또는 시위를 시작하기 24시간 전에 관할경찰관서장에게 신고함으로써 집회 또는 시위를 개최할 수 있다.

제10조(옥외집회와 시위의 금지 시간) 누구든지 **해가 뜨기 전이나 해가 진 후에는 옥외집회 또는 시위를 하여서는 아니 된다.** 다만, 집회의 성격상 부득이하여 주최자가 질서유지인을 두고 미리 신고한 경우에는 관할경찰관서장은 질서 유지를 위한 조건을 붙여 해가 뜨기 전이나 해가 진 후에도 옥외집회를 허용할 수 있다.

제11조(옥외집회와 시위의 금지 장소) 누구든지 다음 각 호의 어느 하나에 해당하는 청사 또는 저택의 경계 지점으로부터 (　　　) 이내의 **장소**에서는 옥외**집회 또는 시위**를 하여서는 **아니 된다.**

> 1. 국회의사당, 각급 법원, 헌법재판소
> 2. 대통령 관저, 국회의장 공관, 대법원장 공관, 헌법재판소장 공관
> 3. 국무총리 공관. 다만, 행진의 경우에는 해당하지 아니한다.
> 4. 국내 주재 외국의 외교기관이나 외교사절의 숙소.
>   다만, 다음 각 목의 어느 하나에 해당하는 경우로서 외교기관 또는 외교사절 숙소의 기능이나 안녕을 침해할 우려가 없다고 인정되는 때에는 해당하지 아니한다.
>   가. 해당 외교기관 또는 외교사절의 숙소를 대상으로 하지 아니하는 경우
>   나. 대규모 집회 또는 시위로 확산될 우려가 없는 경우
>   다. 외교기관의 업무가 없는 휴일에 개최하는 경우

제12조(교통 소통을 위한 제한) ① 관할경찰관서장은 **대통령령으로 정하는 주요 도시의 주요 도로**에서의 집회 또는 시위에 대하여 교통 소통을 위하여 필요하다고 인정하면 이를 금지하거나 교통질서 유지를 위한 조건을 붙여 **제한할 수 있다.**

② 집회 또는 시위의 **주최자가** (　　　)을 두고 도로를 행진하는 경우에는 제1항에 따른 금지를 할 수 없다.

100 미터

질서유지인

다만, 해당 도로와 주변 도로의 교통 소통에 장애를 발생시켜 **심각한 교통 불편**을 줄 우려가 있으면 제1항에 따른 **금지**를 **할 수 있다.**

제13조(질서유지선의 설정) ① 제6조제1항에 따른 신고를 받은 관할경찰관서장은 집회 및 시위의 보호와 공공의 질서 유지를 위하여 필요하다고 인정하면 (   )**한의 범위를 정하여 질서유지선을 설정할 수 있다.**

② 제1항에 따라 경찰관서장이 질서유지선을 설정할 때에는 주최자 또는 연락책임자에게 이를 알려야 한다.

제14조(확성기등 사용의 제한) ① 집회 또는 시위의 주최자는 확성기, 북, 징, 꽹과리 등의 기계·기구(이하 이 조에서 "확성기 등"이라 한다)를 사용하여 타인에게 심각한 피해를 주는 소음으로서 대통령령으로 정하는 기준을 위반하는 소음을 발생시켜서는 아니 된다.

② **관할경찰관서장**은 집회 또는 시위의 **주최자**가 제1항에 따른 **기준을 초과하는 소음을** 발생시켜 타인에게 피해를 주는 경우에는 그 **기준 이하의 소음 유지 또는 확성기등의 사용 중지를 명하거나 확성기 등의 일시보관 등 필요한 조치를** (   ).

■ **참고**

【별표 2】

확성기등의 소음기준(제14조 관련)

[단위: Leq dB(A)]

대상 지역 \ 시간대	주간(해뜬 후~해지기 전)	야간(해진 후~해뜨기 전)
주거지역, 학교, 종합병원, 공공도서관	( ) 이하	60 이하
그 밖의 지역	75 이하	( ) 이하

비 고

1. 확성기등의 소음은 관할 경찰서장(현장 경찰공무원)이 측정한다.
2. 소음 측정 장소는 피해자가 위치한 건물의 외벽에서 소음원 방향으로 1 ~ (   ) 떨어진 지점으로 하되, 소음도가 높을 것으로 예상되는 지점의 지면 위 1.2 ~ (   ) 높이에서 측정한다. 다만, 주된 건물의 경비 등을

위하여 사용되는 부속 건물, 광장·공원이나 도로상의 영업시설물, 공원의 관리사무소 등은 소음 측정 장소에서 제외한다.

3. 제2호의 장소에서 확성기등의 대상소음이 있을 때 (　　　)(소음 발생 시간이 10분 이내인 경우에는 그 발생 시간 동안을 말한다) **측정한 소음도를 측정소음도**로 하고, 같은 장소에서 확성기등의 대상소음이 없을 때 5분간 측정한 소음도를 배경소음도로 한다.

4. 측정소음도가 배경소음도보다 10dB 이상 크면 배경소음의 보정 없이 측정소음도를 대상소음도로 하고, 측정소음도가 배경소음도보다 3.0 ~ 9.9dB 차이로 크면 아래 표의 보정치에 따라 측정소음도에서 배경소음을 보정한 소음도를 대상소음도로 하며, 측정소음도가 배경소음도보다 3dB 미만으로 크면 다시 한 번 측정소음도를 측정하고, 다시 측정하여도 3dB 미만으로 크면 확성기등의 소음으로 보지 아니한다.

10분간

제15조(적용의 배제) 학문, 예술, 체육, 종교, 의식, 친목, 오락, 관혼상제 및 국경행사에 관한 집회에는 제6조부터 제12조까지의 규정을 적용하지 아니한다.

제16조(주최자의 준수 사항) ① 집회 또는 시위의 주최자는 집회 또는 시위에 있어서의 질서를 유지하여야 한다.

② 집회 또는 시위의 주최자는 집회 또는 시위의 질서 유지에 관하여 자신을 보좌하도록 (　　) **이상의 사람을 질서유지인으로 임명**(　　　　).

18세 / 할 수 있다

③ 집회 또는 시위의 **주최자**는 제1항에 따른 **질서를 유지할 수 없으면** 그 **집회** 또는 **시위의 종결을 선언하여야 한다.**

④ 집회 또는 시위의 **주최자**는 다음 각 호의 어느 하나에 해당하는 **행위를 하여서는 아니 된다.**

1. 총포, 폭발물, 도검, 철봉, 곤봉, 돌덩이 등 다른 사람의 생명을 위협하거나 신체에 해를 끼칠 수 있는 기구를 휴대하거나 사용하는 행위 또는 다른 사람에게 이를 휴대하게 하거나 사용하게 하는 행위
2. 폭행, 협박, 손괴, 방화 등으로 질서를 문란하게 하는 행위
3. 신고한 목적, 일시, 장소, 방법 등의 범위를 뚜렷이 벗어나는 행위

⑤ **옥내집회의 주최자는 확성기를 설치하는 등 주변에서의 옥외 참가를 유발하는 행위를 하여서는 아니 된다.**

제17조(질서유지인의 준수 사항 등) ① 질서유지인은 주최자의 지시에 따라 집회 또는 시위 질서가 유지되도록 하여야 한다.

③ 질서유지인은 참가자 등이 질서유지인임을 쉽게 알아볼 수 있도록 **완장, 모자, 어깨띠, 상의** 등을 착용하여야 한다.

④ **관할경찰관서장**은 집회 또는 시위의 주최자와 **협의**하여 질서유지인의 수를 적절하게 조정할 수 있다.

정복
긴급한

제19조(경찰관의 출입) ① 경찰관은 집회 또는 시위의 **주최자**에게 알리고 그 집회 또는 시위의 **장소**에 ( )을 입고 출입할 수 있다. 다만, 옥내집회 장소에 출입하는 것은 직무 집행을 위하여 ( ) **경우에만 할 수 있다.**

② 집회나 시위의 주최자, 질서유지인 또는 장소관리자는 질서를 유지하기 위한 경찰관의 직무집행에 협조하여야 한다.

해산

제20조(집회 또는 시위의 해산) ① 관할경찰관서장은 다음 각 호의 어느 하나에 해당하는 집회 또는 시위에 대하여는 상당한 시간 이내에 **자진 ( )할 것을 요청하고** 이에 따르지 아니하면 해산을 명할 수 있다.

1. 제5조제1항, 제10조 본문 또는 제11조를 위반한 집회 또는 시위
2. 제6조제1항에 따른 신고를 하지 아니하거나 제8조 또는 제12조에 따라 금지된 집회 또는 시위
3. 제8조제5항에 따른 제한, 제10조 단서 또는 제12조에 따른 조건을 위반하여 교통 소통 등 질서 유지에 직접적인 위험을 명백하게 초래한 집회 또는 시위
4. 제16조제3항에 따른 종결 선언을 한 집회 또는 시위
5. 제16조제4항 각 호의 어느 하나에 해당하는 행위로 질서를 유지할 수 없는 집회 또는 시위

② 집회 또는 시위가 제1항에 따른 **해산 명령을 받았을 때**에는 모든 참가자는 **지체 없이 해산하여야 한다.**

③ 제1항에 따른 **자진 해산의 요청**과 **해산 명령의 고지** 등에 필요한 사항은 **대통령령**으로 정한다.

■ 참고

집회 및 시위에 관한 법률 시행령 제17조(집회 또는 시위의 자진 해산의 요청 등)

법 제20조에 따라 **집회 또는 시위를 해산시키려는 때**에는 관할 경찰관서장 또는 관할 경찰관서장으로부터 권한을 부여받은 국가경찰공무원은 다음 각 호의 순서에 따라야 한다. **다만,** 법 제20조제1항제1호·제2호 또는 제4호에 해당하는 집회·시위의 경우와 주최자·주관자·연락책임자 및 질서유지인이 집회 또는 시위 장소에 없는 경우에는 종결 선언의 요청을 생략할 수 있다.

1. 종결 선언의 요청

   (　　　)에게 집회 또는 시위의 종결 선언을 요청하되, 주최자의 소재를 알 수 없는 경우에는 주관자·연락책임자 또는 질서유지인을 통하여 종결 선언을 요청할 수 있다. *（주최자）*

2. 자진 해산의 요청

   제1호의 종결 선언 요청에 따르지 아니하거나 종결 선언에도 불구하고 집회 또는 시위의 참가자들이 집회 또는 시위를 계속하는 경우에는 **직접 참가자들에 대하여 자진 해산할 것을 요청한다.**

3. 해산명령 및 직접 해산

   제2호에 따른 자진 해산 요청에 따르지 아니하는 경우에는 (　　　) 이상 **자진 해산할 것을 명령**하고, 참가자들이 해산명령에도 불구하고 해산하지 아니하면 **직접 해산시킬 수 있다.** *（세 번）*

제22조(벌칙) ① 제3조제1항**(방해금지)** 또는 제2항을 위반한 자는 (　　　)년 이하의 징역 또는 (　　　)만원 이하의 벌금에 처한다. *（3）（300）*

다만, **군인·검사** 또는 **경찰관**이 제3조제1항 또는 제2항을 **위반한 경우**에는 (　　　) 이하의 징역에 처한다. *（5년）*

제24조(벌칙) 다음 각 호의 어느 하나에 해당하는 자는 (　　　)개월 이하의 징역 또는 (　　　)만원 이하의 벌금·구류 또는 과료에 처한다. *（6）（50）*

1. 주최자 또는 질서유지인이 **참가를 배제했는데도** 그 집회 또는 시위에 참가한 자
2. 신고를 **거짓**으로 하고 집회 또는 시위를 개최한 자
3. 설정한 질서유지선을 **경찰관의 경고**에도 불구하고 정당한 사유 없이 상당 시간

침범하거나 손괴·은닉·이동 또는 제거하거나 그 밖의 방법으로 그 효용을 해친 자

4. 명령을 위반하거나 필요한 조치를 거부·방해한 자

제26조(과태료) ① 제8조 제4항에 해당하는 먼저 신고된 옥외집회 또는 시위의 주최자가 정당한 사유 없이 제6조 제3항(철회신고서 제출의무)을 위반한 경우에는 (　)만원 이하의 과태료를 부과한다.

② 제1항에 따른 과태료는 대통령령으로 정하는 바에 따라 지방경찰청장 또는 경찰서장이 부과·징수한다.

23 국가보안법

[법률 제13722호]

제1조(목적등) ① 이 법은 **국가의 안전을 위태롭게 하는 반국가활동**을 규제함으로써 국가의 안전과 국민의 생존 및 자유를 확보함을 목적으로 한다.

② 이 법을 해석적용함에 있어서는 제1항의 목적달성을 위하여 필요한 **최소한도**에 그쳐야 하며, 이를 확대해석하거나 헌법상 보장된 **국민의 기본적 인권**을 부당하게 제한하는 일이 있어서는 아니된다.

제2조(정의) ① 이 법에서 "(　　　　　)"라 함은 **정부를 참칭**하거나 **국가를 변란**할 것을 목적으로 하는 국내외의 **결사** 또는 **집단**으로서 **지휘통솔체제**를 갖춘 단체를 말한다.

반국가단체

대법원 1995. 7. 28. 선고 95도1121 판결

【판시사항】

가. 국가보안법 제2조 소정의 지휘통솔체제를 갖춘 단체의 의미

【판결요지】

가. 국가보안법 제2조에 의한 반국가단체로서의 지휘통솔체제를 갖춘 단체라 함은 **2인 이상의** 특정 다수인 사이에 **단체의 내부질서를 유지**하고, 그 단체를 주도하기 위하여 **일정한 위계 및 분담 등의 체계**를 갖춘 **결합체를 의미한다**

제3조(반국가단체의 구성등) ① **반국가단체**를 구성하거나 이에 **가입**한 자는 다음의 구별에 따라 처벌한다.

> 1. **수괴**의 임무에 종사한 자는 사형 또는 무기징역에 처한다.
> 2. **간부** 기타 **지도**적 임무에 종사한 자는 사형·무기 또는 5년 이상의 징역에 처한다.
> 3. 그 **이외의 자**는 2년 이상의 유기징역에 처한다.

② 타인에게 반국가단체에 가입할 것을 **권유**한 자는 **2년 이상의 유기징역**에 처한다.

③ 제1항 및 제2항의 **미수범**은 **처벌**한다.

④ 제1항제1호 및 제2호의 죄를 범할 목적으로 **예비 또는 음모**한 자는 **2년 이상의 유기징역**에 처한다.

⑤ 제1항제3호의 죄를 범할 목적으로 예비 또는 음모한 자는 10년 이하의 징역에 처한다.

구성원

제4조(목적수행) ① 반국가단체의 (   ) 또는 그 **지령을 받은 자**가 그 **목적수행을 위한 행위를 한 때**에는 다음의 구별에 따라 처벌한다.

1. 「형법」 (외환의 죄), (물건제공이적), (일반이적), (존속살해), (강도살인·치사), (강도치사) 등의 범죄

2. 「형법」 (간첩), (간첩방조), (국가기밀탐지·수집·누설) 등의 범죄

3. 「형법」(소요), (폭발물사용), (도주원조), (간수자의 도주원조), (현주건조물등에의 방화), (진화방해), (음용수의 사용방해), (수도불통), (통화의 위조 등), (위조통화의 취득)

4. (중요시설 파괴), (약취·유인) (함선·항공기·자동차·무기 기타 물건을 이동·취거) 등의 범죄

5. 「형법」(유가증권 위조), (위조유가증권 행사), (상해, 존속상해), (상해치사), (폭행치사상) (국가기밀에 속하는 서류·물품을 손괴·은닉·위조·변조)

6. (제1호 내지 제5호의 행위를 선동·선전), (사회질서의 혼란을 조성할 우려가 있는 사항에 관하여 허위사실을 날조·유포) 등의 범죄

제5조(자진지원·금품수수) ① 반국가단체나 그 구성원 또는 그 **지령을 받은 자**를 지**원할 목적으로 자진하여** 제4조제1항 각호에 규정된 행위를 한 자는 제4조제1항의 예에 의하여 처벌한다.

② 국가의 존립·안전이나 자유민주적 기본질서를 위태롭게 한다는 정을 알면서 반국가단체의 **구성원** 또는 그 **지령을 받은 자**로부터 (   )을 **수수**한 자는 7년 이하

금품

의 징역에 처한다.

③ 제1항 및 제2항의 미수범은 처벌한다.

④ 제1항의 죄를 범할 목적으로 예비 또는 음모한 자는 10년 이하의 징역에 처한다.

제6조(잠입 · 탈출) ① 국가의 존립 · 안전이나 자유민주적 기본질서를 위태롭게 한다는 정을 알면서 반국가단체의 지배하에 있는 **지역**으로부터 (　　　)하거나 그 **지역**으로 (　　　)한 **자**는 10년 이하의 징역에 처한다.

② 반국가단체나 그 구성원의 지령을 받거나 받기 위하여 또는 그 목적수행을 협의하거나 협의하기 위하여 잠입하거나 탈출한 자는 사형 · 무기 또는 5년 이상의 징역에 처한다.

④ 제1항 및 제2항의 미수범은 처벌한다.

⑤ 제1항의 죄를 범할 목적으로 예비 또는 음모한 자는 7년 이하의 징역에 처한다.

⑥ 제2항의 죄를 범할 목적으로 예비 또는 음모한 자는 2년 이상의 유기징역에 처한다.

제7조(찬양 · 고무등) ① 국가의 존립 · 안전이나 자유민주적 기본질서를 위태롭게 한다는 정을 알면서 반국가단체나 그 구성원 또는 그 지령을 받은 자의 활동을 (　　　　　) · 선전 또는 이에 동조하거나 국가변란을 선전 · 선동한 자는 7년 이하의 징역에 처한다.

③ 제1항의 행위를 목적으로 하는 **단체를 구성**하거나 이에 **가입한 자**는 1년 이상의 유기징역에 처한다.

④ 제3항에 규정된 단체의 구성원으로서 **사회질서의 혼란을 조성할 우려**가 있는 사항에 관하여 (　　　　　)을 **날조**하거나 **유포**한 자는 2년 이상의 유기징역에 처한다.

⑤ 제1항 · 제3항 또는 제4항의 행위를 할 목적으로 문서 · 도화 기타의 표현물을 제작 · 수입 · 복사 · 소지 · 운반 · 반포 · 판매 또는 취득한 자는 그 각항에 정한 형에 처한다.

⑥ 제1항 또는 제3항 내지 제5항의 미수범은 처벌한다.

⑦ 제3항의 죄를 범할 목적으로 예비 또는 음모한 자는 5년 이하의 징역에 처한다.

제8조(회합 · 통신등) ① 국가의 존립 · 안전이나 자유민주적 기본질서를 위태롭게 한다는 정을 알면서 반국가단체의 구성원 또는 그 지령을 받은 자와 **회합 · (　　　)** 기타의 방법으로 (　　　)을 **한 자**는 10년 이하의 징역에 처한다.

③ 제1항의 미수범은 처벌한다.

잠입

탈출

찬양 · 고무

허위사실

통신

연락

총포 / 무기

친족 / 할 수 있다

고지 / 200
면제

수사 / 정보
유기

형사

남용

금고
5

제9조(편의제공) ① 이 법 제3조(반국가단체 구성) 내지 제8조(회합·통신)의 죄를 범하거나 범하려는 자라는 정을 알면서 (   )·탄약·화약 기타 (   )를 제공한 자는 5년 이상의 유기징역에 처한다.

② 이 법 제3조 내지 제8조의 죄를 범하거나 범하려는 자라는 정을 알면서 금품 기타 재산상의 이익을 제공하거나 잠복·회합·통신·연락을 위한 장소를 제공하거나 기타의 방법으로 편의를 제공한 자는 10년 이하의 징역에 처한다. 다만, **본범과 (   )관계가 있는 때**에는 그 형을 **감경 또는 면제(   ).**

③ 제1항 및 제2항의 미수범은 처벌한다.

④ 제1항의 죄를 범할 목적으로 예비 또는 음모한 자는 1년 이상의 유기징역에 처한다.

제10조(불고지) 제3조(반국가단체 구성), 제4조(목적수행), 제5조제1항(자진지원)·제3항(미수범에 한한다)·제4항의 **죄를 범한 자라는 정을 알면서** 수사기관 또는 정보기관에 (   )**하지 아니한 자**는 5년 이하의 징역 또는 (   )**만원 이하의 벌금**에 처한다. 다만, **본범과 친족관계가 있는 때**에는 그 형을 **감경 또는 (   )한다.**

제11조(특수직무유기) 범죄(   ) 또는 (   )의 직무에 종사하는 공무원이 이 법의 **죄를 범한 자라는 정을 알면서** 그 직무를 (   )**한 때**에는 10년 이하의 징역에 처한다. 다만, 본범과 **친족관계가 있는 때**에는 그 형을 감경 또는 **면제할 수 있다.**

제12조(무고, 날조) ① 타인으로 하여금 (   )**처분을 받게 할 목적**으로 이 법의 죄에 대하여 **무고 또는 위증**을 하거나 **증거를 날조·인멸·은닉한 자**는 그 각조에 정한 형에 처한다.

② **범죄수사 또는 정보의 직무에 종사하는 공무원**이나 이를 보조하는 자 또는 이를 지휘하는 자가 **직권을 (   )하여** 제1항의 행위를 한 때에도 제1항의 형과 같다. 다만, 그 법정형의 최저가 2년미만일 때에는 이를 2년으로 한다.

제13조(특수가중) 이 법, 군형법 제13조·제15조 또는 형법 제2편제1장 내란의 죄·제2장 외환의 죄를 범하여 (   ) **이상의 형의 선고를 받고 그 형의 집행을 종료하지 아니한 자** 또는 그 집행을 종료하거나 집행을 받지 아니하기로 확정된 후 (   )**년이 경과하지 아니한 자**가 제3조제1항제3호 및 제2항 내지 제5항, 제4조제1항제1호중 형법 제94조제2항·제97조 및 제99조, 동항제5호 및 제6호, 제2항 내지 제4

항, 제5조, 제6조제1항 및 제4항 내지 제6항, 제7조 내지 제9조의 죄를 범한 때에는 그 죄에 대한 **법정형의 최고를** ( )**으로 한다.**

제14조(자격정지의 병과) 이 법의 죄에 관하여 유기징역형을 선고할 때에는 그 형의 장기 이하의 자격( )를 병과할 수 있다.

제15조(몰수 · 추징) ① 이 법의 죄를 범하고 그 보수를 받은 때에는 이를 ( )한 다. 다만, 이를 몰수할 수 없을 때에는 그 가액을 추징한다.
② 검사는 이 법의 죄를 범한 자에 대하여 소추를 하지 아니할 때에는 압수물의 폐기 또는 국고귀속을 명할 수 있다.

제16조(형의 감면) 다음 각호의 1에 해당한 때에는 그 형을 **감경** 또는 **면제한다.**

> 1. 이 법의 죄를 범한 후 ( )한 때
> 2. 이 법의 죄를 범한 자가 이 법의 죄를 범한 타인을 ( )하거나 타인이 이 법의 죄를 범하는 것을 **방해**한 때

제17조(타법적용의 배제) 이 법의 죄를 범한 자에 대하여는 노동조합및노동관계조정법 제39조의 규정을 적용하지 아니한다.

제18조(참고인의 구인 · 유치) ① 검사 또는 사법경찰관으로부터 이 법에 정한 죄의 ( )으로 출석을 요구받은 자가 정당한 이유없이 ( )**회 이상 출석요구에 불응한 때에는** 관할법원판사의 구속영장을 발부받아 **구인할 수 있다.**
② 구속영장에 의하여 **참고인을 구인하는 경우에** 필요한 때에는 근접한 **경찰서** 기타 적당한 장소에 **임시로** ( )**할 수 있다.**

제19조(구속기간의 연장) ① 지방법원판사는 제3조(반국가단체의 구성등) 내지 제10조(불고지)의 죄로서 사법경찰관이 검사에게 신청하여 검사의 청구가 있는 경우에 **수사를 계속함에 상당한 이유가 있다고 인정한 때에는** 형사소송법 제202조의 **구속기간의 연장을 1차에 한하여 허가할 수 있다.**
② **지방법원판사는** 제1항의 죄로서 ( )**의 청구에 의하여** 수사를 계속함에 상당한 이유가 있다고 인정한 때에는 형사소송법 제203조의 **구속기간의 연장을** ( )**차에 한하여 허가(**).
③ 제1항 및 제2항의 **기간의 연장은 각** ( )**일 이내로 한다.**

사형
정지
몰수
자수
고발
참고인 / 2
유치
검사
2
할 수 있다
10

【 관련판례 】

[단순위헌, 90헌마82, 1992. 4. 14. 국가보안법(1980. 12. 31. 법률제3318호, 개정 1991. 5. 31. 법률제4373호) 제19조중 제7조**(찬양, 고무 등)** 및 제10조**(불고지)의 죄**에 관한 구속기간 **연장부분은 헌법에 위반된다.**]

제20조(공소보류) ① **검사**는 이 법의 죄를 범한 자에 대하여 **형법 제51조**의 사항을 참작하여 **공소제기를** (　　)**할 수 있다.**

② 제1항에 의하여 공소보류를 받은 자가 공소의 제기없이 (　　)**년을 경과한 때**에는 **소추할 수 없다.**

③ 공소보류를 받은 자가 (　　　)**장관**이 정한 **감시 · 보도에 관한 규칙에 위반한 때**에는 **공소보류를** (　　)**할 수 있다.**

④ 제3항에 의하여 **공소보류가 취소된 경우**에는 형사소송법 제208조의 규정에 불구하고 **동일한 범죄사실로** (　　　)**할 수 있다.**

제21조(상금) ① 이 법의 **죄를 범한 자**를 수사기관 또는 정보기관에 **동보**하거나 **체포한 자**에게는 대통령령이 정하는 바에 따라 **상금을 지급한다.**

② 이 법의 죄를 범한 자를 인지하여 체포한 수사기관 또는 정보기관에 종사하는 자에 대하여도 제1항과 같다.

③ 이 법의 죄를 범한 자를 체포할 때 반항 또는 교전상태하에서 부득이한 사유로 살해하거나 자살하게 한 경우에는 제1항에 준하여 상금을 지급할 수 있다.

제22조(보로금) ① 제21조의 경우에 **압수물이 있는 때**에는 **상금을 지급하는 경우에** 한하여 그 **압수물 가액의** (　　　　)에 상당하는 **범위안에서 보로금을** 지급할 수 있다.

② 반국가단체나 그 구성원 또는 그 지령을 받은 자로부터 금품을 취득하여 수사기관 또는 정보기관에 제공한 자에게는 **그 가액의 2분의 1에 상당하는 범위안에서 보로금을 지급할 수 있다.** 반국가단체의 구성원 또는 그 지령을 받은 자가 제공한 때에도 또한 같다.

③ 보로금의 청구 및 지급에 관하여 필요한 사항은 **대통령령**으로 정한다.

■ 참고 〈국가보안법상 행위주체〉

죄명	주체
제3조 반국가단체 구성죄 제5조 금품수수죄 제6조 잠입·탈출죄 제7조 이적단체구성죄 제8조 회합·통신의 죄 제9조 편의제공죄 제10조 불고지죄 제12조 일반 무고·날조죄	누구든지 가능 (=행위주체에 제한 없다)
제4조 제1항 목적수행죄	반국가단체 구성원 또는 그 지령 받은 자
제5조 제1항 자진지원죄	반국가단체 구성원 또는 지령을 받은 자를 제외한 자
제7조 제4항 이적단체구성원의 허위사실 날조·유포죄	이적단체구성원에 한함
제11조 특수직무 유기죄(범죄수사 또는 정보의 직무에 종사하는 공무원)	범죄수사 또는 정보의 직무에 종사하는 공무원에 국한 함
제12조 제2항 직권 남용 무고·날조죄(범죄수사 또는 정보의 직무에 종사하는 공무원이나 이를 보조하는 자 또는 이를 지휘하는 자)	범죄수사 또는 정보의 직무에 종사하는 공무원이나 이를 보조하는 자 또는 이를 지휘하는 자

■ 참고 〈예비·음모 및 미수에 대한 처벌 여부〉

죄명	처벌여부
반국가단체구성·가입죄, 목적수행죄, 자진지원죄, 잠입·탈출죄, 편의제공죄(무기류등 제공), 이적단체구성·가입죄	예비·음모○, 미수○
불고지죄, 특수직무유기죄, 무고·날조죄	예비·음모×, 미수×
그 외 나머지 범죄	예비·음모×, 미수○

[법률 제13722호]

제1조(목적) 이 법은 특정범죄를 범한 자에 대하여 재범의 위험성을 예방하고 건전한 사회복귀를 촉진하기 위하여 보안관찰처분을 함으로써 국가의 안전과 사회의 안녕을 유지함을 목적으로 한다.

제2조(보안관찰해당범죄) 이 법에서 "**보안관찰해당범죄**"라 함은 다음에 해당하는 죄를 말한다.

1. 형법	해당범죄	제88조(내란목적의 (　　))
		제90조(예비, 음모, 선동, 선전)
		제92조(외환유치)
		제93조(여적죄)
		제94조(모병이적죄)
		제95조(시설제공이적죄)
		제96조(시설파괴이적죄)
		제97조(물건제공이적죄)
		제98조(간첩)
		제101조(예비, 음모, 선동, 선전)
	제외범죄	제87조((　　)죄)
		제99조(일반이적죄)
		제107조(전시군수계약불이행죄)
2. 군형법	해당범죄	제5조((　　)죄)
		제6조(반란목적의 군용물탈취죄)
		제9조제2항(이적목적의 반란불보고죄)
		제11조(군대 및 군용시설제공죄)

살인

내란

반란

		제13조(( )죄)	간첩
		제14조(**일반이적죄**)	
	제외범죄	제9조 제1항(단순반란불보고죄)	
3.국가보안법	해당범죄	제4조(**목적수행**)	자진지원 잠입·탈출
		제5조(( )·**금품수수**)	
		제6조(( ))	
		제9조제1항(**총포·탄약·화약·무기 등 편의제공**)	
	제외범죄	제3조 반국가단체 구성, 가입, 권유죄	
		제7조 찬양·고무죄	
		제8조 회합, 통신죄	
		제9조 제2항 단순, 기타 편의제공죄	
		제10조 불고지죄	
		제11조 특수직무유기죄	
		제12조 무고, 날조죄	

제3조(보안관찰처분대상자) 이 법에서 "**보안관찰처분대상자**"라 함은 보안관찰해당범죄 또는 이와 경합된 범죄로 ( ) 이상의 형의 선고를 받고 그 형기합계가 ( )년 이상인 자로서 **형의 전부 또는 일부의 집행을 받은 사실이 있는 자**를 말한다.
금고/3

제4조(보안관찰처분) ① 제3조에 해당하는 자중 보안관찰해당범죄를 다시 범할 위험성이 있다고 인정할 충분한 이유가 있어 재범의 방지를 위한 관찰이 필요한 자에 대하여는 보안관찰처분을 한다.

② **보안관찰처분을 받은 자**는 이 법이 정하는 바에 따라 소정의 사항을 주거지 **관할경찰(**)에게 **신고**하고, 재범방지에 필요한 범위안에서 그 지시에 따라 **보안관찰을 받아야 한다.**
서장

제5조(보안관찰처분의 기간) ① 보안관찰처분의 **기간**은 ( )**년**으로 한다.

② 법무부장관은 ( )의 **청구가 있는 때**에는 보안관찰처분심의**위원회**의 **의결**을 거쳐 그 기간을 ( )할 수 있다.
2
검사
갱신

제6조(보안관찰처분대상자의 신고) ① 보안관찰처분대상자는 대통령령이 정하는 바에 따라 그 형의 집행을 받고 있는 교도소, 소년교도소, 구치소, 유치장 또는 군교도소에서 **출소 전**에 거주예정지 기타 대통령령으로 정하는 사항을 교도소등의 장을 경

유하여 **거주예정지 관할경찰(   )**에게 **신고**하고, **출소 후 (   ) 이내**에 그 거주예정지 **관할경찰서장**에게 **출소사실을 (   )하여야 한다.**

다만, 제20조제3항((   )장관은 보안관찰처분대상자 또는 피보안관찰자중 **국내에 가족이 없거나** 가족이 있어도 **인수를 거절하는 자**에 대하여는 대통령령이 정하는 바에 의하여 (   )를 **제공할 수 있다)**에 해당하는 경우에는 법무부장관이 제공하는 **거주할 장소를** 거주예정지로 **신고하여야 한다.**

■ 참고

보안관찰법 시행규칙 제5조(보안관찰처분대상자신고) ③ 교도소등의 장은 제2항 및 영 제6조제2항의 규정에 의하여 **신고서를 송부하는 때**에는 특별한 사유가 있는 경우를 제외하고는 **보안관찰처분대상자의 출소예정일 (   )전**까지 이를 **송부하여야 한다.**

---

② 보안관찰처분대상자는 교도소등에서 출소한 후 제1항의 신고사항에 (   )이 있을 때에는 변동이 있는 날부터 (   )이내에 그 변동된 사항을 **관할(   )**에게 **신고하여야 한다.** 다만, 제20조제3항에 의하여 거소제공을 받은 자가 **주거지를 이전하고자 할 때**에는 (   ) **관할경찰서장**에게 제18조제4항 단서에 의한 (   )를 하여야 한다.

③ **교도소등의 장**은 제3조(보안관찰처분대상자)에 해당하는 자가 생길 때에는 **지체없이** 보안관찰처분심의**위원회**와 거주예정지를 관할하는 **검사** 및 **경찰서장**에게 **통고하여야 한다.**

제7조(보안관찰처분의 청구) 보안관찰처분청구는 (   )가 행한다.

제8조(청구의 방법) ① 제7조의 규정에 의한 보안관찰처분청구는 (   )가 **보안관찰처분청구서**를 (   )장관에게 **제출함으로써** 행한다.

② 처분청구서에는 다음 사항을 **기재**하여야 한다.

---

1. 보안관찰처분을 청구받은 자("피청구자")의 성명 기타 피청구자를 특정할 수 있는 사항
2. 청구의 원인이 되는 사실
3. 기타 대통령령으로 정하는 사항

여백(왼쪽 사이드):

서장 / 7일
신고
법무부

거소

2월

변동
7일 / 경찰서장

미리 / 신고

검사

검사
법무부

③ 검사가 처분청구서를 제출할 때에는 청구의 원인이 되는 사실을 증명할 수 있는 자료와 의견서를 첨부하여야 한다.

④ **검사는 보안관찰처분청구를 한 때에는** 지체없이 **처분청구서등본을 피청구자에게 송달하여야 한다.** 이 경우 송달에 관하여는 민사소송법중 송달에 관한 규정을 준용한다.

제9조(조사) ① 검사는 제7조의 규정에 의한 보안관찰처분청구를 위하여 필요한 때에는 보안관찰처분대상자, 청구의 원인이 되는 사실과 보안관찰처분을 필요로 하는 자료를 조사할 수 있다.

② 사법경찰관리와 특별사법경찰관리는 검사의 지휘를 받아 제1항의 규정에 의한 조사를 할 수 있다.

◤ 참고

보안관찰법 시행규칙 제14조(조사의 회피) 검사 또는 **사법경찰관리**는 용의자 또는 그 관계인과 **친족 기타 특별한 관계**로 인하여 조사의 **공정성을 잃거나 의심을 받을 염려가** 있다고 인정되는 사안에 대하여는 **소속관서의 장의 허가를** 받아 그 조사를 (　　)하여야 한다.

제17조(사안인지) ① 검사는 보안관찰처분대상자가 **보안관찰해당범죄를 다시 범할 위험성이** 있다고 **의심하여 조사에 착수하는 때**에는 사안인지서를 작성하여야 한다.

② 사법경찰관이 제1항의 조사에 착수하고자 하는 때에는 사안인지승인신청서를 작성하여 검사의 승인을 얻어야 한다.

제30조(송치 후의 조사등) ① 사법경찰관리는 사안송치 후 **조사를 계속하고자 하는 때**에는 미리 **주임검사의 지휘를 받아야 한다.**

제10조(심사) ① 법무부장관은 처분청구서와 자료에 의하여 청구된 사안을 심사한다.

② 법무부장관은 제1항의 규정에 의한 심사를 위하여 필요한 때에는 법무부소속공무원으로 하여금 조사하게 할 수 있다.

③ 제2항의 규정에 의하여 조사의 명을 받은 공무원은 다음 각호의 권한을 가진다.

　1. 피청구자 기타 관계자의 소환 · 심문 · 조사

　2. 국가기관 기타 공 · 사단체에의 조회 및 관계자료의 제출요구

회피

제11조(보안관찰처분의 면제) ① 법무부장관은 보안관찰처분대상자중 다음 요건을 갖춘 자에 대하여는 보안관찰처분을 하지 아니하는 **결정(면제결정)**을 할 수 있다.

1. **준법정신**이 확립되어 있을 것
2. 일정한 **주거와 생업**이 있을 것
3. 대통령령이 정하는 **신원보증**이 있을 것

② 법무부장관은 제1항의 요건을 갖춘 **보안관찰처분대상자의 신청이 있을 때**에는 부득이한 사유가 있는 경우를 제외하고는 ( )내에 **보안관찰처분면제여부**를 결정하여야 한다.

③ **검사**는 제1항제1호 및 제2호의 요건을 갖춘 **보안관찰처분대상자의 정상을 참작**하여 위험성이 없다고 인정되는 때에는 **법무부장관에게** (   )**을 청구할 수 있다.**

④ 면제결정을 받은 자가 그 **면제결정요건에 해당하지 아니하게 된 때**에는 검사의 청구에 의하여 (   )**장관은 면제결정을 취소할 수 있다.**

⑥ 보안관찰처분의 면제결정을 받은 자는 **그때부터** 이 법에 의한 보안관찰처분**대상자** 또는 피보안**관찰자로서의** 의무를 면한다.

제12조(보안관찰처분심의위원회) ① 보안관찰처분에 관한 사안을 심의·의결하기 위하여 법무부에 보안관찰처분심의위원회를 둔다.

② 위원회는 **위원장 1인과 6인의 위원**으로 구성한다.

③ 위원장은 **법무부(   )**이 되고, 위원은 학식과 덕망이 있는 자로 하되, 그 **과반수는 변호사의 자격이 있는 자**이어야 한다.

④ 위원은 **법무부(   )의 제청**으로 **대통령이 임명** 또는 **위촉**한다.

⑤ 위촉된 위원의 임기는 (   )으로 한다.
다만, 공무원인 위원은 그 직을 면한 때에는 위원의 자격을 상실한다.

⑥ 위원중 공무원이 아닌 위원도 이 법 기타 다른 법률의 규정에 의한 **벌칙의 적용**에 있어서는 **공무원으로 본다.**

⑦ **위원장**은 위원회의 **회무를 총괄**하고 **위원회를 대표**하며, 위원회의 **회의를 소집**하고 그 **의장**이 된다.

⑧ **위원장이 사고가 있을 때**에는 미리 그가 지정한 위원이 그 **직무를 대행**한다.

⑨ 위원회는 다음 각호의 사안을 심의·의결한다.

1. 보안관찰처분 또는 그 기각의 결정
2. 면제 또는 그 취소결정

3. 보안관찰처분의 취소 또는 기간의 갱신결정

⑩ 위원회의 회의는 위원장을 포함한 (　　)**위원 과반수의 출석**으로 개의하고 (　　) **위원 과반수의 찬성으로 의결한다.**

제13조(피청구자의 자료제출등) ① 피청구자는 **처분청구서등본**을 송달받은 날부터 **7일 이내**에 법무부장관 또는 위원회에 서면으로 **자기에게 이익된 사실을 진술하고 자료를 제출할 수 있다.**

② 위원회는 필요하다고 인정하는 경우에는 피청구자 및 기타 관계자를 출석시켜 심문·조사하거나 공무소 기타 공·사단체에 대하여 조회할 수 있으며, 관계자료의 제출을 요구할 수 있다.

제14조(결정) ① 보안관찰처분에 관한 **결정**은 위원회의 **의결**을 거쳐 (　　)**장관**이 행한다.

② 법무부장관은 **위원회의 의결과 다른 결정을 할 수 없다.**

다만, 보안관찰처분대상자에 대하여 위원회의 의결보다 (　　)**한 결정을 하는 때**에는 **그러하지 아니하다.**

제15조(의결서등) ① 위원회의 **의결**은 이유를 붙이고 위원장과 출석위원이 기명날인하는 문서로써 행한다.

② 법무부(　　)의 결정은 이유를 붙이고 법무부장관이 기명·날인하는 문서로써 행한다.

제16조(결정의 취소등) ① (　　)는 **법무부장관**에게 보안관찰처분의 취소 또는 기간의 **갱신을 청구할 수 있다.**

② 법무부장관은 제1항의 규정에 의한 청구를 받은 때에는 위원회의 의결을 거쳐 이를 심사·결정하여야 한다.

③ 제1항 및 제2항의 규정에 의한 청구와 그 청구의 심사·결정에 대하여는 보안관찰처분청구 및 심사결정에 관한 규정을 준용한다.

제17조(보안관찰처분의 집행) ① 보안관찰처분의 **집행**은 (　　)가 지휘한다.

② 제1항의 지휘는 결정서등본을 첨부한 **서면**으로 하여야 한다.

③ (　　)는 피보안관찰자가 **도주**하거나 (　　)**월 이상 그 소재가 불명한 때**에는 보안관찰처분의 **집행**(　　)**결정을 할 수 있다.** 그 **사유가 소멸된 때**에는 지체없이

재적 / 출석

법무부

유리

장관

검사

검사

검사 / 1

중지

그 결정을 **취소하여야 한다.**

제18조(신고사항) ①보안관찰처분을 받은 자("피보안관찰자")는 **보안관찰처분결정고지**를 받은 날부터 (　　)**일 이내**에 다음 각호의 사항을 주거지를 관할하는 지구대 또는 파출소의 장을 거쳐 **관할경찰서장**에게 **신고하여야 한다.** 제20조제3항에 해당하는 경우에는 법무부장관이 제공하는 거소를 주거지로 신고하여야 한다.

> 1. 등록기준지, 주거(실제로 생활하는 거처), 성명, 생년월일, 성별, 주민등록번호
> 2. 가족 및 동거인 상황과 교우관계
> 3. 직업, 월수, 본인 및 가족의 재산상황
> 4. 학력, 경력
> 5. 종교 및 가입한 단체
> 6. 직장의 소재지 및 연락처
> 7. 보안관찰처분대상자 신고를 행한 관할경찰서 및 신고일자
> 8. 기타 대통령령이 정하는 사항

② **피보안관찰자**는 **보안관찰처분결정고지**를 받은 날이 **속한 달부터 매**(　　)**월이 되는 달의 말일까지** 다음 각호의 사항을 지구대·파출소장을 거쳐 관할경찰서장에게 **신고하여야 한다.**

> 1. (　　)월간의 **주요활동**사항
> 2. 통신·회합한 **다른 보안관찰처분대상자**의 인적사항과 그 일시, 장소 및 내용
> 3. (　　)월간에 행한 **여행**에 관한 사항
>   (신고를 마치고 중지한 여행에 관한 사항을 포함한다)
> 4. 관할경찰서장이 보안관찰과 관련하여 신고하도록 **지시한 사항**

③ **피보안관찰자**는 제1항의 **신고사항에** (　　)**이 있을 때**에는 (　　)**일 이내**에 지구대·파출소장을 거쳐 **관할경찰서장**에게 **신고하여야 한다.** 피보안관찰자가 제1항의 신고를 한 후 제20조제3항에 의하여 **거소제공**을 받거나 제20조제5항에 의하여 **거소가 변경된 때**에는 제공 또는 변경된 거소로 **이전한 후** (　　)**일 이내**에 지구대·파출소장을 거쳐 **관할경찰**(　　)**에게 신고하여야 한다.**

④ 피보안관찰자가 **주거지를 이전**하거나 **국외여행** 또는 (　　)**일 이상 주거를 이탈**하여 **여행하고자 할 때에는** (　　) **거주예정지, 여행**(　　)**지** 기타 대통령이 정하는 사항을 지구대·파출소장을 거쳐 **관할경찰서장에게 신고하여야 한다.**

　다만, 제20조제3항에 의하여 거소제공을 받은 자가 주거지를 이전하고자 할 때에는 제20조제5항에 의하여 거소변경을 신청하여 변경결정된 거소를 거주예정지로 신고하여야 한다.

제23조(행정소송) 이 법에 의한 법무부장관의 결정을 받은 자가 그 결정에 이의가 있을 때에는 **행정소송법**이 정하는 바에 따라 그 **결정이 집행된 날부터** (　　)**일 이내**에 **서울고등법원에 소를 제기할 수 있다.**

　다만, 제11조의 규정에 의한 면제결정신청에 대한 **기각결정을 받은 자**가 그 결정에 **이의가 있을 때**에는 그 **결정이 있는 날부터 60일 이내**에 서울고등법원에 소를 제기할 수 있다.

제25조(기간의 계산) ① **보안관찰처분의 기간**은 보안관찰처분 결정을 집행하는 **날부터 계산한다.** 이 경우 초일은 (　　)**한다.**
② 제18조제1항 내지 제4항의 규정에 의한 **신고를 하지 아니한 기간**은 **보안관찰처분 기간**에 **산입하지 아니한다.**
③ 보안관찰처분의 **집행중지결정**이 있거나 **징역·금고·구류·노역장유치 중**에 있는 때, 「**사회보호법**」에 의한 **감호의 집행 중**에 있는 때 또는 「**치료감호법**」에 의한 **치료감호의 집행 중**에 있는 때에는 **보안관찰처분의 기간**은 그 진행이 (　　)**된다.**

제27조(벌칙) ① 보안관찰처분대상자 또는 피보안관찰자가 **보안관찰처분** 또는 **보안관찰**을 **면탈할 목적**으로 **은신** 또는 **도주한 때**에는 **3년 이하의 징역**에 처한다.

⑥ **보안관찰처분대상자** 또는 **피보안관찰자를 은닉**하거나 **도주하게 한 자**는 **2년 이하의 징역**에 처한다.
　다만, **친족이 본인을 위하여** 본문의 죄를 범한 때에는 벌하지 아니한다.

10
미리 / 예정

60

산입

정지

25 북한이탈주민의 보호 및 정착지원에 관한 법률

(약칭: 북한이탈주민법)　　　　　　　　　　　　　[법률 제16223호]

제1조(목적) 이 법은 군사분계선 이북지역에서 벗어나 대한민국의 보호를 받으려는 군사분계선 이북지역의 주민이 정치, 경제, 사회, 문화 등 모든 생활 영역에서 신속히 적응·정착하는 데 필요한 보호 및 지원에 관한 사항을 규정함을 목적으로 한다.

제2조(정의) 이 법에서 사용하는 용어의 뜻은 다음과 같다.
　　1. "**북한(　　)주민**"이란 군사분계선 이북지역("북한")에 주소, 직계가족, 배우자, 직장 등을 두고 있는 사람으로서 북한을 벗어난 후 **외국 국적을 취득하지 아니한 사람**을 말한다.
　　2. "**보호대상자**"란 이 법에 따라 보호 및 지원을 받는 북한이탈주민을 말한다.
　　3. "**정착지원시설**"이란 보호대상자의 보호 및 정착지원을 위하여 제10조제1항에 따라 설치·운영하는 시설을 말한다.
　　4. "**보호금품**"이란 이 법에 따라 보호대상자에게 지급하거나 빌려주는 금전 또는 물품을 말한다.

제3조(적용범위) 이 법은 대한민국의 보호를 받으려는 의사를 표시한 북한이탈주민에 대하여 적용한다.

제4조(기본원칙) ① 대한민국은 보호대상자를 (　　)주의에 입각하여 **특별히 보호한다.**
② **대한민국**은 외국에 체류하고 있는 북한이탈주민의 보호 및 지원 등을 위하여 **외교적 노력**을 다하여야 한다.
③ **보호대상자**는 대한민국의 **자유민주적 법질서에 적응**하여 **건강하고 문화적인 생활**을 할 수 있도록 **노력**하여야 한다.

이탈

인도

④ **통일부장관**은 **북한이탈주민**에 대한 **보호 및 지원** 등을 위하여 북한이탈주민의 **실태를 파악**하고, 그 **결과를 정책**에 **반영**하여야 한다.

제4조의2(국가의 책무) ① **국가는** 보호대상자의 **성공적인 정착**을 위하여 **보호대상자의 보호·교육·취업·주거·의료 및 생활보호 등의 지원**을 지속적으로 추진하고 이에 필요한 재원을 안정적으로 확보하기 위하여 **노력하여야 한다.**

② **국가는** 제1항에 따라 보호대상자에 대한 지원시책을 마련하는 경우 **아동·청소년·여성·노인·장애인** 등에 대하여 **특별히 배려·지원**하도록 **노력하여야 한다.**

제4조의3(기본계획 및 시행계획) ① (   )**장관**은 제6조에 따른 북한이탈주민 대책 협의회의 심의를 거쳐 보호대상자의 보호 및 정착지원에 관한 **기본계획**을 (   )**년** 마다 **수립·시행하여야 한다.**

② 기본계획에는 다음 각 호의 사항이 포함되어야 한다.

> 1. 보호대상자의 보호 및 정착에 필요한 교육에 관한 사항
> 2. 보호대상자의 직업훈련, 고용촉진 및 고용유지에 관한 사항
> 3. 보호대상자에 대한 정착지원시설의 설치·운영 및 주거지원에 관한 사항
> 4. 보호대상자에 대한 의료지원 및 생활보호 등에 관한 사항
> 5. 보호대상자의 사회통합 및 인식개선에 관한 사항
> 6. 그 밖에 보호대상자의 보호, 정착지원 및 고용촉진 등을 위하여 통일부장관 이 필요하다고 인정하는 사항

③ (   )**장관**은 관계 **중앙행정기관의 장과 협의**하여 기본계획에 따른 연도별 시행계획을 수립·시행하여야 한다.

⑤ (   )**장관**은 시행계획의 추진성과를 **매년 정기적으로 분석**하고 그 **결과를** 기본계획과 시행계획에 **반영하여야 한다.**

⑥ **통일부장관**은 제5항에 따른 추진성과를 분석하기 위하여 관계 **중앙행정기관의 장** 또는 **지방자치단체의 장**에게 관련 **자료의 제출을 요청**할 수 있다. 이 경우 관계 중앙행정기관의 장 또는 지방자치단체의 장은 특별한 사유가 없으면 이에 협조하여야 한다.

제5조(보호기준 등) ① 보호대상자에 대한 보호 및 지원 기준은 나이, 성별, 세대 구성, 학력, 경력, 자활 능력, 건강 상태 및 재산 등을 고려하여 합리적으로 정하여야 한다.

통일부

3

통일부

통일부

② 이 법에 따른 보호 및 정착지원은 원칙적으로 개인을 단위로 하되, 필요하다고 인정하는 경우에는 대통령령으로 정하는 바에 따라 세대를 단위로 할 수 있다.

③ 보호대상자를 **정착지원시설**에서 **보호하는 기간은 (   )년 이내로** 하고, **거주지에서 보호하는 기간은 (   )년으로** 한다. 다만, 특별한 사유가 있는 경우에는 제6조에 따른 북한이탈주민 대책협의회의 심의를 거쳐 그 기간을 단축하거나 연장할 수 있다.

제6조(북한이탈주민 대책협의회) ① 북한이탈주민에 관한 정책을 협의·조정하고 보호대상자의 보호 및 정착지원에 관한 다음 각 호의 사항을 심의하기 위하여 **통일부**에 북한이탈주민 대책**협의회**를 둔다.

> 1. 보호 및 정착지원 기간의 단축 또는 연장에 관한 사항
> 1의2. 기본계획 및 시행계획의 수립·시행에 관한 사항
> 2. 보호 여부의 결정에 관한 사항
> 3. 취업보호의 중지 또는 종료에 관한 사항
> 3의2. 거주지에서의 신변보호기간 연장에 관한 사항
> 4. 보호 및 정착시원의 중지 또는 종료에 관한 사항
> 5. 시정 등의 조치에 관한 사항
> 6. 그 밖에 보호대상자의 보호 및 정착지원에 관하여 대통령령으로 정하는 사항

② 협의회는 위원장 1명을 포함한 25명 이내의 위원으로 구성한다.

③ **위원장**은 통일부(   )이 되며, 협의회의 **업무를 총괄**한다.

제7조(보호신청 등) ① **북한이탈주민으로서 이 법에 따른 보호를 받으려는 사람**은 재외공관이나 그 밖의 행정기관의 장(각급 군부대의 장을 포함한다. 이하 "**재외공관장등**")에게 **보호를 직접 신청하여야 한다.**

다만, 보호를 직접 신청하지 아니할 수 있는 대통령령으로 정하는 사유가 있는 경우에는 그러하지 아니하다.

② 제1항 본문에 따른 보호신청을 받은 재외공관장등은 지체 없이 그 사실을 소속 중앙행정기관의 장을 거쳐 **통일부장관**과 (   )**장**에게 통보하여야 한다.

③ 통보를 받은 **국가정보원장**은 보호신청자에 대하여 **보호결정** 등을 위하여 필요한 조사 및 일시적인 **신변안전조치** 등 **임시보호조치를 한 후** 지체 없이 그 결과를 **통일부장관에게 통보**하여야 한다.

④ **국가정보원장**은 조사 및 **임시보호조치**를 하기 위한 **시설**을 **설치·운영**하여야 한다.

제8조(보호 결정 등) ① 통일부장관은 통보를 받으면 **협의회의 심의를 거쳐** 보호 여부를 결정한다. 다만, **국가안전보장에 현저한 영향을 줄 우려가 있는 사람**에 대하여는 (　　　　　　)이 그 보호 여부를 결정하고, 그 결과를 지체 없이 **통일부장관**과 보호신청자에게 **통보하거나 알려야 한다.**

② 보호 여부를 결정한 통일부장관은 그 결과를 지체 없이 관련 중앙행정기관의 장을 거쳐 재외공관장등에게 통보하여야 하고, 통보를 받은 재외공관장등은 이를 보호신청자에게 즉시 알려야 한다.

국가정보원장

제9조(보호 결정의 기준) ① 보호 여부를 결정할 때 다음 각 호의 어느 하나에 해당하는 사람은 **보호대상자로 결정하지 아니할 수 있다.**

1. 항공기 납치, 마약거래, 테러, 집단살해 등 국제형사**범죄자**
2. 살인 등 중대한 비정치적 **범죄자**
3. 위장탈출 **혐의자**
4. 체류국에 (　　)**년** 이상 생활 근거지를 두고 있는 사람
5. 국내 입국 후 (　　)**년**이 지나서 보호**신청**한 사람
6. 그 밖에 보호대상자로 정하는 것이 **부적당하다**고 대통령령으로 정하는 사람

10

3

제10조(정착지원시설의 설치) ① (　　　　)**장관**은 보호대상자에 대한 보호 및 정착지원을 위하여 **정착지원시설**을 설치 · 운영한다. 다만, 제8조제1항(**국가안전보장에 현저한 영향을 줄 우려가 있는 사람**) 단서에 따라 **국가정보원장**이 보호하기로 결정한 사람을 위하여는 **국가정보원장**이 **별도의 정착지원시설**을 설치 · 운영할 수 있다.

② 통일부장관 또는 국가정보원장은 제1항에 따라 정착지원시설을 설치하는 경우 보호대상자의 건강하고 쾌적한 생활과 적응활동이 이루어질 수 있도록 숙박시설과 그 밖의 필요한 시설을 갖추어야 한다.

통일부

제11조(정착지원시설에서의 보호 등) ① 정착지원시설을 설치 · 운영하는 기관의 장은 보호대상자가 거주지로 전출할 때까지 정착지원시설에서 보호하여야 한다.

② 제1항에 따른 기관의 장은 정착지원시설에서 보호받는 보호대상자에게 대통령령으로 정하는 바에 따라 보호금품을 지급할 수 있다.

③ 제1항에 따른 기관의 장은 보호대상자가 정착지원시설에서 보호받고 있는 동안 신원 및 북한이탈 동기의 확인, 건강진단, 그 밖에 정착지원에 필요한 조치를 할 수 있다.

학력

자격

기본
적응

제13조(학력 인정) 보호대상자는 대통령령으로 정하는 바에 따라 **북한이나 외국**에서 **이수한 학교 교육의 과정에 상응하는 (   )을 인정받을 수 있다.**

제14조(자격 인정) ① 보호대상자는 관계 법령에서 정하는 바에 따라 **북한이나 외국**에서 **취득한 자격에 상응하는 (   ) 또는 그 자격의 일부를 인정받을 수 있다.**

② 통일부장관은 자격 인정 신청자에게 대통령령으로 정하는 바에 따라 자격 인정을 위하여 필요한 보수교육 또는 재교육을 실시할 수 있다.

제15조(사회적응교육 등) ① **통일부장관**은 보호대상자가 대한민국에 정착하는 데 필요한 (   )교육을 **실시하여야 한다.**

② 통일부장관은 제1항의 기본교육 외에 보호대상자에게 거주지에서 별도의 (   ) **교육을 추가로 실시할 수 있다.**

③ 제1항 및 제2항에 따른 교육에 필요한 사항은 대통령령으로 정한다.

■ 참고

시행령 제30조(사회적응교육 등) ① 법 제15조제1항에 따른 기본교육은 법 제11조제1항에 따른 보호기간 중에 실시하는 것을 원칙으로 한다.

② 통일부장관은 기본교육을 실시하기 위하여 보호대상자가 국민으로서 기본소양을 기를 수 있도록 **정치·경제·사회·문화** 등 **각 분야의 교과과정**을 마련한다.

③ 법 제15조제2항에 따른 적응교육(지역적응교육)은 법 제5조제3항에 따른 거주지 보호기간 중 **최초 1년 이내**에 **실시하는 것**을 원칙으로 한다.

④ 통일부장관은 지역적응교육을 실시하기 위하여 거주지의 특성을 고려한 교육 프로그램, 각종 상담 및 보호대상자 지원 관련 기관·단체와의 서비스 연계 등을 포함한 교육과정을 마련하여야 한다.

⑤ **통일부장관**은 지역적응교육을 전문적으로 실시할 수 있다고 인정되는 기관·단체 또는 시설에 **지역적응교육의 실시를 위탁할 수 있다.** 이 경우 통일부장관은 예산의 범위에서 지역적응교육의 실시에 필요한 경비를 지원할 수 있다.

⑥ 통일부장관은 법 제5조제3항에 따른 거주지 보호기간 중 보호대상자가 희망하거나 보호대상자의 사회적응을 위하여 필요하다고 인정되는 경우에는 **특별한 프로그램**을 마련하여 **사회적응교육**을 **추가로 실시**할 수 있다.

⑦ 제1항부터 제6항까지에서 규정한 사항 외에 보호대상자에 대한 사회적응 교육 등의 실시에 필요한 사항은 통일부장관이 정한다.

제16조(직업훈련) ① 통일부장관은 직업훈련을 희망하는 보호대상자 또는 보호대상자 이었던 사람에 대하여 대통령령으로 정하는 바에 따라 **직업훈련을 실시할 수 있다.**

② 제1항에 따른 **직업훈련의 실시기간은** 대상자의 직무능력 등을 고려하여 ( ) **개월 이상**이 되도록 노력하여야 한다.
3

제17조(취업보호 등) ① 통일부장관은 보호대상자가 정착지원시설로부터 그의 **거주지로 전입한 후** 대통령령으로 정하는 바에 따라 **최초로 취업한 날부터 ( )년간 취업보호**를 실시한다. 다만, 사회적 취약계층, 장기근속자 등 취업보호 기간을 **연장할 필요가 있는 경우**로서 대통령령으로 정하는 사유에 해당하는 경우에는 ( )**년의** 범위에서 취업보호 기간을 **연장할 수 있다.**
3
1

② 제1항에 따른 **취업보호 기간은 실제 취업일수**를 기준으로 하여 정한다.

③ 통일부장관은 제1항에 따른 보호대상자("취업보호대상자")를 고용한 사업주에 대하여는 대통령령으로 정하는 바에 따라 그 취업보호대상자 **임금의 ( )의 범위**에서 **고용지원금을 지급할 수 있다.**
2분의 1

④ 사업주가 취업보호대상자를 고용할 때에는 그 취업보호대상자가 북한을 벗어나기 전의 직위, 담당 직무 및 경력 등을 고려하여야 한다.

⑥ **통일부장관**은 대통령령으로 정하는 바에 따라 **보호대상자의 취업을 ( )할 수** 있다.
알선

제17조의3(영농 정착지원) ① 통일부장관은 영농을 희망하는 북한이탈주민에 대하여 **영농 정착을 위한** 다음 각 호의 **행정적·재정적 지원을 할 수 있다.**

1. 영농 교육 훈련
2. 농업 현장 실습
3. 영농 자금 지원
4. 그 밖에 대통령령으로 정하는 사항

② 제1항에 따른 행정적·재정적 지원의 절차 등 필요한 사항은 **통일부령**으로 정한다.

제17조의4(세제혜택) 국가 및 지방자치단체는 북한이탈주민을 **채용하는 기업**에 대하여 예산의 범위에서 재정지원을 하거나 조세 관계 법률에서 정하는 바에 따라 **세금**을 (　　)할 수 있다.

제17조의5(우선 구매 등) 통일부장관은 북한이탈주민의 **고용과 관련하여 모범이 되는** 사업주에 대해서는 대통령령으로 정하는 바에 따라 **생산품 (　　) 구매** 등의 **지원**을 할 수 있다.

제18조(특별임용) ① 북한에서의 자격이나 경력이 있는 사람 등 북한이탈주민으로서 **공무원으로 채용하는 것이 필요하다고 인정되는 사람**에 대하여는 「국가공무원법」 제28조제2항 및 「지방공무원법」 제27조제2항에도 불구하고 **북한을 벗어나기 전의 자격·경력 등**을 고려하여 **국가(　　　)** 또는 **지방공무원**으로 **특별임용할 수 있다.**

② **북한의 군인이었던 보호대상자**가 국군에 편입되기를 희망하면 북한을 벗어나기 전의 계급, 직책 및 경력 등을 고려하여 **국군으로 특별임용할 수 있다.**

제20조(주거지원 등) ① **통일부장관**은 보호대상자에게 대통령령으로 정하는 바에 따라 주거지원을 할 수 있다.

② 제1항에 따라 **주거지원을 받는 보호대상자**는 그 주민등록 **전입신고를 한 날부터** (　　)년간 통일부장관의 **허가**를 받지 아니하고는 **임대차계약을 해지**하거나 그 주거지원에 따라 취득하게 된 소유권, 전세권 또는 임차권("소유권등")을 **양도**하거나 **저당권**을 설정할 수 없다.

26 남북교류협력에 관한 법률

(약칭: 남북교류협력법)   [법률 제12396호]

제1조(목적) 이 법은 군사분계선 이남지역과 그 이북지역 간의 상호 교류와 협력을 촉진하기 위하여 필요한 사항을 규정함으로써 한반도의 평화와 통일에 이바지하는 것을 목적으로 한다.

제2조(정의) 이 법에서 사용하는 용어의 뜻은 다음과 같다.

1. **"출입장소"**란 군사분계선 이북지역("북한")으로 가거나 북한으로부터 들어올 수 있는 군사분계선 이남지역("남한")의 항구, 비행장, 그 밖의 장소로서 대통령령으로 정하는 곳을 말한다.

2. **"(   )"**이란 남한과 북한 간의 물품, 대통령령으로 정하는 용역 및 전자적 형태의 무체물("물품등")의 반출·반입을 말한다.

3. **"반출·반입"**이란 매매, 교환, 임대차, 사용대차, 증여, 사용 등을 목적으로 하는 **남한과 북한 간의 물품등의 이동**(단순히 **제3국을 거치는 물품**등의 이동을 (   )**한다**)을 말한다.

4. **"협력사업"**이란 남한과 북한의 주민(법인·단체를 포함)이 공동으로 하는 문화, 관광, 보건의료, 체육, 학술, 경제 등에 관한 모든 활동을 말한다.

제4조(남북교류협력 추진협의회의 설치) 남북교류·협력에 관한 정책을 협의·조정하고, 중요 사항을 심의·의결하기 위하여 **통일부**에 남북교류협력 추진협의회(**협의회**)를 둔다.

제5조(협의회의 구성) ① 협의회는 위원장 1명을 포함한 18명 이내의 위원으로 구성한다.

② **위원장**은 (   )**장관**이 되며, 협의회의 업무를 총괄한다.

교역

포함

통일부

- 289 -

③ 위원은 다음 각 호의 어느 하나에 해당하는 사람 중에서 국무총리가 임명하거나 위촉한다.

이 경우 위원 중 (   )**명 이상**은 제2호에 해당하는 사람으로 한다.

> 1. **차관** 또는 **차관급 공무원**
> 2. 남북교류 · 협력에 관한 전문지식과 경험을 갖춘 **민간전문가**

제6조(협의회의 기능) **협의회**는 다음 각 호의 사항을 **심의 · 의결**한다.

> 1. 남북교류 · 협력에 관한 **정책의 협의 · 조정** 및 **기본원칙의 수립**
> 2. 남북교류 · 협력에 관한 **승인**이나 그 **취소** 등에 관한 **중요 사항**의 협의 · 조정
> 3. 제14조에 따른 **반출 · 반입 승인**대상 **물품**등의 공고에 관한 사항
> 4. 협력사업에 대한 **총괄 · 조정**
> 5. 남북교류 · 협력 촉진을 위한 **지원**
> 6. 관계 부처 간의 협조가 필요한 남북교류 · 협력과 관련된 **중요 사항**
> 7. 그 밖에 위원장이 회의에 부치는 사항

제7조(협의회의 회의와 운영) ① 협의회의 회의는 위원장이 소집한다.

② 협의회의 회의는 재적위원 과반수의 출석과 출석위원 과반수의 찬성으로 의결한다.

제9조(남북한 방문) ① **남한의 주민**이 **북한을 방문**하거나 북한의 주민이 남한을 방문하려면 대통령령으로 정하는 바에 따라 **통일부장관**의 방문(   )을 받아야 하며, 통일부장관이 발급한 **증명서**(방문증명서)를 소지하여야 한다.

② 방문증명서는 유효기간을 정하여 북한방문증명서와 남한방문증명서로 나누어 발급하며, 다음 각 호와 같이 구분한다.

> 1. **한 차례**만 사용할 수 있는 방문증명서
> 2. 유효기간이 끝날 때까지 **여러 차례 사용**할 수 있는 방문증명서(복수방문증명서)

③ **복수방문증명서**의 **유효기간**은 (   )**년** 이내로 하며, 5년의 범위에서 연장할 수 있다.

제9조의2(남북한 주민 접촉) ① **남한의 주민**이 북한의 주민과 **회합 · 통신**, 그 밖의 방법으로 **접촉**하려면 통일부장관에게 (   ) **신고하여야 한다.** 다만, 대통령령으로 정하는 부득이한 사유에 해당하는 경우에는 접촉한 후에 신고할 수 있다.

3

승인

5

미리

제10조(외국 거주 동포의 출입 보장) 외국 국적을 보유하지 아니하고 대한민국의 여권을 소지하지 아니한 **외국 거주 동포가 남한을 왕래**하려면 「여권법」 제14조제1항에 따른 **여행증명서**를 소지하여야 한다.

제12조(남북한 거래의 원칙) **남북한 거래의 원칙) 남한과 북한 간의 거래**는 국가 간의 거래가 아닌 **민족** (내부)**의 거래**로 본다.

제13조(반출 · 반입의 승인) ① **물품등을 반출**하거나 **반입하려는** 자는 대통령령으로 정하는 바에 따라 그 **물품등의 품목, 거래형태 및 대금결제 방법** 등에 관하여 (통일부) **장관의 승인**을 받아야 한다. 승인을 받은 사항 중 대통령령으로 정하는 주요 내용을 **변경할 때**에도 **또한 같다.**

② 통일부장관은 제1항의 승인 또는 변경승인을 할 때에는 중요하다고 인정되는 사항은 미리 관계 **행정기관의** 장과 협의하여야 한다.

제17조(협력사업의 승인 등) ① **협력사업을 하려는** 자는 **협력사업마다** 다음 각 호의 **요건을** 모두 **갖추어 통일부장관의 승인**을 받아야 한다. 승인을 받은 협력사업의 내용을 (변경)**할 때**에도 또한 **같다.**

1. 협력사업의 **내용**이 **실현 가능**하고 **구체적일 것**
2. 협력사업으로 인하여 남한과 북한 간에 **분쟁을 일으킬 사유가 없을 것**
3. 이미 시행되고 있는 협력사업과 심각한 **경쟁**을 하게 될 **가능성이 없을 것**
4. 협력사업을 하려는 분야의 사업**실적**이 있거나 협력사업을 추진할 만한 자**본 · 기술 · 경험** 등을 **갖추고 있을 것**
5. **국가안전보장, 질서유지** 또는 **공공복리**를 해칠 **명백한 우려가 없을 것**

27 | 국적법

제1조(목적) 이 법은 대한민국의 **국민이 되는 요건**을 정함을 목적으로 한다.

제2조(출생에 의한 국적 취득) ① 다음 각 호의 어느 하나에 해당하는 자는 출생과 동시에 대한민국 국적을 취득한다.

1. 출생 당시에 **부(父)**또는 **모(母)**가 **대한민국의 국민인 자**
2. 출생하기 전에 부가 사망한 경우에는 그 **사망 당시에 부가 대한민국의 국민이었던 자**
3. 부모가 모두 분명하지 아니한 경우나 국적이 없는 경우에는 **대한민국에서 출생한 자**

② 대한민국에서 발견된 **기아**는 대한민국에서 출생한 것으로 추정한다.

법무부

제3조(인지에 의한 국적 취득) ① 대한민국의 국민이 아닌 자("**외국인**")로서 대한민국의 국민인 부 또는 모에 의하여 인지된 자가 다음 각 호의 요건을 모두 갖추면 (　　) 장관에게 **신고함으로써** 대한민국 **국적을 취득할 수 있다.**

1. 대한민국의 「**민법**」상 미성년일 것
2. 출생 당시에 **부 또는 모가 대한민국의 국민이었을 것**

② 제1항에 따라 신고한 자는 그 **신고를 한 때**에 대한민국 **국적을 취득한다.**

법무부

제4조(귀화에 의한 국적 취득) ① 대한민국 국적을 취득한 사실이 없는 **외국인**은 (　　) 장관의 **귀화허가**를 받아 대한민국 **국적을 취득할 수 있다.**

② 법무부장관은 귀화허가 신청을 받으면 제5조부터 제7조까지의 귀화 **요건**을 갖추었는지를 심사한 후 그 요건을 갖춘 사람에게만 귀화를 **허가한다.**

③ 제1항에 따라 귀화허가를 받은 사람은 법무부장관 앞에서 국민선서를 하고 귀화증서를 수여받은 때에 대한민국 국적을 취득한다. 다만, 법무부장관은 연령, 신체적·정신적 장애 등으로 국민선서의 의미를 이해할 수 없거나 이해한 것을 표현할 수 없다고 인정되는 사람에게는 국민선서를 면제할 수 있다.

제5조((　)귀화 요건) 외국인이 귀화허가를 받기 위해서는 제6조나 제7조에 해당하는 경우 외에는 다음 각 호의 요건을 갖추어야 한다.　　　　　　　　　　　　　일반

　1. (　　)년 이상 계속하여 **대한민국에 주소가 있을 것**　　　　　　　　　　5

　1의2. 대한민국에서 **영주할 수 있는 체류자격을 가지고 있을 것**

　2. 대한민국의 「**민법**」상 **성년일 것**

　3. 법령을 준수하는 등 법무부령으로 정하는 **품행 단정**의 요건을 갖출 것

　4. 자신의 자산이나 기능에 의하거나 생계를 같이하는 가족에 의존하여 **생계를 유지할 능력이 있을 것**

　5. **국어능력**과 대한민국의 **풍습에 대한 이해** 등 대한민국 국민으로서의 **기본 소양을 갖추고 있을 것**

　6. 귀화를 허가하는 것이 **국가안전보장·질서유지** 또는 **공공복리**를 해치지 아니한다고 **법무부장관이 인정할 것**

제6조((　)귀화 요건) ① 다음 각 호의 어느 하나에 해당하는 외국인으로서 대한민　간이
국에 (　　)년 이상 계속하여 주소가 있는 사람은 제5조제1호 및 제1호의2의 요건　3
을 갖추지 아니하여도 귀화허가를 받을 수 있다.

　1. **부 또는 모가 대한민국의 국민이었던 사람**

　2. **대한민국에서 출생한 사람으로서 부 또는 모가 대한민국에서 출생한 사람**

　3. 대한민국 국민의 **양자로서** 입양 당시 대한민국의 「**민법**」상 **성년이었던 사람**

② **배우자가 대한민국의 국민인 외국인으로서** 다음 각 호의 어느 하나에 해당하는 사람은 제5조제1호 및 제1호의2의 요건을 갖추지 아니하여도 귀화허가를 받을 수 있다.

　1. 그 배우자와 **혼인한 상태로 대한민국에 (　　)년 이상 계속하여 주소가 있는**　2
　　사람

　2. 그 배우자와 **혼인한 후 (　　)년이 지나고 혼인한 상태로 대한민국에 (　　)**　3/1
　　년 이상 계속하여 주소가 있는 사람

3. 제1호나 제2호의 기간을 채우지 못하였으나, 그 배우자와 혼인한 상태로 대한민국에 주소를 두고 있던 중 그 **배우자의 사망이나 실종** 또는 그 밖에 **자신에게 책임이 없는 사유**로 정상적인 혼인 생활을 할 수 없었던 사람으로서 제1호나 제2호의 잔여기간을 채웠고 **법무부장관**이 상당(相當)하다고 **인정하는 사람**

4. 제1호나 제2호의 요건을 충족하지 못하였으나, 그 배우자와의 혼인에 따라 출생한 **미성년의 자(子)를 양육**하고 있거나 **양육하여야 할 사람**으로서 제1호나 제2호의 기간을 채웠고 **법무부장관**이 상당하다고 **인정하는 사람**

제7조((　　)귀화 요건) ① 다음 각 호의 어느 하나에 해당하는 **외국인으로서 대한민국에 주소가 있는 사람**은 제5조제1호·제1호의2·제2호 또는 제4호의 요건을 갖추지 아니하여도 귀화허가를 받을 수 있다.

1. 부 또는 **모가 대한민국의 국민인 사람.**
   다만, 양자로서 대한민국의 「민법」상 **성년이 된 후에 입양된 사람**은 (　　)한다.
2. 대한민국에 **특별한 공로가 있는 사람**
3. 과학·경제·문화·체육 등 특정 분야에서 **매우 우수한 능력을 보유한 사람**으로서 대한민국의 **국익에 기여할 것으로 인정되는 사람**

제9조(국적회복에 의한 국적 취득) ① 대한민국의 국민이었던 외국인은 법무부장관의 국적(　　)허가를 받아 대한민국 국적을 취득할 수 있다.

② **법무부장관**은 국적회복허가 **신청**을 받으면 **심사한 후** 다음 각 호의 어느 하나에 해당하는 사람에게는 국적회복을 **허가하지 아니한다.**

1. 국가나 사회에 **위해를 끼친 사실**이 있는 사람
2. **품행이 단정하지 못한 사람**
3. **병역을 기피할 목적**으로 대한민국 **국적을 상실**하였거나 **이탈**하였던 사람
4. **국가안전보장·질서유지** 또는 **공공복리**를 위하여 법무부장관이 **국적회복을 허가하는 것이 적당하지 아니하다고 인정하는 사람**

제10조(국적 취득자의 외국 국적 포기 의무) ① 대한민국 국적을 취득한 외국인으로서 외국 국적을 가지고 있는 자는 대한민국 국적을 취득한 날부터 (　　)년 내에 그 외국 국적을 포기하여야 한다.

특별

제외

회복

1

② 제1항에도 불구하고 다음 각 호의 어느 하나에 해당하는 자는 대한민국 국적을 취득한 날부터 **1년 내에 외국 국적을 포기**하거나 법무부장관이 정하는 바에 따라 대한민국에서 **외국 국적을 행사하지 아니하겠다**는 뜻을 **법무부장관에게 (　　)하여야** 한다.

    1. 귀화허가를 받은 때에 제6조제2항제1호·제2호 또는 제7조제1항제2호·제3호의 어느 하나에 해당하는 사유가 있는 자

    2. 제9조에 따라 국적회복허가를 받은 자로서 제7조제1항제2호 또는 제3호에 해당한다고 법무부장관이 인정하는 자

    3. 대한민국의 「민법」상 성년이 되기 전에 외국인에게 입양된 후 외국 국적을 취득하고 외국에서 계속 거주하다가 제9조에 따라 국적회복허가를 받은 자

    4. **외국에서 거주하다가** 영주할 목적으로 **만 65세 이후에 입국**하여 제9조에 따라 국적회복허가를 받은 자

    5. 본인의 뜻에도 불구하고 **외국의 법률 및 제도로 인하여** 제1항을 **이행하기 어려운 자**로서 대통령령으로 정하는 자

③ 제1항 또는 제2항을 **이행하지 아니한 자**는 그 **기간이 지난 때**에 대한민국 국적을 (　　)한다.

제11조(국적의 재취득) ① 제10조제3항에 따라 **대한민국 국적을 상실한 자**가 그 후 (　)년 내에 그 외국 국적을 포기하면 **법무부장관에게** (　　)함으로써 대한민국 **국적을 재취득할 수** 있다.

② 제1항에 따라 신고한 자는 **그 신고를 한 때**에 대한민국 국적을 취득한다.

제12조(복수국적자의 국적선택의무) ① 만 (　　)세가 되기 전에 복수국적자가 된 자는 만 22세가 되기 전까지, 만 20세가 된 후에 복수국적자가 된 자는 그 때부터 (　)년 내에 제13조와 제14조에 따라 (　　)의 국적을 선택하여야 한다.

    다만, 제10조제2항에 따라 법무부장관에게 대한민국에서 외국 국적을 행사하지 아니하겠다는 뜻을 서약한 복수국적자는 제외한다.

서약

상실

1

신고

20

2

하나

28 | 국제형사사법 공조법

[대법원규칙 제1166호]

제1조(목적) 이 법은 형사사건의 수사 또는 재판과 관련하여 외국의 요청에 따라 실시하는 공조 및 외국에 대하여 요청하는 공조의 범위와 절차 등을 정함으로써 범죄를 진압하고 예방하는 데에 국제적인 협력을 증진함을 목적으로 한다.

제2조(정의) 이 법에서 사용하는 용어의 뜻은 다음과 같다.

1. **"공조"**란 대한민국과 외국 간에 형사사건의 수사 또는 재판에 필요한 협조를 제공하거나 제공받는 것을 말한다.
2. **"공조조약"**이란 대한민국과 외국 간에 체결된 공조에 관한 조약·협정 등을 말한다.
3. **"요청국"**이란 대한민국에 공조를 요청한 국가를 말한다.
4. **"공조범죄"**란 공조의 대상이 되어 있는 범죄를 말한다.

상호주의

제4조(   ) 공조조약이 체결되어 있지 아니한 경우에도 동일하거나 유사한 사항에 관하여 대한민국의 공조요청에 따른다는 요청국의 보증이 있는 경우에는 이 법을 적용한다.

제5조(공조의 범위) 공조의 범위는 다음 각 호와 같다.

1. 사람 또는 물건의 소재에 대한 **수사**
2. **서류·기록의 제공**
3. 서류 등의 **송달**
4. 증거 **수집, 압수·수색** 또는 **검증**
5. 증거물 등 물건의 **인도**
6. **진술 청취**, 그 밖에 요청국에서 **증언**하게 하거나 **수사에 협조**하게 하는 조치

제6조(공조의 제한) 다음 각 호의 어느 하나에 해당하는 경우에는 **공조를 하지 아니**
(   ).

    할 수 있다

1. 대한민국의 주권, **국가안전보장, 안녕질서** 또는 미풍양속을 해칠 우려가 있는 경우
2. **인종, 국적, 성별, 종교, 사회적 신분** 또는 **특정 사회단체**에 속한다는 사실이나 **정치적 견해**를 달리한다는 이유로 처벌되거나 형사상 **불리한 처분을 받을 우려**가 있다고 인정되는 경우
3. 공조범죄가 **정치적 성격**을 지닌 범죄이거나, 공조요청이 정치적 성격을 지닌 다른 범죄에 대한 수사 또는 재판을 할 목적으로 한 것이라고 인정되는 경우
4. 공조범죄가 대한민국의 법률에 의하여는 **범죄를 구성하지 아니하거나 공소를 제기할 수 없는 범죄**인 경우
5. 이 법에 요청국이 보증하도록 규정되어 있음에도 불구하고 요청국의 **보증이 없는 경우**

제7조(공조의 연기) 대한민국에서 **수사가 진행 중**이거나 **재판에 계속된 범죄**에 대하여 외국의 공조요청이 있는 경우에는 그 수사 또는 재판 절차가 끝날 때까지 공조를 **연기할 수 있다.**

제8조(물건의 인도) ① 다음 각 호의 어느 하나에 해당하는 **물건**은 요청국에 **인도할 수 있다.** 다만, 그 물건에 대한 제3자의 권리는 침해하지 못한다.

1. 공조범죄에 **제공**하였거나 제공하려고 한 것
2. 공조범죄로 인하여 생겼거나 **취득**한 것
3. 공조범죄의 **대가**로 취득한 것

제10조(외국으로의 송환을 위한 구속) ① **외국에서 구금되어 있던 사람**이 공조에 따라 **대한민국에 인도되는 경우**에는, 공조 목적을 이행한 후 그 사람을 **다시 외국으로 송환**하기 위하여 공조요청한 곳을 **관할하는 지방법원 판사**가 발부한 **영장**에 의하여 **구속할 수 있다.**
② 제1항의 **구속영장**에는 다음 각 호의 사항을 기재하고 (   )가 서명날인하여야 한다.

판사

1. 외국으로 송환할 사람의 성명, 주거지, 국적
2. 공조범죄 사실

3. 공조요청의 목적 및 내용

4. 인치 구금할 장소

5. 영장 발부연월일, 그 유효기간 및 그 기간이 지나면 집행에 착수하지 못하며 영장을 반환하여야 한다는 취지

외교부

제11조(공조요청의 접수 및 공조 자료의 송부) 공조요청 접수 및 요청국에 대한 **공조 자료의 송부**는 (   )**장관**이 한다. 다만, **긴급한 조치가 필요한 경우**나 특별한 사정이 있는 경우에는 **법무부장관**이 외교부장관의 동의를 받아 이를 **할 수 있다.**

제12조(공조요청서) ① 공조요청은 다음 각 호의 사항을 기재한 서면(**공조요청서**)으로 한다.

1. 공조요청과 관련된 수사 또는 재판을 담당하는 기관

2. 공조요청 사건의 요지

3. 공조요청의 목적과 내용

4. 그 밖에 공조를 하기 위하여 필요한 사항

제13조(공조의 방식) 요청국에 대한 공조는 대한민국의 **법률**에서 정하는 방식으로 한다. 다만, 요청국이 요청한 공조 방식이 대한민국의 **법률**에 저촉되지 아니하는 경우에는 그 방식으로 할 수 있다.

제14조(외교부장관의 조치) **외교부장관**은 요청국으로부터 **형사사건의 수사에 관한 공조요청을 받았을 때**에는 공조요청서에 관계 자료 및 의견을 첨부하여 **법무부장관**에게 **송부하여야 한다.**

제15조(법무부장관의 조치) ① 공조요청서를 받은 **법무부장관**은 공조요청에 응하는 것이 타당하다고 인정하는 경우에는 제2항의 경우를 제외하고는 다음 각 호의 어느 하나의 조치를 하여야 한다.

1. 공조를 위하여 적절하다고 인정되는 **지방검찰청 검사장**에게 관계 자료를 송부하고 공조에 필요한 조치를 하도록 명하는 것

2. 제9조제3항의 경우에는 **수형자**가 수용되어 있는 **교정시설의 장**에게 수형자의 이송에 필요한 조치를 명하는 것

제17조(검사 등의 처분) ① **검사**는 공조에 필요한 자료를 수집하기 위하여 관계인의 **출석을 요구**하여 진술을 들을 수 있고, **감정·통역** 또는 **번역**을 **촉탁**할 수 있으며,

서류나 그 밖의 **물건**의 소유자·소지자 또는 보관자에게 그 **제출을 요구**하거나, 행정기관이나 그 밖의 공사단체에 공조에 필요한 **사실**을 **조회**하거나 필요한 사항의 보고를 요구할 수 있다.

② **검사**는 공조에 필요한 경우에는 판사에게 청구하여 발급받은 영장에 의하여 **압수·수색** 또는 **검증**을 할 수 있다.

③ **검사**는 요청국에 인도하여야 할 **증거물** 등이 법원에 제출되어 있는 경우에는 **법원의 인도허가 결정**을 받아야 한다.

④ 검사는 **사법경찰관리**를 지휘하여 제1항의 수사를 하게 할 수 있고, **사법경찰관**은 검사에게 신청하여 검사의 청구로 판사가 발부한 영장에 의하여 제2항에 따른 **압수·수색** 또는 **검증**을 할 수 있다.

> **국제형사사법공조규칙 제2조(증거물의 인도허가청구서의 기재사항)** ① 법원에 제출되어 있는 증거물등에 대한 법 <u>제17조제3항의 규정</u>에 의한 **인도허가 청구서**에는 다음 각호의 사항을 **기재**하고 청구한 (   )가 서명날인하여야 한다.
>
> 1. 피의자의 성명, 죄명
> 2. 피의사실의 요지
> 3. 인도할 증거물
> 4. 인도할 국가 및 그 기관
> 5. 인도할 사유
>
> **제3조(자료의 제출)** ① 검사가 법 제17조제3항의 규정에 의한 청구를 할때에는 피의자에게 **범죄**의 **혐의**가 있고 법원에 제출되어 있는 증거물을 인도하여야 할 필요가 있음을 인정할 수 있는 자료를 제출하여야 한다.
>
> ② 제1항의 경우에 증거물의 인도에 관하여 이해관계있는 자가 있는 때에는 그의 동의서를 첨부하여야 한다.
>
> **제4조(인도허가에 관한 결정)** (   )은 증거물이 제출된 사건의 재판에 지장이 없다고 인정한 때에 한하여 결정으로 **증거물의 인도를 허가할 수 있다.**

검사

법원

제22조(법무부장관의 공조 자료 송부 등) ① **법무부장관**은 제21조에 따른 공조 자료 등을 받거나 보고받았을 때에는 공조에 필요한 자료를 **외교부장관**에게 **송부하여야 한다.**

② 법무부장관은 제1항에 따라 자료를 송부할 때에는 그 자료 등의 사용·반환 또는 기밀 유지 등에 관하여 요청국이 지켜야 할 준수사항을 정하여, 그 이행에 대한 보증을 요구하도록 외교부장관에게 요청할 수 있다.

제23조(법무부장관의 조치) ① **법무부장관**은 **법원**에서 하여야 할 형사재판에 관한 공조요청서를 받았을 때에는 이를 **법원행정처장**에게 **송부하여야 한다.** 다만, 이 법 또는 공조조약에 따라 공조할 수 없거나 공조하지 아니하는 것이 타당하다고 인정하는 경우에는 그러하지 아니하다.

제24조(법원행정처장의 조치) **법원행정처장**은 법무부장관으로부터 제23조제1항에 따른 **공조요청서**를 받았을 때에는 이를 관할 **지방법원장**에게 **송부하여야 한다.**

제36조(비용) ① 외국의 공조요청에 드는 **비용**은 요청국과 특별한 약정이 없으면 **요청국이 부담한다.** 다만, 대한민국의 영역에서 발생하는 비용은 대한민국이 부담할 수 있다.
② 이 법 또는 공조조약에 따라 요청국이 공조에 드는 비용을 부담하도록 되어 있는 경우에는 요청국으로부터 그 비용 지급에 대한 보증을 받아야 한다.

제38조(국제형사경찰기구와의 협력) ① **행정안전부장관**은 국제형사경찰기구로부터 외국의 형사사건 수사에 대하여 협력을 요청받거나 국제형사경찰기구에 협력을 요청하는 경우에는 다음 각 호의 **조치를 취할 수 있다.**
　1. 국제범죄의 정보 및 자료 교환
　2. 국제범죄의 동일증명 및 전과 조회
　3. 국제범죄에 관한 사실 확인 및 그 조사

제39조(「형사소송법」의 준용) 이 법에 따라 법원이나 판사가 하는 재판, 판사가 하는 영장 발급이나 증인신문, 검사나 사법경찰관이 하는 처분 등과 그 불복절차에 대하여는 이 법에 특별한 규정이 있는 경우를 제외하고는 그 성질에 반하지 아니하는 범위에서 **「형사소송법」**을 **준용한다.**

제40조(대법원규칙) 이 법에 따른 **영장 발급, 증거물의 인도허가 결정, 증인신문** 등의 절차에 관하여 필요한 사항은 **대법원규칙**으로 정한다.

29 출입국관리법

제1조(목적) 이 법은 대한민국에 **입국**하거나 대한민국에서 **출국**하는 모든 **국민** 및 **외국인**의 **출입국관리**를 통한 안전한 국경관리, 대한민국에 체류하는 외국인의 체류관리와 사회통합 등에 관한 사항을 규정함을 목적으로 한다.

제2조(정의) 이 법에서 사용하는 용어의 뜻은 다음과 같다.

1. **"국민"**이란 대한민국의 국민을 말한다.
2. **"외국인"**이란 대한민국의 국적을 가지지 아니한 사람을 말한다.
3. **"난민"**이란 「난민법」 제2조제1호에 따른 난민을 말한다.
4. **"여권"**이란 대한민국정부·외국정부 또는 권한 있는 국제기구에서 발급한 여권 또는 난민여행증명서나 그 밖에 여권을 갈음하는 증명서로서 대한민국정부가 유효하다고 인정하는 것을 말한다.
5. "선원신분증명서"란 대한민국정부나 외국정부가 발급한 문서로서 선원임을 증명하는 것을 말한다.
6. "출입국항"이란 출국하거나 입국할 수 있는 대한민국의 항구·공항과 그 밖의 장소로서 대통령령으로 정하는 곳을 말한다.
7. **"재외공관의 장"**이란 외국에 주재하는 대한민국의 **대사, 공사, 총영사, 영사** 또는 영사업무를 수행하는 **기관의 장**을 말한다.
8. **"선박등"**이란 대한민국과 대한민국 밖의 지역 사이에서 사람이나 물건을 수송하는 선박, 항공기, 기차, 자동차, 그 밖의 교통기관을 말한다.
9. "승무원"이란 선박등에서 그 업무를 수행하는 사람을 말한다.

제4조(출국의 금지) ① (   )장관은 다음 각 호의 어느 하나에 해당하는 국민에 대하여는 (   )개월 이내의 기간을 정하여 **출국을** (   )할 수 있다.

법무부

6/금지

1. **형사재판**에 계속 중인 사람
2. **징역형**이나 **금고형**의 집행이 끝나지 아니한 사람
3. 대통령령으로 정하는 금액 이상의 **벌금**이나 **추징금**을 내지 아니한 사람
4. 대통령령으로 정하는 금액 이상의 **국세·관세** 또는 **지방세**를 정당한 사유 없이 그 납부기한까지 내지 아니한 사람
5. 그 밖에 제1호부터 제4호까지의 규정에 준하는 사람으로서 대한민국의 이익이나 공공의 안전 또는 경제질서를 해칠 우려가 있어 그 출국이 적당하지 아니하다고 법무부령으로 정하는 사람

■ 참고

출입국관리법 시행령 제1조의3(벌금 등의 미납에 따른 출국금지 기준)

① 법 제4조제1항제3호에서 "대통령령으로 정하는 금액"이란 다음 각 호의 구분에 따른 금액을 말한다.
  1. **벌금:** (   )만원
  2. **추징금:** (   )만원
② 법 제4조제1항제4호에서 "대통령령으로 정하는 금액"이란 다음 각 호의 구분에 따른 금액을 말한다.
  1. **국세:** (   )만원
  2. **관세:** (   )만원
  3. **지방세:** (   )만원

---

② 법무부장관은 **범죄** (   )를 위하여 출국이 적당하지 아니하다고 인정되는 사람에 대하여는 (   )**개월 이내의 기간**을 정하여 **출국을 금지할 수 있다.** 다만, 다음 각 호에 해당하는 사람은 그 호에서 정한 기간으로 한다.

1. 소재를 알 수 없어 **기소중지결정**이 된 사람 또는 **도주** 등 특별한 사유가 있어 **수사진행이 어려운 사람:**	( )**개월** 이내
2. 기소중지결정이 된 경우로서 **체포영장** 또는 **구속영장**이 발부된 사람:	**영장( ) 기간** 이내

(여백 좌측 답: 1천 / 2천 / 5천 / 5천 / 3천 / 수사 / 1 / 3 / 유효)

> **■ 참고**
>
> **출입국관리법 시행령 제36조(외국인의 출국정지기간)** ① 법 제29조에 따른 출국정지기간은 다음 각 호와 같다.
>
> 　　1. 법 제4조제1항 각 호의 어느 하나(**범죄수사 외의 목적**)에 해당하는 외국인: (　　)**개월 이내** — 3
>
> 　　2. 법 제4조제2항에 해당(**범죄수사 목적**)하는 외국인: (　　)**개월 이내**. — 1
> 　　다만, 다음 각 목에 해당하는 외국인은 그 목에서 정한 기간으로 한다.
> 　　　가. **도주** 등 특별한 사유가 있어 수사진행이 어려운 외국인: (　　)**개월 이내** — 3
> 　　　나. 소재를 알 수 없어 **기소중지결정**이 된 외국인: (　　)**개월 이내** — 3
> 　　　다. 기소중지결정이 된 경우로서 **채포영장** 또는 **구속영장**이 발부된 외국인: **영장** (　　)**기간 이내** — 유효
>
> ② 제1항제2호에 해당하는 사람 중 **기소중지 결정**된 사람의 소재가 발견된 경우에는 출국정지 예정기간을 **발견된 날부터** (　　)**일 이내**로 한다. — 10

제4조의2(출국금지기간의 연장) ① 법무부장관은 출국금지기간을 초과하여 계속 출국을 금지할 필요가 있다고 인정하는 경우에는 그 기간을 연장할 수 있다.

② 출국금지를 요청한 기관의 장은 출국금지기간을 초과하여 계속 출국을 금지할 필요가 있을 때에는 출국금지기간이 끝나기 3일 전까지 법무부장관에게 출국금지기간을 연장하여 줄 것을 요청하여야 한다.

제4조의3(출국금지의 해제) ① 법무부장관은 출국금지 사유가 없어졌거나 출국을 금지할 필요가 없다고 인정할 때에는 즉시 출국금지를 해제하여야 한다.

② 출국금지를 요청한 기관의 장은 출국금지 사유가 없어졌을 때에는 즉시 법무부장관에게 출국금지의 해제를 요청하여야 한다.

제4조의4(출국금지결정 등의 통지) ① 법무부장관은 제4조제1항 또는 제2항에 따라 출국을 금지하거나 제4조의2제1항에 따라 출국금지기간을 연장하였을 때에는 즉시 당사자에게 그 사유와 기간 등을 밝혀 서면으로 통지하여야 한다.

② 법무부장관은 출국금지를 해제하였을 때에는 이를 즉시 당사자에게 통지하여야 한다.

③ 법무부장관은 다음에 해당하는 경우에는 제1항의 통지를 하지 아니할 수 있다.

1. 대한민국의 안전 또는 공공의 이익에 중대하고 명백한 위해를 끼칠 우려가 있다고 인정되는 경우

2. 범죄수사에 중대하고 명백한 장애가 생길 우려가 있다고 인정되는 경우. 다만, 연장기간을 포함한 총 출국금지기간이 3개월을 넘는 때에는 당사자에게 통지하여야 한다.

3. 출국이 금지된 사람이 있는 곳을 알 수 없는 경우

제4조의5(출국금지결정 등에 대한 이의신청) ① 제4조제1항 또는 제2항에 따라 출국이 금지되거나 제4조의2제1항에 따라 출국금지기간이 연장된 사람은 출국금지결정이나 출국금지기간 연장의 통지를 받은 날 또는 그 사실을 안 날부터 10일 이내에 법무부장관에게 출국금지결정이나 출국금지기간 연장결정에 대한 이의를 신청할 수 있다.

② 법무부장관은 제1항에 따른 이의신청을 받으면 그 날부터 15일 이내에 이의신청의 타당성 여부를 결정하여야 한다. 다만, 부득이한 사유가 있으면 15일의 범위에서 한 차례만 그 기간을 연장할 수 있다.

③ 법무부장관은 제1항에 따른 이의신청이 이유 있다고 판단하면 즉시 출국금지를 해제하거나 출국금지기간의 연장을 철회하여야 하고, 그 이의신청이 이유 없다고 판단하면 이를 기각하고 당사자에게 그 사유를 서면에 적어 통보하여야 한다.

제4조의6(긴급출국금지) ① (   )기관은 범죄 피의자로서 사형·무기 또는 장기 3년 이상의 징역이나 금고에 해당하는 **죄를 범하였다고 의심할 만한 상당한 이유**가 있고, 다음 각 호의 어느 하나에 해당하는 사유가 있으며, **긴급한 필요**가 있는 때에는 제4조제3항에도 불구하고 출국심사를 하는 출입국관리공무원에게 **출국(   )를 요청할 수 있다.**

1. 피의자가 **증거를 인멸할 염려**가 있는 때

2. 피의자가 **도망하거나 도망할 우려**가 있는 때

② 제1항에 따른 요청을 받은 **출입국관리공무원은 출국심사를 할 때에 출국금지가 요청된 사람을 출국시켜서는 아니 된다.**

③ **수사기관은** 제1항에 따라 **긴급출국금지를 요청한 때로부터** (   )**시간 이내에** (   )**장관에게 긴급출국금지 승인을 요청하여야 한다.** 이 경우 검사의 수사지휘서 및 범죄사실의 요지, 긴급출국금지의 사유 등을 기재한 긴급출국금지보고서를 첨부하여야 한다.

수사

금지

6

법무부

④ **법무부장관**은 수사기관이 제3항에 따른 긴급출국금지 승인 요청을 하지 아니한 때에는 제1항의 수사기관 요청에 따른 **출국금지를 해제**하여야 한다. **수사기관이 긴급출국금지 승인을 요청한 때**로부터 (   )**시간 이내**에 법무부장관으로부터 긴급출국금지 승인을 받지 못한 경우에도 **또한 같다.**

제7조(외국인의 입국) ① 외국인이 입국할 때에는 유효한 여권과 (   )장관이 발급한 (   )을 가지고 있어야 한다.

② 다음 각 호의 어느 하나에 해당하는 외국인은 제1항에도 불구하고 **사증 없이 입국할 수 있다.**

    1. **재입국허가**를 받은 사람 또는 재입국허가가 **면제**된 사람으로서 그 허가 또는 면제받은 **기간이 끝나기 전**에 입국하는 사람

    2. 대한민국과 **사증면제협정을 체결한 국가의 국민**으로서 그 협정에 따라 **면제대상**이 되는 사람

    3. **국제친선, 관광** 또는 **대한민국의 이익** 등을 위하여 입국하는 사람으로서 **대통령령**으로 정하는 바에 따라 따로 **입국허가를 받은 사람**

    4. **난민여행증명서를 발급받고 출국한 후 그 유효기간이 끝나기 전에 입국하는 사람**

③ 법무부장관은 공공질서의 유지나 국가이익에 필요하다고 인정하면 제2항제2호에 해당하는 사람에 대하여 사증면제협정의 적용을 일시 정지할 수 있다.

④ 대한민국과 수교(修交)하지 아니한 국가나 법무부장관이 외교부장관과 협의하여 지정한 국가의 국민은 제1항에도 불구하고 대통령령으로 정하는 바에 따라 재외공관의 장이나 지방출입국·외국인관서의 장이 발급한 외국인입국허가서를 가지고 입국할 수 있다.

제7조의2(허위초청 등의 금지) 누구든지 외국인을 입국시키기 위한 다음 각 호의 어느 하나의 **행위를 하여서는 아니 된다.**

    1. **거짓된 사실의 기재나 거짓된 신원보증 등 부정한 방법**으로 외국인을 **초청**하거나 그러한 초청을 **알선**하는 행위

    2. **거짓**으로 **사증 또는 사증발급인정서**를 신청하거나 그러한 신청을 알선하는 행위

12

법무부

사증

제7조의3(사전여행허가) ① 법무부장관은 공공질서의 유지나 국가이익에 필요하다고 인정하면 다음 각 호의 어느 하나에 해당하는 **외국인**에 대하여 **입국하기 전에** 허가(**사전여행허가**)를 받도록 **할 수 있다.**

    1. 제7조제2항제2호 또는 제3호에 해당하는 외국인

    2. 다른 법률에 따라 사증 없이 입국할 수 있는 외국인

② **사전여행허가를 받은 외국인**은 입국할 때에 사전여행허가서를 **가지고 있어야 한다.**

③ 사전여행허가서 발급에 관한 기준 및 절차·방법은 **법무부령**으로 정한다.

제8조(사증) ① 제7조에 따른 사증은 1회만 입국할 수 있는 **단수사증**과 ( )**회** 이상 입국할 수 있는 **복수사증**으로 구분한다.

② **법무부장관**은 **사증발급에 관한 권한**을 대통령령으로 정하는 바에 따라 **재외공관의 장**에게 **위임할 수 있다.**

③ 사증발급에 관한 기준과 절차는 법무부령으로 정한다.

제10조(체류자격) **입국하려는 외국인**은 다음 각 호의 어느 하나에 해당하는 **체류자격**을 가져야 한다.

    1. **일반체류자격**: 이 법에 따라 대한민국에 체류할 수 있는 기간이 제한되는 체류자격

    2. ( )**자격**: 대한민국에 영주할 수 있는 체류자격

제11조(입국의 금지 등) ① 법무부장관은 다음 각 호의 어느 하나에 해당하는 **외국인**에 대하여는 **입국을** ( )**할 수 있다.**

    1. **감염병환자, 마약류중독자,** 그 밖에 **공중위생상 위해**를 끼칠 염려가 있다고 인정되는 사람

    2. 「**총포·도검·화약류 등의 안전관리에 관한 법률」**에서 정하는 **총포·도검· 화약류** 등을 **위법**하게 **가지고 입국**하려는 사람

    3. 대한민국의 **이익**이나 **공공의 안전을 해치는 행동**을 할 염려가 있다고 인정할 만한 상당한 이유가 있는 사람

    4. **경제질서** 또는 **사회질서**를 해치거나 **선량한 풍속을 해치는 행동**을 할 염려가 있다고 인정할 만한 상당한 이유가 있는 사람

2

영주

금지

5. 사리 분별력이 없고 국내에서 체류활동을 보조할 사람이 없는 **정신장애인,** 국내**체류비용을 부담할 능력이 없는 사람**, 그 밖에 **구호가 필요한 사람**

6. **강제퇴거명령**을 받고 출국한 후 (   )**년**이 지나지 아니한 사람

7. **1910년 8월 29일부터 1945년 8월 15일까지 사이에** 다음 각 목의 어느 하나에 해당하는 정부의 지시를 받거나 그 정부와 연계하여 인종, 민족, 종교, 국적, 정치적 견해 등을 이유로 **사람을 학살·학대하는 일에 관여한 사람**

   가. 일본 정부

   나. 일본 정부와 동맹 관계에 있던 정부

   다. 일본 정부의 우월한 힘이 미치던 정부

8. 제1호부터 제7호까지의 규정에 준하는 사람으로서 **법무부장관이 그 입국이 적당하지 아니하다고 인정**하는 사람

② **법무부장관**은 입국하려는 외국인의 본국이 제1항 각 호 **외의 사유**로 국민의 **입국을 거부할 때**에는 그와 **동일한 사유**로 그 외국인의 **입국을 거부할 수 있다.**

제12조(입국심사) ① **외국인이 입국하려는 경우**에는 입국하는 출입국항에서 **출입국 관리공무원의 입국심사를 받아야 한다.**

③ **출입국관리공무원**은 입국심사를 할 때에 다음 각 호의 **요건**을 갖추었는지를 **심사하여 입국을 허가한다.**

   1. 여권과 사증이 유효할 것. 다만, 사증은 이 법에서 요구하는 경우만을 말한다.

   1의2. 제7조의3제2항에 따른 **사전여행허가서가 유효할 것**

   2. 입국목적이 체류자격에 맞을 것

   3. 체류기간이 법무부령으로 정하는 바에 따라 정하여졌을 것

   4. 제11조에 따른 입국의 금지 또는 거부의 대상이 아닐 것

④ **출입국관리공무원**은 외국인이 제3항 각 호의 **요건을 갖추었음을 증명하지 못하면** 입국을 **허가하지 아니할 수 있다.**

⑤ 출입국관리공무원은 제7조제2항제2호 또는 제3호에 해당하는 사람에게 입국을 허가할 때에는 대통령령으로 정하는 바에 따라 체류자격을 부여하고 체류기간을 정하여야 한다.

⑥ **출입국관리공무원**은 심사를 하기 위하여 선박등에 출입할 수 있다.

제12조의2(입국 시 지문 및 얼굴에 관한 정보의 제공 등) ① 입국하려는 외국인은 입국심사를 받을 때 법무부령으로 정하는 방법으로 **지문 및 얼굴에 관한 정보를 제공하고 본인임을 확인하는 절차에 응하여야 한다.**

다만, 다음 각 호의 어느 하나에 해당하는 사람은 그러하지 아니하다.

1. (   )세 미만인 사람

2. **외국정부** 또는 국제기구의 업무를 수행하기 위하여 **입국하는 사람**과 그 동반 가족

3. 외국과의 **우호 및 문화교류 증진, 경제활동 촉진** 또는 **대한민국의 이익** 등을 고려하여 지문 및 얼굴에 관한 **정보의 제공을 면제하는 것이 필요하다**고 대통령령으로 정하는 사람

② 출입국관리공무원은 외국인이 제1항 본문에 따라 **지문 및 얼굴에 관한 정보를 제공하지 아니하는 경우에는** 그의 입국을 허가하지 아니할 수 있다.

③ **법무부장관**은 입국심사에 필요한 경우에는 **관계 행정기관**이 보유하고 있는 **외국인의 지문 및 얼굴에 관한 자료의 제출**을 요청할 수 있다.

④ 제3항에 따라 협조를 요청받은 **관계 행정기관**은 **정당한 이유 없이** 그 요청을 거부하여서는 아니 된다.

⑤ 출입국관리공무원은 제1항에 따라 제공받은 지문 및 얼굴에 관한 정보와 제3항에 따라 **제출받은 자료를 입국심사에 활용할** 수 있다.

⑥ 법무부장관은 제1항에 따라 제공받은 지문 및 얼굴에 관한 정보와 제3항에 따라 제출받은 자료를 「개인정보 보호법」에 따라 보유하고 관리한다.

제12조의3(선박등의 제공금지) ① **누구든지** 외국인을 불법으로 **입국** 또는 **출국**하게 하거나 대한민국을 거쳐 다른 국가에 **불법으로 입국하게 할 목적**으로 다음 각 호의 **행위를 하여서는 아니 된다.**

1. 선박등이나 여권 또는 사증, 탑승권이나 그 밖에 **출입국에 사용**될 수 있는 서류 및 물품을 제공하는 행위

2. 제1호의 행위를 (   )하는 행위

② **누구든지 불법으로 입국한 외국인**에 대하여 다음 각 호의 **행위를 하여서는 아니된다.**

1. 해당 외국인을 대한민국에서 (   ) 또는 **도피**하게 하거나 그러한 목적으로 (   )**수단을 제공하는 행위**

17

알선

은닉

교통

2. 제1호의 행위를 **알선**하는 행위

제14조(승무원의 상륙허가) ① **출입국관리공무원**은 다음 각 호의 어느 하나에 해당하는 **외국인승무원**에 내하여 선박등의 장 또는 운수업자나 본인이 신청하면 (   )**일의 범위**에서 **승무원의 상륙**을 **허가할 수 있다.**

1. 승선 중인 선박등이 대한민국의 출입국항에 정박하고 있는 동안 휴양 등의 목적으로 상륙하려는 외국인승무원

2. 대한민국의 출입국항에 입항할 예정이거나 정박 중인 선박등으로 옮겨 타려는 외국인승무원

② 출입국관리공무원은 제1항에 따른 신청을 받으면 다음 각 호의 서류를 확인하여야 한다.

1. 외국인승무원이 선원인 경우에는 선원신분증명서

2. 외국인승무원이 선원인 경우에는 여권 및 대통령령으로 정하는 서류.

3. 그 밖의 외국인승무원의 경우에는 여권

③ 출입국관리공무원은 제1항에 따른 허가를 할 때에는 승무원 **상륙허가서**를 발급하여야 한다. 이 경우 승무원 상륙허가서에는 **상륙허가의 기간, 행동지역의 제한** 등 필요한 **조건을 붙일 수 있다.**

⑤ **지방출입국 · 외국인관서의 장**은 승무원 상륙허가를 받은 외국인승무원에 대하여 필요하다고 인정하면 그 상륙허가의 **기간을 연장할 수 있다.**

⑥ 제3항에 따라 발급받은 승무원 상륙허가서는 그 선박등이 **최종 출항할 때까지** (   )**의 다른 출입국항**에서도 계속 **사용할 수 있다.**

제14조의2(관광상륙허가) ① 출입국관리공무원은 관광을 목적으로 대한민국과 외국 해상을 국제적으로 순회하여 운항하는 여객운송선박 중 법무부령으로 정하는 선박에 승선한 **외국인승객**에 대하여 그 선박의 장 또는 운수업자가 상륙허가를 신청하면 (   )**일의 범위**에서 승객의 **관광상륙을 허가할 수 있다.**

② 출입국관리공무원은 제1항에 따른 상륙허가 신청을 받으면 다음 각 호의 서류를 확인하여야 한다.

1. 외국인승객의 여권

2. 외국인승객의 명부

3. 그 밖에 법무부령으로 정하는 서류

15

국내

3

제15조(긴급상륙허가) ① 출입국관리공무원은 선박등에 타고 있는 외국인(승무원을 포함한다)이 **질병**이나 그 밖의 **사고**로 긴급히 상륙할 필요가 있다고 인정되면 그 선박등의 장이나 운수업자의 신청을 받아 (　　)**일의 범위**에서 **긴급상륙을 허가할 수 있다.**

③ **선박등의 장**이나 **운수업자**는 긴급상륙한 사람의 생활비·치료비·장례비와 그 밖에 **상륙 중에 발생한 모든 비용**을 **부담하여야 한다.**

제16조(재난상륙허가) ① 지방출입국·외국인관서의 장은 **조난을 당한 선박**등에 타고 있는 **외국인**(승무원을 포함한다)을 **긴급히 구조**할 필요가 있다고 인정하면 그 선박 등의 장, 운수업자, 「수상에서의 수색·구조 등에 관한 법률」에 따른 구호업무 집행자 또는 그 외국인을 구조한 선박등의 장의 신청에 의하여 (　　)**일의 범위**에서 **재난상륙허가를 할 수 있다.**

제16조의2(난민 임시상륙허가) ① 지방출입국·외국인관서의 장은 선박등에 타고 있는 외국인이 「난민법」 제2조제1호에 규정된 이유나 그 밖에 이에 준하는 이유로 그 **생명·신체 또는 신체의 자유를 침해받을 공포가 있는 영역에서 도피**하여 곧바로 **대한민국에 비호를 신청하는 경우** 그 외국인을 상륙시킬 만한 상당한 이유가 있다고 인정되면 **법무부장관의** (　　)**을 받아** (　　)**일의 범위**에서 난민 임시상륙허가를 할 수 있다. 이 경우 법무부장관은 (　　　)**장관과 협의**하여야 한다.

제28조(출국심사) ① **외국인이 출국할 때**에는 유효한 **여권**을 가지고 출국하는 출입국항에서 출입국관리공무원의 **출국심사를 받아야 한다.**

제29조(외국인 출국의 정지) ① 법무부장관은 제4조제1항 또는 제2항 각 호의 어느 하나에 해당하는 **외국인**에 대하여는 **출국을** (　　)**할 수 있다.**

제29조의2(외국인 긴급출국정지) ① (　　)**기관**은 범죄 피의자인 **외국인**이 제4조의6 제1항에 해당하는 경우에는 제29조제2항에도 불구하고 출국심사를 하는 출입국관리공무원에게 **출국**(　　)**를 요청할 수 있다.**

제46조(강제퇴거의 대상자) ① 지방출입국·외국인관서의 장은 이 장에 규정된 절차에 따라 다음 각 호의 어느 하나에 해당하는 외국인을 대한민국 밖으로 **강제퇴거시킬 수 있다.**

30

30

승인 / 90
외교부

정지

수사

정지

1. 제7조를 위반한 사람

2. 제7조의2를 위반한 외국인 또는 같은 조에 규정된 허위초청 등의 행위로 입국한 외국인

3. 제11조제1항 각 호의 어느 하나에 해당하는 입국금지 사유가 입국 후에 발견되거나 발생한 사람

4. 제12조제1항·제2항 또는 제12조의3을 위반한 사람

5. 제13조제2항에 따라 지방출입국·외국인관서의 장이 붙인 허가조건을 위반한 사람

6. 제14조제1항, 제14조의2제1항, 제15조제1항, 제16조제1항 또는 제16조의2제1항에 따른 허가를 받지 아니하고 상륙한 사람

7. 제14조제3항(제14조의2제3항에 따라 준용되는 경우를 포함한다), 제15조제2항, 제16조제2항 또는 제16조의2제2항에 따라 지방출입국·외국인관서의 장 또는 출입국관리공무원이 붙인 허가조건을 위반한 사람

8. 제17조제1항·제2항, 제18조, 제20조, 제23조, 제24조 또는 제25조를 위반한 사람

9. 제21조제1항 본문을 위반하여 허가를 받지 아니하고 근무처를 변경·추가하거나 같은 조 제2항을 위반하여 외국인을 고용·알선한 사람

10. 제22조에 따라 법무부장관이 정한 거소 또는 활동범위의 제한이나 그 밖의 준수사항을 위반한 사람

10의2. 제26조를 위반한 외국인

11. 제28조제1항 및 제2항을 위반하여 출국하려고 한 사람

12. 제31조에 따른 외국인등록 의무를 위반한 사람

12의2. 제33조의3을 위반한 외국인

13. (금고) 이상의 **형을 선고**받고 석방된 사람

14. 그 밖에 제1호부터 제10호까지, 제10호의2, 제11호, 제12호, 제12호의2 또는 제13호에 준하는 사람으로서 법무부령으로 정하는 사람

② **영주자격을 가진 사람**은 제1항에도 불구하고 대한민국 밖으로 **강제퇴거되지 아니한다.** 다만, 다음 각 호의 어느 하나에 해당하는 사람은 그러하지 아니하다.

1. 「형법」 제2편제1장 (내란)**의 죄** 또는 제2장 **외환의 죄**를 범한 사람

2. (5)**년 이상의 징역** 또는 **금고**의 형을 선고받고 석방된 사람 중 법무부령으로 정하는 사람

3. 제12조의3제1항 또는 제2항을 위반하거나 이를 **교사** 또는 **방조**한 사람

30 | 범죄인 인도법

[법률 제13722호]

제1조(목적) 이 법은 범죄인 인도에 관하여 그 범위와 절차 등을 정함으로써 범죄 진압 과정에서의 국제적인 협력을 증진함을 목적으로 한다.

제2조(정의) 이 법에서 사용하는 용어의 뜻은 다음과 같다.
1. **"인도조약"**이란 대한민국과 외국 간에 체결된 범죄인의 인도에 관한 조약·협정 등의 합의를 말한다.
2. **"청구국"**이란 범죄인의 인도를 청구한 국가를 말한다.
3. **"인도범죄"**란 범죄인의 인도를 청구할 때 그 대상이 되는 범죄를 말한다.
4. **"범죄인"**이란 인도범죄에 관하여 청구국에서 수사나 재판을 받고 있는 사람 또는 유죄의 재판을 받은 사람을 말한다.
5. **"긴급인도구속"**이란 도망할 염려가 있는 경우 등 긴급하게 범죄인을 체포·구금(拘禁)하여야 할 필요가 있는 경우에 범죄인 인도청구가 뒤따를 것을 전제로 하여 범죄인을 체포·구금하는 것을 말한다.

제3조(범죄인 인도사건의 전속관할) 이 법에 규정된 범죄인의 인도심사 및 그 청구와 관련된 사건은 서울(　　)법원과 서울(　　)검찰청의 전속관할로 한다.

고등 / 고등

제4조((　　)주의) 인도조약이 **체결되어 있지 아니한 경우**에도 범죄인의 인도를 청구하는 국가가 **같은 종류** 또는 유사한 **인도범죄**에 대한 **대한민국의 범죄인 인도청구**에 **응한다는 보증을 하는 경우**에는 이 법을 적용한다.

상호

제5조(인도에 관한 원칙) 대한민국 **영역에** 있는 **범죄인**은 이 법에서 정하는 바에 따라 청구국의 인도청구에 의하여 소추, 재판 또는 형의 집행을 위하여 청구국에 인도할 수 있다.

제6조(인도범죄) 대한민국과 청구국의 법률에 따라 인도범죄가 사형, 무기징역, 무기금고, 장기 (   )년 **이상**의 **징역** 또는 금고에 해당하는 경우에만 **범죄인을 인도할** 수 있다.

1

제7조((   )적 인도거절 사유) 다음 각 호의 어느 하나에 해당하는 경우에는 **범죄인을 인도하여서는 (   ).**

절대
아니 된다

> 1. 대한민국 또는 청구국의 법률에 따라 인도범죄에 관한 **공소시효** 또는 형의 시효가 완성된 경우
> 2. 인도범죄에 관하여 대한민국 법원에서 **재판이 계속 중**이거나 **재판이 확정**된 경우
> 3. 범죄인이 인도**범죄를 범하였다고 의심할 만한 상당한 이유가 없는 경우.** 다만, 인도범죄에 관하여 청구국에서 유죄의 재판이 있는 경우는 제외한다.
> 4. 범죄인이 **인종, 종교, 국적, 성별, 정치적 신념** 또는 **특정 사회단체**에 속한 것 등을 이유로 처벌되거나 그 밖의 **불리한 처분**을 받을 염려가 있다고 인정되는 경우

제8조(정치적 성격을 지닌 범죄 등의 인도거절) ① 인도범죄가 **정치적 성격을 지닌 범죄**이거나 그와 관련된 범죄인 경우에는 범죄인을 **인도하여서는 아니 된다.**
다만, **인도범죄가 다음 각 호의 어느 하나에 해당하는 경우에는 그러하지 아니하다.**
> 1. **국가원수 · 정부수반** 또는 그 가족의 생명 · 신체를 침해하거나 위협하는 범죄
> 2. **다자간 조약**에 따라 대한민국이 범죄인에 대하여 **재판권을 행사**하거나 범죄인을 **인도할 의무를 부담**하고 있는 범죄
> 3. **여러 사람의 생명 · 신체를 침해 · 위협**하거나 이에 대한 위험을 발생시키는 범죄

제9조((   )적 인도거절 사유) 다음 각 호의 어느 하나에 해당하는 경우에는 **범죄인을 인도하지 아니(   ).**

임의
할 수 있다

> 1. 범죄인이 대한민국 **국민**인 경우
> 2. 인도범죄의 전부 또는 일부가 대한민국 **영역**에서 범한 것인 경우
> 3. 범죄인의 **인도범죄 외의 범죄**에 관하여 대한민국 법원에 재판이 계속 중인 경우 또는 범죄인이 형을 선고받고 그 집행이 끝나지 아니하거나 면제되지

　아니한 경우

　4. 범죄인이 인도범죄에 관하여 **제3국**(청구국이 아닌 외국을 말한다. 이하 같다)에서 재판을 받고 처벌되었거나 처벌받지 아니하기로 확정된 경우

　5. 인도범죄의 성격과 범죄인이 처한 환경 등에 비추어 범죄인을 인도하는 것이 **비인도적**이라고 인정되는 경우

외교부

제11조(인도청구를 받은 외교부장관의 조치) (　　　)장관은 청구국으로부터 범죄인의 인도청구를 받았을 때에는 인도청구서와 관련 자료를 **법무부장관**에게 송부하여야 한다.

고등

제12조(법무부장관의 인도심사청구명령) ① 법무부장관은 외교부장관으로부터 제11조에 따른 인도청구서 등을 받았을 때에는 이를 서울(　　)**검찰청 검사장**에게 송부하고 그 소속 검사로 하여금 **서울고등법원**에 범죄인의 인도허가 여부에 관한 심사(**인도심사**)를 청구하도록 명하여야 한다.

검사 / 법무부

제13조(인도심사청구) ① (　　)는 제12조제1항에 따른 (　　　)**장관의 인도심사청구명령이 있을 때에는 지체 없이 법원에 인도심사를 청구하여야 한다.** 다만, 범죄인의 **소재를 알 수 없는 경우**에는 그러하지 아니하다.

3

② 범죄인이 제20조에 따른 **인도구속영장에 의하여 구속되었을 때**에는 **구속된 날부터 (　)일 이내에 인도심사를 청구하여야 한다.**

③ 인도심사의 **청구**는 관계 자료를 첨부하여 **서면**으로 하여야 한다.

④ 검사는 인도심사를 청구하였을 때에는 그 **청구서의 부본**(副本)을 **범죄인**에게 **송부**하여야 한다.

제14조(법원의 인도심사) ① **법원**은 제13조에 따른 인도심사의 청구를 받았을 때에는 지체 없이 **인도심사를 시작하여야 한다.**

2

② 법원은 범죄인이 **인도구속영장**에 의하여 **구속 중인 경우**에는 구속된 날부터 (　) **개월 이내**에 인도심사에 관한 **결정을 하여야 한다.**

③ 범죄인은 인도심사에 관하여 **변호인**의 도움을 받을 수 있다.

④ 제3항의 경우에는 「형사소송법」 제33조(**국선변호인**)를 준용한다.

⑤ **법원**은 인도심사에 관한 **결정을 하기 전**에 범죄인과 그의 변호인에게 **의견을 진술할 기회를 주어야 한다.**

다만, 인도심사청구 **각하결정** 또는 인도**거절** 결정을 하는 경우에는 **그러하지 아니하다.**

제19조(인도구속영장의 발부) ① ( )는 제12조제1항에 따른 **법무부장관의 인도심사청구명령**이 있을 때에는 인도구속영장에 의하여 **범죄인을 구속하여야 한다.** 다만, 범죄인이 주거가 일정하고 **도망할 염려가 없다고 인정되는 경우**에는 그러하지 아니하다.

② 인도구속영장은 검사의 청구에 의하여 판사가 발부한다.

제20조(인도구속영장의 집행) ① 인도구속영장은 **검사의 지휘**에 따라 **사법경찰관리가** 집행한다.

③ **인도구속영장을 집행할 때**에는 반드시 **범죄인에게** 이를 **제시하여야 한다.**

④ 사법경찰관리 등이 범죄인을 구속할 때에는 구속의 이유와 **변호인을 선임할 수 있음을 알려주고,** 신속히 범죄인 소재지를 관할하는 지방검찰청 또는 그 지청의 소속 검사에게 범죄인을 인치하여야 한다.

제42조(법무부장관의 인도청구 등) ① **법무부장관은** 대한민국 법률을 위반한 범죄인이 외국에 있는 경우 그 외국에 대하여 **범죄인 인도** 또는 **긴급인도구속**을 ( )할 수 있다.

검사

청구

31 (경찰청) 피의자 유치 및 호송 규칙

[경찰청훈령 제952호]

제1조(목적) 이 규칙은 피의자(피고인, 구류 처분을 받은 자 및 의뢰입감자를 포함한다. 이하 같다)의 유치 및 호송에 필요한 사항을 규정함을 목적으로 한다.

제2조(인권의 존중) 경찰관은 유치중인 피의자(이하 "유치인"이라 한다)의 인권을 존중하고 보호하여야 한다.

제7조(피의자의 유치 등) ① 피의자를 유치장에 **입감시키거나 출감시킬 때**에는 유치인보호 주무자가 발부하는 **피의자입·출감지휘서**에 의하여야 하며 동시에 (   )**명 이상의 피의자를 입감시킬 때**에는 (   ) **이상 경찰관**이 **입회**하여 **순차적**으로 입감시켜야 한다.

② 형사범과 구류 처분을 받은 자, (   )**세 이상의 사람**과 **19세 미만의 사람, 신체 장애인** 및 사건관련의 공범자 등은 유치실이 허용하는 범위 내에서 (   )**하여 유치**하여야 하며, 신체장애인에 대하여는 신체장애를 고려한 처우를 하여야 한다.

제8조(신체 등의 검사) ① 유치인보호관은 피의자를 유치하는 과정에서 유치인의 생명 신체에 대한 위해를 방지하고, 유치장내의 안전과 질서를 유지하기 위하여 필요하다고 인정될 때에는 **유치인의 신체, 의류, 휴대품 및 유치실**을 검사할 수 있다.

② **신체, 의류, 휴대품의 검사**는 동성의 유치인보호관이 **실시하여야 한다.**
다만, **여성유치인보호관이 없을 경우**에는 미리 지정하여 신체 등의 검사방법을 교양 받은 **여성(   )**으로 하여금 대신하게 **할 수 있다.**

④ 신체 등의 검사는 유치인보호주무자가 제7조제1항의 **피의자입·출감지휘서**에 지정하는 방법으로 유치장내 신체검사실에서 하여야 하며, 그 종류와 기준 및 방법

3
경위

19

분리

경찰관

은 다음 각 호와 같다.

1. ( )검사	죄질이 경미하고 동작과 언행에 특이사항이 없으며 위험물 등을 은닉하고 있지 않다고 판단되는 유치인에 대하여는 신체 등의 외부를 눈으로 확인하고 손으로 가볍게 두드려 만져 검사한다.	외표
2. ( )검사	일반적으로 유치인에 대하여는 탈의막 안에서 속옷은 벗지 않고 신체검사의를 착용(유치인의 의사에 따른다)하도록 한 상태에서 위험물 등의 은닉여부를 검사한다.	간이
3. ( )검사	살인, 강도, 절도, 강간, 방화, 마약류, 조직폭력 등 죄질이 중하거나 근무자 및 다른 유치인에 대한 위해 또는 자해할 우려가 있다고 판단되는 유치인에 대하여는 탈의막 안에서 속옷을 벗고 신체검사의로 갈아입도록 한 후 정밀하게 위험물 등의 은닉여부를 검사하여야 한다.	정밀

제49조(피호송자의 신체검사) ① 호송관은 반드시 호송주무관의 지휘에 따라 포박하기 ( )에 피호송자에 대하여 안전호송에 필요한 신체검색을 실시( ). *(전 / 하여야 한다)*
② 여자인 피호송자의 신체검색은 여자경찰관이 행하거나 성년의 여자를 참여( ). *(시켜야 한다)*

제50조(피호송자의 포박) ① 호송관은 호송관서를 출발하기 전에 반드시 피호송자에게 수갑을 채우고 포승으로 포박하여야 한다. 다만, 구류선고 및 감치명령을 받은 자와 고령자, 장애인, 임산부 및 환자 중 주거와 신분이 확실하고 도주의 우려가 없는 자에 대하여는 수갑 등을 채우지 아니한다.
② 호송관은 피호송자가 ( )인 이상일 때에는 제1항에 의하여 피호송자마다 포박한 후 호송수단에 따라 2인내지 ( )인을 1조로 하여 상호 연결시켜 포승하여야 한다. *(2 / 5)*

제54조(호송시간) 호송은 일출전 또는 일몰후에 할 수 없다. 다만, 기차, 선박 및 차량을 이용하는 때 또는 특별한 사유가 있는 때에는 그러하지 아니한다.

제65조(사고발생시의 조치) 호송관은 호송중 피호송자가 도주, 자살, 기타의 사고가 발생하였을 때에는 다음의 조치를 신속하게 취하여야 한다.

도망

1. 피호송자가 (　　)하였을 때

가. 즉시 사고발생지 관할 경찰서에 신고하고 도주 피의자 수배 및 수사에 필요한 사항을 알려주어야 하며, 소속장에게 전화, 전보 기타 신속한 방법으로 보고하여 그 지휘를 받아야 한다. 이 경우에 즉시 보고할 수 없는 때에는 신고 관서에 보고를 의뢰할 수 있다.

나. 호송관서의 장은 보고받은 즉시 상급감독관서 및 관할검찰청에 즉보하는 동시에 인수관서에 통지하고 도주 피의자의 수사에 착수하여야 하며, 사고발생지 관할 경찰서장에게 수사를 의뢰하여야 한다.

호송

다. **도주한 자에 관한 호송관계서류 및 금품은 (　　)관서에 보관하여야 한다.**

사망

2. 피호송자가 (　　)하였을 때

가. **즉시 사망시 관할 경찰관서에 신고하고 시체와 서류 및 영치금품은 신고관서에 인도하여야 한다.**

다만, 부득이한 경우에는 다른 (　　)의 **관할 경찰관서에 인도할 수 있다.**

도착지

나. 인도를 받은 경찰관서는 **즉시 호송관서와 인수관서에 사망일시, 원인 등을 통지하고, 서류와 금품은 (　　)관서에 송부한다.**

호송

다. 호송관서의 장은 통지받은 즉시 상급 감독관서 및 관할 검찰청에 보고하는 동시에 사망자의 유족 또는 연고자에게 이를 통지하여야 한다.

3

라. 통지 받을 가족이 없거나, 통지를 받은 가족이 통지를 받은 날부터 (　)일 내에 그 시신을 인수하지 않으면 구, 시, 읍, 면장에게 가매장을 하도록 의뢰하여야 한다.

발병

3. 피호송자가 (　　)하였을 때

가. **경증으로서** 호송에 큰 지장이 없고 당일로 호송을 마칠 수 있을 때에는 호송관이 적절한 **응급조치를 취하고 호송을 계속하여야 한다.**

나. **중증으로써 호송을 계속하거나 곤란하다고 인정될 때에 피호송자 및 그 서류와 금품을 발병지에서 가까운 경찰관서에 인도하여야 한다.**

24

다. 전 "나"호에 의하여 **인수한 경찰관서는** 즉시 **질병을 치료하여야 하며, 질병의 상태를 호송관서 및 인수관서에 통지하고 질병이 치유된 때에는 호송관서에 통지함과 동시에 치료한 경찰관서에서 지체 없이 호송하여야 한다.** 다만, 진찰한 결과 (　　)**시간 이내에 치유될 수 있다고 진단되었을 때에는 치료후 호송관서의 호송관이 호송을 계속하게 하여야 한다.**

저자약력

■ 박 찬 혁(대표저자)

동국대 경찰행정학과 경찰학 박사

영산대학교 경찰행정학과 교수/학과장
영산대학교 법무경영대학원 범죄학 석사 책임
　교수
영산대학교 사회봉사센터/센터장

법무부 부산교도소 정보공개 심의위원회 위원
법무부 울산구치소 방호원 채용시험 심사위원
법무부 법교육 전문강사
부산광역시 유도회 스포츠공정위원회 위원
대구광역시 지방공무원 채용시험 출제위원
부산 금정경찰서 경미범죄심의 위원
울산 남부경찰서 정보공개심의 위원

■ 이 효 민

원광대 경찰행정학과 경찰학박사

영산대학교 경찰행정학과 교수
영산대학교 학생·취업지원처/처장

인사혁신처 행정고시 출제위원
인사혁신처 7급, 9급 채용시험 출제위원
행정안전부 연구직 채용심사위원
해양수산부 연구직 채용심사위원
경찰청 순경공개채용시험 출제위원
경찰청 간부후보생채용시험 출제위원
경남지방경찰청 인권위원회 위원
부산지방경찰청 징계, 교통, 경미범죄심의위원
　회 위원

경찰학 핵심법령집

2021년 1월 25일 초판 인쇄
2021년 1월 30일 초판 1쇄 발행

저 자 박 찬 혁 · 이 효 민
발 행 인 배 　 효 　 선
발행처 도서출판 法 文 社

주 소 10881 경기도 파주시 회동길 37-29
등 록 1957년 12월 12일 / 제2-76호 (윤)
전 화 (031)955-6500~6 FAX (031)955-6525
E-mail (영업) bms@bobmunsa.co.kr
　　　 (편집) edit66@bobmunsa.co.kr
홈페이지 http://www.bobmunsa.co.kr
조 판 법 문 사 전 산 실

정가 21,000원　　　ISBN 978-89-18-91169-4